Litigation Craftsman

诉讼工匠

郭国松 著

北京大学出版社
PEKING UNIVERSITY PRESS

图书在版编目（CIP）数据

诉讼工匠 / 郭国松著. -- 北京：北京大学出版社，2025.6. -- ISBN 978-7-301-36172-6

Ⅰ. D926.5

中国国家版本馆 CIP 数据核字第 2025JF7895 号

书　　　名	诉讼工匠 SUSONG GONGJIANG
著作责任者	郭国松　著
责 任 编 辑	陆建华　陆飞雁　王　睿
标 准 书 号	ISBN 978-7-301-36172-6
出 版 发 行	北京大学出版社
地　　　址	北京市海淀区成府路 205 号　100871
网　　　址	http://www.pup.cn　http://www.yandayuanzhao.com
电 子 邮 箱	编辑部 yandayuanzhao@pup.cn　总编室 zpup@pup.cn
新 浪 微 博	@北京大学出版社　@北大出版社燕大元照法律图书
电　　　话	邮购部 010-62752015　发行部 010-62750672 编辑部 010-62117788
印 刷 者	涿州市星河印刷有限公司
经 销 者	新华书店
	650 毫米×980 毫米　16 开本　23.25 印张　353 千字 2025 年 6 月第 1 版　2025 年 6 月第 1 次印刷
定　　　价	79.00 元

未经许可，不得以任何方式复制或抄袭本书之部分或全部内容。
版权所有，侵权必究
举报电话：010-62752024　电子邮箱：fd@pup.cn
图书如有印装质量问题，请与出版部联系，电话：010-62756370

主人公简介

肖才元

武汉大学物理学学士、法律硕士，现为盈科（深圳）律师事务所首席合伙人、争议解决法律中心名誉主任。历任盈科（全国）律师学院院长、盈科（全国）业务指导委员会副主任、盈科（全国）第一届民商事诉讼专业委员会主任、盈科（深圳）律师事务所管委会主任。

曾获"ALB 2016中国十五佳诉讼律师"。至2024年，连续11年被世界知名的法律评级机构"钱伯斯"（Chambers&Partners）评为公司与商事法律领域"领先律师"；2024年、2025年被评为"钱伯斯"大中华区公司与商事领域"业界贤达"。

擅长于民商事疑难案件的争议解决和地产类行政诉讼，成功代理多起经典案件，在美国苹果公司与唯冠公司IPAD商标纠纷案件中，担任唯冠律师团主席、诉讼主办律师。

序　言

法谚有云："律师多的地方最安全。"律师制度是现代程序制度的重要组成部分，是法治天平不可或缺的衡平机制。律师是维护正义的重要力量，其存在的价值就是捍卫正义。律师作为法律职业共同体的一员，与其他法律职业共同体成员一起担负着维护正义的重要使命。

从现代法治文明的历史发展来看，律师职业的出现是法治文明发展到一定阶段的产物，与现代法治文明的发展、诉讼程序的完善有着密切关系，律师对法律案件的介入本身就是程序公正的体现。可以说，律师这一职业承载着三重使命：在个案中实现矫正正义，在程序中彰显制度理性，在社会维度推动法治实现。律师职业的多重使命也决定了优秀律师必然要超越单纯的代理人角色，应当成为法治文明进程中守护法治的重要成员。

我国传统文化通常把"铁肩担道义"和"妙手著文章"连在一起，我一直认为，律师应当负有"铁肩担道义"的职责，也就是要守护公平正义、守护法治。从我国古代的法制文化来看，诉讼本身也包含了在辩论中实现正义的内涵。例如，中国古代的"讼"字由"言"和"公"组成，"公"既是声旁又是形旁，表示正义。在甲骨文和金文中，"讼"都有两个"口"字，表示双方进行辩诉。金文中的"公"字旁表示正义，"言"字旁表示公正诉辩，其意在强调"在法律的公正中辩诉"。在现代社会，律师同样应当"铁肩担道义"，以守护正义为目的。

记者郭国松以盈科律师事务所肖才元律师的职业生涯为主题创作的非虚构作品《诉讼工匠》，嘱我作序，拜读本书后，有两个案例给我留下深刻印象：

一是发生在珠海市的一起行政处罚案。在该案中,当事人被罚100万元,历经行政复议、行政诉讼,仅经过一年时间,罚款就已涨到1300多万元。其原因在于,该行政罚款有每日3%的"加处罚款",而且法律没有对该罚款规定上限。面对这一极端的结果,肖才元律师意识到,不设上限的"加处罚款"显然是立法的疏漏,但"罚死当事人"绝不是立法的本意。

肖律师在法庭上的抗辩意见受到广东省高院的高度重视,进而广东省高院在本辖区内率先对脱缰野马式的"加处罚款"设立程序性限制,使得不限高的"加处罚款"在广东省成为历史。几年后,立法机关修改法律,规定"加处罚款"不得超过本金,从而为行政处罚的上述制度性疏漏打上了补丁。这是律师通过个案推动法律制度进步的典型事例,也生动地诠释了律师"铁肩担道义"的内涵。

二是江西景德镇市政府大数据中心的火灾案。在该案中,消防救援部门认定事故是因机房蓄电池组短路引发,工程承建单位据此起诉电池供货商。在此类案件中,消防救援部门的火灾认定报告对于事故责任的承担几乎具有决定性的影响,很难被推翻。肖才元律师从官方结论中的"符合二次短路特征"的表述中发现了逻辑缺陷——有"二次短路",不就有"一次短路"吗?他立即购买了相关的专业书籍,硬是把专业的物理问题搞清楚了。原来,是承建单位使用未经国家强制检验的劣质配电柜,从而引发线路短路(即"一次短路"),击穿配电箱,导致金属碎屑和熔痕等溅落到电池连接线上,造成所谓"二次短路"。可见,蓄电池本身并没有质量问题。这就推翻了消防救援部门的火灾认定报告结论,并最终促使原告撤诉。

在我看来,评价一名律师,不能仅看其打了多少官司,挣了多少钱,在业界知名度如何,而要看他对法治建设、对维护社会正义所做的贡献。肖才元律师承办的典型案件太多,其全力维护当事人合法权益、维护正义的事例不少,有的案例至今被人们称道。例如,在 IPAD 案件中,肖律师代表被告方出庭,与苹果公司激战 IPAD 商标转让合同纠纷,他不仅代表被告方让苹果公司付出 6000 万美元,而且由于在该案中深刻独到的法理思考,把一个原本 35000 英镑标的额的小案件,变成了值得大学法学院和律师实战研究的经典案例。

毫无疑问,律师既然是法律职业共同体的一员,就负有"铁肩担道义"

的职责。这个"道义"首先是指法治的精神和秩序。具体而言,依法维护当事人的合法权益就是维护法治、守护法治。同时,"铁肩担道义"还意味着律师在法庭上要真正守护司法正义,而不是以打赢官司为唯一目的,这也要求律师始终以事实为依据,以法律为准绳。律师应当帮助法官查明事实真相,正确适用法律,使每一个案件都能体现法律和司法的公平正义,这也是律师职业道德的基本要求。律师的辩论据法力争,也是为了促成法官作出公正的裁判,从而促进社会的公正。所以,律师的辩论越尊重事实和法律,就越能够为法官公正裁判发挥作用,这就是律师应当担当的道义。

值得一提的是,作者郭国松是《南方周末》著名的法律记者,他既懂法律,又具有良好的文字功底,善于把枯燥乏味的法律问题故事化、戏剧化,同时又不失专业表达。名记者写名律师,可谓相得益彰,也使得本书更加生动有趣,既能满足专业人士的要求,又符合普通人的阅读兴趣。

我希望每个律师都如肖才元律师那样,守护司法正义,真正做到"铁肩担道义"!

是为序。

中国人民大学一级教授,中国法学会民法学研究会会长

前　言

"能斫削柱梁,谓之木匠。能穿凿穴坎,谓之土匠。"这是汉代学人王充在《论衡·量知》一文中对"匠"的描述。

肖才元身为律师,半生出入法庭,常见明镜高悬;或明辨是非,伸张正义;或洞察秋毫,据理力争。他因此将自己定义为"诉讼工匠"——用匠人的精神作为执业的座右铭。

如今,早已名声在外的肖才元,经常被人尊称为"大律师"。他从不掩饰对这个头衔的不屑,也不喜欢别人这样称呼他。真正了解他的人才知道,"匠"这个字用来描述肖才元的律师职业,乃至他的性格和为人处世的准则,实在可以称之为传神。

刚出道时,肖才元的职业精神和勇气就已经表现出来。他甚至不知道看守所在哪里,也不懂在法庭上发言是站着还是坐着,却为被指控贪污公款的被告人做无罪辩护。

当年,肖才元太年轻,刚进入律师行业,资历如同一张白纸,也未必能说出多少深奥的理论。他只是凭着法律人的本能,用他有限的法律知识,为被告人伸张正义。

这是正义吗? "在法庭上,我不会产生这样的纠结。"30多年后,肖才元说起他第一次为被告人做无罪辩护时的心态,"我不知道他有没有贪污,即使在案件了结后,也无法确认他是不是真的犯罪了。之所以做无罪辩护,是基于律师最基本的法律价值观——不能用充分确凿的、排除一切合理怀疑的证据指控被告人有罪,就是无罪;对律师来说,捍卫程序正义和法治的价值,就是最大的正义。"

那是他首次在法庭上使用"合理怀疑"这个颇有学术味的法律概念。

如果在法学院的课堂上讨论肖才元第一次为被告人做无罪辩护,那些宏大叙事的理论可以信手拈来;换一个看问题的视角,那就是"诉讼工匠"的思维方式。他经历了被告人一审被判有罪,上诉后发回重审,再判有罪,再次上诉,第二次发回重审,宣告无罪,其后检察院抗诉,最终宣告被告人无罪。

肖才元的那股子"匠"劲儿,在这起案件中表现得淋漓尽致,他寸步不让、据理力争,坚定不移地将无罪辩护进行到底。

《说文解字》对"匠"是这样解释的:"木工也。从匚从斤。斤,所以作器也。"因此,"匠"最初就是指木工,后来被引申为"有专业技能的人"。日常生活中,你注意那些干活的木匠、瓦匠,他们手里离不开尺子,习惯时不时量一下,哪怕是分毫的偏差也不能放过。

跟这些民间艺人相比,肖才元把自己看作从事法律职业的"工匠",他一点也不觉得矮化了自己的形象。相反,正是因为无处不在的"匠心",他才能把每一起案件做到极致,把每一个证据细化到毛孔。

或许,有人认为,律师水平高低取决于专业能力,这固然是对的。但是,和肖才元对阵的大所知名律师不在少数,IPAD 案件就是最典型的例子。服务于苹果公司的跨国律师团,由美国著名的贝克·麦坚时律师事务所总操盘,从美国、英国,再到中国,用专业水平来衡量,没有平庸之辈,他们代表原告苹果公司,原本占据主动,却输给了被告方代理人肖才元,而且输得一塌糊涂。

这本来是极为简单的商标转让交易,涉及的标的额只有区区 35000 英镑,苹果公司聘请的专业律师却搞错了商标持有人,从而不可思议地签订了误认交易主体的《商标转让协议》,由此引发惊天诉讼。

形成诉讼后,国内外多家知名律师事务所和知识产权机构为苹果公司效力,结果,又接连发生让人瞠目结舌的低级错误——苹果公司在英国临时注册用于收购 IPAD 商标的"马甲",与商标持有人唯冠公司通过电子邮件谈判,最后达成一致。这几十封电子邮件被作为能反映唯冠公司真实意思的证据提交给法庭,但苹果公司的律师居然无法提供邮件使用人的身份证明,以至于在法庭上遭到肖才元的质疑时面面相觑,无言以对。

通过电子邮件谈判的双方当事人,分别是对方的"Jonathan"和唯冠公司的"hui yuan"。"Jonathan"后来被证实是个假名字,"hui yuan"则是唯冠公司法务部职员，中文名叫袁辉。在法庭上，对方却没有反应过来，这是中文名字和英文名字写法习惯不同，因为他们根本不知道"hui yuan"对应的就是袁辉。在双方就商标收购事宜达成一致后，袁辉又使用中文名字与苹果公司在台北聘请的律师联络，署名袁辉的中文电子邮件就放在案卷里。参与苹果公司商标收购和诉讼的那么多律师，包括中国大陆的其他律师，谁都没有注意到这个证据，在法庭上无法回答"hui yuan"到底何许人也。

没有肖才元这种透过针孔再用放大镜看问题、手里总是拿着尺子、像工匠那样严谨的作风，纵然专业能力足够出众，也很难打赢官司。

如果你认为肖才元不过就是个戴着老花镜、干活认真仔细的乡下老木匠，那就大错特错了。他的专业能力让大多数同行难以望其项背。

再以 IPAD 案件为例。苹果公司的律师意外得到深圳唯冠公司法务部向老板请示卖掉 IPAD 商标的内部材料"签呈件"，这看上去是直抵心脏的要害证据，相当于在对方的房间里安装窃听器，拿到了人家的秘密。肖才元冷冷地盯着苹果公司的代理人连问三遍："这跟你有什么关系？"

对呀，它跟你有什么关系？这是深圳唯冠公司内部下对上的请示报告，如果它构成证据，必须是把这个报告的"真实意思"向 IPAD 商标的购买方"表示"，形成完整的"真实意思表示"，对购买商标的行为产生直接影响，才能具备证据的关联性条件；没有关联性——当然，真实性、合法性也存疑——它只是一张废纸，不是证据。

这是在教科书上都找不到的对"真实意思表示"的经典阐释，令人拍案叫绝！

套用那句话说，他本来可以靠出色的专业能力吃饭，偏偏还有"匠"人精雕细琢的本领；他本来就是善于飞翔的鸟儿，却还每天起得很早。

这些年来，让肖才元声名远扬的当然是让苹果公司付出 6000 万美元的 IPAD 案件、非诚勿扰商标案件、"最大的国家赔偿案"等具有符号性意义的大案、名案，那是很多同行可望而不可及的成就。还有更多不为人知的案件，他成功地挑战了不合理的制度，或者从制度的灰色地带重新发现制度的本意。

当年轰动一时的"最大的国家赔偿案"，深圳市规划国土局违法行政，重复发证、重复抵押，导致深圳市有色金属财务有限公司的 870 万元借款血本无归。由于肖才元代理的原告财务公司不是行政行为的相对人,按照当时的法律规定,法院拒绝立案。

在肖才元看来,这就相当于一个游泳高手面对溺水的人袖手旁观,在道义上说不过去,更何况这是守护社会正义最后一道关口的法院,对权利受到损害的人拒绝救济,且没有正当理由。最后,他成功地说服法院立案,而且此案被作为行政诉讼的标志性案件,开庭审理时,深圳市两级法院所有行政庭法官观摩旁听。大获全胜后,法院从深圳市规划国土局基本账户上强制执行 870 万元国家赔偿款。经媒体报道后,此案引起深圳市高层领导的震惊,法学界为此拍案叫好!

这起行政诉讼案,从立案到审理再到强制执行,终于让多年来饱受批评的《国家赔偿法》在公众面前真实起来。

在珠海,一家名为大泉硅导的公司被质量技术监督局行政罚款 100 万元,历经行政复议、行政诉讼后,由于上不封顶的每天百分之三"加处罚款",100 万元罚款"驴打滚"似的涨到 1330 万元。行政机关认为,既然法律没有对"加处罚款"规定上限,那就应该按每天百分之三,直到缴纳罚款为止。

凭法律人的直觉,肖才元意识到,刑法有罪责刑相适应的原则,行政处罚也应罚当其责;"罚死"被处罚人绝不是行政处罚的本意,不仅国家机关无权这么干,而且法律也不能这样规定。肖才元决定对它发起强力狙击。

这场非同寻常的狙击战的结果是,下级法院以向广东省高院请示的方式,改变了不合理的规则。广东省高院在回复中明确,"加处罚款"应当被视为一个单独的行政行为,行政机关必须另行制作行政处罚决定,说明理由,否则,法院不予执行。这就等于在广东省司法管辖区内间接废除了上不封顶的"加处罚款"——没有法院强制执行的保障,行政机关是罚不到钱的。

后来的行政处罚制度变革正是朝着这个方向,先是最高法院的司法解释,在行政复议和行政诉讼期间,停止计算"加处罚款",然后《行政强制法》对"加处罚款"作了限高,规定不得超过本金,接着是《行政处罚法》的确认。

正所谓"大匠不为拙工改废绳墨"(《孟子·尽心章句上》),用在肖才元的身上,或许可以改为"大匠不为拙政改废绳墨"——高明的工匠不因为不合理的制度而改变或者放弃原则。

目 录
CONTENTS

第一章　最大的国家赔偿案　001

> 直到债务人无力偿还870万元借款时,债权人深圳市有色金属财务有限公司才发现,当初用来抵押的土地和房产,其中土地早就抵押给了其他人,这意味着用于抵押的房产建在别人的土地上,870万元债权已无从实现。深圳市规划国土局违法行政,发了两个产权证,又重复办理抵押,它必须为此承担法律责任,由此引发了《行政诉讼法》《国家赔偿法》实施后当时"最大的国家赔偿案"。

遭遇一物两证　003
法院拒绝立案　007
说服法院立案　012
行政审判法官现场观摩　014
混乱的产权登记　016

步步紧逼　020
先下一城　023
再下一城　026
强制执行870万元　037

第二章　一出场便锋芒毕露　043

> 刚拿到律师证,肖才元还不知道看守所在哪里,也没有见过法庭是什么样子,就开始办理刑事案件,而且是无罪辩护。经过有罪判决、发回重审、抗诉,他坚定地将无罪辩护进行到底,直至被告人被宣告无罪。他第一次出场,就成了当地司法界耀眼的明星式人物。

从工人到武大物理系学生　045
铁肩担道义之梦　047
看守所在哪里？　049
不同意无罪辩护就不接案　051

超前的"合理怀疑"理念　053
将无罪辩护进行到底　057
一路向南　058
站在新的起点　060

第三章　对阵美国跨国公司　063

> 世界500强企业、几乎垄断中国大型计算机存储器市场的美国跨国公司,不顾中国公司早已合法注册和使用在先的EMC商标,以"驰名商标"为由,强行注册高度近似的商标EMC^2,肖才元律师代表中国商标持有人奋起反击,最终将美国公司逼到墙角,以3000万元为代价,选择向中国公司求和。

美国大公司挑起事端　065
在竞标中击败对手　067
以"第三人"身份出场　071
设局取得管辖权　073
给美国公司致命一击　076
只剩谈判一条路　078
3000万元买下商标　080

第四章　苹果的世纪诉讼　083

> 作为鲜为人知的事实,在苹果公司推出划时代的产品iPad之初,这四个字母是中国人持有的合法商标,由于商标收购过程中策划团队的严重失误,苹果公司在中国大陆险些因侵权而无法使用iPad这一名称。由此引发了一场堪称"世纪大战"的诉讼,苹果公司的律师团最终落败,肖才元代表被告方赢得酣畅淋漓。

苹果公司的"马甲"　085
收购IPAD商标受阻　087
苹果公司率先发难　089
不能让苹果公司跑了　091
《商标转让协议》的致命缺陷　094
电子邮件隐藏的信息　098
苹果公司想得太简单　109
"空气人"　110
真理好像都在被告一边　112
到底谁错了　114
适用法律之争　116
开辟第二战场　118
起诉苹果经销商　120
苹果公司一审败诉　123
判决带来的效应　137
上海之战失利　140
移师再战　143
苹果的重磅炸弹　146
"意思表示"的经典解读　149
步步为营　154
遭遇超常规诉讼　156
侵权创造价值?　159
与道德无关　161
向对手下战书　163
艰难的调解　166
6000万美元和解　168
战后复盘　170

第五章 "非诚勿扰"诉讼大战的背后　175

> 江苏卫视的婚恋交友节目《非诚勿扰》实在可以用家喻户晓来描述,可是在这个节目开播时,温州人金阿欢合法持有婚恋交友类的商标"非诚勿扰"。这注定要引发一场激烈的法律冲突。而个人和省级卫视的实力严重不对等,华谊兄弟公司的中途介入,著名导演冯小刚的助力,致使案件变得扑朔迷离。

两个"非诚勿扰"打架　177
重新起诉　179
节目名称还是商标　181
《非诚勿扰》如何定性　183
"非常了得"和"孟非"商标　185
被轻视的一审　188
大树底下,寸草不生　191
重新定胜负　194

风向急转　217
华谊兄弟公司助战　218
再审判决的逻辑　223
再审反映的价值判断　228
华谊兄弟公司正式出场　231
冯小刚的授权　233
冯小刚何来"全部著作权"　234

第六章　像刑警破案那样代理火灾案件　239

> 市政府大院里的大数据中心机房起火,消防部门的鉴定报告认定系设备供应商的产品质量问题。涉及电气设备起火的技术问题,不懂专业的律师通常只能承认鉴定报告,但这一次却是例外,肖才元买来教科书,现学现卖,发现鉴定报告存在显而易见的逻辑悖论,推翻了官方对火灾认定的结论。

政府大院里的火灾　241
从逻辑思维入手　244
购买教科书现学现卖　248

用上刑警破案的手段　252
谁的责任　254
草船借箭　258

第七章　挑战"驴打滚"式行政处罚　263

> 被行政机关罚款100万元,逾期缴纳罚款,每天加处罚款3%。当事人不服,先后提起行政复议和行政诉讼,历经一审、二审,100万元的罚款变成1330万元,堪称"驴打滚"似的高利贷。国家机关用上不封顶的加处罚款的手段惩罚当事人,律师决定挑战这个不合理的规定。

上不封顶的"加处罚款"　265
加处罚款的不合理之处　267
广东废止"驴打滚"式罚款　271
珠海最大的职务犯罪案件　273

势如破竹　275
没有树木,何来森林　278
降低审级再起诉　280
另一种"成功"　281

第八章　破解疑难案件的深厚功底　285

> 大案要案固然是律师名利双收的好机会,而疑难案件却更能显示出律师的专业能力,尤其是看问题的独特视角和思辨逻辑。本章叙述的几个案件并不出名,却是真正的疑难案件,不是每个律师都有能力发现问题,进而提出解决思路。

(一)法院不能改变当事人约定　287
遇上难题　287
司法管了不该管的事　288
推翻省高院的裁定　290
(二)绝妙的陷阱取证　294
股票被人私下平仓　294
精心设计的陷阱　296
既卖矛又卖盾　298
(三)谁说民办学校担保无效　301
4900万元借款陷阱　301
穷尽一切理论　302
成功说服法官　304

(四)未取得建设工程规划许可证
　　的租赁合同有效吗?　308
双倍返还定金　308
违约岂能如此轻松　309
"预租赁"合同合法有效　311
(五)3亿元定金双倍返还　314
项目转让惹的祸　314
逃不脱的违约　315
买房还是担保　318
3亿元定金双倍返还　319
个案突破的价值　322

第九章 人生无悔 325

> 这是令人羡慕的人生履历——当钢铁工人时,年年是先进标兵;恢复高考,轻松考进武大物理系;大学毕业后从事钢铁技术研究,却在律师资格考试中获得黄石市考区第一名;从国企出来做执业律师,刚入行便成为明星式人物;追随改革开放的脚步来到深圳,在国企从事法务工作,很快做到副总经理;放弃干部身份,再次投身律师行业,经办过众多经典大案,连续11年被世界知名的法律评级机构"钱伯斯"评为公司与商事法律领域"领先律师",直至获得大中华区律师界"业界贤达"荣誉。

一路向上的人生 327
铁肩担道义 329
偏爱疑难案件的挑战 332
面对法律与道德的冲突 335
总能在被动中翻盘 338

如何面对司法不公 343
"私塾班"授课 345
成功的四大要素 348
创造性思维 349

Chapter 1

第一章
最大的国家赔偿案

本章提要

直到债务人无力偿还870万元借款时,债权人深圳市有色金属财务有限公司才发现,当初用来抵押的土地和房产,其中土地早就抵押给了其他人,这意味着用于抵押的房产建在别人的土地上,870万元债权已无从实现。深圳市规划国土局违法行政,发了两个产权证,又重复办理抵押,它必须为此承担法律责任,由此引发了《行政诉讼法》《国家赔偿法》实施后当时"最大的国家赔偿案"(或许今天看来并非我国"最大",但当时确实被如此定义)。

遭遇一物两证

870万元国家赔偿案件,1990年代末,深圳。

时隔20多年,肖才元说起这个在当年被称为"最大的国家赔偿案"的惊天"民告官"案件,仍觉得不可思议。"不要说在20多年前,即使放在今天,起诉国家机关,索赔870万元,也是极为艰难的行政诉讼。"肖才元搜索着遥远的记忆,用略带感慨的语气说,"那是我第一次代理行政诉讼案件,也是律师生涯中遇到的最硬的骨头之一,只能咬着牙啃下来,不能有丝毫的退缩。"

打开泛黄的卷宗,当年"最大的国家赔偿案"展现在我们的面前。

案件最早可以追溯到1990年代初,百胜珠宝(深圳)有限公司用财产抵押的方式,向深圳市有色金属财务有限公司借款800万元,这是符合国家金融政策的正常融资行为。作为一家设在深圳经济特区的非银行金融机构,财务公司拥有金融业务牌照,可以对外提供贷款,而且在具体操作程序上比国有银行要灵活得多。

800万元借款到期后,百胜公司未能如期归还,经过双方商定,本息870万元转为新的借款,用土地和房产作抵押。1995年5月,财务公司与百胜公司签订了新的借款合同,抵押物系位于福田区上梅林的工业厂房第一、二层及使用范围内的土地,房地产证编号:深房地字第0059524号,地号:B405-14,借款期限3个月,月利率9.08‰,并于1995年5月30日在深圳市规划国土局办妥抵押登记手续,备案号:深圳市规划国土局(95)深房押字第0244号,房地产证上"他项权利摘要"栏载明:抵押权人为深圳市有色金属财务有限公司。

应该说,这个合同是规范的,而且履行了抵押备案程序,法律手续完备,这对财务公司来说是相对安全的放贷方式,抵押的那块土地和地面上房产的市场价值足以偿还 870 万元借款。

3 个月的借款期限很快就到了,"违约"这个难以捉摸的法律魔鬼不期而至,百胜公司仍然未能还款,于是,拍卖抵押的土地和房产就成了最后的选择。那时候,作为财务公司法律顾问的肖才元,对于抵押物的处理,原本一点都不担心。"财务公司手里拿着债务人的房地产证,土地和房产就在那里放着,根本不用担心风险。"肖才元翻出当年的资料,"无非是走法律程序,稍微有点折腾而已。"

肖才元为起诉百胜公司准备了一套方案,这对他来说没有什么难度,欠债还钱,百胜公司大约也不会有什么能狡辩的理由。那块地虽然说不上是黄金地段,但也算不错的地方,靠近工业区,地面还有两栋工业厂房,如果法院拍卖,不乏愿意接手的人。

1996 年 1 月,财务公司向深圳市中院提起民事诉讼,要求百胜公司履行抵押贷款合同义务。也就是在这个时候,百胜公司的面具才被摘下,它已经到了资不抵债的境地,这 870 万元借款它根本就无力偿还。就在财务公司的起诉尚未开庭,讨债未果时,另一债权人农业银行嘉宾路支行也打上门来,直接向深圳市中院申请百胜公司破产,该案随即转入破产程序。财务公司虽然被动地卷入其中,但它仗着手上持有的不动产抵押物,便向深圳市中院申报抵押优先受偿债权。

"即使百胜公司被破产清算,我们也不怕。"想起二十多年前的那种沉着,肖才元说,"财务公司手里拿着债务人的房地产证,无论是根据当时的法律法规还是现在的制度,不管是《民法通则》*《破产法(试行)》,还是后续的《合同法》**,持有抵押物的债权人有优先受偿的权利。即使百胜公司进入破产程序,把公司全部财产,包括抵押物变卖后,资不抵债,财产不够分,也要先分给财务公司这样的抵押权人,剩下的才能轮到普通债权人。"

肖才元当时的分析并没有错,只是案情的走向偏离了他预先设想的轨道。农业银行嘉宾路支行拿出百胜公司抵押给它的房地产证,对财务

---

* 本书法律法规名称中的"中华人民共和国"省略,例如《中华人民共和国民法通则》表示为《民法通则》。

** 本书法律法规根据案发时适用,不再标记具体年份。

公司的优先受偿权提出了质疑。

直到此时,财务公司和农行才知道,两个债权人手中各有一本房地产证,登记的都是百胜公司的同一块地;二者登记的内容不同,农行持有的房地产证上只有土地,而财务公司持有的房地产证上记载的除了土地还有地上建筑物;农行持有的房地产证发证时间和抵押权登记时间,先于财务公司那本房地产证书的颁证时间和抵押登记时间。

既然农行的时间在先,财务公司哪有资格主张优先受偿权呢!

这令人魔怔的一幕,用大白话说吧,财务公司手里拿着的百胜公司抵押给它的房地产证,包括完整的土地和地上的房子;土地产权并不享有独家抵押权,它早就被抵押给了农行,财务公司对此一无所知。这意味着,原本抵押财产的拍卖所得,必须跟另一个债权人分割,本来简单的债权债务问题陡然复杂起来。

面对这种"关公战秦琼"的荒唐剧情,要说财务公司还是气定神闲般淡定,那不是客观事实。遭遇破产清算,百胜公司估计也没有太多能变现的破铜烂铁,唯一值钱的就是那块地和两栋厂房,如果优先受偿权得不到保障,那么,870万元债权就有打水漂的危险。

肖才元迅速理清了思路。深圳经济特区素来大胆创新、先行一步,当时的房地产管理政策已远远走在全国前列,当内地还停留在"土地证""房产证"时代时,深圳经济特区就已经开始实行土地证和房产证两证合一的制度,被称为房地产权证书。百胜公司抵押给财务公司的房地产证,就是土地和房产的完整产权,而抵押给农行的只是土地单项权利。

百胜公司资不抵债,土地和房子被法院拍卖后,如何分配给两家债权人呢?谁优先受偿?财务公司对抵押办理了备案登记,几乎可以断定,农行也会办理抵押备案登记,在法律程序上都合法,各自都主张优先受偿权,也符合法律规定。显然,两个债权人利益产生了严重冲突,百胜公司的这点财产不够分,也无法分,谁都不会轻易让步。而如果两家分,即使法院认可,其他债权人认可,根据法律一般原理,也应当是先满足农行,有剩余的,再分给财务公司。根据当时的市场价值预估,若按这种顺序分配,财务公司将颗粒无收。

棘手的法律难题被推到肖才元面前,他必须使尽浑身解数,帮助公司讨回这笔借款,更何况这是国有资产,出了问题,有些人可能会被问责。

"我本能地想到,这是一物两证造成的重复抵押。"说到这里,肖才元感到费解,"那百胜公司怎么会有两个证呢？是一真一假还是两个证都是真的？"

通过调查,他很快证实,百胜公司分别抵押给两个债权人同一地块的两个产权证都是真的,名字都叫"房地产证"。不同的是,抵押给农行的房地产证,上面记载的只有土地,而没有土地上的房子,那是因为,国土局给它办证的时候,当时还没有建房子；当百胜公司向财务公司借款时,它在自己的土地上建了房子,又到国土局申请办理了房地产证,包括土地和房子；国土局在发给它新的房地产证时,没有把旧证收回来作废；百胜公司把权利抵押给财务公司,隐瞒了这块地有两个产权证,且土地已经抵押给其他人的事实。

从形式上看,这两个房地产权证书,都是由深圳市规划国土局颁发的,都是有效的。站在百胜公司的角度理解,既然国土局给它的房地产发了两个证,为什么不能分别抵押融资呢？刨根问底,深圳市规划国土局对于同一块土地,办了两本房地产证,显然是不正常的,因此,重复办证才是全部问题的始作俑者。

"冤有头债有主",既然百胜公司已无价值,肖才元建议财务公司换个目标,找深圳市规划国土局追讨 870 万元借款。

对执业律师来说,肖才元当然明白,像国土局这样的行政机关,要以国家赔偿的名义从它的口袋里掏出 870 万元,用来偿还百胜公司欠下的债务,不仅要闯过"民告官"的重重难关,而且就算赢了官司,还有最后的执行问题,实在无法让人乐观。

正是考虑到行政诉讼的难度极大,财务公司最初的做法是通过行政路径,以保护国有资产的名义,向深圳市委、市政府、市人大等各级权力机关和领导反映,希望得到重视,也许一个批示就能解决问题。

"石沉大海,没有任何回音。"肖才元说,"我们给出的冠冕堂皇的理由是保护国有资产,因为财务公司是国有企业,可是人家农行也是国有资产,法律面前人人平等,凭什么优先保护财务公司？"

法院拒绝立案

留给财务公司和法律顾问肖才元的,只剩下唯一的选择——行政诉讼。尽管有不同的意见,但肖才元反复斟酌后,仍然坚定地主张对深圳市规划国土局提起行政诉讼。

正如事前分析的那样,他们遇到的第一个困难便是法院不同意立案,理由是,财务公司不是行政相对人,不能以原告的身份起诉国土局,只能作为第三人。依据当时的行政诉讼法,这个理由似乎没有毛病。肖才元说:"立案庭的负责人还是我的武大同学,他也只能叹息,无能为力,法律就是这样规定的。"

这是 1996 年的事,把当年的案子摊开来说吧,行政诉讼的条件很苛刻,范围也很小,只有具体行政行为才能起诉。这样的规定,内行人士很容易理解,要说给不懂法律的普通人听,不妨用通俗的语言来表述——所谓的具体行政行为,是指某个政府部门的一项行政行为(如吊销执照、罚款等)所针对的具体对象,既可以是个人又可以是一家企业,也就是法律术语中的"行政相对人"。本案中,行政相对人就是百胜公司,房地产证是国土局发给它的,不管发几个,也不论影响了谁的利益,只有百胜公司才有权利提起行政诉讼;至于其他人,就算财务公司和农行被"双胞胎"房地产证欺骗了,也无权起诉国土局,只能低声下气地跟在百胜公司后面,以第三人的身份等着分一勺残羹剩饭。

百胜公司没有吃错药,它自然不会起诉国土局,更何况它已经进入破产程序。

在当时的法律语境下,国土局重复办证,是国土局与百胜公司之间的登记关系,与财务公司无关;即使其权益因此受到损害,也不能直接起诉,只能等待其他人提起行政诉讼后作为第三人参与进来;而如果没有他人提起行政诉讼,就只能通过类似信访的程序投诉相关部门,没有法律途径可走。

"这是当年法律的局限,国土局重复办证的违法行为,损害了企业的合法权利,却不能起诉。"不过,以肖才元的执著,他根本没有打算后退半步,向不合理的规定妥协,他说,"所有的法律都以追求公平正义为终极目标,你不能对赤裸裸地侵犯公民或者法人合法权利的行为视而不见,必须给出救济的措施。"

由于法院坚持不予立案,行政诉讼出师不利,暂时形成僵持状态。而肖才元此时需要面对的远不止这一个问题,还有起诉期限。尽管立案庭用具体行政行为的法律门槛挡住了肖才元,没有提到起诉期限,但他还是担心,这也是最终绕不过去的问题。

肖才元的习惯是,在起诉之前,必须把所有的程序性问题准备充分,以应对合议庭和对方的诘问。

稍微懂点法律程序的人都知道,民法和行政法对起诉都有时间限制,其中,民法称为诉讼时效,行政法称为起诉期限。那么,财务公司起诉国土局,该从哪一天计算时间呢?通常而言,民法以两年为限,行政诉讼的期限更短,最长为一年。

根据《行政诉讼法》的规定,没有作出明确规定的地方,可以参照民事规范进行处理。据此理解,财务公司起诉国土局,不应当以百胜公司抵押的时间为准,而是以知道或者应当知道自己的权利受到损害的时间为准。

那么,"知道或者应当知道自己的权利受到损害的时间"又如何确定呢?是不是从另一抵押权人农行申请百胜公司破产并由法院受理之日起算?即使从这个时点开始,财务公司提起行政诉讼的时间也早就超出一年的最长期限。

这个"起诉期限"的问题,当时是暗藏的拦路虎,一直困扰着肖才元。而最终也是因为他坚持要求破产庭作裁定,通过这一巧妙设计的方案,将"起诉期限"这一拦路虎搬开了。

"无论案件大小,必须高度重视对手,任何轻视和疏忽大意都可能让自己陷入被动。"对国土局这样的对手,肖才元不敢有丝毫的怠慢,他甚至对国土局颁发房地产证这一行为究竟是什么性质,也作了反复论证。既然将矛头指向了国土局重复办证的违法行为,而且法院要求起诉必须是具体行政行为,那这种重复办证是不是具体行政行为呢?在今天看来,这不是问题,但是,在20多年前,司法实践和法律实务界的认识还比较模糊,对它的法律定义也不清晰,也正是这个原因,有些学者把它称为"准行政行为""行政准予行为""行政登记行为"。

学理的问题可以争论,立法也需要继续完善,但肖才元却坚定地认为,深圳市规划国土局对一块土地(房子)发了两个房地产证,给百胜公司的欺骗性抵押提供了条件,造成财务公司870万元的经济损失,行为本身是具体的,并给具体的企业(财务公司)造成了损失,这就是具体行政行为,完全符合起诉的要求,否则,法律的公平正义将沦为一句空话。

《法国民法典》第四条确定的"法官不可拒绝裁判"这一原则,在法律人的思维中是一句关乎公平正义的名言,同样深刻地影响了肖才元。不管法院还是法官,面对权利受到侵害的人拒绝立案,这是逃避责任,有违基本的公平正义。但是,这不是大学法学院,去跟中国法院的法官讨论《法国民法典》的立法思想,那是自讨没趣。

肖才元把所有的问题都摆在桌面上,推敲能想到的每一个细节,继续找法院交涉。"应当立案,谁也没有理由把公平正义挡在司法的大门之外!"肖才元在财务公司内部一再重复这句话,他又带着这个想法去找立案庭的法官,"从法理的角度,财务公司的权利明显受到了行政机关的侵害,你法院不立案,这个是说不过去的。"

就在此时,局面出现新的变化,深圳市中院破产庭将要拍卖百胜公司的那块土地和房子。这就涉及国土局将为新的买主办理房地产证,必须先解决此前发出的两本房地产证。国土局向法院提出,拍卖后,可以给新的买主办理产权证书,不过要把前面的两本证书收回来注销。国土局的意见也没有错,又正好可以在合理程序的掩护下,巧妙地将重复发证的违法行为抹掉。

法院立即通知财务公司把房地产证交回去。通过司法途径追讨870万元贷款的障碍还没有消除,现在又将手里持有的抵押权证交给法院、国土局,那不就等于彻底抓瞎了吗?财务公司陷入两难,既不想得罪法院,又不甘心把房地产证交回去。无奈,肖才元找破产庭的法官谈判。"我们愿意配合法院,但配合也需要理由。"

主管这起破产案的一名法官说:"你要什么理由?我们可以给财务公

司发一个通知,让你们把房地产证交给法院。"

"只给通知是不行的,通知不产生法律效力。"肖才元继续跟法官讨价还价,"我们的抵押权能不能得到认可,法院要给出明确的结论。"

肖才元给法官们出了难题。因为这是破产庭,根据农行提出的请求,对百胜公司进行破产清算,它无法对抵押本身的法律效力等作出判决。"现在有两本房地产证,两个抵押,存在权利冲突,这是首先要解决的问题。"在谈判过程中,肖才元看出了法官们也在考虑合适的办法,便建议说,"请法院作一个裁定,认定财务公司持有的房地产证无效,然后我们就可以把证书交给法院,这对我们来说也算有个说法。"

那名法官想了又想,还是感到为难:"这样做没有先例。"

"让我们上交用于抵押的房地产证,这样做也没有先例。"肖才元脱口而出。他没有说出口的是,正因为这件事足够荒诞,国土局不只是重复发证,而且是先发一个只有土地的证,再发一个包括土地和房子的证,到哪里去找先例?

双方你来我往地争论了很久,法院最后让步了,同意由法院针对财务公司主张的抵押优先受偿权问题作出民事裁定【(1996)深中法经三字第0143号】:"经审理查明,上述房地产是破产企业位于福田区北环路上梅林 B405—14 土地的地上建筑物及使用范围内的土地。破产企业对该房地产在持有深房地字第 0059524 号房地产证之前,已持有深房地字第 0080978 号房地产证,并已将该证所记载的同一地块的土地使用权于 1992 年 8 月 18 日抵押给农业银行嘉宾路支行。本院认为:深房地字第 0080978 号房地产证所登记抵押事项合法有效,而深房地字第 0059524 号房地产证的申办系重复申办,不符合法定条件,从而导致该证所登记抵押事项无法律依据……裁定如下:深圳有色金属财务有限公司所持的有关上梅林工业大厦1、2层及相应土地的抵押无效,所申报的捌佰柒拾万元人民币为无抵押债权。本裁定为终审裁定。"

在代理案件时,或许少有律师会用这种战术,道理很简单,财务公司手里拿着房地产证,尽管是国土局违法行政的产物,那至少还是一根可以抓住的稻草;现在房地产证被法院撤销后,就等于没有了抵押,更别说优先受偿权的实现,讨要 870 万元贷款无疑更加困难,法院本来就拒绝立案,接下来还能以什么理由起诉呢?

肖才元是醉翁之意不在酒,这是典型的逆向思维。表面上看对自己不利,国土局那边不疑有"诈",法院也比较容易接受,从而不动声色地达到了目的。

这份由深圳市中院破产庭作出的"没有先例"的裁定书,在肖才元的电脑里保存了20多年。他一字一句地读完后,解释了当初的动机。"这不是随心所欲的想法,是胸有成竹、经过深思熟虑的策略。"肖才元推开电脑,当年的场景历历在目,仿佛就发生在昨天。

当时,这起行政诉讼案件的启动,有两个重大的法律障碍:第一,准备起诉时,实际上已超过了法定的起诉期限。当时《行政诉讼法》规定的期限为知道具体行政行为之日起三个月内提出,而司法解释放宽到"起诉期限从当事人实际知道诉权或者起诉期限时计算",逾期最长不超过一年。第二,两本房地产证的颁发行为,其具体行政行为的相对人是百胜公司及农行,而财务公司不属于具体行政行为的相对人,只能是利害关系人。按照规定,利害关系人只能作为第三人参加行政诉讼而不能作为原告,不能启动行政诉讼程序。这个案件中,具体行政行为的相对人百胜公司,本身就是这一违法行为的受益者,它是绝对不可能去提起行政诉讼的。

"首先我要把对方可能在起诉期限上纠缠的任何借口彻底封住。财务公司其实在提起民事诉讼时,已经得知农行那里还有一个抵押,也马上预料到财务公司的抵押权将受损。但作为国有企业,财务公司根据固有的企业文化,并没有在严格意义上的时间段内提起行政诉讼,而是向政府及相关部门反映这一问题,希望通过行政手段来挽回损失。然而,这必将产生已超出行政诉讼起诉期限的争议,国土局很可能以此为由,要求法院驳回财务公司的起诉。"肖才元说,"由于拿到了破产庭的这一裁定,可以借用民事诉讼的规范,将其解释为:从裁定书送达之日起,财务公司才明确得知自己的权利受到侵害的时间,这就不存在起诉期限的问题。"

如果说法院不立案的理由,是认为财务公司不是直接当事人,不属于具体行政行为,只能当第三人。那么现在,当财务公司的抵押权被法院裁定无效,也就产生了直接的利害关系,就应当被认定为(广义的)当事人,如果还不能通过司法寻求救济,就背离了行政法立法的原则,是没有理由的。换句话说,即使在法律上还有模糊的地方,法官也有不同的理解,但财务公司作为原告起诉国土局,符合行政法规范、监督行政机关依法行政、保护行政相对人合法权利的本质精神。

说服法院立案

任凭肖才元的理由多么充分,逻辑多么严密,立案庭的法官仍不为所动。他感到有点无计可施,突然灵机一动,要找行政庭给个说法,顺便拉上立案庭的法官一同交涉。出乎意料,这一步很顺利地走通了,行政庭的法官听了肖才元的陈述和理由,当即表示,这是个很有价值的案件,是一起极具争议性的新型行政诉讼案件,可以丰富和完善行政诉讼的司法实践。

在盈科律师学院给年轻律师授课时,肖才元就不止一次地说过,在整个司法审判系统中,最有创新精神和实践勇气的是行政庭、知识产权庭,他们在忠于立法本意的基础上,敢于突破,适度扩张。他用这起案子举例说,行政庭的法官们有一种本能的正义感,没有局限于具体行政行为这种条条框框的约束,决定接受案件,并通过它探索司法实践中的问题,乃至最终推动立法的进步。

拿到这一"套取"的破产庭裁定书,加上行政庭的积极意见,立案庭也不再纠缠是具体行政行为还是抽象行政行为,迅速完成了立案。深圳市行政机关被索赔870万元的天字一号"民告官"案件正式拉开序幕。

诉状是经过多次讨论后形成的,对涉及的法理问题阐述得很深刻,被告很难从这样的指控中脱身。面对《行政诉讼法》和《国家赔偿法》颁布以来深圳特区、也是当时全国最大的行政赔偿案,国土局自然不会轻易认输,它提出的答辩意见是,本案不是重复抵押,因为两个证的内容不同,一个只有土地,一个包含土地和房产;重复办证的问题也不存在,为百胜公司办理的两个房地产证,其中一个是"代用证",在国土局内部是有区分的,两个证并不相同。

不得不说,深圳市利用中央赋予它的立法权,因应改革开放的需要,创设了不少具有积极意义的地方立法。其中,听起来很陌生的"代用证",便是特区房地产市场制度创新的产物。深圳市当时推出"代用证",是在房地产项目开发初期,甚至土地出让金只交了一部分,不能办理正式的土地使用证的情况下,先发给"代用证"。稍微有点麻烦的是,这个"代用证"在本案中又如何解释呢?

原被告的诉状、答辩状的观点针锋相对,行政庭的法官们发现这起案件触及的问题也很复杂,是过去从未遇到过的行政诉讼案,对行政立法、行政审判有着积极的探索价值。基于这个想法,深圳市中院决定利用本案作为审判观摩范例,安排本院和深圳全市所有基层法院行政审判庭的法官,由分管副院长带队全程旁听,并且将庭审放在福田区法院新建的办公大楼一号审判庭。开庭前,行政庭和双方律师都打了招呼,不能搞证据偷袭,一切证据都要公开拿到台面上,摆事实讲道理,特别要注意行政审判和民事审判重心的不同。它的潜台词是让律师们配合法庭,开一个高水平的行政审判示范庭。

法院的姿态让肖才元放下心来,不再顾虑法律以外的纷扰。《行政诉讼法》和《国家赔偿法》的颁布施行,向社会传递了我们过去相对陌生的理念——国家机关会犯错误,国家工作人员也会犯错误,会导致公民和法人从人身到财产的损失;国家机关和国家工作人员做错了事,侵犯了公民和法人的合法权利,也应该赔偿。不过,那只是理论,与现实还隔着很远的距离。正因为这是"民告官",事实上的力量不对等,使得行政诉讼、国家赔偿所面对的并非单纯的法律问题,还有来自权力的各种或明或暗的掣肘。

"有其他的担心是难免的,但这不是我要考虑的主要问题。"回想那段经历,对于可能的法外因素,肖才元似乎并不在意,"作为律师,我能做的就是全力以赴,为当事人争取最好的利益。"

一波三折,几经努力,财务公司与深圳市规划国土局对簿公堂。

这中间还有个小插曲,在破产庭作出那份"没有先例"的裁定后,又以百胜公司破产财产不足以支付破产费用为由,裁定终结该案破产程序。这意味着,财务公司的870万元本息血本无归,对于这笔账,没有其他选项,只能向违法行政的深圳市规划国土局追讨。

在诉状中，财务公司的主要诉求有两个：确认被告深圳市规划国土局的行政行为违法；赔偿1162.81万元，其中，本金870万元，其余为利息。理由简单明了——国土局向百胜公司的上梅林物业办理了"深房地字第0080978号"产权证书，百胜公司将该产权证书所记载的产权抵押给了深圳农行。而国土局在抵押登记未注销且"深房地字第0080978号"产权证书未予收回的情况下，又就同一物业向百胜公司颁发了新的产权证书"深房地字第0059524号"，百胜公司又据此抵押给了原告。于是便出现了同一物业产权证书重叠、抵押登记重复的异常情况。正是因国土局的违法颁证、违法抵押登记行为导致百胜公司拥有重复申办的"深房地字第0059524号"房地产证，致使原告在不知事实真相的情况下善意地与借款人签订了870万元的抵押贷款合同。而原告所申报的870万元债权被裁定为无抵押债权，使得财务公司的优先受偿权无法实现。

行政审判法官现场观摩

开庭那天，深圳市两级法院的行政庭办公室空无一人，所有行政案件暂停审理，行政审判系统全体法官都坐在福田区法院崭新的大法庭里，旁听财务公司诉被告深圳市规划国土局违法行政案件的审理。

这注定要成为一起标志性的行政审判案件。如果我们作一个大胆猜测，法院如此安排，其用意或许不是那么简单，表面上，可以理解为借助典型案件进行业务学习和审判观摩，而心照不宣的，则是把案件放在阳光下，避免可能的权力干预。毕竟，案件涉及870万元国家赔偿，连法官们也不知道会遇到什么问题。

案件由行政庭副庭长吴方玲担任审判长，张晓妮法官主审，与马龙法官一起组成三人合议庭；代表原告财务公司出庭的代理人为肖才元律师和另一位资深律师石绍纯；代表被告国土局出庭的是两名工作人员，其实他们都是执业律师。

案件从上午九点开庭,到下午一点休庭。双方在法庭上唇枪舌剑,原告义正词严,被告声称按章办事,好像谁都有理,谁都没有错。

按照国土局答辩状的说法,在百胜公司付清全部地价款后,1992年7月1日,国土局依据《城镇国有土地使用权出让和转让暂行条例》第十六条的规定,办理了土地使用权登记并颁发了深房地字第0080978号房地产证。"此时,被告实施的登记行为仅是对土地使用权的登记,地上没有任何建筑物及其他附着物。"从国土局代理人的当庭答辩中,我们大致可以看到这起被告上法庭的违法行政行为的演变经过。"1992年8月18日,被告根据百胜公司与农业银行嘉宾路支行的申请,为其办理了土地使用权抵押登记。这是被告实施的第一次抵押登记行为,其抵押登记的标的物是上梅林B405-14土地的土地使用权,没有地上建筑物。"

应该说,国土局此时的所作所为是完全合法的,也是不动产登记和抵押备案的常规流程。

在土地闲置了几年后,经过深圳市建设局和国土局的批准,百胜公司建了两栋厂房,并于1995年5月申请产权登记。国土局又为它办理了"深房地字第0059524号"房地产证。法庭上,被告的工作人员辩解说:"此次仅仅是对土地上的建筑进行登记,不包括土地使用权。"但是,对于第二次发的第0059524号房地产证,国土局的工作人员坚持认为,这是"代用证"。

就是这个不明不白的"代用证",百胜公司也要让它价值最大化,用它作抵押,向财务公司借款870万元,接着又在国土局顺利地办理了抵押登记。不仅百胜公司隐瞒了事实,而且国土局也没有告知财务公司,这只是"代用证",不包含土地,土地早就抵押给别人了,"你的房子建在别人的土地上"。可怜的财务公司,国土局发的房地产证个个都长得浓眉大眼,一模一样,从外观上死活也看不出来这是"代用证"。

这个问题的实质是,在已经颁发土地使用权证的情况下,地上增加了建筑物,国土局应当如何办理新的产权证书呢?是再发一个新证,还是收回旧证换发新证?相应的抵押登记又该如何办理呢?

国土局利用它作为主管部门对业务娴熟的优势,对规章制度的解释听上去都符合规定,一物两证和两次抵押登记都是合法的。

肖才元早就准备好了"弹药",他开始历数国土局第二次为百胜公司办理房地产证的违法行政行为到底错在哪里、怎么错的。

"无任何申请文件却予以登记的行为严重违法。依照《深圳经济特区房地产登记条例》第三十条规定,申请建筑物、附着物所有权初始登记,应提交下列文件:土地使用权属证明……建筑物竣工验收证;经市政府指定的机构审定的竣工结算书;建筑设计总平面图、建筑竣工图(包括单体建筑平面、立面和剖面图);登记机关认可的测量机构出具的实地测验结果报告书。"肖才元的话不只是说给合议庭的法官听,还有坐在台下旁听的深圳市各基层法院行政庭的法官。直到此时,法官们才惊讶地发现,房地产初始登记需要提供那么多法定的证明,百胜公司居然一个也没有——土地使用权属证明因抵押贷款存放在农行,贷款未清,不可能拿来更换;建筑物实际上并未竣工,竣工后的验收文件必然缺失,完全不符合颁发房地产证的要求。肖才元用略带讥讽的语气说:"被告公然违反《深圳经济特区房地产登记条例》第二十三条关于'申请文件不齐全或不符合规定的,登记机关不予受理'的规定,直接为百胜公司发证,其违法程度令人难以置信。"

混乱的产权登记

我们无从知晓,法庭外,国土局是否意识到这一次他们真的错了,而且面临违法行政的严重后果。在法庭上,它的两名工作人员连续用了三个"即使"进行辩解:"即使后一次抵押登记,即百胜公司用房地产'代用证'办理的抵押登记包括土地使用权的价值部分,也不属于重复抵押登记,因为前后两种抵押登记的价值完全不同,前者仅为土地使用权的抵押登记,其抵押登记价值为450万港币,而后者既包括了土地使用权,又包括了地上建筑,评估价值为1600多万元人民币,远远大于第一次抵押登记的价值。"

"即使是同一标的物也可以设若干个抵押权。根据《担保法》第三十五条第二款关于'财产抵押后,该财产的价值大于所担保债权的余额部分,可以再次抵押'的规定,以及《广东省抵押贷款管理条例》第二十九条第三款关于'同一抵押物设定若干抵押权的,应按设定抵押登记日期的先后顺序偿还'的规定,我们认为,同一标的物进行两次或两次以上的抵押登记行为是有法律依据的。由此可见,被告实施的两次抵押登记行为是针对不同标的物进行的,一次是对土地使用权,一次是对地上建筑物,不属于重复抵押登记。农行和原告都有抵押权,按照法律规定,只是优先受偿的先后顺序不同。"

"即使存在重复抵押情况,被告也不承担任何法律责任。应该承担损害赔偿责任的是百胜公司。根据《广东省抵押贷款管理条例》第十五条,'以同一财产设定若干抵押权时,抵押人在设定抵押权前,应将设定抵押权状况书面告知各抵押权人',抵押人百胜公司没有将第一次抵押情况即土地使用权的抵押登记告知抵押权人,所造成的损失自然由抵押人百胜公司承担。"

如果国土局代理人的这个说法真的是办理房地产证的常规程序,那么整个经济秩序就会乱套——土地可以办一个房地产证,建了房子后还可以再办一个房地产证,还可以分别、先后向不同的银行贷款,而这些提供贷款的银行,彼此并不知道还有一本房地产证抵押在另一家银行,而且谁都能在国土局抵押备案。那么,最直接的后果便是利用房地产抵押骗取金融机构的贷款,轻则导致民事欺诈行为的诉讼泛滥,重则为诈骗犯罪提供便利。百胜公司用重复办理的房地产证和抵押骗取财务公司的870万元贷款,已经处在民事欺诈和刑事诈骗的灰色地带,往前半步就是刑事犯罪。

国土局或许没有意识到,它的麻烦大了。肖才元挖地三尺,把所有关于房地产登记和抵押备案的规则梳理出来,这就不难理解,深圳市中院为什么要让全市各基层法院行政庭法官来观摩这起"民告官"案件。把这些规则认识透彻,既为类似案件的审理提供了范本,又为国土部门堵上缺口,避免因某些工作人员滥用权力对公民和法人的财产造成侵害。

"已办有土地权属证明的,后又申请地上建筑物初始登记的,应当如何办理呢?"这给人一种感觉,肖才元律师不是在法庭上与对手较量,而是在法学院给学生上课。随着他在法庭上的举证,我们得以了解与房地产初始登记有关的制度。

尽管深圳经济特区1993年就有了特区立法权,许多规则的设立都走在全国的前沿,特别是土地制度,土地使用权的拍卖就是从深圳特区开始的,因此,深圳的土地制度与规则,都自成体系并为其他地区所仿效、学习。

深圳经济特区对房地产的立法有一套完整的制度,即便如此,它也不可能针对本案这种情形作出预见性的规定,因为它违背常理。根据朴素的社会常识也应该知道,给同一个产权人的土地和地上建筑物分开颁发两本房地产证,一旦被分别用来抵押,必然会产生权利冲突,哪怕法律没有具体的规定,也应当有起码的警觉和谨慎,不可如此荒唐。

其实,在法律依据上,深圳经济特区的规则中没有规定的,就应当看看国家的规定、广东省的规定。《广东省城镇房地产权登记条例》第八条第一项规定:"新建房屋建成后交付使用时,房地产权利人持土地使用证明及其他有关文件申请办理确认权属登记,换领房地产权证,并注销土地使用证。"

也就是说,广东省地方性法规明文规定,对新建的建筑进行产权登记,必须先将土地证原件收回(丢失的,予以公告六个月),再将土地与地上建筑物一并进行登记,不允许一产两证的重复登记,这样才能防止权利冲突,《深圳经济特区房地产登记条例》第七条、第四十八条所体现的也是这种法律精神。而被告方颁发两个产权证书,直接违背了地方性法规,等于人为制造了权利冲突,导致相关国有企业的重大损失。

在百胜公司的建筑物落成后申请办理新的房地产证时,国土局明知道此前已经颁发了土地使用权证,而且还办理了抵押备案,却未收回第一个产权证书,并对抵押备案进行相应的处理,而径直颁发第二本房地产证。更荒唐的是,国土局居然还给第二个房地产证办理了抵押登记备案。这无论如何都不能被理解为常规流程,也不是工作失误能够解释的。

不动产之所以要登记,其中一个目的,是因为行政机关的公信力,作为权利人评判的唯一依据,错误的颁证行为,直接导致了不同利益主体之间的权利冲突。

此外，被告国土局的行为直接违背了一系列法律法规的明文规定或立法精神：

《中华人民共和国城市房地产管理法》第三十一条规定："房地产转让、抵押时，房屋的所有权和该房屋占用范围内的土地使用权同时转让、抵押。"

《中华人民共和国城镇国有土地使用权出让和转让暂行条例》第三十三条规定："土地使用权抵押时，其地上建筑物、其他附着物随之抵押。地上建筑物、其他附着物抵押时，其使用范围内的土地使用权随之抵押。"

原建设部《城市房屋产权产籍管理暂行办法》第八条规定："城市房屋设定抵押他项权利时，应当包括房屋所占有的土地使用权。"

"可见，所有法律法规均一致要求，房产、地产应同时登记、抵押和转让，避免权利冲突。这一点，已是人所共知的规则。"肖才元说，"当抵押人不履行债务时，必定涉及抵押物变卖转让，被告所称土地与建筑物分开发证、分开抵押、分开转让不仅毫无法律依据，而且在现实中也不具有可操作性，违背基本的常识。"

事实上，国土局为百胜公司办理的两个房地产证，并不是它的代理人当庭所说的一个是土地，一个是房子。其中，第一次办理的确实只有土地，严格说那就是土地使用权证；第二个房地产证登记的不仅是新建的厂房，还有1390平方米土地（总面积4170平方米）。

这真是一团乱麻！倘若法院变卖处置百胜公司的这块土地和房产，那么，土地和房子分开登记，又分别抵押给两家债权人，并且还有1390平方米的土地抵押权重叠，除了上帝之手，也许没有人能够把这笔烂账分清楚。这就是破产庭不惜冒着程序违法的风险，裁定财务公司的抵押权无效的原因。法官们也想从一团乱麻中理出个头绪。

出现这种乱政，没有人能够理解。如果分析原因，最合理的解释，就是内部人员违规，目的是为百胜公司再次向金融机构贷款提供方便，假如它按时偿还借款，一物两证的违法行为就不会穿帮。

这根本不是正常的房地产证登记和备案程序，亦非粗心大意的工作失误所能解释，一定会有权力部门最后来清算这笔账，这是后话。

步步紧逼

法庭调查阶段，肖才元得到向国土局代理人发问的机会。"按照《深圳经济特区房地产登记条例》，房地产有两种登记，一种是初始登记，一种是变更登记。初始登记指房子建好了，要办理产权证，变更登记则是房子转让后，换了主人，要作变更登记。"肖才元问道，"被告方为百胜公司办的第二本证，是属于初始登记还是变更登记？"

国土局的代理人拒绝回答。"你不能拒绝回答。"合议庭法官马龙说，"这个问题与案件直接相关，你应当回答。"

听到法官的话，国土局其中一名代理人说："我们不能回答，这是个圈套，一回答就掉入了对方的圈套。"

台上台下的法官们忍不住笑起来。毫无疑问，国土局给百胜公司先后办理的两个房地产证肯定是初始登记，但它又不敢正面承认，因为初始登记只能办一个证，办两个证必然是违法的。

这么说，在某种程度上就等于间接认输，虽然嘴上不认账，但前面答辩时那三个"即使"的防卫战术，也是律师常用的"兜底式"手法，试图为败诉设一条"止损线"。只不过这一次的违法行为太离谱，面对肖才元的穷追猛打，根本过不了关。

再说国土局代理人反复强调的重复抵押不违反法律的观点。《深圳经济特区房地产登记条例》第三十三条规定："初始登记经审查符合规定的，登记机关应在受理登记之日起六十日内作出初步审定，并予以核准公告，公告期为三十日。对初步审定无异议的，公告期满，登记机关应予以登记，并向申请人颁发房地产权利证书。"国土局完全无视地方立法的规定，没有公告，否则，在为百胜公司办理第0059524号房地产证之前公告三十天，作为第0080978号房地产证书的抵押权人、保管人，农行就有机会提出异议,违法的第 0059524 号房地产证也就颁发不了。

"本案被告不可能不知道法律法规中初始登记必须公告的规定,它也应当明白百胜公司再次办证的后果将导致重复抵押,骗取金融机构贷款;从被告提供给法庭的内部审查意见来看,它一开始就了解'工程未竣工、无法办证',却将百胜公司作为'特殊情况'处理,故意不对外公告,从调查、审查、核准到发证均在 1995 年 5 月 5 日这一天完成,其效率之高前所未有。"肖才元对此提出强烈质疑,"这种违法程度超乎想象,让人不得不怀疑被告就是故意与百胜公司串通,配合它骗贷。"

不得不说,肖才元在法庭上把话说得很重。二十多年后,他努力回忆当时的开庭场景,仍旧对国土局这种赤裸裸的违法行为感到不可思议。"我真的不敢相信,这样的事会发生在深圳。"说到激动处,肖才元站起来,在房间里踱步,像是自言自语,"用重复办理的房地产证抵押贷款,如果本身就为了骗贷,那最后肯定会穿帮,国土局脱不了干系,它怎么敢这样做呢?"

对于导致财务公司 870 万元贷款可能血本无归的重复抵押问题,本来不需要面红耳赤地在法庭上争论,因为法律的规定很明确。但由于国土局的代理人言之凿凿地说重复抵押符合法律要求,肖才元只好把这个问题摊开到桌面上,再费一番口舌指出国土局到底错在哪里。

"被告隐瞒事实真相,具体体现在两个方面:第一,如前所述,再次办理初始登记时故意不公告,不让农行知道;第二,不让其后的任何金融机构得知已有土地抵押、权利重叠冲突的事实。"肖才元引用《深圳经济特区房地产登记条例》第四十三条的规定,"对核准登记的,登记机关在抵押人的房地产权利证书上加盖抵押专用章,并在房地产登记册上作抵押记录。抵押记录应包括抵押权人、抵押物的面积、抵押金额、抵押期限等内容"。可是,被告违反登记机关这一法定的告知义务,未在第 0059524 号房地产证上加盖"已抵押给农行"的抵押专用章。该证记载的唯一抵押人是财务公司,并无土地使用权已抵押给农行的记载。"如果这不是登记机关与百胜公司合谋,故意隐瞒事实真相,欺骗金融机构,还能作何解释?被告把责任完全推给百胜公司,回避自己的责任,是说不过去的。"

国土局代理人不厌其烦地罗列出多个法律条款,试图说明一处房产是可以抵押给多家债主的。肖才元告诉对方,你回避了一个问题,那就是前提条件。

在法律规定的条件下,同一标的物如果设立若干抵押权,同一产权证书上应当记载每一次抵押登记的内容,让前后债主(抵押权人)事先知晓这个标的物分别抵押给谁了,并同意按照先来后到的顺序受偿。本案却不是这个逻辑。两个证书的土地使用权重叠、抵押权重叠,又都是设定排他性优先受偿权,假如能分的肥猪肉数量足够多,先分给谁,后分给谁,也许不是个大事,最后分的,哪怕分个猪大肠,也不会落空。

而现在这笔糊涂账恰恰相反。由于国土局和百胜公司的人为原因,使得两个债主彼此不知道抵押物处在"我中有你,你中有我"的权利交叉状态,在百胜公司已经破产,连破产清算费都交不起的情况下,不仅农行不承认财务公司的优先受偿权,而且还有其他债权人,他们也不同意,债主们的眼睛也在盯着唯一值钱的那块土地和房子。

"如果事前知道土地已经抵押给了其他债权人,抵押物价值不足以保障贷款安全,风险极大,财务公司就不会贷款给百胜公司。"肖才元说,"这是国土局故意不履行职责造成的严重后果。"

庭审进行到三分之二,国土局的代理人也已经退守到最后一道防线——870万元损失到底该谁赔?

紧接着之前列举的三个"即使",被告方将全部法律责任推给了百胜公司:"被告的抵押登记行为与原告的损失之间没有直接的因果关系。在本案中,导致原告损失的直接原因是百胜公司资不抵债,不管被告的抵押行为有效与否,也不论原告是否有抵押权,就本案而言,其优先受偿权或者其债权都无法实现,因'深中法经三字第014号'裁决书已裁定终结破产程序,理由是'破产财产不足以支付破产费用'。虽然法院在裁定中认定农业银行嘉宾路支行有抵押权,在本案中也无法得到优先受偿。由此可见,导致原告损失的并不是被告的抵押行为登记本身,而是百胜公司严重的资不抵债,连破产费用也无法支付。"

单独地看,国土局代理人的说法似乎没有什么错,如果百胜公司是一家还在正常经营的企业,账面上有现金,净资产抵偿负债后绰绰有余,那就不会有这场耗费司法资源的诉讼。"问题是,百胜公司破产了,我们已经穷尽了一切救济手段,不可能再从它那里拿回一分钱。"当着那么多法官的面,肖才元追问道,"造成这种严重后果的是谁?仅仅是百胜公司吗？不，还包括被告深圳市规划国土局！如果没有你们违法行政，没有那个重复的房地产证，没有紧接着的重复抵押，就不可能发生财务公司870万元贷款的损失。"

先下一城

台上台下的法官都听得清清楚楚，他们的心里也都明明白白。过了二十多年，让肖才元去回忆当时在法庭上的感觉，他不假思索地回答说："我想的是我一定会赢，我必须赢，因为真理在我们这一边；赢不了这场行政诉讼，那就没有天理！"

庭审从上午九点一直持续到下午一点，俨然成了肖才元的主场。尽管他在回忆庭审细节时一再说对方两名代理人专业素质也很优秀，无奈"巧妇难为无米之炊"，面对铁证如山且后果极为严重的行政违法事实，在肖才元的步步紧逼之下，被动是显而易见的。

果然，庭审结束后，不断有消息传来，当天在现场旁听的深圳市中院行政庭庭长就向旁听的其他法官打听肖才元的来历。当然，这既非出于恶意，亦非任何不正常的交往，法官们也不会主动来跟他这个律师套近乎，而是因为深圳过去从未发生过引人注目的行政诉讼，对于善于办理此类案件的知名律师，法院行政审判系统多半都比较熟悉。突然冒出来一个肖才元，在深圳市全体行政审判法官面前表现得如此出色，难免引来好奇的目光，被人上下打量一番。

在深圳司法系统，少不了来自武汉大学法学院的法官，有人说，肖才元是武大法学院知名的行政法教授叶必丰的弟子。"其实我根本不是武大法学院的，而是物理系毕业的。"肖才元笑着说，"尽管我是武大的法律硕士，但本科毕业于武大物理系，是理工男出身，并不是行政法专业的。好在我对自己的法律功底还是足够自信的，不管是行政诉讼还是民事诉讼,乃至刑事诉讼,虽然法律类型和法律条文不同,但法理是共通的,律师的逻辑思维能力放在任何一个案件上都通用。"

话虽然这么说,为了这起非同寻常的行政诉讼案件,肖才元一点也不敢怠慢,不仅在证据方面准备得很充分,而且恶补了大量的行政法专业知识。

庭审结束不久,合议庭的法官召集诉讼双方代理人并告知,法院拟将案件一分为二,询问双方是否有异议?具体说,就是拆分成行政行为合法性的审理和行政赔偿的审理两部分。肖才元当即表示同意。"这样对我们是有利的,从开庭的效果来看,几乎是一边倒,看得出来,法官们也认可我们的观点。"肖才元分析说,"之所以要拆分,确实是因为法院遇到了前所未有的难题。我作为律师,站在我的角度很容易理解,国土局这不是工作失误,甚至都有理由怀疑这是个别工作人员与百胜公司合谋的结果,如果可以不承担行政侵权责任,《行政诉讼法》和《国家赔偿法》岂不是成了摆设?"

显然,对国土局行政行为违法的认定,基本上不会有大的争议,拆成两个案件后,有利于法院很快判决确认国土局行政行为违法。

但是,认定国土局行政行为违法之后,国土局是否要承担包括利息在内的1100多万元的国家赔偿呢?是全额赔偿,还是部分赔偿?如果是全额赔偿,《国家赔偿法》实施以来,从未有过国家机关因为违法行政而被判处巨额赔偿的先例;如果只赔一部分,赔多少合适,法院用什么法律和事实依据来说服当事人?这并不是可以简单作出决定的国家赔偿案。至于这背后还有哪些法律以外的因素,那就更是无从判断。

正如肖才元所分析的那样,案件拆分后,深圳市中院很快作出一审判决,摘要如下:

本院认为,1.根据《深圳经济特区房地产登记条例》的有关规定,被告深圳市规划国土局作为特区房地产登记机关,有权对申请人申请房地产登记的行为依法进行审查,并核发房地产权利证书。2.《广东省城镇房地产权登记条例》第八条第(一)项规定:"新建房屋建成后交付使用时,房地产权利人持土地使用证及其他有关文件申请办理确认权属登记,换领房地产权证,并注销土地使用证。"《深圳经济特区房地产登记条例》第三十条规定:"申请建筑物、附着物所有权初始登记,应提交下列文件:(一)土地使用权属证明;(二)建筑许可证;(三)施工许可证;(四)建筑物竣工验收证;(五)经市政府指定的机构审定的竣工结算书;(六)建筑设计总平面图、建筑竣工图;(七)登记机关认可的测量机构出具的实地测绘结果报告书。"申请人百胜公司在申请办理上梅林工业大厦初始登记时,仅提交了"深圳市规划国土局建筑许可证"及"建设工程开工许可证"两份材料,并未交回1992年7月23日领取的地号为B405—14土地使用权属证明,也未提交建筑物竣工验收证等文件。被告在百胜公司的申请不符合法定条件的情况下,仍接受了申请人百胜公司对地号为B405-14地块上建筑的上梅林工业大厦初始登记的申请,并于1995年5月5日颁发了深房地字第0059524号《房地产证》。《房地产证》是申请人对土地及其之上的建筑物依法享有民事方面权利的重要的合法证明,主管的行政机关应当严格依照法律、法规规定的要件审查申请人的申请,对符合法定条件的才能核准登记发证。被告作出的登记及发证行为虽然在其法定的职权范围以内,但是,不符合上述法律法规的规定。3.《深圳经济特区房地产登记条例》第三十三条还规定:"初始登记经审查符合规定的,登记机关应在受理登记申请之日起六十日内作出初步审定,并予以公告,公告期为三十日。"而被告于1995年5月4日接受百胜公司房地产初始登记的申请,5月5日即予以发证,并未经公告,因而,其1995年5月5日颁发深房地字第0059524号《房地产证》行为亦不符合法定的程序。4.从被告1995年5月5日核发的深房地字第0059524号《房地产证》登记的内容看,已包括了总面积4170平方米的三分之一即1390平方米的土地,从该证的文本看,并无注明"代用证"的字样,而法律并无规定可以办理房地产"代用证"或"楼花证"。为此,被告以其颁发的深房地字第0059524号《房地产证》仅仅是对地号为B405-14地块上的新增建筑物即上梅林工业大厦第一、二层进行登记,不包括土地使用权,并且深房地字第0059524号《房地产证》仅仅是房地产代用证为由进行的辩解不能成立,被告的答辩理由本院不予采纳。综上所述,被告1995年5月5日颁发的深房地字第0059524《房地产证》不符合法律、法规的规定,违反法定程序,依法应予撤销。

百胜公司向被告申请办理的(95)深房押字第0244号抵押登记是以

已取得的深房地字第 0059524 号《房地产证》为前提的,由于被告颁发该证的行为不合法,依法应予撤销,因此,建立在不合法的具体行政行为基础上的其他行政行为亦不合法,依法亦应予撤销。被告提出第一次为土地使用权的抵押登记,抵押登记的价值为 450 万港币,而后一次抵押物的评估值为 1600 万元人民币,即使后一次抵押登记包含了前一次抵押登记的土地使用权部分,也不属于重复抵押登记,从本案的事实证据看,被告办理的第二次抵押登记并不符合《中华人民共和国房地产管理法》第五十一条、《中华人民共和国担保法》第三十五条规定的情形,被告也未依照上述法律规定的程序办理。因此,被告认为抵押登记行为合法的答辩理由不能成立。

原告财务公司在本案中一并提出的行政赔偿的请求,本院已依法另行立案,本案不予审理。被告提出本院(1996)深中法经三字第 014-1 号民事裁定书直接认定行政行为无效不合法,依法应予更正的请求,因不属本案审理范围,被告可以另循法定途径解决。

综上,根据《中华人民共和国行政诉讼法》第五十四条第二项第 1 目、第 3 目之规定,判决如下:

一、撤销被告深圳市规划国土局 1995 年 5 月 5 日颁发的深房地字第 0059524 号《房地产证》;

二、撤销被告深圳市规划国土局 1995 年 5 月 30 日办理的(95)深房押字第 0244 号抵押登记手续。

再下一城

判决书上记载的时间是 1999 年 5 月 10 日。24 年后的初冬时节,高原上的阳光温暖而明亮,我们仰望着不远处的玉龙雪山,肖才元努力从记忆深处搜寻法律人不时提出的疑问:明明所有的案件事实都已经审理和查清,一审法院为什么要把案件拆成两个呢?

对此,肖才元给出的答案,或许能够从两方面理解法官们的初衷。首先从积极的一方面来看,被告深圳市规划国土局的行政违法事实在法庭上被揭示得淋漓尽致,可以说,没有任何人敢冒着风险为这种明目张胆的违法行政行为开脱,因此,拆分成两个案件后,法院对行政违法的部分比较容易作出判决。

"这样的问题,不要说法院不会偏袒被告方,即使国土局搬出上级机关站台,相关领导也不好意思出面打招呼。这是深圳,谁出来干预谁丢人。"肖才元说,"一审判决后被告没有上诉,这本身就很说明问题。我们可以理解,连上诉都找不到理由。"

而另一方面,则是从稳妥的角度理解,把行政行为违法和1100万元赔偿问题"一锅煮",可能导致案件的审理旷日持久,最后说不定煮成一锅夹生饭。基于这种担忧,先推出认定行政行为违法的判决,投石问路,再看下一步能走多远,这也许是法官们不动声色的高明策略。换句话说,既然国土局实施了违法的行政行为,被法院的判决所确认,由此产生的对当事人权利的侵害,难道可以不承担赔偿吗?当年主持这起案件审理的合议庭审判长吴方玲和主审法官张晓妮均已退休,我们无法知道法官们在这起"民告官"案件中所承受的压力。

不管怎么猜想,在肖才元的大脑中,却始终保留着一份美好的记忆。他坚定地认为,从行政庭的法官们不顾具体行政行为还是抽象行政行为的束缚,同意接受诉讼的那一刻起,就直奔法律的终极目标,为公平正义而来。对于这一点,他从未怀疑过。

对接下来的行政赔偿案,虽然是新的案件编号,但法官们心明如镜,两个案件存在着显而易见的前因后果的关系。因此,由于第一轮对行政行为合法性的审理非常全面,举证与辩论环节,双方也不需要过多地重复和据理力争,庭审主要是围绕国土局是否应当赔偿、赔偿多少而展开。

国土局除了此前的观点之外,特别强调国土局办理的抵押登记行为与财务公司的损失之间没有直接的因果关系。无论抵押是否有效,也不论财务公司是否有抵押权,优先受偿权或者债权都无法实现,因为百胜公司的"破产财产不足以支付破产费用",破产庭已经裁定终结百胜公司的破产程序。可见,导致财务公司损失的并不是被告的抵押登记行为本身。

而且抵押登记是财务公司和百胜公司签订抵押合同及共同申请办理的抵押登记,财务公司有责任对百胜公司的经营及资信情况进行审查,并对自己的行为后果承担责任。即使存在重复抵押情况,国土局也不应承担任何法律责任。应当承担损害赔偿责任的是百胜公司。

"房地产权证书是权利的法律凭证,凡经国土部门颁发的证书,对于市场都具有公示作用并具有公信力。财务公司依据百胜公司持有的房地产权证书,同意办理抵押贷款手续,完全符合这种认知。"肖才元驳斥说,"重复发证是一个无法否定的客观事实,其结果必定导致抵押的权利重叠与冲突,导致抵押优先受偿权处于虚置状态,造成损失;财务公司的损失,直接源于国土局的违法行政,如果没有重复颁证这种违法行政行为的存在,百胜公司就无法以此骗取贷款;如果知道重复抵押,风险明显超出财务公司可预期的承受范围,财务公司也不可能发放此笔贷款。因此,国土局的违法颁证和重复抵押,与财务公司的损失有着直接的利害关系。"

纵然百胜公司应当承担法律责任,但在它履行责任的能力丧失之后,责任就转移到违法行政的国土局。行政机关必须依法承担相应的赔偿责任,这也是《行政诉讼法》和《国家赔偿法》所明确的。现在,百胜公司已经破产,财务公司穷尽了向直接债务人追偿的手段后,完全有理由向国土局主张赔偿,全部责任只能由国土局承担。

2000年11月24日,深圳市中院对行政赔偿案作出一审判决,距离行政违法案件的判决相距一年半时间。

案件结束后,肖才元从非正式渠道了解到,一审法院就赔偿问题逐级请示了最高法院,但最高法院没有给出具体意见,认为这是个新型案件,应当由下级法院依法独立地行使审判权。

行政赔偿案的一审判决认定,被告深圳市规划国土局的行政违法行为,是造成财务公司870万元贷款损失的直接原因。对利息部分则采纳了被告方的意见,以财务公司超范围发放贷款为由,驳回利息部分的主张,判决国土局赔偿贷款本金870万元。

"拿到判决书的那一刻,虽然我知道,一审的结果已成定局,但还必须考虑对方上诉,双方还要在二审法庭较量。"肖才元很谨慎,还玩了个小技巧,"我们故意拖着没有及时去领判决书,晚几天领取判决书,这样做,我们的上诉截止日也会晚几天,就能观察对方是否上诉。如果国土局不上诉,我们也就不上诉;它上诉,我们也必然上诉,这是手段,用来保护一审的成果。就判决来说,利息部分虽然没有得到法院的支持,但平心而论,我们的诉讼目的达到了,本来没有上诉的必要,最后一刻听说对方上诉了,我们也立即决定上诉。"

在广东省高院展开的二审,代表国土局上场的是深圳大学法学院知名教授董立坤。董立坤教授既是行政法专家,又是深圳市政府的法律顾问。

当然,即便是他这样的人物亲自出庭,也难以改变在法庭上被动的局面。二审并无波澜起伏,肖才元一方牢牢地把控着局面。

庭审刚结束,合议庭的法官尚未离场,肖才元出于礼貌,上前与董立坤握手。这位知名的行政法教授不吝赞美之词,连说了两句:"真是后生可畏,后生可畏!"

"董老师,后生不可畏,事实本来如此。您也是巧妇难为无米之炊。"肖才元很谦虚,却又分明是话里有话,也是借机告知合议庭,被告方也知道不在理,理应赔偿。

二审的法官们都听到了两人的对话。是的,正如肖才元所说,法律的尊严必须维护,公平正义也是法官的追求,原来担心的久拖不决,在两级法院均未发生。

当年,这起案件被贴上了"最大的国家赔偿案"的标签,也是行政诉讼研究的经典案例。既然如此,我们不惜篇幅,全文照录终审判决书,以便让更多的法律界人士读懂两级法院的裁判逻辑。

广东省高级人民法院行政赔偿判决书

(2001)粤高法行终字第20号

上诉人(原审被告):深圳市规划国土局。地址:深圳市振兴路3号。
法定代表人:刘佳胜,局长。
委托代理人:董立坤,深圳市规划国土局法律顾问。
委托代理人:武小平,深圳市规划国土局干部。
上诉人(原审原告):深圳市有色金属财务有限公司。地址:

深圳市南湖路国贸商住大厦12楼。

法定代表人：郑海生,董事长。

委托代理人：肖才元,广东正翰律师事务所律师。

委托代理人：石绍纯,广东正翰律师事务所律师。

深圳市有色金属财务有限公司(原中国有色金属深圳财务有限公司、深圳有色金属财务有限公司,以下简称财务公司)诉深圳市规划国土局(以下简称规划国土局)行政赔偿纠纷一案,深圳市中级人民法院于2000年11月24日作出(1999)深中法行初字第9号行政赔偿判决。上诉人规划国土局、财务公司不服,向本院提起上诉。本院依法组成合议庭审理了本案,现已审理终结。

一审判决认定事实如下:1994年12月8日,新胜包装印刷(深圳)有限公司(以下简称新胜公司)与上诉人财务公司签订了抵押贷款合同。合同约定:新胜公司向上诉人财务公司借款870万元人民币,借款利率为月息12‰,逾期加收20%罚息,借款期限为六个月,从1994年12月12日起至1995年6月12日止。新胜公司以其位于深圳市宝安区西乡镇固戌村,价值为1355.5万元的土地作为贷款抵押物。同月9日该抵押贷款合同经深圳市罗湖区公证处公证,上诉人财务公司按约向新胜公司提供了贷款,同月12日,将870万元的贷款分别汇入新胜公司指定的深圳市罗湖区明泳商店60万元,深圳香格里拉大酒店有限公司300万元,百胜珠宝(深圳)有限公司(以下简称百胜公司)4758960元和付财务公司利息341040元。

新胜公司与百胜公司的法定代表人均为朱百胜。1995年5月20日,上述两公司共同向财务公司申请称:鉴于百胜公司与新胜公司同属一家,新胜公司所贷之款亦为百胜公司所有,申请将新胜公司贷款债务转至百胜公司,并由百胜公司提供物业作抵押。同月29日,百胜公司以办有深房地字第0059524号《房地产证》的上梅林厂房1、2层作贷款抵押物,与上诉人财务公司签订了合同编号为C950527的《抵押贷款合同》,贷款金额为人民币870万元,期限为三个月,月息为9.08‰。同日,该合同经深圳市罗湖区公证处公证。次日,百胜公司经规划国土局办理了(95)房地押字第0244号抵押登记手续。

由于百胜公司逾期不能偿还贷款,上诉人财务公司于1996年1月向深圳市中级人民法院提起民事诉讼。同年5月3日,百胜公司被深圳市中级人民法院宣告破产,并成立清算小组进入清算,使该民事诉讼程序转入破产程序。在破产程序中,上诉人财务公司对上梅林工业厂房1、2层房产的优先受偿权未得到确认,后又因百胜公司的破产财产不足以清偿破产费用,深圳市中级人民法院于1998年5月25日以(1996)深中法经三字第014号民事裁定书,裁定终结百胜公司的破产程序,使上诉人财务公司的该项民事权益完全不能实现。上诉人财务公司遂于1998年6月提起行政诉讼及行政赔偿诉讼。

对于财务公司提起的行政诉讼一案,深圳市中级人民法院审理认为,规划国土局在百胜公司仅提交"深圳市规划国土局建筑许可证"、"建设工程开工许可证",而未提交"土地使用权属证明"、"建筑竣工验收证",其申请不符合法定要件,且未经法定公告程序的情况下,为百胜公司颁发了深房地字第0059524号《房地产证》的行为不合法,建立在不合法的具体行政行为基础上的(95)深房押字第0244号抵押登记手续亦不合法,而且0059524号《房地产证》涉及的土地在此之前也设立了抵押权,属重复抵押。为此,深圳市中级人民法院于1999年5月10日作出(1998)深中法行初字第14号行政判决,撤销深圳市规划国土局1995年5月5日颁发的深房地字第0059524号《房地产证》,撤销深圳市规划国土局1995年5月30日办理的(95)深房押字第0244号抵押登记手续。该判决已于1999年5月26日发生法律效力。

对于本行政赔偿案件,一审法院经审理认为,上诉人规划国土局作为房地产登记主管机关,具有依法审查和确认房地产权利,颁发房地产权利证书及依法办理抵押登记等房地产管理的法定职责。规划国土局于1995年5月5日颁发深房地字第0059524号《房地产证》及5月30日办理(95)深房押字第0244号抵押登记手续的具体行政行为已经被深圳市中级人民法院(1998)深中法行初字第14号行政判决书确认违法,并予以撤销。本案争议焦点是规划国土局的上述违法行为与财务公司的贷款损失之间是否存在直接因果关系,规划国土局应不应该赔偿财务公司贷款损失及赔偿数额问题。

国家实行房地产登记发证制度,目的在于保障权利人的合法权益,维护房地产市场秩序。房地产权利证书是权利人享有房地产物权的法律凭证,对于房地产权利的登记发证是对房地产物权的公示方法。根据公信原则,凡经主管部门核准房地产登记并颁发房地产权利证书的,均应公信该房地产权利证书记名的权利人拥有该权利证书所记载的房地产权利,依法拥有对该项房地产占有、使用、处分、设置抵押等项权利。因此房地产登记主管机关颁发的《房地产证》除确认了房地产权利人的房地产权利外,很重要的作用是对权利人拥有该项房地产的物权具有公示作用。房地产抵押是抵押人以其合法的房地产以不得转移占有的方式向抵押权人提出债务履行担保的行为。债务人不履行债务时,抵押权人有权依法以抵押的房地产拍卖所得价款优先受偿。本案财务公司是在抵押人出具规划国土局颁发的没有任何抵押记载的《房地产证》,才依法经规划国土局办理抵押登记的前提下,确信其抵押权依法成立并发放了贷款。财务公司贷款的前提条件是抵押权依法成立。现在,规划国土局对该项房地产的房地产权登记已被生效的判决予以撤销,附着于该房地产的抵押登记亦同时确认为无效,因而财务公司依据该房地产的抵押登记所设立的抵押权归于消失,其对该房地产的优先受偿权得不到保障。本案财务公司与抵押人百胜公司之间属借贷民事法律关系,且百胜公司在借款时故意隐瞒其房地产已设立抵押的事实,依法依理均应由债务人以自己的财产清偿债务,但百胜公司现已破产终结,原告对该民事权利已经穷尽了实现的途径而不能得以实现。因此,被告违法的核准登记和无效抵押登记行为给原告造成了直接的经济损失。根据《深圳经济特区房地产登记条例》第五十九条,"登记机关及其工作人员因不当核准登记,造成权利人损失的,登记机关应负赔偿责任,赔偿费从赔偿基金中列支"的规定,以及《中华人民共和国国家赔偿法》第二条,"国家机关和国家机关工作人员违法行使职权侵犯公民、法人和其他组织合法权益造成损害的,受害人有依照本法取得国家赔偿的权利",第二十八条第(七)项,"对财产造成其他损害的,按照直接损失给予赔偿"的规定,规划国土局的违法行政行为与财务公司的经济损失有着直接的因果关系,应当赔偿财务公司的经济损失。规划国土局的答辩理由不能成立,不予采纳。

根据《企业集团财务公司管理暂行办法》第二十三条第(三)项,"对成员单位发放本、外币贷款"的规定,不管是新胜公司还是百胜公司,都不是财务公司的成员单位,财务公司对百胜公司的贷款超出其经营范围,对此不良贷款负有一定过错,因此,其贷款利息本院不予保护。规划国土局应对财务公司870万元人民币贷款本金的直接损失予以赔偿。综上,依照《中华人民共和国行政诉讼法》第六十八条的规定,以及《中华人民共和国国家赔偿法》第二条、第二十八条第(七)项的规定,判决规划国土局赔偿财务公司人民币870万元。

上诉人规划国土局不服一审判决上诉称:1.一审法院与本案有重大利益冲突,严重违反法定程序,直接影响到本案的正确判决。深圳中院在破产案件中认定行政机关的具体行政行为无效没有法律依据。为逃避承担司法赔偿责任,草率作出了错误的判决;2.一审法院认定事实不清,证据不足,在若干重要法律事实的定性上采取模糊处理的方式来回避矛盾。上诉人不存在重复办理房地产证和核准抵押登记行为。本局为百胜公司颁发的深房地字0080978号房地产证是对土地使用权的登记,地上没有任何建筑物及其他附着物。根据百胜公司与农业银行嘉宾路支行的申请为其办理的土地使用抵押登记,标的物是上梅林B405-14宗地的土地使用权,没有地上建筑物。根据百胜公司的申请为其办理的深房地字0059524号房地产证仅仅是对土地上建筑物进行登记,不包括土地使用权,不是重复办证。即使是同一标的物也可以设若干个抵押;3.财务公司违法放贷,不仅贷款利息不能保护,其赔偿请求也不应予以支持;4.一审判决适用《国家赔偿法》第二条、第二十八条第(七)项的规定,要求上诉人承担赔偿责任是完全错误的,应予纠正。故请求撤销一审判决,改判驳回财务公司的行政赔偿请求。

上诉人财务公司不服一审判决,上诉并针对规划国土局的上诉答辩称:1.《企业集团财务公司管理暂行办法》不能作为规划国土局的抗辩依据。该办法是规划国土局在诉讼过程中收集的证据,并不是在具体行政行为作出前持有的材料,该文件不能作为本案的证据;2.规划国土局所谓的"超经营范围"与本案所产生的损失毫无因果联系。本案所涉损失的产生,完全是规划国土局与百胜公司的共同欺诈所致;3.贷款利息应属"直接损失"范围,应由规划国土局一并赔偿。故请求改判,判令规划国土局赔偿其直接损失贷款本金870万元及利息5379627.73元(该利息计至2000年12月31日),并应连续计息至二审审结。

本案在二审中,两上诉人对一审认定的贷款过程、抵押贷款合同签订、抵押登记过程、百胜公司破产清算程序以及本案涉及的行政诉讼问题等基本事实没有异议。对于一审采信的证据和认定的基本事实，本院予以确认。

上诉人财务公司在二审中提供的证据有：1.中国人民银行深圳经济特区分行经深圳经济特区政府同意于1984年10月修正通过的《深圳经济特区非银行性质国营金融机构暂行管理办法》；2.中国人民银行深圳经济特区分行于1990年3月21日给本院"关于中国有色金属(深圳)财务有限公司业务经营范围的说明"；3.财务公司1994年4月28日的工商变更登记材料；4.与本案上诉人财务公司有关的本院(1992)粤法经上字第237号、(1997)粤法经上字第253号和(2000)粤高法经一终字第586号民事判决书；5.深圳市工商局1998年1月3日给财务公司颁发的《企业法人营业执照》(副本)，该营业执照规定财务公司的经营期限自1985年8月7日至2035年8月7日，经营范围是经营中国人民银行银金管字第08-0751号《许可证书》规定的业务；6.1994年3月7日中国人民银行给财务公司颁发的银金管字08-0751号经营金融业务《许可证》，该许可证未明确经营范围包括哪些内容；7.中国人民银行颁发的L12915840044号《金融机构法人许可证》(副本)，该证限定财务公司"办理集团公司内部各成员单位的人民币存贷款业务"，有效期是1996年11月20日至1999年11月19日。

上诉人规划国土局在二审中提供了中国人民银行1995年6月20日给财务公司颁发的银金管字08-0751号《许可证书》，该证限定财务公司"办理集团公司内部各成员单位的人民币存贷款业务"。

上述证据证实，1994年4月28日之前，上诉人财务公司的经营范围包括"特区内的企业提供中长期贷款业务"。1995年6月20日以后，经营范围限定在办理集团公司内部各成员单位的存贷款业务。上诉人未能提供证据证明本案贷款发生时，财务公司的经营范围限定在"办理集团公司内部各成员单位的人民币存贷款业务"。

本院认为，上诉人规划国土局作为房地产行政管理机关，具有依法审查和确认房地产权利，颁发房地产权利证书及依法办理抵押登记等房地产管理的法定职责。根据《中华人民共和国国家赔偿法》第二条规定："国家机关和国家机关工作人员违法行使职权侵犯公民、法人和其他组织的合法权益造成损害的，受害人有依照本法取得国家赔偿的权利。"上诉人规划国土局依照职权于1995年5月5日颁发深房地字第0059524号

《房地产证》以及于同年5月30日办理(95)深房押字第0244号抵押登记手续的具体行政行为已经被深圳市中级人民法院作出的(1998)深中法行初字第14号行政判决确认违法并予以撤销,且该判决已发生法律效力,这就使规划国土局承担行政赔偿责任的前提得到了确认。上诉人规划国土局上诉认为其不存在重复办证和抵押,同一标的物可以设定若干个抵押等,因此认为一审判决认定事实不清。由于规划国土局是否重复办证和重复办理抵押属于(1998)深中法行初字第14号行政案件审查的问题,本案属单独提起行政赔偿的案件,二者法律关系不同。而且上诉人规划国土局的发证行为和办理抵押登记的行为是否合法的问题,(1998)深中法行初字第14号判决已作出确认,具有法律效力,在其他案件的审理中无权作出改变,本案作为一起行政赔偿案件,审查的焦点问题是上诉人规划国土局的行政行为是否违法、是否给上诉人财务公司造成损失以及违法的行政行为与损害结果之间是否存在因果关系等,因此,规划国土局提出的上述上诉理由以及与此焦点问题无直接关系的其他上诉理由,均不属本案审查范围,本院不予支持。上诉人财务公司作为非银行金融机构,依法领有经营金融业务许可证和企业法人营业执照,可以经营规定的金融业务。上诉人规划国土局认为上诉人财务公司违反《企业集团财务公司管理暂行办法》关于财务公司只能"对成员单位发放本、外币贷款"的规定,超经营范围发放贷款,其贷款及利息损失不属合法权益,因此不应予以保护。经查,上述办法在本案贷款行为发生之后颁布生效,不能作为认定本案贷款行为是否合法的依据。上诉人财务公司在1994年4月28日变更登记前,规定的经营范围是可以"对特区内的企业提供中长期贷款业务"。上诉人提供的证据不能证实本案贷款行为和抵押登记行为发生时,上诉人财务公司超经营范围发放贷款。上诉人规划国土局亦未能提供当时有法律、法规明确禁止财务公司向其成员以外的单位发放贷款,以及认定该贷款行为违法和不予保护的法律依据。故不能认定本案的贷款行为违法。因此,本案中上诉人财务公司的贷款本金应视为合法权益并予以保护。上诉人规划国土局违法的发证行为和抵押登记行为与上诉人财务公司贷款无法收回的损失之间存在因果关系。《广东省抵押贷款管理条例》第二条规定:"抵押贷款是指抵押人向抵押权人提供财产或财产权益作为按期偿还贷款的保证,在抵押人不能按期偿还贷款时,抵押权人有权按照法律的规定,以折价或者变卖抵押物的款项优先得到偿还的贷款方式。"国家实行房地产登记发证制度,目的在于保障权利人的合法权益。房地产权利证书是权利人享有房地产物权的法律凭证。上诉人财务公司与百胜公司签订抵押贷款合同和规划国土局办理抵押登记时,百胜公司持有合法的房地产证。正是由于这一合法的权利证书为本案的抵押贷款奠定了基础,加之房地产管理部门依法进行的抵押登记行为,为贷款的如期偿还提供了法律保障,上诉人财务公司也正是基于这种对法律的信任才将870万元贷给百胜公司。在当时的情形之下,如果贷款到期不能偿还,财务公司作为抵押权人的优先受偿权是能够依法得到保障的。然而,由于百胜公司的不当行为和规划国土局的违法抵押登记行为两个因素致使财务公司的贷款到期无法收回。百胜公司已被生效判决宣告破产,财务公司对该项民事权利已经穷尽了通过民事程序实现的途径和可能性,即百胜公司已不可能承担偿还贷款的责任。那么,作为致使财务公司贷款无法收回损失产生的另一个原因,就是规划国土局违法办理房产证和抵押登记行为,也就是说,上诉人规划国土局违法的行政行为与上诉人财务公司的损失之间存在因果关系,依法应当承担行政赔偿责任。《中华人民共和国国家赔偿法》第二十七条第(七)项规定:"对财产造成其他损害的,按照直接损失给予赔偿。"《广东省城镇房地产权登记条例》第二十一条规定:"……核准登记不当,造成权利人损失的,应当承担赔偿责任。"《深圳经济特区房地产登记条例》第五十九条规定:"登记机关及其工作人员因不当登记,造成权利人损失的,登记机关应负赔偿责任,赔偿费从赔偿基金中列支。"根据上述规定,不当登记造成损失尚且要承担赔偿责任,违法登记是更为严重的不当登记,当然应承担赔偿责任。关于财务公司主张的贷款利息应否赔偿的问题。原审认为,根据《企业集团财务公司管理暂行办法》(1996年9月19日公布实施)第二十三条第(三)项规定的"对成员单位发放本、外币贷款",百胜公司不是财务公司的成员单位,财务公司的贷款超出经营范围,对此不良贷款负有一定过错,因此,其贷款利息不予保护。本案的抵押贷款发生在1995年5月,而上述办法生效于1996年9月,不应适用于本案。因此,一审判决关于不予赔偿贷款利息的理由不当,应予纠正。虽然本案中的贷款行为并不违法,上诉人规划国土局依法应当承担行政赔偿责任,但并不必然意味着对贷款利息损失应负行政赔偿责任。国家赔偿法确定了只赔偿直接损失的原则,本案贷款从上诉人财务公司贷出后由新胜公司和百胜公司使用,该笔贷款未存入银行并直接产生利息,利息是预期损失,不是直接损失。况且,百胜公司的不当行为及其破产也是造成上诉人财务公司贷款及其利息损失的重要原因,由上诉人规划国土局既赔偿贷款本金又赔偿贷款利息不妥。因此,上诉人财务公司请求赔偿贷款利息损失的理由不足,一审判决对上诉人主张赔偿贷款利息的诉讼请求不予支持是正确的,应予维持。综上所述,本案两上诉人的上诉理由不能成立,依法应予驳回。一审判决认定事实清楚,适用法律法规正确,程序合法,依法应予维持。依照《中华人民共和国行政诉讼法》第十一条第(一)项之规定,判决如下:

驳回上诉,维持原判。
本判决为终审判决。

审判长　张占忠
审判员　朱峰
代理审判员　杨雪清
广东省高级人民法院
二〇〇一年九月十八日
书记员　尹宁

强制执行870万元

从终审判决书可以看出,国土局也是乱了方寸,在行政赔偿案的上诉中,指责深圳市中院对行政行为违法案的判决。这不仅是两个不同的案件,而且国土局对行政行为违法案的一审判决没有上诉,判决已经生效,现在何以又在另一个案件中指责它判决错误?

法庭上的一切，自然逃不过肖才元的眼睛，所以才有他在庭审结束后与董立坤教授握手时那句耐人寻味的话。"行政行为违法案一审判决，国土局上诉找不到理由。"肖才元很清楚，国土局在法律上没有可打的牌，翻来覆去就是那几个说法——这不是重复办证，也不是重复抵押，财务公司的贷款收不回来跟我没关系——他在二审法庭上更显得游刃有余。"行政行为违法被生效判决确认后，国土局在行政赔偿案子上也就失去了抗辩的理由，上诉不过是做给旁人看的一种姿态。"

回想这一路过来，从行政行为违法之诉，再到行政赔偿，即使立案时遇到障碍，最终也被成功化解，整个审理过程中，肖才元始终占据主动。这当然得益于他丰富的诉讼经验和细致到每一个毛孔的准备。他把国土局的行政违法行为拆解后，从国家基本法律，到广东省、深圳特区地方立法，搜集到所有的法律法规为它定性，国土局根本没有任何机会脱身。

国家赔偿案终审判决的胜诉，让肖才元长舒一口气，他感到赢得痛快，有一种荡气回肠的感觉。平时就很低调、性格上也不张扬的肖才元，走出广东省高院的大门，突然很想去喝酒，尽管他不胜酒力。

不过，肖才元很快就冷静下来，经验告诉他，执行阶段才是最大的困难。司法实践中，不知道有多少人赢了官司，最后的执行却成了难以兑现的空头支票，何况这是"民告官"案件，赔偿金额高达870万元，想要回这笔钱绝非易事。

一审判决限定的执行时间为判决生效后两个月。肖才元几乎是用倒计时来计算时间，两个月就要到了，国土局似乎没有打算主动履行判决义务，财务公司马上向法院申请执行，但执行立案之后，却迟迟不见动静。那段时间，他不断去法院执行庭交涉，法官们面露难色。按照法律规定，如果被执行人不主动履行生效判决，法院可以查封它的账户，强行划款。可这是去封国家机关的账户，深圳的司法系统过去从来没有做过。

执行部门的法官告诉肖才元，深圳市司法系统以往判决的行政赔偿案数额都很小，法院找败诉的国家机关沟通一下，不声不响地就把判决执行了。因为钱少，内部很容易就能消化，而现在的870万元，依靠财政拨款的国家机关，哪个部门也拿不出这么多钱，只能向深圳市国家赔偿基金提出申请。这样的操作程序，就要经过主要领导批准，动静太大，最后很可能被追责。

这是拿不上台面的"潜规则",肖才元从事律师职业那么多年,还是第一次听说。也正是这个案件的执行,他才知道,自从深圳市国家赔偿基金设立以来,还没有被动用过一笔——而这一纪录,此前被解读为深圳特区依法行政做得好。可是现在,不露"底"就很难解决问题。

2002年3月21日,财务公司向深圳市中院申请强制执行,同时提交了通过人民银行查询的国土局的银行账户。"我们调查证实,这是国土局的基本账户。"肖才元跟着执行局的法官来到建设银行田贝支行。就在法官们出示协助执行法律文书,计划冻结账户内的存款时,银行的工作人员说,数额太大,需要请示领导,请稍等。过了二十多分钟,接到不知哪里打来的电话,法官们铩羽而归。

"从银行垂头丧气地出来,我忍不住半开玩笑地说,你们这活,真是干得窝囊。"肖才元说,"我说这个话不是贬低他们,也很理解这种体制下法官的无奈。"

就在这次半途而废的行动后不久,国土局向法院提出,深圳市财政局拨付的赔偿款尚未到账,申请暂缓执行,获得许可。用这个理由一拖又是几个月,肖才元再也坐不住了,好不容易打赢的行政诉讼,难道要在执行环节被无限期地拖下去?他立即起草了《关于加快执行生效判决的申请报告》,毫不客气地将矛头指向深圳市中院执行部门,"既没有法定中止执行的情形,也没有自行决定暂缓执行的权力"。国务院《国家赔偿费用管理办法》第七条规定:"国家赔偿费用由赔偿义务机关先从本单位预算经费和留归本单位使用的资金中支付,支付后再向同级财政机关核拨。"可见,国土局的理由完全不成立,不过是拖延时间而已。

2002年9月6日,深圳市中院执行局决定冻结国土局账户上的870万元资金。至此,案件的执行取得实质性进展。赔偿款870万元随后由法院划到财务公司的账户上,但是从中扣除了10700元执行费。

就是这个执行费,肖才元也想要回来。"执行费不该我们出吧?"他像个上门讨债的地主,不依不饶地说,"明明国土局是赔偿主体,凭什么让我们出执行费?"

"肖律师,拜托你理解法院吧!"执行局的法官苦笑着说,"这个案子能有现在的结果,我们尽了最大的努力,你们也该知足了。"

执行庭法官们的话不是法言法语,严格地说也不符合司法的终极价值,但它却是真实的生活,肖才元也理解,他只能接受。苦战六年,这起标志性的行政违法案和由此引发的国家赔偿案落下帷幕。

有道是"树欲静而风不止"。2003年7月10日,南方周末发表长篇调查报道《870万:最大国家赔偿案尘埃落定》,引起轰动,相关领导震怒,检察机关随即以涉嫌渎职罪对国土局产权处处长立案调查。

刚从诉讼中脱身的肖才元接到检察官的电话。"他们先是称赞我在行政诉讼中的表现和取得的成果,然后以我熟知案情为由,希望我能提供线索或者建议,对于可能存在的其他刑事犯罪的侦查给予协助,被我拒绝。"肖才元不想介入检察机关的调查,他回答得很干脆,"我告诉他们,我只是律师,不想当公诉人,这和我的职业身份不一致。"

那时候,肖才元得到消息,广东省检察院民事行政检察处正在讨论是否提请最高人民检察院抗诉。"刚好他们因为其他案件与我有联系,我就顺便提醒说,如果抗诉到最高法院,最后一定会被驳回,那样的话,检察机关也是很没面子的。"肖才元直言不讳地说,"我知道不是你们想抗诉,是上级领导的指示,那就最好把国土局违法行政的事实告诉领导,抗诉肯定会被驳回。"

肖才元也不管这话该不该说,说得是否妥当,他就这么说了,也没有想那么多。他觉得这个案件能赢得如此酣畅淋漓,说明两级法院还是明白人多,那些心怀正义的法官,给了他巨大的信心,这对他的律师生涯影响深远。

"如果有理,就一定要赢,这就是我对法律的合理预期。"肖才元在给盈科律师学院"私塾班"的年轻律师讲课时,讲案例,也讲律师的职业道德。他说,"接了一个案件,我能做的就是全力以赴,寻找任何可能对当事人有利的事实、法理,研究、分析对方手里的牌和战术,知己知彼,从不敢有丝毫懈怠。"

在法官们的眼里,这起案件也早已超出了个案的范畴,成为当年行政诉讼和国家赔偿案的标志性事件,真正在推动中国法治的进步,每个人都觉得这是一个了不起的案件,引以为豪。

自1990年1月1日《行政诉讼法》正式实施,五年后又诞生了配套的《国家赔偿法》,"民告官"制度在中国建立起来,这无疑是法治的巨大进步。但由于行政权力过于强势,法律本身不够完善,司法权受到多方面的掣肘,"民告官"不仅立案难,胜诉难,胜诉后执行更难。广东省两级法院对深圳市规划国土局行政违法和行政赔偿案的审理,终于让听起来像口号似的"以事实为依据,以法律为准绳"真实起来,没有人试图阻挠,法官们尽管还有点缩手缩脚,但总算不辱使命。

这不仅是肖才元职业生涯的高光时刻,也是行政审判的法官们光彩夺目的记录。从那以后,司法界、法学界,但凡要梳理、总结行政审判的经验和成就,深圳的870万元行政违法和国家赔偿案,就是首先要入选的标志性案例,成为全国最有历史影响的行政诉讼案和行政赔偿名案。

2004年3月,深圳律协邀请一位著名的行政法学教授,在可容纳上千人的金盾剧院解读《行政许可法》。这位学者上台第一句话便情不自禁地感叹:"870万元国家赔偿案,就在深圳,这是律师的骄傲,深圳律师了不起!"

而作为律师的肖才元,更是一战成名,由此奠定了他在法律实务界的地位,他被安排担任深圳市律协行政法专业委员会主任、广东省律协行政法专业委员会副主任。

此后,不管走到哪里,肖才元总是被人问起870万元国家赔偿案,他也被贴上行政法专家的标签。"外界并不知道,那是我做执业律师以来代理的第一个行政诉讼案,哪里谈得上行政诉讼专家,纯属初生牛犊不畏虎。"

多年后,说起这段经历,肖才元仍有恍然如梦的感觉,即便因为这起案件声名大振,他后续的业务仍然还是以民事诉讼为主。不是每个律师都有机会代理这样的标杆性案件,正因为它的典型意义,律师的锲而不舍,法官们直面问题的勇气,不仅突破了行政诉讼的条条框框,而且推动了制度的变革。

"要说这个案件的价值,可以进行学术研究,发表论文,去法学院给学生讲课,它有太多值得探讨的专业理论,怎么拔高都不为过。"肖才元话锋一转说道,"但是,它原本也不是那么复杂,我甚至觉得一个小时的庭审就够了。真理和谬误虽然只有一步之遥,却永远泾渭分明,正所谓'大道至简',公道自在人心。"

此案的判决,在深圳产生了三大影响。首先是深圳市国家赔偿基金终于打破"零纪录",深圳市中院强制执行,从国土局账户中直接划扣870

万元赔偿后,再向深圳市国家赔偿基金申请拨付,是深圳历史上的首例。

其次,深圳市废除了房地产登记的"代用证"——而这个"代用证"制度,曾作为全国房地产领域的创新经验。

而最重要的价值在于,行政诉讼也不再限定于"具体行政行为"还是"抽象行政行为",只要行政行为影响到当事人的利益,行政机关或授权组织就可以成为诉讼主体。这种进步意义是显而易见的,直接影响了此后的行政立法。

对律师来说,当你参与的具体案件推动了制度的进步,给社会发展带来了积极的因素,也就必定是执业生涯中最值得铭记的荣誉。

第二章
一出场便锋芒毕露

本章提要

刚拿到律师证,肖才元还不知道看守所在哪里,也没有见过法庭是什么样子,就开始办理刑事案件,而且是无罪辩护。经过有罪判决、发回重审、抗诉,他坚定地将无罪辩护进行到底,直至被告人被宣告无罪。他第一次出场,就成了当地司法界耀眼的明星式人物。

从工人到武大物理系学生

"最大的国家赔偿案"让肖才元一战成名,从此进入一线大牌律师行列。

而熟悉肖才元的人说,他早就已经成名了。到深圳之前,他在内地已是相当厉害的律师,锋芒毕露,只是没有更大的舞台供他施展而已。

这起案件过去了20年,那天,在丽江古城的蒙蒙细雨中,我们边走边聊,问起他当年对870万元国家赔偿案的感受。"我也没想到会有那么轰动,成为中国行政诉讼和国家赔偿领域的符号性案件,更没有想过自己有多高大。"肖才元说,"我当时就是觉得,不能任由行政机关胡来,借用《秋菊打官司》里边的台词,就是要讨个说法。"

肖才元虽生于湖北省黄石市,但父母都是江西人,在黄石只是普通的市民,父亲在大冶钢铁厂工作。1975年,文革尚未结束,肖才元高中毕业后,没有大学可读,那时候,正赶上浩浩荡荡的知识青年上山下乡运动,青年们热血沸腾,随着那股红色的潮流走向陌生的农村。肖才元运气好,因为父亲所在企业的内部政策而留了下来。

位于黄石市的大冶钢铁厂,是原冶金工业部下属的超大型国有企业,也是中国第一座钢铁产业基地,因张之洞"洋务运动"而创办,属于中国仅有的几个拥有特种钢冶炼技术的钢铁厂之一,有职工近三万人。由于炼钢生产需要大量的年轻工人,当时的政策是,在父母工龄和年龄都满足的情况下,退休时可以让子女顶替进厂。就这样,肖才元顶替父亲进入大冶钢铁厂,在机械车间当工人。

钢铁工人很辛苦,每天戴着安全帽,穿着蓝色的工作服,浑身汗水。就在这不到三年的车间工人经历中,肖才元连续两年被评为"先进标兵",又作为重点培养对象,写了入党申请书。1978年,他幸运地赶上了

"文革"后恢复高考的第一届招生。

在中学期间,肖才元的理科成绩一直非常优秀,他清楚地记得,初中共有15个班,学校举办数学竞赛,他获得全校第一名。但是,他的文科也很好,始终没有出现偏科,对文科的兴趣一点也不亚于理科,喜欢阅读课外书。可是,那个年代能找到的课外书并不多,文学类的书大都是苏联的。

"我喜欢帝王将相,不爱看写才子佳人的书。"肖才元回忆他年轻时的读书兴趣,由此可以看出他人生志向的轨迹,"四大名著,《红楼梦》我是硬着头皮读下去的,《水浒传》杀气太重,《西游记》我也不太喜欢。还是对《三国演义》最感兴趣,不仅是帝王将相的争斗,而且是斗智,这符合我的审美趣味。"

说起来连他自己都不相信,多年后在中国律师界叱咤风云的人物,大学读的居然不是法律,而是物理专业。当时在选择专业时颇费了一番周折,他自己想报政治、文学类专业,班主任和任课老师轮流来到家中做思想工作,尤其是数学老师,多次登门,坚决反对他报考文科。那时候,社会上流行的"金科玉律"是"学会数理化,走遍天下都不怕",这对肖才元也不例外。再加上黄石这座工业城市,父亲又在大冶钢铁厂工作,促使他最终选择了武汉大学物理系。

以肖才元的成绩,考上大学是有把握的,如果不是牵挂家里的老母亲,在填报志愿时他会把北京大学作为首选,但因为武汉离黄石很近,思考再三,还是优先选择武汉大学。参加完考试,他还是像往常一样上班。那天,单位通知说,机械车间党支部近期准备开会讨论批准他为预备党员。就在这一天,武汉大学的录取通知书也到了。"要不是读大学,我的党龄应该从1978年算起。"

每当想起那一刻,那种幸福感,肖才元总是回味无穷。这是他改变命运的第一步,也是这个国家历史大转折的前夜。那一年,他20岁,懵懂的青年,很多年后才完全明白,这是个人的一小步,国家的一大步。

这是一次对人的肉体和精神的大解放,关闭的大学校门重新打开,教授们从四面八方赶回来,带着苦涩的笑容,迎接这些年龄参差不齐的学子。大学校园里芳草萋萋,甚至都没有准备好,他们是77级的学生,直到1978年3月才正式入学。

从武汉大学物理系金属物理专业本科毕业时,肖才元主动要求回到黄石。这是因为父亲已经故去,老母亲还在黄石,如果他分配到外地工作,很可能要住集体宿舍,母亲就不方便跟他一起生活。而黄石有一套不大的福利房,是父亲生前单位分的,这样他就可以照顾母亲。

"在我的心目中,我的母亲是最伟大的人,她是典型的中国传统妇女,心地非常善良,待人宽厚,勤劳一生。"好在黄石距离武汉不远,四年大学期间,肖才元也常常回到黄石看望母亲。毕业后,他几乎没有任何犹豫,回到黄石,被分配到大冶钢铁厂研究所,在实验室从事技术研究工作。

铁肩担道义之梦

与四年前机械车间的工人相比,大学毕业后又回到大冶钢厂的肖才元,则是未来的工程师。可是,他的脑子里却有个"魔鬼"——整天和钢铁打交道,却又对文科兴趣念念不忘,总想找机会去弄个律师身份玩玩。

"科技工作并不是我的第一愿望,儿时的愿望本来是很想当兵,憧憬着成为将军。但眼睛近视,不符合要求。所以我就想当律师。"让肖才元萌生这个想法的,还因为他从小就有崇拜社会上那些杰出人物的心理,后来又受到文学和电影的影响,"我就认为律师这个职业非常好,能够利用法律维护社会的公平正义,特别能满足我'铁肩担道义'的英雄主义情结。"

根据当时实施的《律师暂行条例》,受过高等教育,从事科技、经济等工作的人员,考核合格的,可以取得兼职律师资格。肖才元动心了。不过,这只是司法考试制度初期的临时安排,不久又出台了新的政策,律师资格的取得更加严格和规范。

1986年,司法部安排了第一次考试,称之为第一次全国律师资格统一考试,但报考人员仅限于司法系统的工作人员,系统外的人员无资格报考。

直到1988年,真正意义上的全国律师资格统一考试才开始正式实施,就像高考一样,向社会公开,只要受过高等教育,不限专业,都可以报考。考试的内容,将17门法律学科的内容,融入五份试卷中,竞争之激烈,可想而知。

那时候不只是没有互联网,由于是首次公开的律师资格考试,教材及辅导资料也很难买到,只能买一些最基础的法律类教材。肖才元能利用的就是这些资料。在单位上班时间不敢拿资料出来学习,他那时已经晋升为工程师,必须心无旁骛地做好本职工作,不能给人"不务正业"的感觉。

肖才元开始在工作之余学习法律。要说难,对没有系统地学习过法律的人来说,很难;要说不难,法律、法理都是逻辑性特别强的理论,触类旁通,这是肖才元的长项。

没有任何犹豫,肖才元以武汉大学物理系的本科学历,报考了1988年全国律师资格统一考试。按照计分标准,五份试卷,总分500分,过线分数为325分,意味着每份试卷得分不低于65分。

就是这种临时抱佛脚式的突击学习,你猜猜考试是什么结果?简直难以置信,当年黄石市180人参加考试,只有12人过线,肖才元以372分拔得头筹,比第二名足足高了30分!

在官方司法考试排序上,这是第二届;按照国际上公认的标准进行律师资格考试,这是第一届;序号上的"第一届"是为了照顾公、检、法、司内部人员,算不上正规的国家级考试。因此,律师界往往把1988年的律师资格考试称为第一届。

1988年律师资格考试结束后,司法部又追发了一个文件,对之前的规定进行调整,只有高等院校及研究机构从事法学教育和研究的人员才能从事兼职律师工作。肖才元是企业人员,不符合条件,只能取得资格证,不发给兼职律师执照(现在称之为"律师执业证"),也就不能做任何与律师职务相关的工作。

与肖才元同时参加律师资格考试的还有大冶钢厂法律顾问处的四名同事,他们都是法律专业毕业,而且在法律部门工作,却全军覆没,一个都没有上线。所以，在这些同事的眼里，肖才元简直是"神"了，各种说法都有，当然都是羡慕，没有嫉妒恨。肖才元取得了资格证书，对这家大型国企无疑是重要的法律人才，单位准备把他调到总部法律顾问处工作。肖才元一心想做律师，既不是兼职，也不是国企的法律顾问，而是名正言顺的执业律师。尤其是拿到了资格证，肖才元岂能甘心在国有企业法律部门工作。

看守所在哪里？

仿佛给肖才元量身定做的机会，就在此时，黄石市司法局正在筹建黄石市涉外律师事务所，属于司法局的下属单位。作为黄石的律考状元，肖才元自然是司法局重点关注的法律人才。通过协调，1989年10月，他被调到黄石市司法局，从此成了专职执业律师。

被调过去的时候，涉外律师事务所还在筹备，肖才元就成了司法局"在编消防队员"，各种抓差，还被派到福建去处理纠纷。那时候允许党政机关经商，司法局下属的企业在福建那里出了点扯皮的事，单位的车被对方扣了，肖才元带着司机过去，通过谈判交涉，把车要了回来。

两个月后，去律师事务所报到的第一天，他去主任办公室汇报。"我正要找你呢，你去办个刑事案子吧。"见到肖才元，主任劈头盖脸地说，"明天就要开庭，你赶紧去阅卷，到看守所会见被告人。"

"我没开过庭，不懂啊，看守所在哪里我也不知道。"肖才元诚惶诚恐地说，"能不能安排别人去？"

"你已经是正式的律师了，有什么好怕的，去了就懂了。"主任说着，又补充道，"这是被告人点名的，要你当辩护律师。"

"点名找我？搞错了吧？"肖才元满脸狐疑，"我一个案子都没办过，谁会点名委托我当辩护律师？"

"没搞错，人家找的就是你。"经主任一番介绍，肖才元方知，原来是跟他一起到福建去处理问题的司法局司机，那个被告人就是他的朋友，是他推荐的。

这是一起抢劫赌场案件，第一被告人赌博输了，叫了几个弟兄，里应外合，把赌场的钱洗劫一空。

拿到律师执照，上来就办刑事案件，是名副其实的"大姑娘上轿——头一回"，刑事法庭是什么样子，肖才元还是第一次见到。"律师说话的时候是坐着还是站起来，我也不懂。"他想起来就觉得好笑，"公诉人发言的时候，法官请他站起来开场，轮到我发言，我也学公诉人，自觉站起来开个场，然后坐下来接着发言。"

年轻律师，血气方刚，脑子里没有条条框框，指控的犯罪事实有什么问题就照直说来，肖才元感觉为了应付律师资格考试突击学习的法律终于派上用场了。话虽然这么说，即使内心足够自信，思维也能跟得上，表达很流畅，可毕竟是第一次开庭，并且担任第一被告的辩护人，肖才元不自觉地还是有些紧张，手好像也不听使唤，记录起来不太流畅。

尽管旁听的同事和其他旁听人员都对肖才元第一次开庭的评价极高，但他经常自嘲："我的记录速度跟不上思维，往往就不用笔记录。那是第一次出庭留下的后遗症。"说来也奇怪，直到现在，每次开庭，只要他用笔记录，思维就不集中。

对这起案件，肖才元收了100元律师费，这就是当时的律师收费标准。

此后不断有人指名来找肖才元，几乎都是刑事案件的辩护。最后终于搞明白了，由于这起赌场抢劫案件在当地影响很大，为第一被告人辩护的这个年轻律师，在庭审中表现得很出色，不仅给法庭和旁听人员留下了深刻的印象，而且那些被告人成了他的"宣传员"——被告人被审判后送回看守所，其他被羁押人员就会打听，"给你辩护的律师怎么样"？肖才元虽然年轻，却展现了优秀的专业能力，经过被告人的传播，他的名声很快就在看守所传开了，有的人干脆就在检察官到看守所提审时直接提出来，要请肖才元辩护。所以，有相当一部分委托是检察院转告的。

"那时候风气很好，也不时兴请客吃饭，更没有人送礼。对于刑事案件的辩护，在法庭上控辩双方针锋相对，英雄相惜，下来还是好朋友。"刚出道时候的经历,对肖才元职业生涯影响巨大,不管后来的司法大环境如何变化,他从来不搞邪门歪道。

不同意无罪辩护就不接案

1990年,肖才元又接到一起刑事案件的委托。被告人是农业银行老下陆区办事处一家储蓄所的出纳员,被控贪污罪,检察院指控他利用职务之便贪污6000元。阅卷和会见被告人之后,肖才元认为这个案件蹊跷,不足以认定贪污,便果断地决定做无罪辩护。

这是肖才元当律师以来第一起无罪辩护的案件,在当年的司法体制下非同小可。按照规定,承办案件的律师如果要做无罪辩护,必须事前由律师事务所开会集体讨论,形成统一的意见,不允许律师擅自做无罪辩护。

肖才元就像拉票似的,私下找其他律师陈述理由,让他们在开会讨论的时候同意他做无罪辩护,最后再去找主任。任凭他怎么说,主任认为无罪辩护的理由不充分,就是不同意。肖才元索性摊牌:"这个案件做有罪辩护,我内心无法接受。如果不同意做无罪辩护,我就不适合当辩护人,还是交给其他律师去办。"最后,主任还是妥协了。

案子不大,情节却有点离奇。

1989年10月20日,储户柳某持一年期定存到期的存单到储蓄所取款,出纳员贾玉萍见储户是退休的派出所指导员,彼此很熟悉,没有先查对底单,便直接办理了支取手续,本金4000元、利息428.3元。当天储蓄所例行对账时,没有找到这个定期存单的底单。

经过核查,发现该存单在1989年3月14日曾挂失,并补办过新存单,当年5月20日在尚未到期时提前支取了本金4000元,利息181.72元。而挂失手续和提前支取均是出纳员饶启森办理的,本该由储户亲笔签名的地方全部由饶代签。当天晚上，饶启森和贾玉萍持提前支取的底单找到柳某家，但对方矢口否认有过存单挂失的事实。

用现在的标准来看，这是根本不可能发生的荒唐事，储户到银行办理挂失手续，有一整套的流程和记录，双方谁也无法赖账。但这是30多年前，还没有芯片式银行卡，都是存折，而且多半还是手写的，尤其是最基层的储蓄所，更是缺少规范。就像"死无对证"的糊涂账，百口莫辩。按照内部规定，提前支取的本息4181.72元由饶启森自己赔偿，相当于他两年的工资，这事也就过去了。

过了不久，相同版本的怪事再次出现。另一储户桂某持到期的一年期存单到储蓄所取款，金额2000元，饶启森未查到底单，仔细核查后发现，储户曾在半年前办理了挂失补办手续，并于三天后用补办的存单提前支取了本息，与一个多月前柳某的故事情节几乎完全一样。饶启森拒绝支付，桂某向检察院控告。

一次疏忽还能解释，同样的问题再次出现，就难以解释为工作中的差错。检察院调查后，认定这是利用职务之便，以挂失的名义伪造存单，贪污公款，以贪污罪将饶启森逮捕。

对饶启森是否构成贪污罪，控辩双方针锋相对——控方并没有获得被告人贪污的确凿证据，只是基于两次出现同样的虚假存单问题，推定饶启森具有贪污行为。

这不奇怪，三十多年前的刑事法律还是有罪推定的思维，除了贪污没有任何理由能解释连续出现的虚假存单问题；站在辩方的立场，饶启森用这种低级的手段贪污，无异于掩耳盗铃，穿帮是迟早的事，也就不可能达到贪污而不为人所知的目的。于是，控辩双方在法庭上形成对立的观点，互不相让。

1990年适用的还是"七九刑法"和对应的《刑事诉讼法》，肖才元运用他擅长的逻辑思维能力，将很多年后才形成制度的"无罪推定"以及"合理怀疑"理念提前派上用场。

肖才元提出，被告人实施的犯罪行为不合常理，经不起推敲，不排除储户利用管理上的漏洞进行诈骗的可能性。如果是诈骗，用警察破案的思路推测，比较合理的犯罪路径是：第一个储户发现了可乘之机，自己诈骗成功后，又和他人串通，用同样的手段实施诈骗。但是，第一个储户是派出所退休的指导员,与他人合谋诈骗金融机构,也被认为不太可能,而且无任何证据表明柳某与桂某存在交集。

被告人饶启森自始至终不认罪,两名储户指天发誓绝无存单挂失行为,是正常的存款。农行自己的调查报告说,饶启森在平时的工作中马虎大意很常见,就在出事的这一年,经他手办理的提前支取定期存款共72笔,其中49笔未按规定核查取款人证件和在利息单上签名。之所以这样随意,很大程度是因为那个年代还是"熟人社会",一个基层储蓄所,储户基本都是附近的熟人,出纳员随手代为签名是常有的事。除此之外,没有发现饶启森有其他违规的问题。

超前的"合理怀疑"理念

案件在黄石市下陆区法院开庭审理,肖才元做了无罪辩护。

法庭上,肖才元明显占上风,因为公诉人也没有能证明犯罪的直接证据,就是凭借不严谨的推理,认为被告人饶启森以贪污为目的,用假存单骗取单位资金。那时候还是"纠问式"审判,法官无形中站在控方一边,让被告人饶启森和辩护人肖才元举证。

"应该让公诉人举证才对,被告人没有干过的事情,到哪里找证据呢?你不能让被告人自证清白。"肖才元据理力争,虽然"合理怀疑"的理论在当时尚未运用于司法实践,但他在法庭上用的就是这种逻辑,"被告人饶启森又不是精神病,他是一个有正常行为能力的人,用这种方法来贪污,如何实现犯罪目的呢?挂失和提前支取都没有让储户签名,存单在储户手上,必然要来取钱的,这是基本的常识,无法隐瞒,最后出了问题必定还是饶启森承担。"

用今天刑事法庭上常见的语言来说,检察机关指控饶启森犯贪污罪,有无法排除的合理怀疑。

其实,公诉人用的也是"合理怀疑"的理论,只不过用错了,把它放在有罪推定的语境下——为什么两次出现先挂失、补办的存单提前支取、最后再用被挂失的存单来取钱的情况?如果饶启森不能排除对他不利的"合理怀疑",那就是贪污公款。

肖才元在对农行的走访中了解到,在日常管理中,银行对账目不平的问题,规定"长款归公、短款自赔"。所谓"长款",是指账上多出来的钱,查不出原因,数额比较大,一律归公;"短款"指的是账目对不上,比如少了 500 元、300 元,只能由经办的储蓄员赔偿。在这种情况下,假如饶启森与他人合谋用假存单贪污,账目上必然会出现本息 6000 多元缺口,无法平账,最终只能由他本人赔偿。因此,无论从哪个方面看,饶启森都无法达到犯罪而不被发现的目的。

在检察院立案侦查时,储蓄所主任反复提醒饶启森,仔细回忆存单上的名字是不是他的亲笔签名。这么一说,饶启森也感到满脑子浆糊,说不准存单上签名的真实性,甚至还幻想,会不会是其他同事冒签自己的名字?

检察院为此对存单上的签名做了司法鉴定,证明是他的签名。

指控饶启森犯贪污罪,控方的证据本来就捉襟见肘,对于两个证人、也就是那两个储户的证言,肖才元不认可。这不仅因为他们本身就是利害关系人,证言缺乏客观中立性,而且还不能完全排除这两个人存在诈骗的可能性。这样的证言怎么能用来证明被告人犯罪呢?

唇枪舌剑,肖才元只是个嘴上没长毛的年轻律师,出道也没几天,可是他已经不是战战兢兢地学着检察官站起来发言的生手,而是寸步不让的老练对手,稍不留神就会被他抓住把柄强力反击。

基于律师无罪辩护被严格管控的原因,再加上饶启森案件的离奇情节,这一仗下来,肖才元在司法局引起了讨论,上下都是叫好声,大家也开始对这个年轻律师刮目相看。但是,一审法院还是判决饶启森有罪,而且因为他不认罪,适用"抗拒从严"的刑事司法政策,被判处有期徒刑三年。

上诉到黄石市中院,书面审理,肖才元继续做无罪辩护。

合议庭的书记员姓许,实为案件的承办人(当时,这种现象很常见,大部分简单的小案子都由书记员承办),也是武汉大学毕业的,与肖才元算是师兄弟,沟通起来总比陌生人好得多。他完全赞同肖才元的无罪辩护意见,但这类案件,如果要改判无罪,则必须经审判委员会讨论决定。

肖才元整天惦记着饶启森案件,不久,他突然听说二审要维持原判,当时就急了,无论如何这个结果都是他不能接受的。

顾不了那么多,肖才元骑上自行车,飞奔到黄石市中院,直接来到分管刑事审判的姜副院长办公室。事后才知道,姜副院长平时有个习惯,没事的时候就到法庭旁听刑事案件,听过肖才元的数次开庭辩护,对他的专业能力很欣赏,只是肖才元并不知晓。

"姜院长,我手上有个案子必须向您汇报,如果中院维持原判,极可能造成冤案。"肖才元感觉没有时间绕圈子,开门见山地挑明他的问题。

姜副院长耐心地听他汇报,听到一半,摆摆手打断他:"你待会再说,等一下。"他拿起电话问道,"饶启森的裁定书送达了没有?"电话那头告诉他,正准备去看守所送达。"你们先停下来,暂缓送达。"接着,转身继续听肖才元的汇报。

听肖才元如此这般汇报完,姜副院长没有对结论表态,只是说:"肖律师反映的意见很重要,我们会考虑。"

这一下动静就大了,案件第二次提交审判委员会讨论后认为,辩护律师的意见值得重视,决定发回重审。

案子退回到下陆区法院,另行组成合议庭。而下陆区法院干脆一退到底,退回检察院补充侦查。这其实是给检察院一个自我权衡的机会,如果没有新证据补充,顺势撤诉,至少在面子上比宣告无罪要好看得多。

检察院和法院本来就在一个大院里,下陆区人民检察院原本觉得这是个典型案件,在被告人拒不认罪的情况下,依靠间接证据定罪,相当于"零口供",具有突破性,于是向上级检察院报请集体三等功。正在这个节骨眼上,中院撤销一审判决,将案件发回重审,检察院很抵触,对退回补充侦查采取不理不睬的态度。

退回补充侦查,常用的做法就是法院发个通知,检察院把案卷拿回去,如果是公安机关办的案子,也会继续往下退,回到原办案单位。可这是检察院自侦的案件,没有地方推脱,拿回来就得自己补充侦查,到哪里补充新的证据呢?这起谁也说不清楚的乌龙事件,本来就未发现直接的犯罪证据,不应当起诉,却被当成"零口供"典型案件,要不是遇上了刚出道不知深浅的肖才元迎头拦住,没准检察院的"笔杆子"还会把案件写成新闻报道,在媒体上大肆报道呢。

现在,既然发回重审,撤回起诉无疑是明智的。但已成骑虎难下的局面,只好采取消极应对的办法。

下陆区法院也很恼火,只好另组合议庭,开庭重审。控辩双方你来我往,又走了一遍一审程序,完成重审,然后,法院没有判决,而是破天荒地裁定"退回补充侦查"。没办法,检察院只好把案卷拿回去,一周后,它又原封不动地向法院起诉,继续指控饶启森犯贪污罪。肖才元憋了一肚子火,准备与检察院展开第二轮战斗。他已经摸清了对方的底牌,对方就是下不了台阶,没有任何新的证据,按照法律规定不符合起诉的要求,却霸王硬上弓。

就在开庭前两天,审判长突然请肖才元吃饭。饭桌上天南海北地闲聊,仿佛许久未见的老朋友,谁也不说案子。"我当时就明白了,审判长没事请我吃饭,无非就是告知我,准备判我们败诉,但这不是他个人意愿,希望我能理解。"

黄石市虽然是地级市,其历史地位久居湖北省第二大城市,但在1990年代,国企占据绝对主导地位,民营经济不发达,重大民商事案件很少,全市也就三家律师事务所,四十多名律师,法律圈子就这么大,公、检、法部门对律师也很尊重。肖才元做刑事辩护首先是从看守所出名的,通过被羁押人员口口相传,家属来见见,临走时带个纸条:请黄石市涉外律师事务所肖才元律师辩护;有时候,检察官们也会向被告人推荐肖才元担任辩护人。也正因为肖才元的专业能力已在法院系统得到公认,这一次,法官请他这个辩护人吃饭,是他的职业生涯中唯一的经历。这说明,当年的司法风气很正,法官和律师的关系也很单纯。

果然,下陆区法院很快作出重审判决,再次以贪污罪对饶启森判处有期徒刑三年。审判长直接对肖才元说:"院里意见很明确,如果中院认为我们错了,那就应当让他们直接改判嘛。"

将无罪辩护进行到底

控辩审的较量进入第二季。上诉后,黄石市中院再次撤销原判,发回重审。不同的是,这次附加了指导意见,那就等于告诉一审法院,不查清这些问题,就不能作有罪判决。下陆区法院意识到,诉讼必须回到正确的法律轨道,它也不再顾及检察院的面子和其他非法律因素,第二次重审后,宣告饶启森无罪。

案件僵持到这个份上,下陆区检察院横下一条心,向黄石市检察院提请抗诉。

第三季在黄石市中院上演。要说肖才元不带一点情绪那是假的,不过他还是很克制,告诉检察官们最简单的道理,给被告人定罪需要充分确实的证据,而不是靠怀疑。最终,黄石市中院驳回抗诉,维持原判。

至此,黄石市司法机关刑事审判历史上罕见的反复上诉和发回重审,最后启动抗诉程序的无罪案件,共产生了判决、裁定、抗诉等七份裁判文书。案件在当地检察院、法院、司法行政系统和律师界引起轰动,执业仅仅两年的年轻律师肖才元,毫无争议地成为当地金牌律师。案件了结后,曾经当面听取肖才元汇报的黄石市中院姜副院长对司法局局长说:"这次真的要感谢肖律师,帮我们阻止了一起可能的冤案。"

尘埃落定后,有同事建议向中央电视台、中央人民广播电台投稿,肖才元担心,这样搞不好会得罪很多人,还是应当保持低调。

也是这一年,肖才元又办理了一起挪用公款的无罪辩护案件,而且比饶启森案件轻松多了。自从律师制度恢复以来,在司法理念相对保守的1980至1990年代,黄石市从未有过哪个律师有连续两次无罪辩护成功的纪录。这时的肖才元不只是一名年轻的律师,还属于司法局编制内的干部,年年被评为青年标兵,被视为黄石市司法行政系统的后备人才。

在这起案件过去 34 年后,肖才元翻出像"长了老年斑"的饶启森案卷宗——从黄石到深圳,搬过多次办公室和家,全部资料仍保存完好。从那份手写字体极为潦草的辩护词可见,肖才元对问题的分析,对法理的阐释,尤其是驳斥公诉机关有罪推定的思维,俨然是久经沙场的刑事辩护老手。

"走到哪里都不舍得丢,不管后来的职业生涯中出了多大的风头,那都是一份特殊的记忆,不可替代。"肖才元小心翼翼地又把饶启森案件的资料收起来,像宝贝似的重新装进箱子里。

一路向南

就在肖才元如同一颗耀眼的新星冉冉上升之际,1992 年的深圳之行,又一次改变了他的人生轨迹。

那年 6 月份,肖才元随法律顾问单位出差深圳,顺便去看望多年不见的中学同学。饭桌上,同学问他有没有想过来深圳发展。肖才元被问住了,在此之前,他还真的没有产生过这种念头,毕竟,他在黄石正处于上升期,事业上如鱼得水。当然,肖才元不是思想保守的人,他那么年轻,虽然第一次来深圳,但一踏上这片土地,就能感受到它无穷的活力和青春的气息,每个人的脸上都洋溢着奋斗者的激情。

同学告诉他,中国有色金属深圳财务有限公司正在全国招聘律师,由于要求比较高,目前还没有找到合适的人选。从同学那里了解到,这家中字头的国有企业很厉害,属于非银行金融机构,业务跨度几乎覆盖了全金融类,包括证券、银行、信托等业务。

"去试一试怎么样?"面对同学的鼓动,肖才元没有拒绝。在财务公司面试的时候,考官用的是他们以往的案例,让肖才元发表意见。这对他来说不是个难题,面试后考官很满意,当即决定录用,让他尽快报到。

就在来深圳出差的前几天,全国第一批证券律师培训,湖北省分到四个名额,黄石市得到一个稀缺的指标,司法局首先想到的便是肖才元。领导还特别叮嘱:"证券律师将来很重要,现在非常缺这方面的人才。"

这回轮到肖才元下决心了。患得患失不是他的个性,凭着出色的执业律师的能力,在深圳这种经济发达、思想开放的城市,只会比黄石的天地更大。他几乎没有纠结,当即决定去深圳。

1992年,对中国的改革开放来说是一个新的起点,邓小平二次南巡,从深圳、珠海经济特区,再到整个珠三角的所见所闻,思想被解放后所迸发出来的空前创造力,像澎湃的春潮,激荡人心。正是在邓小平二次南巡的号召下,中国的改革开放开始加速度,肖才元就像无数前往南方逐梦的年轻人一样,深圳是挡不住的诱惑。

由于肖才元是公务员编制,调动并不容易,而且手上还有正在办理的案件,拖延了将近半年,得知财务公司给他的位子还留着,他才于当年10月底报到。按照公司的规定,需要试用三个月,每周五天半工作时间,提供一间宿舍。说是报到,其实也是找个理由暂时离开黄石一段时间,也未办理调动。没有原工作单位的商调函,不能享受试用期待遇,只能套用临时工标准,每个工作日补贴20元。

尽管他自认为业务已经足够优秀,但考虑到这是人家的规矩,也不好说什么。半个月后,肖才元向公司摊牌:"我在这里的表现,相信大家都有目共睹,包括我的能力、人品、工作态度,如果你们把我当作特殊人才,就不要用常规的做法试用三个月,至少试用期不能那么长。如果你们觉得我还没有优秀到这种份上,不能胜任,那我就回去了。"

这么说完,财务公司有点挂不住,同意不再试用,立即发出商调函。

黄石那边当然不愿意放走肖才元这样的优秀法律人才,司法局领导轮番做思想工作,常务副局长说:"你是局里重点培养的对象,哪个领导都不同意你走,但是,站在私人的角度,从内心里我是支持你的。深圳经济特区是中国未来发展的标杆,你这么优秀的人,到那里去会有更大的发展。"

就这样,肖才元通过人才引进,被正式调入深圳,成为中国有色金属深圳财务有限公司的专职法务。"别看我是直接调动过来的,但我是当了半个月临时工的。"肖才元后来自嘲道,"这也算是另一种人生体验吧。"

站在新的起点

中国有色金属深圳财务有限公司不仅可以像银行那样放贷,而且还有众多复杂的金融业务,包括债权债务问题的处理,对外法律纠纷比较多,过去都是整体外包给外聘的法律顾问,每年花费巨额的律师费,效果却很差,这也是公司决定设立自己的专职律师的主要原因。

成为深圳市民、大型国有非银行金融企业的法务人员后,肖才元最直观的感受是,每个月工资1700元,相比在黄石的300多元工资,"突然感到很有钱";而更重要的变化是,他从公务员变成国企一般干部,从专职律师又改为兼职律师;这种变化让肖才元进入新的领域,那就是接触金融、证券、投资、公司法务等法律问题,这是他在黄石几乎没有涉及的业务,眼界大为开阔,为日后成为全能型律师奠定了基础。

与肖才元打过交道或者共事后,你能发现他有着很多人所不具备的优点——勤奋:今天睡觉前能做完、必须做完的事,绝不能拖到明天;用心:他在钢铁厂当车间工人,连续被评为生产标兵,到司法局下属的律师事务所当专职律师,年年都是全市司法行政系统的青年标兵;他不只是业务能力强,还勤奋和用心,领导把工作交给他,就不用操心了;他在法庭上咄咄逼人,一个细节也不放过,现实生活中却对人很宽厚,这是他从老母亲身上遗传来的品质。

当初办完调动手续,正式入职后,财务公司给了他一套福利房,后来又按照成本价房改,这样不仅使他能够安下心来,而且可以把母亲从湖北接过来照顾。肖才元总是对朋友们说起,对财务公司心存感激,因为湖北冬天比较冷,母亲有哮喘病,每到冬天就会很严重,接到深圳居住后,哮喘病不治而愈。对他这种宽厚、义气、知恩图报的人来说,这反过来也是精神负担,他只能通过加倍工作去偿还公司的这份情谊。

按照内部分工,肖才元初期主要分管信贷部的法律事务,起草审核大量的合同。渐渐地,其他部门的法律事务也都来找他,当然是因为他业务能力很强,其实,更主要还是他为人正直、诚实,很多分外的工作,到了他的手上,就是分内事,不仅不会推脱、懈怠,反而会从心里觉得正好是回报公司的好机会。总经理也是明白人,看得通透,知道肖才元来深圳之前是优秀的执业律师,转行到国有企业担任专职法务,也许公司最终留不住他,干脆就把话说明了:"你不说我也知道,像你这么出色的执业律师,未必会在我们这里长期待下去。没关系,我只是希望你尽可能地多留两年,我真的很需要你。"

"说心里话,从黄石调过来,我本意不是把财务公司当跳板,但丢掉了执业律师,总是耿耿于怀。"肖才元说起当年的经历,你能想象到他心里有多么歉疚,"换了几任领导,都说过类似的话,他们没有把我当外人,我很感动,也就更不好意思辞职。"

财务公司的业务面太宽,涉及大量的民商事法律专业知识,纠纷很多,后来几乎都是肖才元在处理,对他是难得的锻炼机会。他经常说,很感谢财务公司,不仅把他调来深圳,而且给了他非常好的平台,从法务专员到副总经理,可以说,整天都在跟合同打交道,各种想不到的法律纠纷,比律师事务所还要锻炼人。

在电影《肖申克的救赎》中,有一句经常被人引用的台词:"有些鸟是关不住的。"肖才元就属于关不住的、在空中翱翔能力超强的那种"鸟"。他到了陌生的深圳和新单位,很快又从法务专员做到总经理助理、副总经理,分管信贷、长期投资和法律事务。

时间来到2000年,站在新世纪的地平线上,肖才元回望走过的路,再看看自己的年龄,他萌生了参与创建合伙律师事务所的念头,要让自己回归为执业律师。此时,他在财务公司已经工作了将近七年,凭借拼命三郎式的工作作风,自认为对得起这家单位。

"到了这个年龄,再不走以后就没有闯劲了。是时候离开了,否则,愧对那张律师执业证,也是人生的缺憾。"7年时间做到公司副总经理的职务,待遇也很好,肖才元却不满足。大学读的金属物理专业,毕业后在钢铁企业从事技术研究,眼看着就要在工程师的路上走下去,他偏要去考律师资格证,而现在,他又决定去改变自己。"人的一生为了什么呢,当你不用为生计奔波时,就有时间从容地思考自己的理想。"

趁着上级集团公司总经理出国,肖才元正式递交了辞职报告。他是副总经理,又是集团公司想提拔的人,辞职的事还是上了党委会。好在深圳是思想最解放的地方,对待人才流动比较宽容,一位主要领导说,肖才元下了这么大的决心,留不住的,还是提供方便吧。

这是彻底离开公职,在当年叫"下海",也可以办理留职停薪。肖才元义无反顾,以"裸辞"的方式,把人事档案放到人才交流中心。"接过我的人事档案,交流中心的那个工作人员说:'十几年的光荣历史,你就不要了?'"肖才元对二十多年前的这一幕记忆犹新,他笑了笑,"这段历史对我很珍贵,永生难忘。"

辞职后,肖才元与朋友创办了广东正翰律师事务所,他是创始人、合伙人之一,两年后被推选为主任。当年轰动一时的"最大的国家赔偿案"就是在此期间发生的。这是财务公司的贷款,眼看就要烂到地里,肖才元穷追不舍,不仅创造了历史,还为捍卫老东家的利益而战,那种成就感是外人无法体会的。

到了第五年,考虑到正翰律师事务所规模较小,运营成本很高,竞争力不足,而担任主任又占用了肖才元的大量精力,在与其他合伙人商量后,决定整体并入广东广和律师事务所,接着他便以新的身份出征 IPAD 案件。

此时的肖才元早已名声在外,他已经跨过职业的门槛,成功地跻身于有成就、有名望的第一个层次的律师行列。

2014 年底,肖才元加盟国内最大规模的盈科律师事务所。这就像落后地区各行业的精英云集深圳一样,是市场经济环境下最为常见的规律。从 2014 年初,肖才元还在广和律师事务所执业时,就进入了世界著名的法律评级机构"钱伯斯"(Chambers and Partners)的视野,至 2024 年,他连续 11 年被评为公司与民商事领域领先律师,2024 年初,他获得大中华区律师界"业界贤达"荣誉。

Chapter III

第三章
对阵美国跨国公司

本章提要

世界500强企业、几乎垄断中国大型计算机存储器市场的美国跨国公司，不顾中国公司早已合法注册和使用在先的EMC商标，以"驰名商标"为由，强行注册高度近似的商标EMC^2，肖才元律师代表中国商标持有人奋起反击，最终将美国公司逼到墙角，以3000万元为代价，选择向中国公司求和。

美国大公司挑起事端

作为世界500强企业之一、几乎垄断中国大型计算机存储器市场的美国伊姆西公司，这一次运气不好，它的对手唯冠科技(深圳)有限公司并不好惹，代理人是由强悍的肖才元挂帅的律师团队。

诉讼大战悄悄地在北京打响时，原本与唯冠公司并没有直接关系，而是美国伊姆西公司与中国国家商标局的纷争。

伊姆西公司是信息存储领域的科技巨头，创建于1979年，总部在马萨诸塞州霍普金顿市，主要业务为信息存储及管理产品、服务和提供解决方案，在美国纽约交易所上市交易，其股票属于标普500成份股之一。

1995年6月，伊姆西公司向中国国家商标局申请注册EMC^2商标，指定使用的商品为"具备处理器、存储器、软件和信息存储单元的智能系统"，属于第九类商品类别。这三个字母本来是伊姆西公司的缩写，取自公司几名创始人的首字母，之所以要在右上角加上不伦不类的平方符号，显然是因为注意到中国已经有人在先注册了EMC商标，它只能委曲求全。

出乎伊姆西公司的意料，它的EMC^2商标注册申请在初审阶段就被挡住，国家商标局给出的理由让人啼笑皆非——与大名鼎鼎的邮政特快专递EMS近似，容易导致误认。伊姆西公司不服国家商标局的裁决，随即向国家商评委提出复审。

按照我国当时的商标法，国家商标局初审通过后，将发出初审公告，如六个月内无人提出异议，国家商标局将核准申请。反之，若有异议，国家商标局将另行开展异议审核。

正因为初审不合格，国家商标局驳回了伊姆西公司的申请，也就没有进行初审公告，中国的EMC商标合法持有人唯冠公司对此并不知情。

像是不约而同地暗中较劲,就在伊姆西公司向国家商标局递交 EMC^2 商标的注册申请一年多后,唯冠公司向国家商标局申请旨在扩大对 EMC 商标保护的注册,将该商标原有的核准范围从单纯的显示器扩展到计算机以及相关的辅助设备,依据规定,需要重新申请注册一个新的 EMC 商标。国家商标局经过审核后发布了初审公告。

憋了一肚子火的伊姆西公司看到唯冠公司也来申请 EMC 商标,而且初审还通过了,当即对唯冠公司的 EMC 商标申请提出异议,认为自己的 EMC^2 商标申请在先,现在,虽然初审未通过,但它已经向国家商评委提出复核。

面对这种"混战",国家商标局索性将唯冠公司的 EMC 商标注册申请暂停审查,等待国家商评委对伊姆西公司 EMC^2 商标的复核。

很快,伊姆西公司的复核申请有了结果,国家商评委撤销国家商标局对 EMC^2 商标的初审决定。显然,尽管 EMC^2 商标与 EMS 有两个字母相同,但属于不同行业,没有人会把这两个商标混淆,这个理由在法律上明显不成立。

本来,对伊姆西公司的 EMC^2 商标注册申请,国家商标局有充分的理由将它否定,因为与它同属于电子类产品且高度近似的唯冠公司 EMC 商标早就合法存在,或许是档案管理技术落后的原因,国家商标局居然没有发现这个商标,扯上了不相关的 EMS。既然国家商评委认可了伊姆西公司的复核理由,国家商标局开始和稀泥,重新批准了 EMC^2 商标的注册申请,发出初审公告。

这一回轮到唯冠公司提出异议了。相比之下,它的异议理由更充分,无可置疑,因为它是 EMC 商标的持有人。追溯历史,"唯冠系"起源于中国台湾地区,唯冠电子股份有限公司于 1989 年在台湾地区成立(即"台北唯冠"),后来到大陆投资,先后在武汉、深圳设立多家代工企业,曾经是全球主要 IT 产品代工企业之一。

唯冠公司成立时使用的英文名称为 ESSEX MONITOR CO.,LTD,代表人(负责人)为杨荣山(也即为本案第三人的法定代表人)。唯冠公司英文名称中三个核心单词的第一个字母"E""M""C"三字母的组合,即为唯冠公司 EMC 商标的来源。

自成立以来,唯冠公司就在中国台湾、香港等地区使用 EMC 这一商标,并由加工代理商南通宇泰电子有限公司于1992年10月19日代为向国家商标局申请,在中国大陆第九类(电子产品类)注册了EMC商标。1996年,唯冠公司从南通宇泰电子有限公司有偿受让了EMC商标,并一直在本公司的商品(主要是显示器)上使用。

国家商标局经过审理后认为,被异议商标EMC^2的显著部分为EMC,与唯冠公司合法持有的注册商标EMC相同,字母"C"右上方的"2"并不突出,不是该商标的主要识别标志。同时,两商标指定使用的商品均是第九类计算机及其外部设备,二者消费对象、销售渠道及销售方式基本相同,属于类似商品,从而构成了类似商品上的近似商标,在市场上并存使用容易造成消费者的误认和混淆。国家商标局于2000年7月20日裁定,对伊姆西公司申请的EMC^2商标不予注册。

唯冠公司的异议成立,这本是意料之中的结果,但伊姆西公司不服,向国家商评委申请复审。作为主要理由之一,伊姆西公司自信地声称,EMC^2商标在世界上享有极高的声誉,与EMC在不同领域的商品上并存,不会引起消费者的混淆和误认。国家商评委没有采纳伊姆西公司的理由。

在申请复审期间,伊姆西公司还向国家商评委提交了EMC^2商标在世界多个国家注册和使用的证据,要求认定EMC^2商标为驰名商标,并根据相关法律给予驰名商标的保护。国家商评委认为,伊姆西公司的主张缺乏足够的证据支持,拒绝给予EMC^2驰名商标的法律保护。

在竞标中击败对手

伊姆西公司不服国家商评委的复审裁定,提起行政诉讼,唯冠公司被列为第三人。北京市一中院经审理后认定,类似商品是指在功能、用途、生产部门、销售渠道、消费对象等方面相同,或者相关公众一般认为其存在特定联系、容易造成混淆的商品。在本案中,被异议商标 EMC^2 指定使用的商品为"具备处理器、存储器、软件和信息存储单元的智能系统",属于电子计算机的存储处理设备,具有内部数据存储管理功能;唯冠公司的 EMC 商标指定使用的商品为第九类显示器,属于电子计算机的显示设备,具有数据显示功能。两商标指定使用的商品,均在《类似商品和服务区分表》的第九类中,一个是计算机中央处理设备,一个是数据显示的外在设备,作为实现电子计算机系统功能的必要组成部分,这些功能、用途密切相关,两商品的生产、销售仍属于同一领域。

一审法院认为,虽然原告伊姆西公司强调其实际商品主要面对的用户是需要对大容量数据进行管理的大型企业或者政府机构,产品价格较高,用户在购买时会对商品的商标和来源特别注意。但是,由于中央处理设备不能脱离显示器单独使用,购买中央处理设备的客户也存在同时购买显示器的可能,因此,两商品的消费对象并无明显差异。综合一般消费者对电子计算机的主机和外部设备属于相关商品的认知,两商品属于类似商品。

基于上述判断,北京市一中院支持国家商评委的复审裁定,认定 EMC^2 与 EMC 为类似商品的近似商标,一审判决驳回伊姆西公司的诉讼请求。

为了庞大的中国市场,伊姆西公司竭尽所能,希望拿到 EMC^2 商标。为此,它打算抗争到底,向北京市高院上诉,最终落败。

第一个回合的争斗权当序幕,此时还没有轮到肖才元团队上场。

从复审到行政诉讼,伊姆西公司是世界 500 强企业,有足够的财力聘请大所大牌律师,而国家商评委的应诉却显得异常吃力,好在是非分明,一二审均胜诉。但是,作为直接利益关系人的唯冠公司,以第三人的身份坐在大树底下乘凉,连律师也没请,让国家商评委很恼火。内部有关人士发话:"这个官司,国家商评委本身就是为唯冠公司打的,与你的权利密切相关,居然如此轻率,连个律师都没有委托。"

"名义上是国家商评委当被告,唯冠公司在本轮行政诉讼中属于第三人,但实质上就是原告跟第三人对簿公堂,争执的焦点是唯冠公司 EMC 商标注册的合法性问题。"肖才元说,"如果唯冠公司有得力的律师在法庭上提出强有力的抗辩,是对行政诉讼被告的支持和策应,不至于让它一个国家机关孤军奋战,应对伊姆西公司这样财大气粗的跨国公司的诉讼。"

正是在这种背景下,唯冠公司决定聘请律师。它意识到,与伊姆西公司的商标大战才刚刚开始,躲在行政诉讼的大树底下乘凉并不能解决所有的问题,接下来,很可能无法避免双方直接对簿公堂的民事诉讼。

唯冠公司开始将目光从它熟悉的律师事务所扩大到国内多家大所,物色合适的律师。唯冠公司内部本身设有法务部,几位法务人员其实也是律师出身(将执业资格挂在其他律师事务所),以他们的专业能力,显然能判断出律师水平的高低,而且在选择律师的时候,眼光犀利,要求很高。

肖才元当时执业于广东广和律师事务所,与世界500强企业的美国跨国公司对阵,他不想错过这个机会,也参与了唯冠公司选择诉讼律师的竞标。

竞争唯冠公司这起诉讼业务的有五六家律师事务所,可谓强手如林,包括众多擅长知识产权案件的知名律师。相比之下,肖才元当时所在的广和律师事务所虽然是广东省第一大所,但在知识产权领域并无优势。

"当时参与竞标的其他律师团队办理的知识产权案件,数量是我们的十几倍、几十倍,其中不乏影响比较大的案件。"面对竞争对手,肖才元显得自信从容,"我们从一开始就认识到,案件的本质虽是知识产权案件,但并非常见的知识产权案件,可以说属于特别重大复杂的知产案件,其他团队未必就比我们有优势。这不是纯粹的法律问题,背后还涉及政治,那就是中美贸易关系,这些因素都要考虑到,要有具体的应对方案。"

参与唯冠公司的竞标,比拼的不仅仅是知识产权案件承办的经验,更多的是律师的综合能力,特别是对重大疑难案件的处理能力,包括解决问题的独到思维,过人的眼光与魄力。

承接大要案和复杂案件,肖才元通常的做法是尽量避免单打独斗,集中整个团队的智慧,反复讨论研究,不留任何死角,最后形成方案。当参与竞标的各个律师团队的方案都送到唯冠公司法务部后,经过筛选,肖才元团队(包括团队另两位律师石绍纯、石干章)胜出,这正是他事前料到的结果。

后来，肖才元在本所总结拿下唯冠公司诉讼案的成功经验——对法律问题的分析非常独到，尤其是伊姆西公司生产大型计算机存储器，面对的是机构大客户，而唯冠公司显示器的主要消费对象为个人，如何说服法官相信"EMC^2"和EMC这两个商标近似，由此将给EMC商标持有人唯冠公司的利益带来的潜在损害？最关键的竞争条件是，主动提出风险代理，这被委托人视为律师对诉讼的总体把握、对胜诉的信心，这就等于把雇主和律师的利益捆绑在一起，律师必然全力以赴。

"其他竞争对手着眼点都是技术问题，我们看到了被其他同行忽视的问题。"这正是肖才元的老练之处，他总是能够发现其他人看不到的问题，他经手的那些重大疑难案件就是靠这种独特的能力出奇制胜。他说，"我提出的观点是，这个案件超出了技术派所能掌控的范畴，除了常规的法律，还有政治问题，也就是中美贸易关系。很多国家机关、大型银行使用的都是伊姆西公司的存储器，它在中国有很大的影响力，这在中美贸易关系上也是不容忽视的筹码。"

肖才元还注意到，伊姆西公司是2008年北京奥运会的赞助商。他曾在北京专门请教国内一位著名的知识产权专家，如何应对这类背景复杂的案件。"我建议你不要接这个案子，唯冠公司和伊姆西公司根本不是一个量级，这种社会影响极大的官司打到最后，就不再是纯粹的法律问题，而是中美贸易谈判桌上的筹码。"这位专家坦诚地提醒肖才元，法律问题本身也很复杂，加上律师无法控制的政治因素，律师做风险代理是不明智的，也很难成功。

出现法律以外的因素，这当然是一种预判，可能最后什么也没有发生；但万一出现肖才元分析的情况呢？作为律师，看上去对法律以外的事情什么也做不了，其实不然。在肖才元设计的方案中，首先要用法律的手段彻底阻断伊姆西公司试图在中国大陆注册EMC^{2}商标的念头，然后，即便这起案件真的成为中美贸易关系的筹码之一，那么，作为EMC商标合法持有人的唯冠公司，也不会沦为任美国人宰割的鱼肉，庭外和解仍有相当大的讨价还价空间。

"我就不信这个邪。"肖才元权衡再三，决定跟伊姆西公司一决高低，"双方的争执既然到了这一步，必须在法律上打败伊姆西公司，让它遵守中国的知识产权规则，要么它就不能用这个商标，要用的话它就得按照公平原则付出足够的代价,想以势压人在这里走不通。"

相信很少有律师会把问题想得如此细致、周全,这也是肖才元能够获得委托人信任的主要原因。

以"第三人"身份出场

随着美国人在行政诉讼中的落败,一度被搁置的唯冠公司第二个 EMC 商标的注册申请得到批准,但伊姆西公司并不甘心,更不愿意放弃注册 EMC^2 商标的努力。在对唯冠公司 EMC 商标申请提出的异议被国家商标局驳回后,它仍坚持向国家商评委申请复审,理由是:EMC^2 商标在世界范围内注册和使用,已经拥有广泛的知名度;唯冠公司申请注册用于电子计算机的 EMC 商标的时间晚于伊姆西公司 EMC^2 商标首次申请注册的时间,与唯冠公司相比,其享有在先申请的权利。因此,不应当核准唯冠公司 EMC 商标的申请。

国家商评委作出的复审裁定认为,虽然伊姆西公司在中国申请 EMC^2 商标注册的时间早于唯冠公司申请注册用于电子计算机的 EMC 商标,但随着唯冠公司提出异议,国家商评委复审裁定,对 EMC^2 商标不予注册,且经过北京市高院于 2005 年 11 月 18 日作出的终审行政判决,伊姆西公司关于 EMC^2 商标在先申请注册的权利已经不存在,据此提出的不准予唯冠公司注册用于电子计算机的 EMC 商标的理由不能成立。

复审裁定书进一步指出,伊姆西公司提供的证据表明,它在中国市场的宣传,在时间上晚于唯冠公司在类似商品上最早注册使用 EMC 商标的时间,也没有证据证明唯冠公司的 EMC 商标是对伊姆西公司 EMC^2 商标的模仿。

伊姆西公司与国家商评委杠上了,第二次向北京市一中院提起行政诉讼。唯冠公司同样作为第三人，不同的是，肖才元上场了，法庭上的力量对比明显发生逆转，伊姆西公司在一审惨败后，又上诉到北京市高院。

二审法院经审理查明：1992年10月19日，南通宇泰电子有限公司向国家商标局申请注册了第670444号EMC商标，该商标申请于1993年12月31日获得核准，指定使用商品为第九类显示器。1996年1月28日，深圳唯冠公司经国家商标局核准受让了该商标，现该商标由唯冠科技（武汉）有限公司持有。

1995年6月21日，伊姆西公司申请注册了第1311115号EMC^2商标，指定使用商品为具备处理器、存储器、软件和信息存储单元的智能系统。深圳唯冠公司于该商标审定公告后向国家商标局提出异议。国家商标局于2000年7月20日裁定：深圳唯冠公司所提异议成立，伊姆西公司的商标不予核准注册。伊姆西公司不服，分别向国家商评委、北京市一中院、北京市高院提出申诉。北京市高院于2005年11月18日作出（2005）高行终字第113号行政判决：伊姆西公司的第1311115号EMC^2商标不予核准注册。1996年10月21日，深圳唯冠公司向国家商标局申请注册了第1121491号EMC商标，指定使用商品为第九类电子计算机。该商标审定公告后，伊姆西公司依据在先申请的第1311115号EMC^2商标提出异议。国家商标局经审查认为，第1311115号EMC^2商标与第670444号商标构成了类似商品上的近似商标，已被裁定不予核准注册，第1311115号EMC^2商标的在先权利已不存在，伊姆西公司不能以申请在先为由对抗第1121491号商标的注册。2000年9月21日，国家商标局作出裁定：对深圳唯冠公司的第1121491号EMC商标予以核准注册。伊姆西公司不服，请求国家商评委复审。国家商评委经审查认为，伊姆西公司申请注册第1311115号EMC^2商标虽早于第1121491号EMC商标，但基于北京市高院第113号终审判决，第1311115号商标的在先申请已不存在，伊姆西公司依据《商标法》第二十九条提出的异议理由不成立。深圳唯冠公司申请注册第1121491号商标时，同时拥有第670444号注册商标，其行为系在类似商品范围内进行扩大保护，并无不当。伊姆西公司在中国宣传使用EMC、EMC^2商标的时间晚于第670444号和第1121491号商标的申请注册时间。

同时，伊姆西公司所提证据也不足以证明在第670444号和第1121491号商标申请注册之前，其商标已在中国具有较高知名度。伊姆西公司依据《商标法》第十三条第一款提出的异议理由不能成立……北京市高院认为，伊姆西公司在行政审查程序及其后的诉讼程序中所提证据均不能证明在第670444号和第1121491号商标的申请日前，其EMC或EMC^{2}商标已在中国投入使用并已达驰名程度，故伊姆西公司依据《商标法》第十三条第一款之规定主张深圳唯冠公司的第1121491号EMC商标不应予以注册，本院亦不予支持。深圳唯冠公司于1992年10月19日申请注册第670444号EMC商标并获得核准后，又于1996年10月21日申请注册第1121491号EMC商标，前者指定使用商品为第九类显示器，后者指定使用商品为第九类电子计算机，故国家商评委作出的（2005）第4543号裁定认定深圳唯冠公司的行为系在类似商品范围内进行扩大保护，并无不妥。

据此，北京市高院终审判决驳回伊姆西公司的上诉，维持原判。

设局取得管辖权

伊姆西公司在两轮行政复审和行政诉讼中一败涂地，意味着它在中国尝试注册EMC^{2}商标的努力完全失败，相应地，它之前使用EMC商标在中国市场销售的产品也构成对唯冠公司商标的侵权。现在，该是肖才元团队在民事诉讼中大显身手的时候，他要用法律的手段把这家美国跨国公司逼到墙角，这也是当初案件代理竞标时提出的计划的组成部分。

当初的竞标方案就包括未来可能起诉伊姆西公司，在诉讼管辖地的选择上，肖才元的方案与唯冠公司法务部的想法不谋而合，那就是在深圳起诉。但问题是，伊姆西公司在中国的总部设置在北京，并在北京、上海、成都、广州设立了办事处,而办事处不能简单地视同公司的所在地,因为办事处的证照上明确注明"不得开展经营活动";至于深圳,连办事处都没有,显然无法认定为被告所在地,唯冠公司也不掌握伊姆西公司在深圳的销售记录,以销售地作为侵权地,在深圳起诉也找不到依据;选择在北京起诉,虽然在法律上最合适,但肖才元和他的团队并不赞同,也是考虑到伊姆西公司特殊的影响力,很多重要的国家机关也许使用的就是它的存储器——这个潜台词的意思是,伊姆西公司如果有能力在法律以外影响诉讼,也只能是在政治中心。尽可能减少官方注意,离政治中心越远越好,这是大家的一致看法。

直到此时,商标争议持续了多年,不管这家美国公司是使用 EMC^2 商标还是 EMC 商标的产品,唯冠公司却没人看见过。甚至标识是否一定标注在设备上,也不能确定。因为伊姆西公司的产品都是由它直销,买卖双方通过详细的沟通后签约,由厂家直供,市面上根本看不到它的零售产品。

真是急中生智。一筹莫展之际,肖才元突然想到,曾经给深圳证券交易所一位电脑工程师提供过咨询服务。"那里不就是使用大型计算机系统最集中的机构嘛。"肖才元马上打电话找到熟悉的人,"你们那里有伊姆西公司的设备吗?如果有,帮我确认一下,设备上有没有 EMC^2 或 EMC 的商标?"

那位工程师很快回复说,深交所使用的正是伊姆西公司的设备,有 EMC^2 商标。肖才元简直喜出望外,伊姆西公司的产品已经卖到了家门口,这就印证了他此前的判断,说明国内很多大型机构使用的计算机存储设备几乎都被伊姆西公司垄断。但涉及诉讼,显然不方便到深交所去取证。

根据精心策划的方案,借用一个深圳公司的名义,与伊姆西公司签订购买协议,在深圳交货,从而制造一个连接点,使深圳成为伊姆西公司的终端销售地,由此构成法律上的侵权地,深圳也就成了案件的管辖地点。

这是风险代理,肖才元通过他的法律顾问单位的帮助,自掏腰包,以顾问单位的名义与伊姆西公司进行交易,购买了一套小型计算机设备(交易价格 98000 元人民币),获取了伊姆西公司仓库地址、交货信息以及产品实物。固定了侵权证据后,唯冠公司紧接着以侵犯商标专用权为由,在深圳市中院对伊姆西公司提起诉讼,索赔8000万元。这个索赔金额是根据伊姆西公司广州办事处官网上公开披露出的信息推算出来的。

就像肖才元事前分析的那样,哪怕是例行公事,伊姆西公司也会提出管辖权异议。对于这种在中国没有具体地址的民事主体,被告方援引众多法律和司法解释作为依据,认为"不能把被控侵权的商品到达的地方等同为侵权行为发生地,这违背了民事诉讼法确定的'原告就被告'的管辖基本原则",原告要么在美国起诉,要么将案件移送到北京市二中院审理,因为北京是伊姆西公司在中国的总部所在地。

面对肖才元的精心布局,伊姆西公司的管辖权抗辩难以突破,不过是走个过场而已。

深圳市中院一审确认:我国法律规定,对在中华人民共和国领域内没有住所的被告提起的诉讼,可以由合同签订地、合同履行地、诉讼标的物所在地、可供扣押财产所在地、侵权行为地或者代表机构住所地人民法院管辖。本案原告是以被告涉嫌侵害商标权为由提起的诉讼,原告起诉时向本院提交被告涉嫌侵权证据材料含有:被告宣传彩页、涉嫌侵权产品照片、被告在广州代表处工商登记材料、深圳市公证处(2007)深证字第39031号公证书以及被告的涉嫌侵权产品在深圳的销售合同、商函、补充协议、出货清单、收货确认书、发票。上述证据反映涉嫌侵权产品的组件及包装在深圳制造,原告指控被告侵权的直接产品证据是原告委托人人乐连锁商业(集团)有限公司向深圳市卓优数据科技有限公司购买的,所购涉嫌侵权货物从深圳市白沙仓库出货。深圳市卓优数据科技有限公司为被告解决方案合作伙伴,上述证据证明本案侵权行为地在深圳市,深圳市中院对本案有管辖权。被告对本案管辖权提出的异议不成立,应予以驳回。

伊姆西公司上诉到广东省高院,同样被驳回。

给美国公司致命一击

伊姆西公司围绕 EMC^2 商标注册的一切努力皆告失败，但是，美国人仍未放弃，向最高法院申请对第一轮行政诉讼的北京市高院(2005)高行终字第 113 号行政判决进行再审，请求撤销这个判决。没想到，伊姆西公司成功地撬动了最高法院的再审听证程序，最高法院在对这起终审判决调卷审查后，进一步决定对案件进行再审前的听证。这是非同寻常的再审程序，直接由最高法院提审、再审，难怪国家商评委的相关人员在获悉此消息后大为震惊，并悲观地判断，倘若最终进入再审，"国家商评委和唯冠公司恐怕凶多吉少"。

再审听证程序中，被申请人为国家商评委，唯冠公司仍为第三人，肖才元却当仁不让地成为中流砥柱。他必须给伊姆西公司致命的最后一击。

启动再审程序可以理解为伊姆西公司一箭双雕的"围魏救赵"战术，如果再审能够翻盘，那么，伊姆西公司不仅能够获得 EMC^2 商标的注册，而且此前在中国销售以 EMC^2 为商标的产品，也就不构成对唯冠公司的侵权。当年报道此案的《21 世纪经济报道》说，"这是伊姆西公司输不起的官司"，一旦彻底败诉，它将面临三种后果：EMC^2 商标注册的大门被堵上，在中国销售的产品只能更换商标；向唯冠公司购买商标；因商标侵权对唯冠公司进行赔偿。可以想象，不管哪一种结果，伊姆西公司都将付出巨大代价。

伊姆西公司申请行政诉讼再审的理由集中在两个方面。首先是程序上，国家商标局对伊姆西公司申请注册 EMC^2 商标初审不予核准，引证商标是 EMS，并不是 EMC；在被国家商评委复核打回后，初审通过，并发出公告。站在伊姆西公司的角度理解，这似乎产生了一个逻辑——国家商

标局并不认为 EMC^2 和 EMC 是近似商标,否则,为什么初审未将 EMC 作为引证商标呢?

在肖才元看来,伊姆西公司的逻辑只是在表面上有一定的道理,或者说它自认为抓到了"小把柄",实际上根本不成立。"国家商标局是行政机关,受技术手段和工作人员能力等多种因素的制约,它很难确保在初审阶段不漏掉任何与申请商标相冲突的浩如烟海的已注册商标,也因此才有初审公告。设置接受权利人异议的程序,本身就是纠错机制。随着 EMC 商标持有人唯冠公司在 EMC^2 商标初审阶段提出异议,伊姆西公司的表面理由也失去了成立的条件。"

从律师业务的角度来评价,以此作为理由申请再审,充其量不过是个"小聪明"而已,很难对诉讼结果产生实质性影响。即便对手不是肖才元这样难缠的律师,也不能认为人家连简单的逻辑问题也看不出来,把翻盘建立在对方只能坐着被动挨打的基础上。

真正值得争论的核心问题,还是唯冠公司的 EMC 商标对应的显示器和伊姆西公司申请注册的 EMC^2 商标对应的存储器是否构成类似商品上的近似商标。在两轮行政诉讼中,这个问题已经在法庭上经过反复辩论,这一次,肖才元提出了新观点:"你的存储器能单独使用吗?显然不能,必须通过显示器,才能将存储的内容显示出来,因此,在技术上,存储器和显示器是计算机系统中两个互为关联的设备,如果存在不同厂家的高度近似的商标,很容易导致市场混淆。从这个意义上说,唯冠公司作为 EMC 商标的合法持有人,申请对商标权的扩大保护具有正当理由,而伊姆西公司申请注册 EMC^2 商标有悖知识产权保护的法律原则,是明显不合理的。"

对这个观点,肖才元注意到,最高法院的法官不仅听进去了,而且非常感兴趣,一再追问相关的问题。

那天的听证会之前,国家商评委的官员忧心忡忡,担心再审审查环节被伊姆西公司翻盘。美国方面当天来了不少人旁听,根据听证开庭前见面的感觉,肖才元能看出来,对方踌躇满志,似乎早已成竹在胸,对他表现得不屑一顾。不过,他们很快就被证明犯下了轻浮的错误,并为这种错误付出巨大的代价。

在最高法院为行政诉讼再审举行的听证会上,肖才元的致命一击,断了伊姆西公司拯救"EMC^2"商标的最后一丝念头。听证会结束后，美国人脸上的表情就变了，从开始的傲慢变成了谦恭，想跟肖才元坐下来谈谈，被他拒绝，因为他知道，谈判还未到最佳火候。

"根据当天听证会的交锋，我觉得最高法院十有八九会把它的再审申请驳回。"肖才元说，"当然，法律以外的因素，我们就不去设想了。"

只剩谈判一条路

最高法院的再审暂时没有结果，双方移师深圳市中院，通过民事诉讼展开对决。

到了这个阶段，伊姆西公司还能有什么天真的幻想呢？它应该明白，不能通过再审推翻行政诉讼，那么，在深圳市中院就剩下一个问题：计算因商标侵权而需要支付的赔偿费用。

但是，不到最后一刻，伊姆西公司也不会认输，在被唯冠公司起诉的同时，提出了反诉。简单地看，它的反诉不能说完全没有道理，是利用唯冠公司官网上部分内容的不严谨，指控其故意混淆公司名称，以 EMC 公司名称自居，冒用伊姆西公司驰名商号，构成不正当竞争，要求唯冠公司停止侵权，并赔偿 2000 万元。

伊姆西公司的反诉称，EMC 公司（伊姆西公司）是国际知名公司，产品也早已在全球销售，虽然在中国的商标注册尚未获得批准，但公司字号 EMC 是业界知晓的品牌，是驰名商号。唯冠公司在其官网上长期以来自称"EMC 公司"，这个"EMC 公司"指代的不是伊姆西公司，而是唯冠公司。这种故意搭顺风车的行为属于不正当竞争，目的是将唯冠公司装扮为 EMC 公司（伊姆西公司），以此抬高自己，混淆市场识别。

站在中立的角度看，EMC 是唯冠公司的产品标识，而不是公司名称，简单地自称为"EMC 公司"是不妥的，甚至可能引发法律纠纷。

但是，伊姆西公司所述的事实并不确切，似是而非。肖才元反驳说，在唯冠公司网页上，将唯冠公司直接称为"EMC公司"，都是客观转载媒体的报道，不是唯冠公司自己对外的称呼，只是不太严谨而已。相反，唯冠公司自己本身是显示器领域代工巨头，从未将自己称为"EMC公司"，更不需要通过这种手段搭便车，误导市场。通常情况下，公司名称就是公司商号，商标是用于产品的标识，但现实中，由于商标太出名，以至于超过了公司自身的名称，公众极容易用产品品牌来指代公司名称，这种现象并不少见。比如，宝马是一个汽车商标，没有几个消费者知道生产这种汽车的叫巴伐利亚发动机制造厂股份有限公司，而是根据极具辨识度的BMW商标，习惯性地称之为"宝马公司"，而将生产奔驰汽车的戴姆勒公司称为"奔驰公司"。

由于唯冠公司EMC品牌的显示器是大众消费产品，知名度高，公众或消费者将EMC品牌显示器的生产商称为EMC公司，也符合社会习惯。况且，伊姆西公司又不生产显示器，不构成竞争对手，又何来不正当竞争呢？

法庭上，肖才元用逻辑归纳法否定了对方的观点。接着，再进一步驳斥对方的所谓"驰名商号"。

伊姆西公司称，保护"驰名商号"的依据是《保护工业产权巴黎公约》，中国国家工商局《企业名称登记管理实施办法》第三十四条第一款也明确了外国（地区）企业名称依据《保护工业产权巴黎公约》有关规定予以保护。

肖才元有备而来，他当场怼了回去："伊姆西公司这是断章取义地不当曲解！"因为《企业名称登记管理实施办法》第三十四条第二款规定："国家工商行政管理局停止受理外国（地区）企业名称在中国境内的登记注册。原已核发的《企业名称登记证书》有效期届满后，不再延期。"第八条规定："企业名称应当使用符合国家规范的汉字，不得使用外国文字、汉字拼音字母、阿拉伯数字。"也就是说，外国企业在中国的正式企业名称或商号，不准使用"EMC"之类的英文字母，而必须是中文译名。

"试问，伊姆西公司既没有在中国设立分公司，产品也未获得中国注册商标，'EMC公司'并不是中国官方认可的名称，如何获得'驰名商标'的认定？'驰名商号'称谓从何而来？"肖才元连续追问道，"难道就因为公司的首字母EMC，就能在中国垄断'EMC公司'的名称吗？按照伊姆西公司的逻辑，它在全球具有很高的知名度，为驰名商号，在中国应当像麦当劳、肯德基那样，具有名称的专用权，那么，伊姆西公司在自家门口对商号又是怎么特别保护的呢？"

肖才元团队提供了检索的结果。登录美国马萨诸塞州州务卿网站，检索以EMC三个字母为名称的主体，可以找到近百家以EMC为商号的公司。这让伊姆西公司的代理人很尴尬，说明即使伊姆西公司所在的美国，有关"EMC"的冠名并没有受到特别的保护，也不是由伊姆西公司垄断的，何况这是中国。

面对眼前的局面，伊姆西公司自知大势已去，只有谈判一条路可以选择。伊姆西公司在法庭上一输到底，在谈判桌上，肖才元也不会让它捡到便宜。

3000万元买下商标

伊姆西公司提出谈判的时候，最高法院仍未决定是否对行政诉讼案再审，深圳的民事诉讼也没有结果。

2008年7月，伊姆西公司诉讼团队总负责人、亚太区法律总监和中国区法律顾问来到深圳，与肖才元代表的唯冠公司一方进行秘密谈判。

双方第一次坐到谈判桌上，肖才元代表唯冠公司主谈。对于法律问题，双方心知肚明，该说的都在法庭上说过了，到了这里就是直接开价。伊姆西公司代表提出两种可选的和解方案：第一，伊姆西公司愿意出价50万美元购买唯冠公司不再使用的EMC商标；第二，双方互换市场，伊姆西公司允许唯冠公司在美国使用EMC商标，唯冠公司允许伊姆西公司在中国使用EMC^2商标。

这两种方案，唯冠公司都是不能接受的，被肖才元拒绝，他直接开价

1000万美元。

"肖律师,你知道1000万美元是多少吗?"伊姆西公司代理人表情夸张,像惊掉了下巴,"你见过这么多钱吗?"

"你是想说我没见过这么多钱,还是唯冠公司没有见过这么多钱?"肖才元用蔑视的口气反问对方谈判代表,气氛很僵。

对方之所以这样说,是因为当时国内发生的知识产权案件,从未有过1000万美金的支付对价。

第一次谈判没有结果。伊姆西公司原本希望以很低的代价了结诉讼,同时从唯冠公司得到EMC商标,但肖才元成为他们久攻不下的堡垒。

既然伊姆西公司已经失去了讨价还价的主动权,以肖才元惯有的风格,则是反过来向对方施加重压。2009年8月,肖才元律师等受唯冠公司委托,向伊姆西公司在中国大陆的146家代理经销商发出《律师函》,将法律威慑力传导到市场终端,制造压力,为谈判创造有利条件。

然而,2008年发生的金融危机改变了市场的格局,严重影响到唯冠公司的代工业务,武汉唯冠、深圳唯冠公司订单急剧萎缩,流动资金匮乏,企业举步维艰。在与伊姆西公司谈判期间,唯冠公司的经营状况仍在不断恶化,正在做重整的准备,公司决策层提出以不低于100万美元的价格,将唯冠公司EMC商标转让给伊姆西公司,以解燃眉之急。

2009年11月17日,伊姆西公司和唯冠公司进行第二次秘密谈判。

这次谈判前,伊姆西公司明确提出双方代理律师都不参与,由双方的法务人员对谈。后来干脆就明确地说,这样做就是为了避开立场强硬、又很难对付的肖才元。

仿佛外交谈判,连地点也选在第三地上海,以避开两家公司的"主场"北京和深圳。表面上虽然这样安排,但实际上唯冠公司还是由肖才元在幕后指挥,他就住在谈判的花园酒店,会场的唯冠公司法务总监麦先生中途不断出来和肖才元电话联系。

经过三个多小时的艰难谈判,最终以3000万元的对价完成交易。

2009年11月30日,深圳市中院发出民事调解书,根据双方达成的协议,武汉唯冠公司和深圳唯冠公司将所持有的一系列EMC商标转让给伊姆西公司。随后,原告撤回起诉,被告撤回反诉。

"3000万元距离我的目标相差还太远,遗憾难免,但唯冠公司有权处分自己的实体利益,作为受托的律师,也不能强行干预。"回顾与伊姆西公司的诉讼,肖才元总结说,"伊姆西公司是世界500强企业,它有实力在中国聘请到最好的律师,我们代表唯冠公司不仅赢得了诉讼,而且争取到委托人利益的最大化,站在唯冠公司的角度,已经是最好的结果。"

对律师业界来说,伊姆西公司与唯冠公司的商标纠纷所涉及的知识产权专业问题固然是重点,但是,3000万元对价同样是很多人关注的问题。肖才元不管是给同行讲课还是在盈科内部的"私塾班",一再说到他对这个价格的不满意。他说,从开价1000万美元,到3000万元人民币,之所以最后接受了伊姆西公司的出价,根本原因还是唯冠公司的经营无以为继,没有条件和实力强大的伊姆西公司继续斗下去。而当年的一个闲置多年弃用的商标,能够以3000万元转让,已经大大超出唯冠公司高层和行业的预料。

"为什么伊姆西公司要把我排除在谈判人员之外?"肖才元说,"我的心理底价是5000万元,在第一轮谈判的时候表现得很强硬,伊姆西公司觉得,由我主谈,它是占不到便宜的。我很清楚,伊姆西公司在被动地等着挨打,它已经没有还手的能力。"

当然,律师受人所托,所有的目的都是维护委托人的利益,即使肖才元想创造一个里程碑——事实上本案在当时已经是里程碑——也必须服从委托人的现实需要。知识产权案件的赔偿额、补偿额,或者以商业交易形式支付的对价,也是在司法实践中逐步推高的,伊姆西公司以购买EMC商标的名义支付的3000万元,本身包含多重含义,这笔账,它自然会计算。

对肖才元领军的律师团队出众的专业能力和诉讼技巧,困境中的唯冠公司赞赏有加。正因为本案,肖才元获得了唯冠公司高层和法务部门的高度信任,一年后,又发生了与苹果公司因转让IPAD商标引发的争端,肖才元轻松地得到了这个万众瞩目的跨国诉讼案的代理权,再由IPAD案件的外溢效应,又承接了轰动一时的注定要创造新的里程碑的非诚勿扰案的代理。

Chapter IV

第四章
苹果的世纪诉讼

本章提要

作为鲜为人知的事实，在苹果公司推出划时代的产品 iPad 之初，这四个字母是中国人持有的合法商标，由于商标收购过程中策划团队的严重失误，苹果公司在中国大陆险些因侵权而无法使用 iPad 这一名称。由此引发了一场堪称"世纪大战"的诉讼，苹果公司的律师团最终落败，肖才元代表被告方赢得酣畅淋漓。

苹果公司的"马甲"

2010年1月27日,当乔布斯先生拿着刚开发出来的iPad,骄傲地向全世界宣布苹果公司的平板电脑这一划时代的产品诞生时,他断然没想到,苹果公司后来因商标侵权,险些未能使用iPad名称和商标而被迫改名。其中隐藏着一系列颇为戏剧化的跨国诉讼,肖才元律师就是苹果公司强劲的对手。

2019年8月中旬,在英国伦敦刚注册不久的新公司IP Application Development Limited(这家公司自行翻译的中文译名为:IP申请发展有限公司,以下简称IP公司)联系到唯冠电子股份有限公司在英国伦敦设立的子公司,有意购买它持有的IPAD商标。

IP公司在电子邮件中用诚恳的语气说,他们是一家刚成立不久的电子类小公司,无法与唯冠公司相比,也不会成为竞争对手。因他们公司缩写的首字母是IPADL,未来开发的电子产品打算使用iPad作为商标,并同时作为公司的字号。他们经过搜索发现,唯冠公司注册的IPAD商标目前没有继续使用,处在闲置状态。为防止IP公司的商标商号将来与唯冠公司的商标发生冲突,IP公司希望可以把IPAD商标买过来。

也许有人会说,唯冠公司很不道德,抢先注册了IPAD商标,等待时机敲苹果公司的竹杠。这种说法还真的冤枉了唯冠公司,它不仅没有做任何投机取巧、违背商业道德的勾当,反而实实在在地被苹果方用IP公司这一"马甲"耍弄一番。没想到,聪明反被聪明误,苹果公司为之付出了惨重的代价。

20世纪80年代末,唯冠公司在台湾地区成立,不久便转向大陆投资,先后在南通、武汉、深圳设立独资企业,从事IT产业代工,显示器便是它的主打产品。1997年,唯冠国际控股有限公司在香港联交所上市,由此跻身全球五大显示器代工企业，三星、摩托罗拉等跨国公司都曾经是它的客户，辉煌时期在全球拥有17家实体。

后来成为全球IT类产品代工帝国的富士康，也在同一时期来大陆发展。

唯冠公司计划使用IPAD的名称或者商标可以追溯到1998年。当时唯冠公司正在研发一款新产品，看上去像微型台式电脑，与后来苹果公司推出的平板电脑完全不同。2000年，唯冠公司正式向市场推出了新产品，这比苹果公司的iPad产品显然要早得多。

对这款新开发的产品，唯冠公司将其定义为"个人互联网接入设备"，英文名称为Internet Personal Access Device，并以产品的英文名称缩写"IPAD"作为商标，陆续在全球七个国家和地区申请注册IPAD商标，2001年，又在中国大陆的国家商标局获准注册了第1590557号和第1682310号两项IPAD商标，均为国际商标第九类，使用领域为电子计算机以及与此相关的外部设备及其他电子产品等。

可惜的是，唯冠公司推出的IPAD产品也许过于超前，功能设计等也不成熟，未能满足市场需求，昙花一现，IPAD商标也就处在闲置状态。恰在此时，英国IP公司要买下它，对唯冠公司来说，就像一件多年未穿的旧衣服，突然有个收废品的找上门，卖几个小钱总比扔了好。

在得到唯冠公司愿意就转让IPAD商标问题进行商谈的回复后，IP公司开始与唯冠英国公司接触，讨论转让的价格和程序。经过双方的几轮邮件磋商谈判，IP公司最高出价30000英镑，不同意再继续加价，交易暂时未能谈拢。

这时，IP公司威胁说，如果无法达成转让IPAD商标的交易，他们将通过法律程序，对唯冠公司这一超过三年未使用的商标申请撤销。这也是各国商标法通行的规定，对于他人三年内未实际使用的注册商标，任何人都可以向商标主管机关(如中国国家商标局)申请撤销，行业内的专业口语表达叫"撤三"。

此刻的唯冠公司已经濒临破产，自然没有继续抬高价格的资本，何况IPAD商标本身是个没有使用的商标，想卖出更高的价格明显不现实。唯冠公司决定妥协，双方以35000英镑达成协议，唯冠公司将持有的中国、欧盟、越南、墨西哥、泰国、韩国、印度尼西亚、新加坡这八个国家和地区的十个 IPAD 商标打包转让给 IP 公司，其中包括两个在中国国家商标局注册的 IPAD 商标。

对这笔交易，唯冠公司也没有想那么多，《商标转让协议》等全部文件和手续都是对方准备的，先在伦敦经公证机构人员见证，IP 公司代表签字后，再送到 IP 公司委托的中国台北一家律师事务所审核见证，并经 IP 公司选定的独立公证人公证，由台北唯冠公司的代表签署一份法律效力完备的《商标转让协议》。随后，IP 公司将巴克莱银行出具的 35000 英镑支票交给台北唯冠公司，完成了交易合同的签署。

收购 IPAD 商标受阻

根据唯冠公司和 IP 公司签订的合同，在 IPAD 商标注册的相关国家和地区，很顺利地办好了转让手续，IP 公司成了相应国家和地区 IPAD 商标的持有人。

但是，IP 公司在中国大陆办理转让手续时，却被国家商标局卡住。

戏剧化的情节由此展开——与 IP 公司签订《商标转让协议》的是台北唯冠公司[唯冠电子股份有限公司(Proview Electronics CO., LTD)]，而在中国大陆注册的两个 IPAD 商标（注册号分别为 1590557 和 1682310），持有人却不是台北唯冠公司，而是深圳唯冠公司，英文名称为 Proview Technology (Shenzhen) CO., LTD，"唯冠系"内部通常习惯性地称其为"深圳唯冠"。

这是个绕不开的法律障碍。显然，IP 公司精心设计的商标转让合同出现了非常低级的错误，商标持有人的主体出了问题。台北唯冠公司和深圳唯冠公司都是独立法人，是不同的法律主体，当然不能处置不属于自己的商标。

出了这样的法律问题，补救措施并不难，由深圳唯冠公司与 IP 公司另签一份《商标转让协议》，交到国家商标局，不过是多费一点周折而已，问题很快也就解决了。

偏偏在这个节骨眼上，乔布斯先生拿着苹果公司最新研发的新产品，兴高采烈地向全世界宣布了个人平板电脑的诞生，它的名字就叫iPad。

唯冠公司恍然大悟，那个注册地址在英国伦敦的 IP 公司，之前有关购买商标的说辞全是"鬼话"，它原来是苹果公司的"马甲"，是专门为了购买 IPAD 商标临时注册的壳公司。

对于知识产权交易，有一个业内人士所共知的道理，同一项知识产权，价格起伏非常大，买方若是大户，而且特别急需，卖家的要价往往很高，这也是正常的市场规律；反过来，市场有大量无人问津的不知名商标，若是个不起眼的买主，交易价格自然很低廉。

可以想象，如果苹果公司自己出面，IPAD 商标的持有人必然"狠宰它一刀"，而穿上"马甲"，神不知鬼不觉，对方做梦也想不到背后是苹果公司，不过区区 35000 英镑，苹果公司就得到了与新产品相对应的梦寐以求的商标。

不用说，整个操作流程都是苹果公司的律师设计的，却没想到出了这样的岔子。

也许有人会说，苹果公司的平板电脑为什么非要用这个商标呢？这与它的系列产品的特性有关。苹果公司的电子产品都是以英文"i"为首字母的，iPhone、iPod、iWatch 等，或许"i"是"information"的首字母，代表"信息""信息时代"；"pad"的本义是"垫状物"，可以形容很薄的东西。

以"i"开头，用 iPad 作为平板电脑的名称和商标，既可以与其他系列产品保持一致，又与平板电脑很薄的特征比较贴合，可以说，用在这款产品上，没有比 iPad 更好的名称和商标。

作为全球著名的科技企业，苹果公司自然很重视知识产权保护，如果存在他人持有的 IPAD 商标，那它的任何产品都不能用这个名字，更不用说商标，否则必将面临巨额索赔。因此，苹果公司对唯冠公司的 IPAD 商标必欲取之而后快。

当苹果公司暗度陈仓的计划穿帮后，本来并不大的问题顿时变得复杂起来。一方面，唯冠公司意识到被耍，为了区区 35000 英镑，它不会心甘情愿地与苹果公司或者"马甲"签订补充合同,让对方轻松地得到在中国大陆注册的IPAD商标。谁都知道这归根到底是钱的问题,但必须用法律手段来解决。

另一方面,苹果公司和它的"马甲"也很愤怒,它不会检讨自己的错误——即便是出现了失误,也很容易弥补——而是认为唯冠公司骗了它,现在意图坐地起价,这是不能接受的。站在苹果公司的角度理解,我通过"马甲"已经合法地得到了十个IPAD商标的百分之八十,唯冠公司就没有理由截留两个放在手里给我使绊子,这在法律上也站不住脚。

局面正迅速演变为势不两立的冲突,对簿公堂也是无法避免的最后选择。

苹果公司率先发难

眼看着煮熟的鸭子飞了,苹果公司向唯冠公司发出威胁,扬言向国家商标局申请"撤三"。深圳唯冠公司向肖才元征求意见,分析这起法律纠纷的利弊。其实,唯冠公司法务人员没有说出口的是,像苹果公司这么有影响力的美国大公司,能不能惹得起。

"这事,有折腾的价值!"听完法务部门负责人的介绍,肖才元明确地答复。

肖才元敏锐地意识到,这是合同争议案件,双方争夺的是一项商标,但并不是单纯的知识产权案件,争议的焦点,本质上还是合同法的问题,苹果公司在法律上并不完全占理。他说,先不必评判责任是IP公司还是唯冠公司造成的,交易合同卖方主体与商标权利人不一致,这是硬伤,合同明显是无法履行的。

"我的意思是,让苹果重新买单。"肖才元简单明了地说,"不买单,就不让它使用IPAD商标。"

深圳唯冠公司之所以第一时间想到了肖才元，那是因为他们之前就有过很好的合作，他曾在与世界500强之一的伊姆西公司的法律较量中大获全胜，唯冠公司对他的专业能力是充分信任的。

就在深圳唯冠公司和肖才元律师分析、讨论可能的诉讼时，与IP公司的谈判也在进行中。双方的谈判很艰难，IP公司态度强硬，摆出了一副对IPAD商标志在必得的架势，似乎唯冠公司只能选择签订补充合同，否则就会面临诉讼，还要承担高额的诉讼费；而深圳唯冠公司也不肯妥协。既然背后的苹果公司浮出水面，35000英镑岂能摆平这笔交易。

谈判形成僵局，香港媒体突然发了报道，其中引用苹果公司高管的话，指责唯冠公司不守信用。

这是商业交易，本身没有什么好指责的，苹果公司可以用"马甲"欺骗对方，意图低价获得对它非常重要的商标，那么，唯冠公司为什么不能充分利用合同的失误，为自己争取到更好的利益呢？再说，民事合同签订后，以法律允许的理由反悔也是常有的事。

苹果公司很快就对谈判失去了耐心，随后根据《商标转让协议》约定的法律争端管辖地，向香港特别行政区高等法院原讼法庭（以下简称香港高等法院）提起诉讼，"唯冠系"的四家公司被列为被告，包括台北唯冠公司、深圳唯冠公司、母公司香港唯冠公司、唯冠光电公司以及全球唯冠的实际控制人杨荣山先生。

苹果公司的律师团自然考虑到了中国香港和内地属于两个不同的司法区，香港高等法院的裁决不能在内地直接执行，即使赢了，国家商标局也不会根据司法文书把IPAD商标过户给苹果公司，它必须借助内地的法律制度实现目的。要知道，苹果公司聘请的可是大名鼎鼎的贝克·麦坚时律师事务所——当然，也别太神话它请的那些律师，如果在向唯冠公司购买IPAD商标时做得很严谨，就不会有后来的诉讼。

在向香港高等法院起诉之后，苹果公司和IP公司又聘请中国当地律师，向深圳市中院起诉深圳唯冠公司，请求法院判决深圳唯冠公司持有的两个IPAD商标归苹果公司所有，并承担因此案诉讼所支出的调查费和律师费共400万元。

为防止旷日持久的诉讼过程中可能出现的变故，苹果公司和它的"马甲"还以5万元的担保，向法院提出诉前财产保全，请求法院查封上述两个商标，禁止深圳唯冠公司转让、注销该商标以及变更注册事项、办理商标权质押等。

这种咄咄逼人的气势，给深圳唯冠公司带来泰山压顶的感觉，好像深圳唯冠公司就不该拥有 IPAD 商标，它理所当然地属于苹果公司。

唯冠公司别无选择，必须应诉，既要应对香港的诉讼，又要在深圳与苹果公司较量。相比之下，香港高等法院似乎不是双方争夺的主战场，因为剩下的两个 IPAD 商标在深圳唯冠公司手里，花落谁家，最终取决于内地法院的裁决。经过对多家律师事务所的考虑与甄选，深圳唯冠公司还是决定把重担委托给老朋友肖才元律师。

来者不善，苹果公司也不再遮掩，它在中国大陆发起的这场诉讼必须赢，因为用 iPad 作为商标或者名称的新产品已经进入市场，而它只买下了"半拉子"IPAD 商标，很难想象，官司输了对苹果公司意味着什么，至少在中国大陆，它不能使用 iPad 商标，还可能面临侵权赔偿。

肖才元也不敢轻视，他知道对手的阵容非常强大，在深圳的法庭上，中国律师打前锋，场外统筹指挥的必然是贝克·麦坚时。

不能让苹果公司跑了

按照最初的计划，唯冠公司委托肖才元律师团队上阵，阵前却出现意外安排——深圳唯冠公司正在进行破产重组，所有的执行案件都由盐田区法院统一执行，连公章的使用也需要得到法院的批准。与苹果公司的诉讼，输了损失不大，赢了就涉及商标转让的收益，考虑到案件重大，重组涉及的债权人也参与进来，他们就是深圳本地多家银行。经协商，由"银行债权人团"委托的另一支律师团队也加入诉讼，最终形成了以肖才元律师为第一代理人，其他律师为第二代理人的阵容。

正因为这样的意外安排，作为被告方的深圳唯冠公司于 2011 年 2 月

23日第一次开庭时，在法庭上的步调显得并不协调，第二代理人没有事前商量，就在当庭答辩时提出深圳市中院对本案无管辖权。理由是，台北唯冠公司与IP公司关于IPAD商标的转让协议中明确约定："本协议由香港法律排他性管辖。香港高等法院对本协议产生或与本协议相关的纠纷具有排他性管辖权。"

这种突如其来的管辖权异议，打乱了肖才元的诉讼计划，无论是整个诉讼战略还是具体战术，这种欠缺考虑的观点毫无可取之处。

审判长注意到了两个代理人的意见不一致，立即问道："被告方代理人，以谁的意见为准？"

"我是第一代理人，以我的意见为准。"肖才元当仁不让，立即纠正道，"我们撤回管辖权异议的主张。"

由于另一个律师团队是"银行债权人团"委派的，缺乏事前协调和沟通，导致法庭上出现了各自为战的尴尬局面。好在肖才元反应迅速，又是第一代理人，也未考虑到对方面子之类的因素，毫不迟疑地当场撤回了管辖权异议。

在IP公司与台北唯冠公司签订的商标转让合同中，确实约定了争议解决的司法管辖地。苹果公司之所以要到深圳起诉，不是因为忘了合同中的约定，而是后来发生的变故超出了原来的想象，如果不到中国内地起诉，双方就会形成"隔山打鸟"的状态，最终无法解决争端。对苹果公司来说，这是无奈之举，相当于让被告深圳唯冠公司变成了"主场作战"。

"苹果公司起诉深圳唯冠公司，起因就是商标权转让问题，按照合同的约定应当由香港高等法院管辖，这在法律上称为'约定管辖'，苹果也确实在香港高等法院起诉了。"肖才元解释说，他当时在法庭上当场纠正第二代理人的意见，是出于应对苹果公司诉讼的通盘考虑，"在诉讼中，如果确实有必要，有时候甚至就是单纯地为了拖延时间，律师们经常打管辖权这张牌，在程序阶段阻止对方的诉讼。但这个案件不同，用这种手法不仅解决不了问题，而且适得其反。苹果公司在香港对唯冠多家公司的起诉，即使不能直接得到在内地的两个商标，但因为香港唯冠公司是在联交所上市的公司，苹果公司通过香港高等法院的裁决形成的压力，最终也会间接威逼子公司深圳唯冠公司就范。现在，既然苹果公司到中国内地来起诉，找上门来了，那就不能让它跑了，我们要在深圳打败它，彻底断了苹果公司的念头。"

案件过去十年后,肖才元律师用"掏心窝子话"再次解释了当初为什么不假思索地果断撤回第二代理人提出的管辖权异议。"无论是哪个律师,这都是一生难遇的案件,到了我们的家门口,你用管辖权异议抗辩,无论法院是否采纳,都是极其危险的。把它一脚踢出去,踢回香港,那倒是简单了。这样做的结果,跟我们内地的律师还有什么关系呢?要知道,IPAD商标对苹果公司的重要性不言而喻,在哪里打官司都是万众瞩目的热点,如果我们律师表现出色,这个案子必然会成为经典案例,也是中国律师一试身手,改变中国企业在海外总是被动挨打的一个历史性机会,无论如何,也不能简单地将案件推出去。"

对本案的管辖权问题,肖才元后来又在不同场合回答同行提出的问题。从司法主权的角度,提出毫无意义的管辖权异议本身就是对中国法院管辖权的不尊重;从法理上说,苹果公司起诉深圳唯冠公司,案由并不是合同纠纷,而是商标权属纠纷——用苹果公司的主张来理解,IP公司与台北唯冠公司签订了IPAD商标转让协议之后,"所有的"IPAD商标都应该是苹果公司的——由被告所在地的法院管辖符合法律规定。而《商标转让协议》仅仅是它主张商标权属的证据之一。在这种情况下,冒失地提出管辖权异议,既与维护唯冠公司的利益背道而驰,又让法院反感。

更致命的问题是,《商标转让协议》是IP公司与台北唯冠公司签署的,深圳唯冠公司并不是协议的当事方,不受协议的约束——换个角度理解,深圳唯冠公司的抗辩理由之一是:"我不是当事人,是案外人,你告错了对象!"如果以协议中"由香港高等法院排他性管辖"的约定为依据提出管辖权异议,岂不是间接承认协议对深圳唯冠公司有约束力?出现这种自相矛盾的主张,实际上还是律师没有对案件从程序到实体认识透彻。

休庭后,第二代理人抱怨肖才元不给他面子。"这无关谁的面子,而关乎一个优秀律师判断问题的能力。"肖才元说。不过,最终在这个问题上仍然留下少许遗憾,由于更换书记员等原因导致的疏忽,原本已当庭撤回的管辖权异议,还是被写进了判决书。当然,法院驳回了管辖权异议申请。

《商标转让协议》的致命缺陷

双方的诉讼大战进入正题。

苹果公司和 IP 公司在起诉状中称：2009 年 8 月 18 日，IP 公司 Jonathan 就购买唯冠集团旗下公司持有的在世界各地全部的 IPAD 商标事宜，与唯冠英国公司代表 Timothy Lo 接触，被告知可以与相关的远东公司同事直接联系。两个月后，IP 公司与一名叫 hui yuan 的人通过电子邮件展开谈判，此人使用被告深圳唯冠公司的网址、邮箱，代表唯冠集团法务部，开始与 IP 公司的代表商谈，最后达成协议，IP 公司以 35000 英镑的对价购买所有 IPAD 商标。当年 12 月 23 日，唯冠集团 CEO 兼主席杨荣山授权法务部负责人麦世宏与 IP 公司在中国台北签订了转让协议，还分别签订了在各国办理商标转让所需要的"国家协议"，其中包括在中国的转让协议。

苹果公司和 IP 公司因此认为，杨荣山作为唯冠集团的实际控制人，授权集团法务部负责人麦世宏签订了全部《商标转让协议》，包括十个商标转让的协议书，针对具体国家和地区签署独立的地区转让协议，包括中国的转让协议。在未能完全履行协议的情况下，苹果公司请求法院判决深圳唯冠公司作为持有人，其在中国大陆注册的两个 IPAD 商标归苹果公司和 IP 公司所有。

然而，肖才元并不认可苹果公司的这种说法。

在开庭前进行内部分析时，肖才元认为，苹果公司依据的事实和据此提出的观点，带有浓厚的情绪色彩，缺乏逻辑性。对方的主张听起来似乎有道理，但深入分析就会发现漏洞，经不起推敲。因此，肖才元确定了应对苹果公司的战术——由表及里，层层递进，各个击破。

"原告的核心证据《授权书》《协议书》、35000 英镑银行支票，还有所谓的电子邮件,都发生在 IP 公司与台北唯冠公司之间,与本案被告深圳唯冠公司无关。"肖才元当头一棒子打下来,意在全盘否定苹果公司起诉的正当性,"这些证据不仅能证明被告无须承担任何法律责任,而且详细记载了原告方大量的不该发生的荒唐错误。"

给苹果公司的诉讼定性之后,肖才元再慢慢肢解这场由苹果公司跨国律师团精心设计的官司。

或许,在肖才元继续解剖之前,有必要让读者们以直观的方式阅读台北唯冠公司与 IP 公司签订的关于 IPAD 商标转让协议的全文,它显然被苹果公司视为核心证据——

本协议于最后签字日期生效(生效日期)。

如下各方:

(1)唯冠电子股份有限公司,台湾台北县 6/F, No. 1, Pau-Sheng Road, Yung Hio City("唯冠");和

(2)IP 申请发展有限公司,英国埃塞克斯 CM19 5HZ, 34 Hansells Mead, Roydon("IPADL")。

鉴于:

(A)唯冠是本协议附件 A 所列商标注册("商标")的所有人;

(B)双方希望达成协议,据此唯冠向 IPADL 转让商标,对价为 35000 英镑。

协议约定如下:

1.唯冠以 35000 英镑为对价("对价")向 IPADL 转让商标以及商标所代表并附于商标之商誉、商标所属或所衍生的所有行为权利、权力及利益,包括向过去的侵权者追诉的权利。在商标注册的每一地区,唯冠应签署一份转让文件以使 IPADL 能够在该地区备案商标转让("各国转让协议")。

2.IPADL 在其收到由唯冠正当授权的董事代表唯冠签署的本协议和各国转让协议正本后 7 日内,按照唯冠的指示向唯冠支付对价。

3.IPADL 承担将各国转让协议在商标注册地的商标注册机构备案的费用。

4.IPADL 可要求(自付费用)与商标过往使用相关的一切文件及/或信

息，包括任何所需声明，唯冠如有该等文件应向 IPADL 提供。唯冠在此方面的义务自本协议生效日期起 5 年后终止。

5.唯冠保证商标为注册商标、唯冠是没有任何限制的唯一商标所有人，且唯冠不知任何第三方针对商标提起异议、撤销、侵权/或任何其他程序。

6.唯冠保证其没有授予任何商标使用许可。

7.唯冠保证其没有其他优先权利以至于其可针对商标提起异议、撤销、更改及/或任何其他程序。

8.唯冠保证除附件 A 所列之外，其未拥有任何其他包括"I-PAD"一词及其变体(如 IPAD 等)或由该等字词组成的商标的申请或注册。

9.IPADL 和唯冠各自确认其有权达成本协议。

10.本协议由香港法律排他性管辖。香港法院对由本协议产生或与本协议相关的纠纷具有排他性管辖权。

11.本协议及本协议提及的一切文件构成双方之间关于本协议标的的全部协议并取代先前关于该标的草案、协议、承诺、陈述、保证及任何性质的书面或口头安排。

各方或他们的授权律师或代表于上述日期特立此证。

唯冠电子股份有限公司
【签名】
姓名：麦世宏
职务：法律总顾问
日期：2009 年 12 月 23 日

IP 申请发展有限公司
【签名】
姓名：Haydn Wood
职务：董事
日期：2009 年 12 月 17 日

对民商事法律稍微有点常识的人都能意识到，由苹果公司的"马甲"

IP公司精心设计的这份《商标转让协议》，存在显而易见的致命缺陷——商标出让方台北唯冠公司（注册地址在中国台湾台北县永和市保生路1号6楼）；购买方为IP公司（注册地址在英国埃塞克斯CM19 5HZ罗伊登汉塞尔米德路34号）；代表商标出让方签字的"法律总顾问"麦世宏，从落款看，他的身份只能是台北唯冠公司的"法律总顾问"，而不是苹果公司理解的"所有唯冠""唯冠集团"的法律总顾问；苹果公司和IP公司在深圳起诉索要的两个IPAD商标，在中国大陆国家商标局注册，持有人为深圳唯冠公司。

说得形象一点，这就是一家中国台湾公司和一家英国公司商量好了，要把中国大陆一家公司拥有的注册商标给卖了。这在法律上是说不通的。

"深圳唯冠公司并不是转让协议的签字方，谁也没有权利处置它的商标。"肖才元毫不掩饰他对这份协议的轻蔑，"我不知道苹果一方怎么会犯如此低级的错误，签订这样荒唐的协议，他们还觉得自己理直气壮，好像受了多大的委屈。"

"IPADL在其收到由唯冠正当授权的董事代表唯冠签署的本协议和各国转让协议正本后7日内，按照唯冠的指示向唯冠支付对价。"这是协议的第二款，更佐证了肖才元对它的驳斥。无论谁来理解，它所表达的明白无误的意思，只能是："由台北唯冠公司授权""代表台北唯冠公司签署协议""向台北唯冠公司付款"。

当然，在法庭上不能只听肖才元一个人说。苹果公司之所以起诉，是因为它认为自己的理由是充足的，为此还从商标转让过程往来的电子邮件中筛选出对他们有利的30封邮件，特地跑到广州公证后提交给深圳市中院，用于呈堂证供。

电子邮件隐藏的信息

苹果公司和 IP 公司的律师说，IP 公司代表 Jonathan Hargreaves 与唯冠英国公司职员 Timothy Lo、法务代表 hui yuan 在 IPAD 商标转让过程中存在大量联系、谈判的邮件。现摘录部分邮件如下——

尊敬的 Lo 先生：

很高兴上周与你谈话，不知你是否有机会找到了唯冠内部适合讨论拟将 IPAD 商标转让给我公司的人选，我公司是几天前在英国设立的，而且我们很有兴趣急于与贵公司讨论该事宜。你可以通过电子邮件或者我的手机（手机号码 07768 897……）与我联络。谢谢你的协助。

此致！

Jonathan Hargreaves
IP Application Development Ltd
2009 年 8 月 18 日

你好，Jonathan

在跟你谈话之后，我已经给相关的同事就此事发了电子邮件。我会跟我的同事跟进此事，之后再回复你。我理解事情的紧急性，我会让我的同事尽快与你联系。

此致！

Timothy Lo
2009 年 8 月 18 日

你好，Jonathan。

我们在欧盟成员国和下列国家针对 IPAD 有专利：越南、墨西哥、泰国、韩国、印度尼西亚、新加坡、中国。如你需要更多的信息，请告知。

此致！

Tim

2009 年 8 月 21 日

你好，Tim。

谢谢你的电子邮件。我们已经考虑过你提供的信息，且希望能购买所有唯冠拥有的 IPAD 商标权利。我们考虑过你们拥有权利的地域和保障这些权利的成本。综上考虑，我们提议购买这些注册（商标）的价格是 20,000 英镑。

如果你同意，我会在接下来几天内准备书面的文件并发送给你。我收到通知我们将需要一位经过授权能代表唯冠的人来签署书面协议和转让文件。你可以签署吗？或者其他哪位可以签署？

烦请告知以便我们准备文件请供其签署。

期盼你的回复！

此致！

Jonathan

2009 年 9 月 22 日

你好，Jonathan。

谢谢你的电子邮件和报价。

我会把你的报价转发到远东地区，收到他们回复后我会再和你联络。

我们会先问问中国的同事对这个出价有什么意见。对于此事，我不是经过授权的签署人，等我们对财务方面达成一致后，再讨论此事。

此致！

Tim

2009 年 9 月 22 日

你好，Jonathan。

我已经把你提供的报价发给我的同事。他们也将他们至今所花费的专利注册和维护费用告诉我了。他们提供给我的数字比你提供的报价 30,000 英镑还要高。我问及他们愿意卖出专利的实际价格时，他们没有给我答复。

我已经告诉他们，除非他们给我一个他们愿意卖出的具体价格，否则我不会与买方谈，因为谈也没有什么方向。如果他们有意转让专利，他们会跟我联络。

很抱歉除了上述信息外我暂时不能给你任何进一步的信息。

此致！

Tim

2009 年 10 月 20 日

你好，Tim。

谢谢你的邮件。对于你不能提供转让这些商标(不是专利)的一个价格，我们确实感到失望。

我知道注册和维护这些权利的费用远低于我们现在提议的价格。实际上几周前我写信给你时已经讲过我们的最初报价 20,000 英镑对于这些权利的注册和维护费用来说已经是溢价了。也有人建议我们可以另行寻求方法以撤销这些注册从而使其不再构成对我们的阻碍，但这会导致双方都产生法律上的费用。考虑到这些，希望你们能重新考虑你们的立场。

请允许我个人对于您在这个过程中的努力表示感谢，且我仍然希望问题可以得到解决。

此致！

Jonathan

你好，Jonathan。

是我的错误。应该是商标，而不是专利。

我认为这件事已经到达一个需要你和我们中国的同事直接沟通的阶段。

我同事的名字是 Ray Mai(麦世宏)。他负责我们的法务部。这封电子邮件也同时抄送给他了。

Ray,请见 Jonathan 的如下意见。

Jonathan、Ray,从现在起,请你们直接沟通。如果你们愿意,可以将电子邮件抄送给我。如果有任何我可以帮忙的地方,请告知。

此致!

Tim
2009 年 10 月 21 日

你好,Jonathan。

我是 Hui Yuan,是唯冠法务部的成员。

我很高兴你和唯冠在讨论"IPAD"商标的交易。唯冠仍然有兴趣与你继续商谈这个交易。唯冠希望能够挽回之前的主要成本和相关费用。唯冠不仅仅在商标的设计、申请和维护上有过投入,而且在某些产品中仍有应用这些商标。如果我们将这些商标转让给你,唯冠就必须停止使用而且会造成一定的损失。此外,我们需要了解你们在如何支付商标转让价款和支付时间方面更具体的意见。

如果你仍有兴趣商谈且希望与唯冠讨论这个交易,我们可以进一步讨论。

此致!

Hui Yuan
唯冠科技(深圳)有限公司
中国深圳市沙头角保税区 23 栋北座 518081
2009 年 10 月 22 日

你好,Hui Yuan。

谢谢你的邮件。如果可以的话,我希望明天(星期五)可以和你讨论此事。烦请告知是否可以,如果可以的话,你可否告知我应该什么时间打给你,电话号码是多少。我不确定你在哪里,所以麻烦告知,以便我计算时差。

非常感谢。

Jonathan
2009 年 10 月 22 日

你好, Hui Yuan。

非常感谢你的邮件。我也很高兴今天能有机会和你通话。

正如我在我们电话中提到的,我公司希望购买唯冠在全世界各地拥有的所有 IPAD 商标权益。

就程序而言,程序非常简单,按照下列步骤进行:

1. 我们需要就拟转让的商标清单和所涉及的地域协商一致;
2. 我会让我的律师准备书面协议和转让文件将 IPAD 的权益转给我公司;
3. 唯冠需要就涉及的地域签署书面协议和转让文件;
4. 我们收到经签字的文件后会支付给唯冠 30000 英镑。

我公司会负责支付所有与这些权益的转让相关的费用。

请确认你和你的老板是否能接受这样的安排。我们就可以开始转让的程序了。

非常感谢。

Jonathan
2009 年 10 月 23 日

你好, Jonathan。

我已经给我老板写了一份报告,但是你知道唯冠在八个国家和地区注册了商标,而你公司的报价只有 30,000 英镑,所以他要求有更具体的信息以做决定,包括唯冠为这些商标支付了多少钱以及唯冠会损失多少钱。所以我必须收集更多的信息,然后再次向他汇报。当然,我会尽快向他汇报,然后告知你最新的结果。但是依我个人的意见,你们也可以考虑稍微提高你们的报价,我可以写入新的报告中,这样可能会有所帮助。不过,如果一切顺利的话,我会在下周给你回复。请稍等几天。

此致!

Hui Yuan
2009 年 10 月 30 日

你好，Hui 先生。

谢谢你的邮件。谢谢你的努力让我们能够完成本次交易。我们并没有一个无限制的预算，但是如果我们能够迅速地达成一个协议，我们愿意将报价提高到 35000 英镑。我们也愿意支付有关这次注册商标转让的合理的费用。我们已经与贵公司讨论此事逾两个月之久，所以我们希望能够在本周达成一个协议。期盼你的回复。

此致！

Jonathan

2009 年 11 月 2 日

你好，Jonathan

我的老板同意接受你 35000 英镑的报价，而且你公司应当承担转让注册商标的所有费用。请把合同发给我，我会审阅。

此致！

Hui Yuan

2009 年 11 月 6 日

你好，Jonathan

我对第一个项（如下）有一个疑问：就有关商标注册的每一个法域而言，唯冠应当签署一份转让文件，IPADL 可以将该等转让文件在该法域登记以证明商标的转让（"国家转让合同"）。

我不确定什么是"转让文件"以及如何签署？是否仅为唯冠和贵公司签字的一份有关商标转让的证明？谢谢！

此致！

Hui Yuan

2009 年 11 月 16 日

你好，Hui 先生。

请参见我 11 月 17 日的邮件。如果现在可告知你公司是否对于发给你公司的文件有任何进一步的意见，我们将非常感谢。我会让我的律师明天空出时间，我希望他能够审阅你们的意见。我们可以在明天的工作时间回复你。期盼你的回复。

　　此致！

Jonathan

2009 年 11 月 19 日

　　你好,Jonathan 先生。

　　我公司的律师告诉我你公司应当在合同签订后支付价款,然后我公司再签署国家转让合同。所以除了书面合同的第二条以外,其他都没问题。该第二条应当修改如下:IPADL 将在 IPADL 收到经唯冠适当授权的代表唯冠签署的本协议原件之日起的七天内向唯冠指定的银行账户对唯冠支付对价。

　　如你所知,我公司是一个跨国公司,且一直信守其诺言。我可以向你保证我公司会在收到钱后立即签署国家转让合同。

　　此致！

Hui Yuan

2009 年 11 月 20 日

　　你好,Hui 先生。

　　谢谢你的邮件。我很高兴唯冠除了款项支付的时间以外对文件的内容都很满意。我上周五和我的律师谈过,他建议我们在贵公司组织一个交割会议可能更为方便。我可以安排一个我方香港的联络人带着文件前往贵公司,我们可以一次性完成所有交易。在这个会上,唯冠可以签署文件,我们可以在那边直接安排付款给唯冠。请告知贵司是否同意这个提议。如果可以,我会安排我的联络人下周与你见面。

　　如果你同意,我们需要确定所有将要转让给我公司的权益的详细资料。我可以把我的律师提供给我的信息发给你,我只需要验证信息是否准确,但有时我们也可能会需要更多的信息。

　　同时,我也可以把每份国家转让合同的草稿发给你,这些也需要你同意。

　　期盼你的回复。

　　此致！

Jonathan

2009 年 11 月 23 日

你好，Jonathan 先生。

你的主意很好。因为商标是由我们台北公司注册的，而且公司公章也在台北。如果我们在台北见面，你带着你公司的公章，我们可以在合同上盖各自的公章，则可以当场完成交易。所以，安排在台湾台北见面怎么样？

期盼你的回复。

此致！

Hui Yuan
2009 年 11 月 25 日

你好，Hui 先生。

非常感谢你今天的信息。

我会开始准备在台北的会议。烦请告知你提议开会的具体地址。

同时，我的律师也正在准备国家转让合同和其他文件。我希望你在会议前可以看到这些文件，以便于提前批准，避免意外。我方也会准备一个会议的议程，以便会议有序和有效率地进行。

一旦我联络到我们在香港的代表，我会同你再联络。

此致！

Jonathan
2009 年 11 月 25 日

你好，Jonathan 先生。

会议安排在唯冠台北如何？地址和合同上的一样：台湾台北县 6/F, NO. 1 Pau-Sheng Road。

Yung Ho City
Hui Yuan
2009 年 11 月 26 日

尊敬的 Hui 先生，

承接我昨天发出的电子邮件，我方律师已经准备了两份计划，罗列了与唯冠拥有的 IPAD 商标相关的所有缺失信息。特别是，附件 2 中包含了在附件 1 中高亮部分缺失信息的一些问题。一旦我们收到唯冠对这些问题的回答，我们就可以将书面转让协议附件 A 和国家转让合同中的缺失信息适当补全。此外，如果唯冠拥有其他的未包含在表格中的 IPAD 商标，我会让我的律师为这些国家准备国家转让合同。你可否回复我告知唯冠是否还拥有其他有关 IPAD 的申请和注册？如果有，请提供详情。如果没有，请确认除在附件中罗列的商标外，唯冠不拥有任何其他商标。

期盼你尽快回复。

此致！

Jonathan

2009 年 12 月 1 日

亲爱的 Jonathan 先生：

就我所知，唯冠只拥有您列于附件 1 的八个"IPAD"商标。但我对印度尼西亚和泰国一无所知，所以我不能如您所要求的那样填写附件，只能发给您注册信息。您可以填写附件，并且我们可以将注册信息附在书面合同中。

祝好！

Hui Yuan

2009 年 12 月 2 日

亲爱的 Jonathan 先生：

以下是对你电子邮件的回复：

1.附件是所有注册国家的证书副本。

2.据我所知，唯冠在泰国没有关于"IPAD"的相关注册，但我会进一步调查它。如果唯冠有相关的注册，把这两个注册转让给你们没有问题。你能否发给我详细的查询结果？

3.唯冠电子股份有限公司和唯冠电子(台湾)有限公司为同一家公司。

4.支票应开立给唯冠电子股份有限公司。

5.因为我没有台湾证件，所以我的上司 Ray Mai 会与你在台湾见面。一切安排妥当后，他会安排时间。并且他也希望我们能尽快完成交易。

如果你没有问题，请尽快告诉我，这样我就可以问 Ray Mai 何时有时间。谢谢你！

致以最诚挚的问候！

Hui Yuan

2009 年 12 月 7 日

亲爱的 Hui 先生

非常感谢您迅速的回复。

我注意到您的邮件所附的注册包括 IPAD 的一个越南注册，该注册没有列在书面转让协议附件 A 的草稿或我之前发出的附件 1 中。因此，我的律师已经相应地更新了附件。我附上该经修订的附件。另外，我的律师已经准备了一个关于该越南注册的国家转让合同草稿，随信附上该文件。请让唯冠审核该草稿，并告知我你们对此是否有任何问题或意见。

另外，我注意到您的电子邮件没有附上 IPAD 的两个中国注册的其中一个（即注册号第 1682310 号）的注册证书。为方便您参考，我附上该注册的详细信息。您能否也发给我该注册证书的副本？

关于泰国注册的"关联"问题，附件为这两个注册的详细信息。我的律师与一个泰国商标律师会谈过，该律师确认注册为"相关联"的。我理解，唯冠对转让这两个注册并解决这一问题是没有问题的。请确认我们是否可将"1"图形的第 453432/KOR159577 号注册加入书面协议中包含的注册清单。

您能否询问 Ray Mai 先生是否有时间与我们的代表于 12 月 17 号星期四在台湾参加会议，以交割该交易？如果可以的话，什么时间比较合适？我们能否在下午早些时候开会，如下午一点或二点？这是我们最希望的日期。另外，2009 年 12 月 14、16 或 18 日也可以，但不推荐。

最后，您是否可向 Mai 先生询问他是否有权代表唯冠电子股份有限公司？我们需要贵方的一名人士，该人士应有权签署诸如转让文件之类的文件并有权代表你们公司签署合同。我们将让我们公司的一名董事代表本方公司进行签字。

我希望能尽快得到您的回复。如您有任何问题，请马上与我联系。

祝好！

Jonathan

2009 年 12 月 8 日

亲爱的 Jonathan：

我的公司告知我他们不能当场证明支票是否真实。所以他们向我询问如何处理这一问题？可否当场付款？

另外，Ray Mai 下星期很忙，他会在 12 月 21 日后有时间。所以，我们可能不得不更改会议时间。

祝好！

Hui Yuan

2009 年 12 月 11 日

亲爱的 Hui 先生：

继我于 12 月 12 日发给您的电子邮件，我想我要确认来自于常在律师事务所的我们的代表预计会在明天联系您。若您能向该代表（我相信将会是林小姐）回答我们在 12 月 12 日和 12 月 8 日发给您的邮件中提出的问题，我将不胜感激。我们希望尽快举行会议并达成交易。谢谢您的合作。

祝好！

Jonathan

2009 年 12 月 13 日

亲爱的 Jonathan 先生：

我已经将您的支票交至我们的财务部门，以确认该支票是否可接受。

另外，Ray Mai 在 12 月 22 日已有安排，他在 2009 年 12 月 23 日会有时间。如果我们的财务部门能接受支票的话，将会议安排在 12 月 23 日如何？

祝好！

Hui Yuan

2009 年 12 月 14 日

苹果公司想得太简单

如同邮件所言，2009年12月23日，IP公司委托的人员带着已由它的代表签字的《商标转让协议》飞到台北，与台北唯冠公司法律总顾问麦世宏签署了主协议和办理各国商标转让需要的"国家转让协议"。

苹果公司和IP公司据此认为，唯冠集团CEO、主席杨荣山授权麦世宏签订协议，"香港唯冠公司、台北唯冠公司、被告[即唯冠科技（深圳）有限公司。——作者注]显然已同意转让所有商标（包括涉案商标）给原告二，被告也同意将涉案商标列入书面协议和签署中国国家转让协议。原告二已经完全支付了转让所有商标（包括涉案商标）的对价。因此，被告应当履行将涉案商标转让给原告二的义务"。

到了中国的法庭上，在苹果公司看来言之凿凿的有利证据，肖才元一开始就打算推翻，釜底抽薪，不承认对方的所有证据。"这些邮件是从哪里来的呢？按原告的说法，是IP公司的代表Jonathan Hargreaves在与唯冠英国公司工作人员Timothy Lo、深圳唯冠公司法务部职员hui yuan就转让IPAD商标事宜谈判时形成的，其中，Jonathan Hargreaves、Timothy Lo的电子邮箱都在境外（英国），依照中国法律规定的证据规则，必须由境外当地公证机构进行公证、中国相关使领馆认证，方可作为证据使用。"肖才元进一步驳斥道，"原告违反证据程序规则，径直说服一家与本案没有丝毫联系的广州公证机构出证——深圳公证机构是不可能给它进行公证。所以，这样的所谓证据，不产生任何证明力。"

IP公司的代表在英国签署《商标转让协议》时办理了公证，在中国台湾签字时又办理了公证，在法律程序上设计得可谓滴水不漏。但是，将电子邮件当作证据所涉及的一系列程序问题却被他们忽视了。

在《商标转让协议》第11条，双方约定："本协议及本协议提及的一切文件构成双方之间关于本协议标的的全部协议并取代先前关于该标的草案、协议、承诺、陈述、保证及任何性质的书面或口头安排。"这个约定该怎么理解呢？

肖才元说："协议要表达的意思很清楚，即不管之前有什么书面文件或者口头的陈述，之后均被这个协议全部取代，包括电子邮件，一律不能再作为证据使用，这是双方的约定。"

如果从律师应对诉讼的策略来看，既然协议第 11 条有明确的约定，那么，煞费苦心地专程跑到广州去翻译、公证邮件，把它作为重要证据提交给法庭，其实是没有实际意义的。苹果公司忽略了，对方的律师也不是吃素的，一定会抓住第 11 条的约定来反驳。

"空气人"

再看电子邮件的几个当事人。IP 公司是 Jonathan Hargreaves，唯冠英国公司最初是 Timothy Lo，但此人只起到联系的作用，具体的商标转让谈判很快就转到深圳唯冠公司法务部的 hui yuan。

在电子邮件中，Jonathan 和 hui yuan 似乎谈得很投机，最后还促成了商标转让交易。在出现诉讼之后，作为原告方的苹果公司和 IP 公司，既然试图将电子邮件作为对自己有利的证据，那么首先要证明这两个人的真实存在。如果按照中国香港法庭适用的英美法，这二人还要出庭作证。

"我要毫不含糊地指出，邮箱标明的主人之一、IP 公司的授权代表 Jonathan Hargreaves 是'虚拟人'，地球上根本不存在这个人，或者干脆说，就是'空气人'。"肖才元早已发现，苹果公司尽管先声夺人，但证据漏洞太多，逻辑混乱，似乎并没有为这场官司认真准备，于是他毫不留情，猛烈攻击对方的破绽。"这是从原告向香港高等法院提交的材料中得知的，并且可以断定，原告在办理公证时，对公证机构隐瞒了这一事实——

否则，任何公证机构都不可能出证。这很简单，如果确实有这个人，原告应当庭后及时提交他的居民身份证明。"对这一致命的漏洞，苹果公司和IP公司的代理人始料未及，面对肖才元咄咄逼人的质问，他们面面相觑，无言以对。

那么，肖才元为何能底气十足地说Jonathan Hargreaves是"虚拟人"、是"空气人"，以至于对方根本不敢回答呢？当肖才元当庭提出这个问题，又很快给出结论时，不要说对方律师，连法官们也露出惊讶的表情，他们根本不知道肖才元的葫芦里到底卖的什么药。原来，苹果公司和IP公司首先在香港起诉他们所称的"唯冠系"三家公司和老板杨荣山，而普通法制度下的香港法庭通常不相信书面言词证据，像电子邮件这样的证据，仅仅进行形式要件上的公证还不够，那充其量只能说明通过某个邮箱收发了邮件，还必须查明邮箱主人的真实身份，证明邮件确实是他发的。在向法庭宣誓作证时，苹果方面的律师不敢撒谎，承认Jonathan Hargreaves是假名字，IP公司并没有这个真实的人。

之所以闹出这样的乌龙，是因为在英国为了购买唯冠的IPAD商标而临时注册的IP公司，就是个空壳，也没打算实际运营，那些董事长、总经理之类的高管，实际上都是苹果公司的律师，前期与唯冠公司谈判的人也是律师，他们以IP公司高管的身份出面谈判，不敢使用真实名字，因为这会出现在法律文件上，很容易被发现。苹果公司在香港起诉唯冠公司的案件，出庭的律师不是肖才元，但他早就得到了香港法庭的诉讼材料，苹果公司的律师大概想都没想就将这些邮件作为证据提交给深圳的法庭，在Jonathan Hargreaves被肖才元当庭称为"空气人""虚拟人"之前，他们对此浑然不觉。

再说另一个"影子人"hui yuan。

肖才元让对方代理人提交能够证明hui yuan身份的证据，并证明他足以代表深圳唯冠公司。对方代理人说，无法出示身份证件，但他使用的是深圳唯冠公司的邮箱，说明这个人就是深圳唯冠公司的工作人员。

"很遗憾，深圳唯冠公司的员工名单上根本没有hui yuan，或者对应的中文音译'慧园''慧源''惠元'之类的名字。"肖才元意识到对方在证明邮件的当事人身份这个问题上毫无准备，他在暗自吃惊的同时，直接否定说，"邮箱并不能说明什么问题，深圳唯冠公司的邮箱很多人使用过。

重要的是，原告方必须证明深圳唯冠公司确实有这个人，而且得到了与IP公司谈判的授权，如果连这个事实都无法证明，那就根本不是证据。"

听肖才元回忆这场高潮迭起的诉讼大战时，已是十年之后，当年不能公开说的很多秘密，现在都可以说了。

"hui yuan"其实就是深圳唯冠公司的法务专员袁辉的英文名称，他在电子邮件中与被肖才元戏称为"虚拟人"的Jonathan Hargreaves谈判时用的是英文名字，由于英文与中文对人名写法的不同，中文名姓氏在前，而英文名姓氏在后，才导致了在深圳唯冠公司查无此人的戏剧性场面。说起当时的场景，肖才元清楚地记得对方代理人当时一脸茫然的窘境。

你可以理解为这是律师的诡辩术，那就对了。不懂得诡辩术的律师一定不是大律师。实际上，这是在抓住对手的漏洞后反戈一击的机智战术，在法庭上并不鲜见，只要是法律允许的，不存在所谓的道义，就像军事上的偷袭战术。对苹果公司而言，通过电子邮件谈判IPAD商标的转让，看似深圳唯冠公司无法否定的事实，也是对己方绝对有利的重要证据，却被肖才元律师全盘否定。可以肯定地说，苹果公司对电子邮件双方当事人的真实性遭到否定毫无心理准备，几乎束手无策，甚至没有反应过来，未能当场机智地给有破绽的证据打上补丁。

真理好像都在被告一边

每一场诉讼，照例都是由原告方发起的，理论上，如果原告认为在法律和证据上不占优势，就不会轻易起诉，而民事诉讼的被告往往处在被动地位。但是，苹果公司和IP公司起诉深圳唯冠公司的案件却反过来，似乎真理完全掌握在以肖才元为代表的被告律师手里，原告方处处被动挨打，以至于庭审尚未过半，肖才元就在心里作了判决："苹果公司输定了,它没有任何胜诉的可能。"

中国的读书人多半都知道《韩非子·难一》中"以子之矛,陷子之盾"的典故,在大战苹果公司的这场诉讼中,肖才元把这种战术用到了极致。

"由于我方是'转让协议'闹剧的局外人,并不知情,故手中并无任何证据。"这就等于向法庭和对手公开了底牌,他虽然是被告深圳唯冠公司的代理律师,可是手里并没有属于自己的证据。不过,这一点也没有影响肖才元在法庭上的进攻,苹果公司提供的证据,成了他取之不尽、用之不竭的弹药,让对方难以招架。

那些经过公证的电子邮件从程序上被肖才元否定之后,苹果公司又拿出了《授权书》——杨荣山授权麦世宏与英国人/美国人签署《商标转让协议》的法律文件。对肖才元来说,这无疑又是一枚可以用来攻击苹果公司的重磅炮弹。

"《授权书》记载的授权人杨荣山,身份是台北唯冠公司负责人(与中国大陆'法定代表人'相同),加盖的是公司印鉴,被授权人麦世宏,身份是该公司法务部负责人。"肖才元当庭详细拆解了《授权书》的众多法律问题,并提出,"台北唯冠公司与深圳唯冠公司是不同法域的企业法人,台北唯冠公司是按中国台湾地区法律设立的股份公司,深圳唯冠公司是依照中国大陆法律设立的有限公司,两家公司组织架构、管理模式均是独立的,互相也不存在股权联系,商务活动及民事责任均是独立的。两家企业负责人为同一人之说,不影响中国法人与境外法人独自运作、独立承担民事责任这一企业模式。因此,深圳唯冠公司具有独立的法人意志,台北唯冠公司与 IP 公司之间的协议,对深圳唯冠公司不发生任何法律效力。"

即使是在大学法学院学习民商事法律,也很难找到比这更生动的案例。

我们能够想到,有资格为苹果公司提供法律服务——特别是涉及跨国收购事务——的律师,绝非等闲之辈。但是,出现这样的错误不可思议。

为了补漏,原告苹果公司还提交了一名香港执业大律师出具的《法律意见书》,其中写道:"协商中,唯冠公司被明确地告知,IP 公司希望购买唯冠公司在全球拥有的所有 IPAD 商标,这显然也包括作为 IPAD 商标注册人的全部唯冠关联公司和子公司。在订立合同时,唯冠公司对于出售自己所有,或其关联公司及子公司持有的所有IPAD商标应当是不存在疑问的。"

这里不难看出,苹果公司的律师们想当然地认为,杨荣山是"所有唯冠公司"的大老板,他的授权就代表了"全部唯冠公司",自然也包括在中国大陆注册的两个IPAD商标的持有人深圳唯冠公司。

在民事法律上,从来就没有"所有唯冠公司""全部唯冠公司"这种含糊的法律概念,它只是日常生活中使用的口语,不是法律定义。对法律人和法律事务来说,这不只是表达不严谨,还涉及法律效力的大是大非的问题。

到底谁错了

要说苹果公司的律师都不懂法律,对被告唯冠公司代理律师在法庭上指出的错误心悦诚服,那是不真实的。事实上,他们压根不承认这个错误是由他们造成的,而是坚持认为大老板杨荣山授权麦世宏以唯冠电子股份有限公司(即台北唯冠公司)法律总顾问身份签订了《商标转让协议》,其中"自然而然"地就包括了深圳唯冠公司——用法律专业术语表述,麦世宏属于"表见代理"。

"表见代理"是一个绕不开的、普通人听着晕头的法律术语。把"表"和"见"两个看起来在书面语言上不相关的文字,硬生生地与"代理"捏到一起,变成"表见代理"的法律术语,到底有什么高深的含义呢?

我们先来看专业的说法。《最高人民法院关于当前形势下审理民商事合同纠纷案件若干问题的指导意见》第十三条:"合同法第四十九条规定的表见代理制度不仅要求代理人的无权代理行为在客观上形成具有代理权的表象,而且要求相对人在主观上善意且无过失地相信行为人有代理权。合同相对人主张构成表见代理的,应当承担举证责任,不仅应当举证证明代理行为存在诸如合同书、公章、印鉴等有权代理的客观表象形式要素,而且应当证明其善意且无过失地相信行为人具有代理权。"

这种条文让不懂法律的人并不容易理解,那就不妨从望文生义的角度通俗地理解——"表",表面、表象;"见",看见、见到。例如,老王的身份本来是公司普通职员,没有代理权,但他今天穿着笔挺的西装,皮鞋擦得贼亮,拎着考究的爱马仕公文包,拿出了授权书、公章、合同等,而且坚决不收现金,在表面上怎么看都是真正的代理人。交易的另一方把老王上下打量了一番,"不明觉厉",没有轻信他,而是认真审查了他带来的手续,根据手续内容完全合理地相信他确实有代理权限。这便是对"表见代理"最直白的理解。

而本案呢?与《商标转让协议》同时构成核心证据的《授权书》很重要,它是这样写的——

授权书

授权人:唯冠电子股份有限公司,负责人:杨荣山,今为向台北地方法院所属民间公证人重庆联合事务所办理商标移转合约等相关文件之公(认)证事件,因事不能到场,兹依公证法第四条及第七十六条之规定,同意并授权本公司法务部处长麦世宏(身份证号码×××)代为签署与本事件相关之文书,特立此书为凭。

授权人:唯冠电子股份有限公司
代表人:杨荣山
公司统一标号:97176243
地址:台北县永和市保生路1号20楼
被授权人:麦世宏(签字)
职务:法务部处长
(公章及杨荣山个人印鉴)
××××98年12月23日(2009年12月23日)

肖才元对苹果公司用来作为呈堂证供的《授权书》不动声色地一笑。

"很明显,杨荣山以台北唯冠公司负责人的名义授权,麦世宏以台北唯冠公司法务部负责人的身份签约,出示的是台北唯冠公司的授权书,收款人系台北唯冠公司,代理人的一切客观表象要素均指向台北唯冠公司,与深圳唯冠公司有什么关系?"在肖才元看来,这是不难理解的事实。他提高了声音,继续说道,"在整个交易过程中,苹果公司有庞大的律师团支持,美国律师、英国律师、中国香港律师,还有至少三位中国台湾华人律师参加。根据香港法庭展示的证据,当天在台北签订《商标转让协议》的现场,IP公司一方的人员有:timothyjohn hancock(香港律师,英格兰与威尔士律师,自1980年起持续在香港执业),常在国际法律事务所合伙人何爱文律师、黄渝清律师、民间公证人、重庆联合事务所副所长马有敏等。这么多专业人员在场,无论从哪个方面,都不会误认麦世宏的身份,更何况杨荣山和麦世宏没有给对方任何误导。与风马牛不相及的'表见代理'扯到一起,不过是想给自己的错误找个开脱的理由而已。"

由电子邮件、《授权书》《商标转让协议》等构成的"表见代理",是支撑苹果公司和IP公司起诉的核心证据及理由,如果这些证据被否定,那么,苹果公司的诉讼基础将被动摇。

适用法律之争

眼看着陷入越来越被动的局面,苹果公司又提出,本案应当适用香港法律。对于之前第二代理人提出的管辖权异议,肖才元只是当庭表示撤回,并没有详细阐释理由,现在,既然对方又主张适用香港法律,正好给了他机会。

"IP公司与台北唯冠公司签订的《商标转让协议》约定由香港高等法院排他性管辖并适用香港法律,但那是两个签约人之间的约定,深圳唯冠公司并非协议的当事人,不受该协议的约束,其中的争议解决条款对深圳唯冠公司不产生效力。"肖才元说,"苹果公司和 IP 公司到中国深圳来起诉与协议毫无关系的深圳唯冠公司,适用的是被告所在地管辖原则。"

当苹果公司的代理人提出适用香港法律时,肖才元感到匪夷所思。因为原告起诉深圳唯冠公司的诉状,所援引的都是中国内地法律,到了法庭上又要求用香港法律审理本案,这个理由显然不成立,不仅唯冠公司的律师会反对,而且法庭也不会同意。

肖才元后来分析说,这种节外生枝,有点打乱仗的感觉,这说明,苹果公司对起诉深圳唯冠公司缺乏周密的论证,既不知己,又不知彼,没有任何证据能够立得起来,在法庭上陷入被动一点也不奇怪。

在苹果公司准备到中国起诉深圳唯冠公司之前,IP 公司与苹果公司签订合同,将它从唯冠公司购买的全部 IPAD 商标以 10 英镑的价格转让给苹果公司。此时,IP 公司根本没有取得全部 IPAD 商标的所有权,至少在中国大陆的两个商标尚未完成过户,IP 公司怎么能转让呢?

"我不知道对方为何把深圳唯冠公司和苹果公司扯到一起。"肖才元进而指出,"引起这场诉讼的是 IP 公司与台北唯冠公司签订的 IPAD《商标转让协议》,深圳唯冠公司和苹果公司都是案外人,相互之间没有法律关系,苹果公司起诉深圳唯冠公司本身就是找错了对象。"

难道只有肖才元才看出这中间的法律问题吗?不,苹果公司的律师团明白苹果公司不是《商标转让协议》的签约方,无权起诉,所以才通过与 IP 公司签订《权利转让协议》的方式,让苹果公司强行介入纠纷,把自己变成当事人。同时,苹果公司又觉得起诉台北唯冠公司没有意义,最后以唯冠是一个整体为由,提起商标权属诉讼,从而将深圳唯冠公司作为被告——按照苹果公司的逻辑,深圳唯冠公司持有的两个在中国大陆的 IPAD 商标也是它的。只是这些法律文件事前没有经过认真论证和推敲,在法理上存在的漏洞太多。

路径似乎很清晰,这是苹果公司主动卷入法律纠纷。这样做的动机又是什么呢?从肖才元在法庭上质疑它不具备诉讼主体资格就能明白,事已至此,大错铸成,那个谁也不认识的 IP 公司恐怕收拾不了这个烂摊子,而且苹果公司当初设计的暗中收购 IPAD 商标的计划也已经穿帮,它必须从幕后走到台前,迅速解决问题。毕竟,苹果公司不同于一般的企业,它的影响力在中国市场是一个特殊的存在。或许还有心照不宣的计划，平板电脑这一划时代的科技产品为苹果公司赢得了太多的赞誉，市场人气极高，此时以苹果公司的身份出现，既可以制造影响力，又有利于赢得同情心。

"如果按照严格的法律程序，不管是苹果公司还是 IP 公司，都不具有起诉深圳唯冠公司的资格，双方没有法律上的邻接点。"肖才元说，"它应该去告台北唯冠公司不履行合同。"

开辟第二战场

意识到被动后，苹果公司提出，愿意拿出 1000 万元人民币了结这场诉讼，以此换取深圳唯冠公司提供法律文件，在国家商标局办理两个 IPAD 商标的转让。

肖才元不假思索地直接告诉对方，1000 万元人民币不可能得到他们想要的商标。经验丰富的法官们看得明白，第一轮调解不过是双方的试探，不会达成一致，所以也没有记录。

被一口回绝后，在背后主导整个商标收购和诉讼的贝克·麦坚时律师事务所的代表私下带话给肖才元，除了苹果公司支付的购买商标的费用，还可以把付给他们的律师费也作为和解费用。那意思是说，他们的律师费不要了，全部转给深圳唯冠公司。

"我想他们是想用这种方式尽快平息纠纷，向苹果公司交代。"肖才元说，"他们能得到多少律师费我不知道，但不会少，只是距离我们要求的商标转让费差得很远。"

肖才元依然不松口，也没有开价。十年后，他才说出当时预想中的和解价格：四亿美元！"我很有耐心，着急的是苹果公司。"

从法庭上撤出来，肖才元心情大好，他感到一身轻松，立即向深圳唯冠公司实际控制人和"银行债权人团"提出建议，尽快开辟第二战场，围剿已经在中国市场上销售的苹果公司 iPad 产品。

眼下,当务之急是要解决自身的问题。深圳唯冠公司的主要债权人银行看出了他们推荐的律师与肖才元在法庭上不协调,甚至出现了一方要打,另一方要用管辖权异议的手段把案子踢出去的矛盾。通过对庭审的现场观摩,由多家银行组成的"债权人团"对肖才元律师出色的专业能力和应对苹果公司诉讼的总体战略高度认可,深圳唯冠公司实际控制人杨荣山先生提议,由肖才元担任律师团主席,"银行债权人团"表示同意。

为应对接下来苹果公司的法律行动,也考虑到"银行债权人团"推荐的律师出现各种不协调的问题,律师团工作分为两部分,广东省内的法律事务由广和律师事务所负责,广东省以外的法律事务,由其他律师负责。经过讨论后形成一致意见,把广东省定为主战场,肖才元为主办律师,其他律师配合协助。

就在深圳的法庭上激战正酣时,苹果公司 iPad 产品已经在中国市场全面铺开。此时,它所使用的 iPad 商标中的八个分别在韩国、欧盟等国家和地区注册,是从台北唯冠公司那里购买的,而且完成了权利转移,成为苹果公司的合法商标。但是,在中国大陆注册的两个 IPAD 商标,由于诉讼处在冻结状态,权利人仍是深圳唯冠公司,苹果公司在中国大陆使用 iPad 商标或者产品名称,无疑侵犯了深圳唯冠公司的商标权。

在这场诉讼中,苹果公司的被动是不言而喻的——它不仅胜诉无望,而且在未取得合法商标权的情况下,就直接把产品推向了市场,此时面临的糟糕局面是可想而知的。

内行人都明白,苹果公司心里也有底,最坏的局面也不会让它的产品在中国大陆无法销售,或者被迫更换商标,问题最终会解决。这是一个可以用金钱来摆平的法律问题,付出代价的多少,取决于对手反击能力的强弱。如果苹果公司遇上的不是肖才元这样的强悍对手,它在法庭上能占据主动,最后付出的代价就很小,甚至不排除通过法律手段直接拿走深圳唯冠公司在中国大陆的两个商标的可能性。现在的局面恰恰相反,苹果公司在法律上的出口完全被肖才元堵死,很难翻盘。

起诉苹果经销商

双方的较量进入第二季。根据肖才元提出的法律建议,深圳唯冠公司以苹果公司的 iPad 侵犯商标权为由,分别向北京市和广东省市场监管局举报,请求采取下架侵权产品并给予侵权行为人行政处罚等措施,由于错综复杂的原因,市场监管部门未给出结论性的处理意见。

肖才元的思路原本是行政和司法双管齐下,把苹果公司逼到角落,只有这样,它才会拿出诚意坐下来谈判。考虑到深圳市中院的一审判决可能旷日持久,行政的渠道也未能走通,这样拖着,让苹果公司的侵权产品在中国市场大摇大摆地销售,未免太便宜它了。

"是时候开始反攻了。"当剧情大反转,肖才元在法庭上占据主动后,他就在思考围剿它的行动方案。

对于在哪里起诉苹果公司的问题,肖才元决定从深圳和惠州发起攻击。

"为什么要选择这两个地方呢?从法律上来说,只要是在中国大陆销售苹果公司 iPad 产品的地方,也就是侵权产品的生产地、销售地、被告所在地,都可以成为案件的管辖地。"肖才元对当时的动机和目的解释道,"深圳是唯冠公司在大陆的总部,又是苹果公司首先起诉的地方,在这里起诉它,不仅是以牙还牙,敲山震虎,而且对接下来可能发起的一系列诉讼起到引导的作用;在惠州起诉,是因为苹果公司在那里没有一分钱投资,不用担心来自其他方面的干扰。"

不得不说,肖才元考虑问题周密,他对法律之外的因素也做了认真研究。对这个方案,深圳唯冠公司和"银行债权人团"一致认可。于是,在本土对苹果公司发起的反击战役正式拉开帷幕。

在深圳的起诉,肖才元选择福田区法院,而且作为一种策略,只起诉

iPad 地区经销商,故意放过真正的侵权人苹果公司,并不索赔,只是诉请法院判决确认它侵犯深圳唯冠公司的商标权,进而一步步地将它赶出中国市场。

苹果公司会离开中国市场吗?这是想都不用想的问题,它只能出来求和。肖才元设计的方案,高明之处在于——围而不打,攻击侧翼,威胁主力。

"如果这个时候提出索赔金额,不仅难以确定具体数字,而且要缴纳一大笔诉讼费。关键是,起诉不是为了索赔,而只是向苹果公司施压的一种手段。"对这种策略,肖才元说,"在深圳基层法院起诉,我知道这会面临很大的程序性困难,因为中院正在审理苹果公司起诉深圳唯冠公司的案件,在上级法院的关联案件尚未判决之前,下级法院即使受理案件,也不可能马上有实质性结果,一定要与上级法院保持一致。这没关系,我们必须起诉,把它拉到法庭上来。反过来,不在深圳主场起诉,容易给人造成深圳唯冠公司理亏胆怯的错觉。"

福田区法院对案件的受理很顺利,它没有以中院正在审理关联案件为由推脱。案件很简单,深圳唯冠公司去国美商场购买两个 iPad,经过现场公证,取得案件管辖和苹果公司的侵权依据后,仅仅以销售商国美公司为被告,请求法院判决被告停止侵权,停止销售侵权产品 iPad。

肖才元带着助手杨超律师在福田区法院出庭。事实清楚,证据充分,从外围打击苹果公司的第一场诉讼,原告胜诉几乎没有任何悬念。

不过,福田区法院显然需要等待苹果公司诉深圳唯冠公司商标权属案的一审判决,所以开庭审理后,并未及时作出判决。

从法官到当事人,彼此心照不宣,涉及商标侵权的案件,原告居然不索赔、不起诉侵权的苹果公司,仅仅是把国美公司这一销售商拉来"挠挠痒",显然是醉翁之意不在酒,另有打算。

另一边,以经销商顺电连锁股份有限公司惠州家华分店为被告的起诉,迅速在惠州市中院立案。这也是肖才元决定在惠州起诉的其中一个原因,因为它的审级比较高,所有知识产权案件都由中级人民法院一审,这使得它在维护司法公正方面更加权威。

没想到,惠州市中院立案后,被告顺电公司惠州家华分店申请将苹果公司在中国大陆的总经销公司——苹果电脑贸易(上海)有限公司追加为共同被告，惠州市中院片刻也没有拖延，当即同意追加被告，并发出追加被告通知及传票，定在15天答辩期满后的次日开庭审理本案，可谓神速。

得到法院追加被告的通知，肖才元断定苹果总经销公司会提出管辖权异议，法院必须先就管辖权异议是否成立作出裁定，任何一方不服裁定，还可以提出上诉。这样一个管辖的程序问题，会大大拖延案件实体审理的进度。

果真，担心的事发生了。在答辩期满的最后一天，苹果电脑贸易(上海)有限公司给法院发来传真，提出管辖权异议。

由于是非正式的传真件，惠州市中院知识产权庭没有理会，按照事前确定的时间开庭。肖才元带着他的另一弟子郭耀鹏律师出庭。他当庭提出，深圳唯冠公司并未起诉苹果公司在中国大陆的分支机构，诉讼请求也只是针对被告顺电公司属下的分店，被告方无权申请追加其他被告，原告也不同意法庭追加共同被告。

法官们一时不明白肖才元为什么要放过对方主力，而去攻击外围的散兵游勇。其实，肖才元的用意，就是为了破解对方的管辖权异议，因为只有被告有权提出管辖权异议，而第三人没有这种权利。

审判长当庭询问苹果电脑贸易(上海)有限公司："你们是愿意做被告还是第三人？"苹果方面摸不清肖才元神出鬼没的用兵之道，一时难以权衡到底是当被告还是第三人更符合他们的利益，只好模棱两可地说，回去商量后再答复。最终，法院还是将它列为第三人。至此，可能导致案件被拖延的管辖权异议的程序性问题就此化解。

案件的实体争议，对肖才元来说太简单了。他直奔主题，以深圳唯冠公司作为中国大陆IPAD商标持有人的理由，指控被告销售的iPad产品侵犯知识产权，故应禁止销售该产品。

在惠州市中院的法庭上，苹果电脑贸易(上海)有限公司的代理人在提出本案应当中止审理的同时，又辩解说："很多消费者都知道iPad是苹果公司的产品，而不是唯冠公司的产品，我们认为创造这个知名产品的是苹果公司，这种侵权不存在。"

"这么说，岂不是侵权违法者有功？"肖才元在指出被告和第三人苹果电脑贸易(上海)有限公司的侵权事实后，指责道，"苹果公司在中国市场对他人的知识产权根本不予理睬，对中国法律视而不见，明知自己的行为必将构成商标侵权,却毫不在乎。自 2010 年 9 月,苹果公司的 iPad 产品进入中国市场起,至今已达一年四个月有余,在中国市场上大摇大摆地侵权,如入无人之境。"

在深圳市中院与苹果公司正面交锋后,肖才元现在底气十足。他的这番话尽管很严厉,却不得不说恰如其分,因为苹果公司在向全世界公开 iPad 产品,直至进入中国市场时,对于唯冠公司持有的总共十个 IPAD 商标,它只获得了八个,还有两个在中国大陆,办理商标转让手续时被卡住,至少 iPad 产品在进入中国市场时处在侵权状态,这是不争的事实。

"苹果公司向法庭提出本案中止审理,这种无理要求若得逞,将开启极为恶劣的先例——我方的注册商标专用权有效,明明是苹果公司侵权在先,却借助无端的诉讼(指苹果公司起诉深圳唯冠公司),导致我方的商标专用权无效或搁置,苹果公司的主张完全是无稽之谈!"肖才元继续说道,"苹果公司仗着自己的经济实力和此前注重知识产权保护的社会形象,掩饰对深圳唯冠公司侵权的事实。我们必须防止它利用自身的影响力,在本案中实际享有超国民待遇的特权。所谓的商标权属纠纷根本不影响深圳唯冠公司商标专用权现行的效力。"

苹果公司一审败诉

就在此时,深圳市中院对这场万众瞩目的诉讼作出一审判决,驳回苹果公司和 IP 公司的全部诉讼请求。

由于这一案件的符号性意义,本案的判决注定要在中国司法史上留下重要的记录。为此,本书对判决书原文照录。

因涉案的是两个 IPAD 商标,一审法院按照内部规定,编为两个案号,审理时并未分开,也可以算作两个案件合并审理。

中华人民共和国
广东省深圳市中级人民法院民事判决书

(2010)深中法民三初字第208、233号

原告苹果公司(Apple Inc),住所地美国加利福尼亚州库珀蒂诺市95014-2084茵芬蒂环道1号(1 INFINITE LOOP,9501 4-2084CUPERTINO,CALIFORNIA,U.S.A)。

法定代表人Douglas G. Vetter。

原告IP申请发展有限公司(IP Application Development Limited),住所地英国伦敦艾利大街28号3层(28 ELY PLACE,3 RD FLOOR,LONDON,EC1N6AA,UNITED KINGDOM)。

法定代表人Haydn Calvin Wood。

两原告共同委托代理人杨浩,广东深大地律师事务所律师。

被告唯冠科技(深圳)有限公司,住所地深圳市盐田区沙头角保税区21、23栋北座。

法定代表人杨荣山,总经理。

委托代理人肖才元,广东广和律师事务所律师。

委托代理人谢湘辉,国浩律师集团(深圳)事务所律师。

原告苹果公司(Apple Inc)、IP申请发展有限公司(以下简称IP公司)诉被告唯冠科技(深圳)有限公司商标权权属纠纷两案,本院于2010年4月19日受理后,依法组成合议庭,并分别于2011年2月23日、2011年8月21日、2011年10月18日公开开庭进行了审理。上列原、被告委托代理人均到庭参加了诉讼。本案现已审理终结。

原告起诉认为:2001年6月21日,被告在国际分类号第9类申请注册"IPAD"商标,注册号为1590557。2001年12月14日,被告在国际分类号第9类申请注册"IPAD"*组合商标,注册号1682310。

被告系香港上市公司唯冠国际控股有限公司在中国大陆设立的研发、生产基地,被告的法定代表人杨荣山亦是唯冠控股的董事主席和首席

---

* I 为图形加圆圈。——作者注

执行官;唯冠控股在全球 7 个国家或地区设有子公司,即中国、香港、台湾、美国、巴西、英国、荷兰(合称为"唯冠集团")。唯冠控股在台湾的子公司,即唯冠电子股份有限公司,该公司也在其他国家持有"IPAD"相关商标的注册。唯冠电子股份有限公司的负责人和董事长也是杨荣山。

2009 年 8 月 18 日,原告 IP 公司向唯冠英国公司 Timothy Lo 就购买唯冠集团旗下公司持有的在世界各地的所有 IPAD 相关商标进行询问。随后原告 IP 公司与唯冠集团代表 Timothy Lo 开始了就购买唯冠集团旗下公司在全球持有的所有商标的谈判。2009 年 10 月 21 日,Timothy Lo 通知原告 IP 公司就所有商标的转让与其远东地区的同事直接联系。2009 年 10 月 22 日,Hui Yuan 以被告的网址、邮箱、被告的身份代表唯冠集团法务部与原告 IP 公司开始新一轮谈判,讨论购买唯冠集团持有的所有商标。在此过程中,原告 IP 公司与唯冠控股、唯冠电子股份有限公司和被告达成转让协议,由原告 IP 公司以 35000 英镑的对价购买所有"IPAD"相关商标(包括涉案商标)。在将各方合意落实到书面的过程中,原告 IP 公司多次明确要求 Hui Yuan 确认将所有商标(包括涉案商标)已经都列入相关的书面协议的附件 A。Hui Yuan 也确认所有商标(包括涉案商标)都列入了书面协议的附件 A。除书面协议之外,原告 IP 公司与唯冠控股、唯冠电子股份有限公司和被告还同意针对唯冠集团拥有的相关"IPAD"商标的每个国家签署独立的转让协议,包括"中国国家转让协议"。被告和唯冠集团的代表 Hui Yuan 承诺其公司在原告 IP 公司支付约定的价款之后签订国家转让协议。书面协议和国家转让协议由唯冠集团法务部负责人麦世宏(Ray Mai 或 Mai Shin Huang)在台湾签署。

2009 年 12 月 23 日,唯冠集团的 CEO 和主席杨荣山授权麦世宏与原告 IP 公司签署了书面协议和国家转让协议(包括中国国家转让协议)。具体转让的商标列于书面协议的附件 A,其中涉案商标列入该附件 A 的第 4 栏。同日,麦世宏还签署了涉案商标的中国转让协议。在签订这些文件之后,原告 IP 公司的代表随即通过支票的形式,向唯冠集团指定的唯冠电子股份有限公司全额支付了购买所有商标的价款 35000 英镑。

2010 年 1 月 27 日,原告苹果公司在新闻发布会上向市场介绍了 iPad 平板电脑产品。其后,原告 IP 公司代表几次要求被告的代表麦世宏完成涉案商标的转让程序,但是均被麦世宏拒绝,而且麦世宏还表明他们的立场已经改变。2010年4月3日,iPad产品开始在美国向公众销售。2010年4月7日,原告IP公司向原告苹果公司转让其所受让的全部IPAD商标。由于被告拒不履行其转让涉案商标的义务,致使原告在中国大陆提起商标权属诉讼。

原告认为:商标专用权的取得可以是原始取得、也可以是传来取得。基于上述事实,唯冠控股、唯冠电子股份有限公司和被告显然已同意转让所有商标(包括涉案商标)给原告IP公司。被告也同意将涉案商标列入书面协议和签署中国国家转让协议。原告IP公司已经完全支付了转让所有商标的对价。因此,被告应当履行将涉案商标转让给原告IP公司的义务。原告IP公司将依协议取得的所有商标的全部权益转让给原告苹果公司。因此,原告苹果公司取得涉案商标专用权符合法律规定。为维护原告的合法权益,原告依照《中华人民共和国民法通则》第七十二条、第一百一十一条、《中华人民共和国商标法》第三十九条之规定,特提起诉讼,请求人民法院:1.判令注册号第1590557号"IPAD"商标、注册号第1682310号"IPAD"商标专用权归原告所有;2.判令被告赔偿原告因商标权属调查费、律师费所受损失人民币400万元;3.本案诉讼费由被告承担。

被告答辩认为:答辩人请求法庭依法驳回原告的全部诉讼请求,并判令原告承担案件的全部诉讼费用:一、对于本案的基本事实,答辩人于2010年6月在国际商标分类第九类上获得了IPAD商标,注册号为第1590557号,答辩人于2010年12月14日在商标国际分类号第九类获得"IPAD"注册商标专用权,注册号为第1682310号;二、答辩人获得涉案商标专用权后即在其自行研制、开发的专业高清液晶彩色显示器上使用该商标,并将产品在市场上销售。同时,答辩人还授权其他企业在不同类型的电子产品上使用该商标;三、涉案商标的流转:2009年12月23日,唯冠电子股份有限公司与被答辩人IP公司签署协议,协议约定:唯冠电子股份有限公司以35000元英镑对价向IP公司转让包括涉案商标在内的共10个商标以及商标所代表并附于商标之商誉、商标所述或所衍生的所有行为权利、权力及利益,包括向过去的侵权者追诉的权利。该协议的签署人为麦世宏和IP公司的董事HAYDNWOOD。同日,唯冠电子股份有限公司与IP公司签订《中国商标转让协议》,约定唯冠电子股份有限公司以1英镑的对价将涉案商标转让给原告IP公司。该份协议的签署人也为麦世宏和 IP 公司董事 HAYDNMOOD。2010 年 4 月 7 日，两原告之间签署协议，IP 公司将其从唯冠电子股份有限公司受让的包括涉案商标在内的 10 个商标及其相关权益一并转让给苹果公司。四、纠纷的发生：原告苹果公司在其生产的平板电脑产品上使用"iPad"商标并向包括中国大陆在内的世界市场销售上述商品。答辩人获悉后向苹果公司提出，答辩人为涉案商标的真正权利人并要求苹果公司停止侵权、赔偿损失，但是苹果公司继续实施侵权行为。2010 年 6 月，苹果公司、IP 公司向深圳市中级人民法院提起诉讼，认为苹果公司依法取得了涉案商标的专用权，要求确认其为涉案商标专用权人，并以此为由申请查封保全了涉案商标。五、原告所主张的商标转让合同等证据与答辩人无关，原告主张的表见代理明显不能成立。

被告同时答辩认为：第一，本案存在程序问题：1.案由确定错误；2.深圳市中级人民法院无权管辖本案合同纠纷；3.答辩人不是本案适格被告；4.苹果公司不是适格原告；第二，涉案商标转让协议无效：1.不符合注册商标转让的法律规定；2.唯冠电子股份有限公司转让涉案商标属于无权处分；第三，本案不符合商标确权要件：1.商标权转让的法定要件；2.涉案商标转让未经审核公告。为此，原告的诉讼请求缺乏事实和法律依据，请求法院依法驳回。

经审理查明，一、涉案注册商标情况。

2000 年 9 月 19 日，被告向我国工商行政管理总局商标局申请注册"IPAD"商标，该商标于 2001 年 12 月 14 日获得注册，注册证号为第 1682310 号，核定使用的商品为第 9 类的计算机、计算机周边设备、显示器（电子）、电传真设备、光通信设备、影碟机等，商标专用权期限自 2001 年 12 月 14 日至 2011 年 12 月 13 日止。商标流程上显示"异议 异议复审"。2000 年 1 月 10 日，被告向我国工商行政管理总局商标局申请注册"IPAD"商标，该商标于 2001 年 6 月 21 日获得注册，注册证号为第 1590557 号，核定使用的商品为第 9 类的计算机、计算机周边设备、显示器（电子）、光通讯设备、电视机、收音机、照相机（摄影）等，商标专用权期限自 2001 年 6 月 21 日至 2011 年 6 月 20 日止。商标流程上显示"撤销三年不使用续展"。上述两个涉案注册商标处于被本院查封状态。

2010 年 2 月 9 日，原告 IP 公司以被告注册的第 1590557 号 IPAD 商标连续三年停止使用为由，申请撤销。该申请被我国商标局于2010年8月16日受理。

二、原告主张其取得涉案商标的事实。

原告提交（2010）粤穗广证内经字第74457号公证书，原告代理人通过公证处电脑进入被告www.proview.com.cn网站，其中的"公司简介"称：唯冠是世界五大显示器制造商之一；公司成立于1989年，董事会主席以及首席执行官为杨荣山；全球11个国家或地区拥有17处分公司（中国大陆、台湾、香港、美国……）等内容。进而原告认为被告系唯冠集团公司在中国大陆设立的分支机构，杨荣山是被告、唯冠电子股份有限公司以及多家子公司的法定代表人。

原告提交（2010）粤穗广证内经字第74456号公证书，原告代理人通过公证处电脑进入mail.yahoo.com网站，输入hargreaves_jonathan@yahoo.co.uk，并输入密码，浏览邮件的页面得知：原告IP公司的jonathan于2009年8月向英国唯冠公司发出要约"希望能够购买所有唯冠拥有的IPAD商标"。2009年9月21日，英国唯冠公司的Timothy Lo通知原告IP公司"我们在欧盟成员国和下列国家针对IPAD有商标：越南、墨西哥、泰国、韩国、印度尼西亚、新加坡和中国"。2009年9月22日，jonathan向Timothy Lo回复邮件"你好，Tim。我们已经考虑过你提供的信息，且希望能够购买所有唯冠拥有的IPAD商标，我们考虑到你们拥有权利的地域和保障这些权利的成本，我们提议购买这些注册商标的价格是20000英镑"。2009年10月21日，Timothy Lo向jonathan回复邮件"这件事已经达到一个需要你和我们中国同事直接沟通的阶段，我同事的名字是Ray Mai（麦世宏），他负责我们的法务部，这封电子邮件也同时抄送给他了。从现在起，请你们直接沟通"。2009年10月22日，hui yuan用被告公司的网址给原告IP公司jonathan发邮件"我是hui yuan，是唯冠法务部的成员。唯冠仍然有兴趣与你继续商谈这个交易，唯冠希望挽回之前的主要成本和相关费用。唯冠不仅仅在商标的设计、申请和维护上有投入，而且在某些产品中仍有应用这些商标。如果我们将这些商标转让给你，唯冠就必须停止使用，而且会造成损失"。2009年11月6日，hui yuan给原告IP公司jonathan回复邮件"我的老板同意接受你35000英镑的报价，而且你公司应当承担转让注册商标的所有费用。请把合同发给我，我会审阅"。2009

年11月20日,hui yuan给原告IP公司jonathan回复邮件"合同第二条应当修改为:IPADL(IP公司)将在收到经唯冠适当授权的代表唯冠签署的本协议原件之日起七天内向唯冠指定的银行账户对唯冠支付对价。如你所知,我公司是一个跨国公司,且一直信守其诺言。我可以向你保证我公司会在收到钱后即签署国家转让合同"。原告IP公司在2009年12月1日的邮件中,将所要购买的IPAD商标制作两份列表,该附件列出了与IPAD商标转让有关的全部相关信息,请求被告确认。其中附件列明本案所涉商标第1590557号、第1682310号。2009年12月7日,hui yuan给原告IP公司jonathan回复邮件"以下为对你的电子邮件的回答:1.附件为所有已注册国家的证书副本。2.就我所知,唯冠在泰国没有关于IPAD的相关注册。3.唯冠电子股份有限公司和唯冠电子(台湾)有限公司为同一家公司。4.支票应开立给唯冠电子股份有限公司。5.因为我没有台湾证件,我的上司Ray Mai会与你在台湾会面"。

原告认为,被告谈判邮箱的宣示"本邮件由唯冠国际控股有限公司或其任何子公司所有";被告谈判邮箱签名栏注明了唯冠科技(深圳)有限公司名称、地址、电话、负责部门及联系人;谈判执行人hui yuan、谈判负责人Ray Mai均使用被告的企业邮箱,即proview.com.cn网址的电子邮箱。为此,原告主张涉案商标交易是唯冠集团的集体交易行为,被告系唯冠集团集体转让商标主体之一。

2009年12月,唯冠电子股份有限公司出具《授权书》,同意并授权本公司法务部处长麦世宏代为签署与本事相关的文书(即IPAD商标转让)。该授权书有唯冠电子股份有限公司盖章,及其法定代表人杨荣山盖章,麦世宏签名。

原告提交一份2008年9月10日出版的《南方都市报》"天天财富"版面的报道——《换全球商标?美国EMC左右为难》,证明麦世宏早在2008年就已经是被告公司法务部的负责人。

2009年12月17日,唯冠电子股份有限公司与IP申请发展有限公司在台湾签署了商标转让协议,唯冠以35000英镑为对价向IP公司转让商标以及商标所代表并附于商标之商誉、商标所附属或所衍生的所有行为权利、权力及利益,包括向过去的侵权者追诉的权利。在商标注册的每一地区,唯冠应签署一份转让文件,以使IP公司能够在该地区备案商标转让。本协议由香港法律排他性管辖,香港法院对由本协议产生或与本协议相关的纠纷具有排他性管辖权。本协议及本协议提及的一切文件构成双方之间关于本协议标的的全部协议并取代先前关于该标的的草案、协议、承诺、陈述、保证及任何性质的书面或口头安排。该协议转让的商标包括了八个国家(和地区)注册的相关 IPAD 商标,具体在其协议的附件 A,其中,包括涉案的第 1590557 号、第 1682310 号两个中国注册商标。该协议在台湾签订,协议签订人为唯冠电子股份有限公司的麦世宏,IP 申请发展有限公司的 Handn wood。协议签订后,原告 IP 公司向唯冠电子股份有限公司支付了 35000 英镑。

2009 年 12 月 23 日,唯冠电子股份有限公司与 IP 申请发展有限公司在台湾签署了《商标转让协议书》,IP 公司向唯冠电子股份有限公司支付 1 英镑作为 IP 公司商标转让费用,唯冠将商标及属于或与商标有关的行为权利、权力及利益,包括侵权和假冒控告的权利(表述不完整,判决书原文如此。——作者注)。唯冠承认所有商标相关的注册表或其他影响所有权转换的文件变更已生效。唯冠同意被授权的受让方或其法定代表人签订必要的商标注册表,并代表唯冠行使此转让协议备案的权利。该协议在台湾签订,协议签订人为唯冠电子股份有限公司的麦世宏、IP 申请发展有限公司的 Handn Wood。2009 年 12 月 23 日,唯冠电子股份有限公司的麦世宏给 IP 申请发展有限公司签署了一份《商标权转让登记申请书》,将本案所涉商标第 1590557 号、第 1682310 号转让予 IP 公司。

2010 年 2 月,原告苹果公司与原告 IP 公司签订一份《权利转让协议》,IP 公司以 10 英镑为对价向苹果公司转让有关商标(即唯冠转让给 IP 公司的所有相关 IPAD 商标)的所有权利。

三、其他事实。

原告提交香港高等法院原诉法庭高院民事诉讼 2010 年第 739 号传讯令状,证明两原告于 2010 年 5 月 20 日在香港法院,就双方争议的商标转让协议产生的合同违约纠纷,向唯冠国际控股有限公司(香港注册公司)、唯冠电子股份有限公司(台湾注册公司)、唯冠科技(深圳)有限公司、杨荣山,提起了民事诉讼。

香港 Colin Andrew Shipp 大律师出具的《法律意见书》,该律师认为:原告 IP 公司就中国商标的买卖订立了一份有效并可执行的合同。在协商中唯冠被非常明确地告知，IP 公司希望购买唯冠在世界任何地区拥有的所有 IPAD 商标，这显然包括作为 IPAD 商标注册所有人的全部唯冠关联公司和子公司。对于唯冠订立合同出售由其自身或其关联公司和子公司（包括被告在内）拥有的全世界范围内的所有 IPAD 商标（包括中国商标）这一点，唯冠不可能存有疑问，否则在书面协议之前双方之间的往来文件中以及书面协议中就根本不会将中国商标列出。被告在上述情形下属于相关协议的一方当事人。Hui yuan 系被告（当时 IPAD 商标注册所有人）、唯冠及整个唯冠集团的代表，并代表他们进行协商。在此等情形下，被告已明确同意向苹果公司出售中国商标，并有义务据此将中国商标转让给作为 IP 公司在相关协议和书面协议项下合同权利的受让人的苹果公司。在中国商标转让之前，苹果公司对中国商标拥有收益权益，而被告仅仅是苹果公司的受托人。

原告提交以下几个案例来进一步印证上述大律师的意见。第一，《Currie 诉 Misa》"对价的定义"。第二，《Suner jo 诉 Lo ching》"协议的强制执行力的例外"。第三，《Palmer 诉 Carey》，"基于有价值对价规定转让或押记的合同会导致合同标的物所有权上转移衡平法上的权益"。第四，《Mackenzie 对 Coulson》"合同条款未正确反应真实意思可以纠正"。第五，《George wimpey UK LTD 诉 VI Construction LTD》"单边错误矫正"。

(2010) 粤穗广证内经字第 74458 号及 (2010) 粤穗广证内经字第 74459 号公证书，公证了有关苹果公司产品的新闻报道。证明原告苹果公司在 2010 年 1 月 27 日向市场介绍 iPad 产品。原告苹果公司 2010 年 4 月 3 日开始在美国向公众销售 iPad 产品。

原告请求被告赔偿经济损失人民币 400 万元，没有提供相关依据，原告认为其为维护合法权益已支付了大量的调查费、公证费、律师费，请求法院对其赔偿的诉讼请求予以考虑。

四、被告对原告证据的质证意见

（一）原告的"核心"证据《授权书》、《协议》、35000 英镑之银行汇票及所谓的电子邮件发生在原告 IP 公司与本案案外人唯冠电子股份有限公司之间，与本案被告无关。1.《授权书》记载的授权人，明确为唯冠电子股份有限公司，加盖的公章也是该公司的印鉴。2.《协议》即 IPAD 商标转让协议以及相关配套文件，转让双方主体的记载为：唯冠电子股份有限公司,台湾台北县6/F,No.1,Pau-Sheng Pau-Sheng Road,Yung Ho City和IP申请发展有限公司。而该转让协议将非缔约方——归被告所有的两IPAD第1590557号、第1682310号中国注册商标进行转让,显然是无权处置,不产生效力。3.巴克莱银行汇票,原告提供汇票的收款人为"proview Electronics Co.Ltd"(唯冠电子股份有限公司),与本案被告无关。4.所谓的电子邮件发生于原告与唯冠电子股份有限公司联系人之间,我方对其真实性、合法性、关联性均不予认可。并且,根据原告IP公司与唯冠电子股份有限公司之间的协议,以及唯冠电子股份有限公司联系人邮件中的特别提示,电子邮件均不作为依据。

(二)原告其他证据也不能成立。1.原告IP公司以三年不使用向国家商标局申请撤销第1590557号IPAD商标的受理通知书,不能支持原告的请求,而是与本案原告的请求恰恰相反。原告提起本案诉讼,原本就是认定该商标的有效性,是对其所谓"撤销申请"的实质性否定。2.香港法院传讯令状、香港大律师法律意见均不属合法证据。后者实际上就是原告方的代理意见。3.原告苹果公司与原告IP公司之间的转让,是两原告之间上演的双簧。此外,另案中,2010年3月22日,深圳市中级人民法院就已作出(2010)深中法立裁字第13号《民事裁定书》,将本案涉案的两商标已经查封。原告苹果公司、原告IP公司之间在此之后对被依法查封的商标签署转让协议。也就是说,无论从哪个角度,原告苹果公司不是本案的适格主体。

综上所述,被告从未授权任何人转让IPAD商标,原告与唯冠电子股份有限公司之间的协议对被告不产生任何约束力,原告与唯冠电子股份有限公司之间买卖第三人的商标,其主要过失在于原告方,原告苹果公司不是本案的适格主体,表见代理根本不成立。原告对被告的起诉,要求确权并要求两个案件赔偿400万元不能成立。为澄清客观事实、维护国家知识产权秩序、维护被告的合法权益,恳请人民法院依法驳回原告的无理诉求。

五、被告的抗辩证据。

被告提供两份证据,该份证据来源于香港法院案件的卷宗材料。原告IP公司的经办律师在宣誓中称其带着IP公司已经签署的转让文件及IP公司给其的35000元英镑支票,将35000英镑交给唯冠电子股份有限公司 Ray Mai。麦世宏出具了一张个人名片,名片注明是麦世宏(Ray Mai),在深圳的法博智权专利商标法律事务所任总经理。被告认为:麦世宏在商标转让协议签约时的身份是唯冠电子股份有限公司的工作人员,而其出具的名片是深圳一家专利商标事务所。因此麦世宏的身份与被告没有任何关联。

六、原告主张唯冠电子股份有限公司代表被告签约的表见代理成立的理由。

1.被告谈判负责人与获授权签约代表主体混同,即是麦世宏同一人。谈判邮件指出"我同事的名字是 Ray Mai(麦世宏)。他负责我们的法务部"。谈判负责人 Ray Mai(麦世宏)使用的是被告的企业邮箱,即 ray_mai@proview.com.cn。被告法务部职员 hui yuan 称"我已经给老板写了一份报告"。2008 年 9 月 10 日,南方都市报《换全球商标?美国 EMC 左右为难》报道,"日前记者从唯冠科技法务部麦世宏处获悉,……"。麦世宏作为签字代表在商标转让协议签名。2.谈判协议内容与书面合同内容完全相同。3.被告在确定唯冠电子股份有限公司签署书面合同后继续与原告 IP 公司协商提交涉案商标。谈判邮件:被告于 2009 年 11 月 26 日确定"会议安排在唯冠台北如何?地址与合同一样"。被告于 2009 年 12 月 2 日确认原告 IP 公司邮件附件中涉案商标"就我所知,唯冠只拥有您列入附件的八个 IPAD 商标"。被告于 2009 年 12 月 7 日给原告 IP 公司发送了协商转让的涉案商标注册证附件,并称"附件为所有已注册国家的证书副本"。4.被告在谈判中承诺参加商标集体转让交易。谈判邮件:被告称"如你所知,我公司是一个跨国公司,且一直信守其诺言。我可以向你保证我公司会在收到钱后即签署国家转让合同"。5.法定代表人主体混同,即唯冠集团及各子公司共同法定代表人杨荣山授权行为使原告产生充分的信赖。深圳唯冠网页:杨荣山在被告、唯冠电子股份有限公司以及多家子公司任法定代表人。

以上事实有公证书、委托书、商标转让合同、报纸、名片、当事人陈述等证据予以佐证。

本院认为:本案为商标权权属纠纷。原告主张其根据双方当事人签订的商标转让合同,以对价的形式获得涉案第 1590557 号、第 1682310 号两个注册商标。案件的焦点在于争议的合同对被告有无约束力,表见代理能否成立。

一、本案争议的合同对被告有无约束力。

本案争议的商标转让合同系唯冠电子股份有限公司与IP申请发展有限公司于2009年12月17日在台湾签订的《商标转让协议书》,该协议所涉及的转让商标共十个,其中包含了被告的第1590557号、第1682310号两个IPAD注册商标。协议同时约定"在商标注册的每一地区,唯冠应签署一份转让文件,以使IPADL能够在该地区备案商标转让"。于是,唯冠电子股份有限公司的麦世宏于2009年12月23日给IP申请发展有限公司签署了一份《商标权转让登记申请书》,将本案所涉商标第1590557号、第1682310号转让予IP公司。同日,唯冠电子股份有限公司与IP申请发展有限公司在台湾签署了一份《商标转让协议书》,唯冠承认所有商标相关的注册表或其他影响所有权转换的文件变更已生效。唯冠同意被授权的受让方或其法定代表人签订必要的商标注册表,并代表唯冠行使此转让协议备案的权利。上述协议在台湾签订,合同签订人,系唯冠电子股份有限公司法定代表人杨荣山,授权唯冠电子股份有限公司的法务部负责人麦世宏与IP申请发展有限公司的代表人Handn Wood签订。即唯冠电子股份有限公司与IP申请发展有限公司之间签订的协议,该协议的标的虽列明了第1590557号、第1682310号两个涉案商标,但不必然对被告具有约束力。

原告如果想购买被告的商标,应当按照中华人民共和国的相关法律规定,与被告签订转让合同,并办理商标转让手续。而本案所涉商标转让协议是唯冠电子股份有限公司与IP申请发展有限公司之间签订的协议,并非原告与被告之间订立。原告认为被告参与商标转让的直接证据是原告IP公司的工作人员jonathan与hui yuan之间的邮件,hui yuan收发邮件使用被告公司的电子邮箱。该证据能否证明被告在处分其商标。本院认为:没有证据证明hui yuan对应于哪个自然人,被告也否认其公司有一个hui yuan工作人员。不排除香港唯冠公司或者台北唯冠公司的工作人员在被告公司使用了被告公司的电子邮箱。即使hui yuan对应的自然人系被告公司的职员,其与原告谈判,或者其他处分商标的行为,也应得到被告公司的授权,但是原告没有提交任何被告授权他人处分商标的证据。

涉案商标是被告公司的财产,处分该商标也应当符合公司法的规定,杨荣山虽是被告的法定代表人,但也无权随意处分公司的财产,况且本案杨荣山是以唯冠电子股份有限公司的法定代表人身份出现,授权书的内容及签名盖章均是唯冠电子股份有限公司,与被告没有关联性。

有无追认问题。商标转让协议不是被告签订,而协议涉及到被告的注册商标,那么被告在协议签订后有无追认,如果追认也可以认定对被告具有约束力。对此,首先原告未能提交证据予以证明;其次被告至今也未确认该涉案的商标转让合同;再次被告不配合原告办理转让手续,拒绝为原告在相关转让文书上盖章等,更能够证明被告事后没有追认。

二、表见代理能否成立的问题。原告主张唯冠电子股份有限公司代表被告签约表见代理成立的理由:1.杨荣山在被告、唯冠电子股份有限公司以及多家子公司任法定代表人。2.被告谈判负责人与获授权签约代表均为麦世宏。谈判使用被告的企业邮箱。3.2008年9月10日《南方都市报》刊登的《换全球商标? 美国EMC左右为难》报道中称麦世宏系被告法务部负责人。4.谈判协议内容与书面合同内容完全相同。5.被告在谈判中承诺参加商标集体转让交易。

本院认为,表见代理的法律规定是我国《合同法》第四十九条:"行为人没有代理权、超越代理权或者代理权终止后以被代理人名义订立合同,相对人有理由相信行为人有代理权的,该代理行为有效。"因此,表见代理是合同没有相对人或者相对当事人不明确,一方当事人以为代理人有权处分合同标的物,与该代理人之间签订的合同。而本案涉及的商标转让合同不是被告与原告订立,而是唯冠电子股份有限公司与原告IP公司订立,该合同有明确的相对人。被告也没有任何书面的委托或者授权唯冠电子股份有限公司以及麦世宏,与原告IP公司进行谈判或者订立合同转让商标,原告IP公司没有理由相信麦世宏对被告有代理权。关于原告主张杨荣山同为被告和唯冠电子股份有限公司法定代表人,这并不代表杨荣山在授权给麦世宏时履行被告法定代表人的职责。事实上是杨荣山出具的授权书在台湾签署,授权书的名称及内容均明确宣示为唯冠电子股份有限公司授权,盖章也是唯冠电子股份有限公司,故授权书无可争议的是唯冠电子股份有限公司及其法定代表人杨荣山授权唯冠电子股份有限公司的法务部负责人麦世宏。关于麦世宏的身份问题,原告提交的证据是《南方都市报》的报道,被告不确认该报道的真实性,即使为真实报道,也因该报道的报纸系 2008 年 9 月 10 日,而谈判及签订商标转让合同是在 2009 年 10 月份(涉及被告电子邮箱)之后,不能说明麦世宏在签订涉案商标转让合同期间是被告的职员。另外,麦世宏在签订合同时的身份明确是唯冠电子股份有限公司的法务部负责人,并没有本案被告的明示或者授权。且麦世宏在签订商标转让合同期间提交的"Ray Mai"名片,反映麦世宏在深圳的法博智权专利商标法律事务所任总经理,说明麦世宏并非被告职员。关于电子邮件的问题,原告 IP 公司的职员开始与英国的唯冠联系,后来转到中国的被告电子邮箱交涉,具体是一个名字为 hui yuan 的人收发邮件,使用被告公司的电子邮箱,没有麦世宏收发邮件的证据。

被告否认该收发邮件的人系其公司职员,无法查明 hui yuan 对应于哪个自然人,不排除他人使用被告公司的电子邮箱。更没有证据证明 hui yuan 可以代表被告与原告进行商标转让谈判。电子邮件谈判协议内容与书面合同内容一致,不能证明表见代理成立。

另外,原告认为涉案转让商标协议属于集体转让交易,理由不成立。因为,谈判过程不是所有单位参与,而被告与海外的唯冠公司又是不同的独立法人单位,授权订立商标转让合同的单位只有唯冠电子股份有限公司,订立合同也只是唯冠电子股份有限公司,故不能认为是唯冠集团的集体交易行为。

另外,原告诉讼请求被告赔偿其经济损失的问题,首先商标权属纠纷属于确权案件,不能同时主张赔偿;其次原告主张的商标权归其所有也不能成立。故原告的该项诉讼请求缺乏事实和法律依据,本院不予支持。

综上所述,本院认为,原告要商业获取他人的商标,应当负有更高的注意义务,应当按照我国的法律规定,与商标权利人订立商标转让合同,并办理必要的商标转让手续。而本案商标转让合同系原告 IP 公司与唯冠电子股份有限公司签订,且与被告之间的表见代理亦不成立。故,原告的诉讼请求缺乏事实和法律依据,应予以驳回。本院依照《中华人民共和国合同法》第四十九条、第五十一条、《中华人民共和国民事诉讼法》第六十四条及《最高人民法院关于民事诉讼证据的若干规定》第二条的规定,判决如下:

驳回两原告的诉讼请求。

案件受理费人民币45600元，由两原告承担。

如不服本判决，原告可在判决书送达之日起三十日内，被告可在判决书送达之日起十五日内，向本院递交上诉状，并按对方当事人的人数提出副本，上诉于中华人民共和国广东省高级人民法院。

审判长　于春辉

审判员　祝建军

审判员　蒋筱熙

二〇一一年十一月十七日

书记员　欧宏伟(兼)

书记员　李嘉莉(兼)

判决带来的效应

作为被告方，一审判决赢得如此痛快，宣判之时本是肖才元站在媒体聚光灯下的风光时刻，可他在接到判决书的那一刻，却感到鼻子发酸。耗时一年零七个月，"果粉"的鄙视、舆论的指责、律师团队意见不一、"银行债权人团"等的不理解和指手画脚，一切压力只有他自己才能体会。

"回过头来，不敢想象，如果输掉这场官司会是什么结果。"读完判决书，肖才元感慨地说，"那可能成为我职业生涯中永远的耻辱。"

深圳市中院的一审判决被各大媒体连篇累牍地报道后，引发了各地工商部门查封iPad的风暴。2011年12月8日，也就是深圳市中院一审判决书送达公布后的第三天，肖才元突然接到山东省威海市环翠区工商局田局长的电话："肖律师，你能不能马上写一个申请，传真给我们，我们立即启动查封苹果公司 iPad 的行动。"

"太好了！需要盖深圳唯冠公司的公章吗？"肖才元急切地问道。他想到公章都在盐田区法院执行局监管，申请盖章走流程，需要一点时间。

"不用盖公章，签上你的名字就行了。"田局长在电话中说，"我们在新闻报道中看到了你的名字，充分相信你。如果事后补一个正式的公函给我们，当然更好。"

紧随其后，威海市乳山区工商局也请肖才元马上提供签名的举报信，并于 12 月 25 日开始查扣 iPad 产品。

威海市工商部门根据一审判决先展开的执法行动，在全国工商系统引起连锁效应，山东省菏泽市、枣庄市工商部门紧随其后，全国其他地方也开始针对苹果公司的商标侵权行为进行专项执法。苹果公司也许只是在法庭上领教过肖才元的厉害，却未必知道市场监管机构查封 iPad 的第一把火是如何点燃的。

这场狼群战术给苹果公司带来的压力开始表现出来。

"一审判决最直接的影响是改变了中国官方的看法，各地实施的查封行动就是这种影响的结果。"那时候，肖才元一边应对媒体的采访，一边观察社会的反应。他说，"如果说开始还有人认为深圳唯冠公司是碰瓷、讹诈，那么，深圳市中院的一审判决出来后，更多人看到了事实真相，IPAD 商标既不是深圳唯冠公司抢注的，也不是从别人那里买来的，而确实是自己合法注册并使用过的商标；苹果公司未合法取得商标之前，就开始在市场上推出 iPad 商品，是他们侵权在先。"

应当说，苹果公司如此高调地起诉深圳唯冠公司，俨然成竹在胸，根本没有输掉一审官司的心理准备。它更没有想到，肖才元发起的狙击战，立即从法庭转向市场，在全国范围内围剿 iPad 产品，这种"宜将剩勇追穷寇"的战术太狠了点！

一地鸡毛的局面下，苹果公司和 IP 公司向广东省高院提起上诉。

事已至此，诉讼已经不是唯一的手段。苹果公司显然明白，既然深圳唯冠公司愿意转让 IPAD 商标，那么，最终还是能够解决问题的。如果不能通过诉讼拿到在中国大陆的两个商标，兜底的办法就是买下来。

现在，案件上诉后，苹果公司有了腾挪的时间，可以处理市场危机。它随后发表声明，称就 IPAD 商标权属之争已经提起上诉，一审判决并未产生法律效力。

正如肖才元事前一再分析的那样,苹果公司并不是一个普通的美国公司,它的影响力远远超出企业层面。面对苹果公司,以商标侵权之名对它的产品进行查封,有些地方本来就有点缩手缩脚,投鼠忌器,生怕引来难以预料的后果,在苹果公司发表声明后,查封行动随即停了下来。

恰逢此时,惠州市中院于2012年2月13日第二次开庭审理深圳唯冠公司诉苹果经销商商标侵权一案后,时隔五天即作出一审判决,认定被告顺电公司惠州家华分店销售苹果iPad产品,侵犯了原告深圳唯冠公司的注册商标专用权。同时第三人苹果电脑贸易(上海)有限公司也没有提交相应的证据证明其行为的合法性。因此,被告和第三人应立即停止侵权,并赔偿原告为制止侵权行为的合理开支7580元。

惠州市中院的判决非常重要。虽然深圳唯冠公司的起诉不是直接针对苹果公司,而是它的地区经销商,但这一判决传递的信息很明确——任何其他经销商的销售行为,也将同样构成商标侵权,必须立即停止销售,否则会面临法律后果。

"停止侵权"是法律语言,用通俗的话说,就是不能在中国大陆销售苹果公司的侵权产品iPad。

惠州市中院对深圳唯冠公司诉苹果经销商商标侵权一案作出判决的当晚,中央电视台就在《新闻联播》中报道,立即引起全国轰动,一时间,刚刚降温的工商查封之火,再次被点燃。

纵然苹果公司在购买IPAD商标时犯下致命的错误,现在也应该醒过来了,深圳唯冠公司和肖才元率领的律师团队在外围冷枪冷炮的佯动,虽然不伤筋骨,却不能轻视,要防止它引发其他地方的连锁反应。对苹果公司来说,一审败诉后,在中国大陆的商标侵权就成为无法回避的问题。

对于深圳市中院的一审判决,苹果公司不可能就此认输,那意味着它付出的代价更大;而上诉,理论上——只是理论上——还有可能逆转,即使最后胜诉无望,也可以通过在法庭上的抗争,获得尽可能有利的谈判条件。

上海之战失利

苹果公司在深圳市中院和惠州市中院连败两局。他的跨国律师团事前制定诉讼方案时，无论如何分析，都不会想到会输得如此不堪。

按照计划出击的律师团中的另一路律师，选择在上海浦东区法院起诉，目标直指苹果贸易(上海)有限公司。与不久前在惠州案件中出庭应诉的第三人只差两个字，此目标公司具体管理一部分在中国大陆的直营销售门店。

或许以为苹果公司连输两场已经溃不成军，索性杀个痛快，在起诉的同时，律师向法院申请诉前禁令，要求苹果公司立即停止 iPad 产品的销售。

诉前禁令是一种诉讼工具，特点是及时、快捷、有效地制止侵权行为，因此，临时禁令的裁定一经作出，应当立即开始执行。为了保证这项措施不被滥用，《最高人民法院关于诉前停止侵犯注册商标专用权行为和保全证据适用法律问题的解释》规定了对临时禁令裁定的复议程序和审查标准。

原告在案件正式开庭审理之前，申请对被告产品禁止销售，必须有充分的证据和理由让法官相信，如果不及时制止被告的违法行为，将会使商标持有人的合法权益受到难以弥补的损害，而且申请人必须对申请诉前禁令提供担保。

当然，法院审查也是双向的，除了考虑"不禁止其销售，是否会给原告带来难以弥补的损害"，还需顾及诉前禁令会不会损害社会公共利益等因素。

"理智告诉我们，这样的诉前禁令申请是不可能得到法院认可的。"肖才元用这个案件作为律师运用诉讼技巧和申请诉前禁令失败的典型案例,在内部讲课时分析说,"上海作为苹果公司在中国大陆的总部,又是 iPad 产品的主要市场之一,在广东省高院尚未对商标权争夺战作出最终裁决时,不管是基于审慎还是其他考虑,法院都不会轻易作出诉前禁令。"

根据法律规定,法院接到诉前禁令申请后,必须在四十八小时内作出裁定。

申请诉前查封苹果公司在中国销售的 iPad,给法院造成了巨大的压力。两难之下,浦东区法院裁定驳回了深圳唯冠公司的申请,并以需要等待广东省高院对商标权属案件的二审结果为由,裁定本案中止审理。

浦东区法院虽然是基层法院,但地处全国最发达的城市上海,审判知识产权案件的水平,在全国法院系统都具有影响力,尤其这个裁定是在惠州市中院的判决作出之后。既然浦东区法院都需要等待广东省高院对商标权属案件的二审结果,按照同样的逻辑,工商部门查处是不是也应当等待呢?

正如意料之中,浦东区法院驳回诉前禁令并裁定中止审理后,全国工商系统的查封行动也随之停了下来。浦东区法院这一形式上无可挑剔的中止审理裁定,直接抵消了惠州市中院一审判决的积极意义。到了这个时候,是不是应该坐下来,反思一下律师的诉讼技巧呢?

这不是巧合,先是在苹果公司诉深圳唯冠公司一案中贸然提出管辖权异议,又在浦东区法院申请查封 iPad 的诉前禁令,这都是同一个律师操作的,是典型的欠缺思考的非理性行为。

谈及十年前的教训,肖才元说,浦东区法院裁定驳回诉前禁令的申请,合法合理,但不一定要中止诉讼。几乎相同的案件,深圳市福田区法院处于深圳市中院的管辖之下,受理深圳唯冠公司诉苹果公司 iPad 商标侵权案时,苹果公司与深圳唯冠公司的商标权属诉讼案正在中院审理,2011 年 11 月 17 日,深圳市中院作出一审判决,福田区法院紧接着便开庭审理,只是未作出判决。

惠州市中院则根本不理会第三人苹果电脑贸易(上海)有限公司提出的在广东省高院终审判决之前应当中止审理的请求,径行作出判决。如果不是不合时宜的诉前禁令的干扰,浦东区法院很可能像上述两家法院一样,无须裁定中止审理。

以中立的观点评价,浦东区法院既可以像福田区法院那样审而不判,等待商标权属案件的结果,又可以如惠州市中院那样"我审我的",不管其他因素,直接作出判决。很显然,苹果公司尚未取得在中国大陆注册的两个IPAD商标,销售iPad产品就是侵犯深圳唯冠公司商标专用权,不必等待广东省高院的终审结果,判决经销商侵权于法有据。

相比之下,浦东区法院采取的是相对保守、审慎的做法,细究起来,也没有违反法律,无可指摘。

上海诉讼受阻,而且产生了负面效应,"银行债权人团"很愤怒。直到此时,这些等着上海传来捷报的人才想起来,事前讨论在中国市场围剿苹果公司的计划时,就有律师提出向法院申请诉前禁令,肖才元一再提醒,查封iPad的诉前禁令不可能得到法院的支持,因为这样做波及面太大。

肖才元虽然是律师团主席,却无权决定在上海发起诉讼的另一个团队如何行动,只能建议。既然上海的诉讼由其他律师办理,以他的为人处世风格,话说到即可,不会强行干预。律师们个个自命不凡,都有自己的想法,他们实际上也不愿意听肖才元的。

肖才元的老练就在这里。他从一开始就很清醒,故意让苹果公司暂时"逍遥法外",把枪口对准它在各地的销售网点,制造狼群效应。任何优秀的指挥员都懂得战术为战略服务的原则,肖才元早已意识到,苹果公司胜诉的希望微乎其微,官司打到最后,必然是通过谈判解决争端,如果能在各地把战火烧起来,让对方感受到空前的压力,深圳唯冠公司就能够获得更多更有利的条件。

制订在中国市场围剿苹果公司这一方案时,肖才元已经反复推敲过利与弊,倘若攻击力度过大,远远超出苹果公司的承受力,影响它在中国市场的总体布局,甚至给中美贸易关系造成负面影响,就会诱发法律以外的因素。毕竟,深圳唯冠公司和苹果公司的地位是不对等的。

"讨论总体方案的时候,我就特别强调对尺度的把握,不能图过瘾,觉得火烧得越猛越好。律师可以进攻,但绝不可冒进!"肖才元说,"苹果公司是一个巨无霸跨国企业,但它又不是普通的企业,对此必须有理性的认识。如果直接起诉苹果公司,有些地方可能就不敢、不想立案,说白了就是不愿意得罪苹果公司,尤其是受它的生产链直接影响的地方。所以,我的方案是只打各地的销售门店,在等待深圳市中院的判决期间,这把火不大不小地烧着,不要冷场。上海那边就由于用力过猛,结果适得其反,把诉讼之路堵住了。"

移师再战

2012年2月29日,苹果公司和IP公司不服深圳市中院一审判决的上诉审在广东省高院开庭。《深圳商报》用了《旁听者挤爆法院》的标题形容当天开庭的场面:"早上7点20分,记者赶到广东省高院,就发现省高院门口已经排起一条长龙,旁边还架起好几台摄像机,准备前往法庭旁听的既有媒体记者,也有不少法律人士、普通市民以及前来声援的'果粉'。"记者从广东省高院得到证实,共有来自境内、港台和美国、日本、英国、新加坡等地的60多家媒体记者前往旁听采访,可谓盛况空前。

坐在旁听席上的,还有美国驻广州总领事馆外交官。

耐人寻味的是,法院门口,众多"果粉"高喊支持苹果的口号,还有"果粉"对记者说:"希望苹果公司二审胜诉,一挫深圳唯冠公司之前的高调和嚣张。"

据媒体报道,为应对二审,苹果公司派出了由多家律师事务所、知识产权机构和名校教授组成的豪华律师团,俨然另一个"梦之队"。

相比一审时的审慎,肖才元现在轻松多了。以他丰富的经验来判断,苹果公司想通过二审翻盘的概率几乎为零。中国法律不会给他们这样的机会。

二审大幕拉开,电子邮件首先被拿出来。一审法庭上,电子邮件从程序到实体的证明力都被肖才元推翻,苹果公司的代理人始终认为,电子邮件能够证明双方谈判交易的就是全部IPAD商标。

肖才元将电子邮件全部否定的根本原因在于,它对苹果公司的价值其实并不大,而且不是完全正面,又可能被对手利用,反过来成为证明苹果公司在购买 IPAD 商标的交易中存在严重过失的直接证据。

从 IP 公司代表 Jonathan（这在香港高等法院原讼法庭被证实是个假名字）与唯冠英国公司职员 Timothy Lo 最初往来的电子邮件中可以看到，不仅苹果公司的律师早就在全球检索了 IPAD 商标的注册分布在哪些国家，而且 Timothy Lo 在 2009 年 8 月 21 日的一封邮件中说："你好，Jonathan，我们在欧盟成员国和下列国家针对 IPAD 有专利（商标之误——作者注）：越南、墨西哥、泰国、韩国、印度尼西亚、新加坡、中国。如你需要更多的信息，请告知。"

在 Jonathan 与 hui yuan 取得联系后，又进一步得到了后者提供的 IPAD 商标注册分布资料文件包，也就是说，苹果公司的律师们在策划这起商标转让交易时，一开始就知道十个商标分布在哪些国家和地区，包括其中两个在中国大陆，由深圳唯冠公司持有。匪夷所思的是，所有关于商标转让交易的邮件，全部针对的是台北唯冠公司，没有任何地方提到深圳唯冠公司，好像这家持有两个 IPAD 商标的公司从来不存在。直到双方基本谈妥后，2009 年 12 月 8 日，Jonathan 在发给 hui yuan 的邮件中又问道："您是否可向 Mai 先生询问他是否有权代表台北唯冠公司？我们需要贵方的一名人士，该人士应有权签署诸如转让文件之类的文件并有权代表你们公司签署合同。"

同样是 12 月 8 日，"空气人"Jonathan 给 hui yuan 的电子邮件中所附的分区《商标转让协议》中记载，出让方为 PROVIEW ELECTRONICS CO. LTD, a company organised under the laws of Taiwan（唯冠电子股份有限公司，一家依照台湾地区法律设立的公司）。

"电子邮件为英文，苹果公司对它公证后，对他们认为有利的部分都做了翻译，不利的就刻意省略。"不管它是否翻译，肖才元未放过任何一封邮件，认真做了研究，他认为，"实际上，作为证据来说，没有哪一封邮件对苹果公司是有利的。而且所有的商标转让法律文书都是苹果公司的律师起草的，全部以台北唯冠公司为商标的卖方，说明他们从来就没想过和另外两个商标的所有人深圳唯冠公司签订转让合同。"

从一审开始，肖才元就确定了对待这些电子邮件的意见，那就是既不承认，也不放过，还要为我所用——前提是不承认它的证据地位。

不承认，因为它是境外邮箱，来源不明，且不能证明使用者的真实身份,在一审期间,肖才元对此有详细阐释,得到一审判决书的确认。

不放过,则是对电子邮件的内容进行全面质证和评价,彻底否定它的证明力,意在说明即使它可以作为证据使用,也不支持原告的主张。

为我所用,这是肖才元看到这些电子邮件后本能的反应:"这是对我们有利的证据,正好可以用它反戈一击。"

肖才元现在是盈科律师事务所的元老级人物,一般案件他不会出场,前年卸任深圳管委会主任后,腾出时间教"私塾",给所里年轻的律师讲解经典案例。IPAD商标转让纠纷并不是有些人理解的知识产权纠纷,而是典型的民商事领域的合同纠纷,所以,肖才元常常用它来给弟子们授课。

"对原告方的证据电子邮件,我确定了应对它的三种手段,等于为己方设了三道防线。我先指出它程序不合法,而且双方签订的协议中本身还有约定,协议替代一切文件,包括电子邮件在内,其他任何事务性文件都不能作为证据使用。"肖才元特别强调这个问题的重要性,"如果你只是用程序不合法来否认电子邮件是证据,把它一脚踢开,而不从实体角度否定它的证明作用,万一法院不接受这种抗辩,仍然将电子邮件视为证据,那我们不就陷入被动了吗?最后,'以子之矛,陷子之盾',这是任何时候都不能放过的机会,抓住对手有漏洞的证据为我所用,甚至比我们自己的证据更有价值。"

实际上,一审期间,唯冠律师团内部对于如何应对苹果公司提交的电子邮件,有两种不同的意见:一种意见认为,邮件发生在IP公司与台北唯冠公司之间,与深圳唯冠公司毫无关系,无须对邮件内容进行分析。这种观点的逻辑是,如果对邮件分析质证,会让人感觉唯冠公司认可这些邮件,从而掉进苹果公司的陷阱。

另一种意见来自肖才元。他认为上述观点太冒险,因为邮件中的内容也含有深圳唯冠公司的某些痕迹,如对话、人员、邮箱等。如果不对邮件内容进行剖析,简单地予以排斥,说服力不足,很可能不被法庭采信。因此,必须对苹果公司提交的邮件内容进行实质性分析,彻底否定它的证明力。

好在肖才元是第一代理人,在法庭上拆解电子邮件证据,使用的就是他的观点,这当然是正确的。

苹果的重磅炸弹

就在双方重复那些在一审法庭上围绕电子邮件早就争论过的观点时，一个戏剧化的情节出现了——hui yuan 现身。苹果公司从香港高等法院原讼法庭的案卷中发现一份时间为 2009 年 1 月 2 日的深圳唯冠公司内部的"签呈表"，由法务部职员袁辉起草、麦世宏签字，内容为向董事长杨荣山汇报有关英国 IP 公司购买 IPAD 商标的事务。在简要陈述与 IP 公司的谈判过程以及价格后，"请老板核示是否接受对方的报价，若接受该报价，将签署合约以确认交易"。杨荣山批示：准如拟。

肖才元那时候不得不憋住笑，承认 hui yuan 就是袁辉。对方并未纠缠这个问题。这其实也没有什么好说的，苹果公司是原告，提供给法庭的邮件，本来应当证明邮件使用者的真实身份，否则，被告方不承认很正常。

如果说之前电子邮件使用的是英语，那么，在台北签约的头一天，也就是 2009 年 11 月 22 日，苹果公司的律师就应当知道 Huy Yuan 就是袁辉，因为台湾地区的律师用中文繁体字发的电子邮件，直接称呼袁辉——

袁辉先生　惠鉴

关于贵公司与 IP 公司签约文件之认证事宜，因公证人员须查看贵公司"公司变更登记事项卡"以确认贵公司之代表人及大小章。故请贵公司先将"公司变更登记事项卡"传真或以电邮本所。并请确认贵公司之代表人杨荣山先生是否将于所有文件上签名，并准备齐身份证影印本供公证人员查验留存。谢谢您的合作，并请您尽快回复。

常在国际法律事务所：何爱文律师

显然，苹果公司的律师从头到尾都在不断犯错，提起诉讼后，似乎也缺乏对证据的全面理解，更没有认真分析，以至于在一审法庭上，对电子邮件的双方当事人 Jonathan 和 hui yuan 是否确有其人这个问题，竟然毫无准备。

随着电子邮件的证明作用被肖才元一一拆解，有没有袁辉，对证明本案的是非曲直意义不大。"签呈表"对苹果公司来说是重要的证据，犹如落水者抓到的一根稻草，是绝处逢生的希望。从苹果公司的视角理解，如果电子邮件表达的内容都是台北唯冠公司与 IP 公司的交易，与深圳唯冠公司无关，现在，"签呈表"是深圳唯冠公司老板杨荣山批准转让 IPAD 商标给 IP 公司的证据，也可以视为真实意思表示。苹果公司对这个证据的在乎不言而喻。

所谓"签呈表"，是台湾居民的习惯用语，用大陆的话说就是"请示报告"。奇怪的是，这样一份内部文件是怎么到了苹果公司的手上呢？应当说，这纯粹是阴差阳错的结果。

由于唯冠旗下多家公司经营状况持续恶化，加剧了大股东之间的矛盾，杨荣山当时已经辞去了上市公司董事会主席这一职务，管理层人员也发生了变化。直到广东省高院二审开庭前一天，深圳唯冠公司内部才查明问题出在哪里：香港唯冠公司的香港律师 H 将从内部得到的与商标转让有关的文件全部交给法庭，其中就包括这份"签呈表"，并且还让最初与 IP 公司接触的唯冠英国公司董事长 Timothy Lo 提供了证言。

香港唯冠公司律师给对手"递刀子"的做法，其目的是证明即使在公司内部的请示中，商标转让交易也不涉及上市公司，因此反对苹果公司将香港唯冠公司列为被告，想急于撇清与商标转让纠纷的关系。

这是给诉讼对手雪中送炭，让苹果公司在睡梦中笑醒了。

上市公司自香港诉讼一开始，就畏惧苹果公司凌厉的攻势，担心唯冠公司会输掉这场官司。为避免殃及上市公司，故出此有悖常理的昏招。

对苹果公司来说，这是意外地得到了一枚威力巨大的炸弹，当然会使用它。就像战场上，敌人忽然把手榴弹扔进战壕里，十万火急，指挥官沉着冷静，眼疾手快，一把捡起冒着白烟的手榴弹扔了出去，战壕外一声巨响，己方战士们毫发无损。

法庭上，肖才元就是战壕里那个训练有素、处变不惊的指挥官。

照例先是指出程序问题。苹果公司的律师不管是在香港还是在深圳起诉,当时都没有得到这份证据,所以,此证据未出现在深圳市中院和惠州市中院的庭审中。在内地诉讼期间,苹果公司香港案件的律师意外获得了"签呈表",便说服香港高等法院原讼法庭的法官,准许在苹果公司和IP公司起诉深圳唯冠公司的案件中将其作为证据使用,列出了案号,通过中国法律服务中心传递到内地法院。

苹果公司的律师应该能想到,在肖才元这样的同行眼里,从香港高等法院转来的"签呈表",如果要成为无懈可击的证据,那就要满足一系列苛刻的条件。而现在,它什么都不是,仅仅是多了一个在二审法庭上可以辩论的话题。

内地和香港特别行政区虽然都在中华人民共和国主权之下,却是两个不同的司法区,彼此有司法终审权,而且内地是大陆法,香港特别行政区是普通法,证据规则和标准不同,在一边是证据,在另一边可能就不是证据。苹果公司从香港唯冠公司得到的内部"签呈表"并不是原件,而是传真件,至于这份文件来自何处、原件在哪里、是否真实,一概无从知晓。

这是从香港高等法院原讼法庭转来的证据。按照普通法的证据规则,不轻易相信书面证据,所有与"签呈表"相关的人员,如杨荣山、麦世宏、袁辉,以及把它偷偷地提供给苹果公司律师的香港唯冠公司人员,都要被传到法庭上作证,排除一切合理怀疑后才能成为合法的证据。

退一步说,就算在香港高等法院原讼法庭拿出"签呈表"作为呈堂证供,多半也会由于它所涉及的当事人无法出庭作证,接受质证、盘问,最后被法庭排除。把它搬运到内地法庭时,香港的案件尚未审理,"签呈表"只是个来路不明的"毛坯材料",在广东省高院的二审法庭上,它的合法性存疑,不会成为被认可的证据。

"意思表示"的经典解读

倘若你是律师，有机会与肖才元演对手戏，决不能掉以轻心，他最擅长的手段是把你绞尽脑汁取来的证据"污名化"，然后再踏上一只脚。假以时日，你也学会了这一招，并且用得炉火纯青，那就会成为让对手胆寒的名律师。

"即使确实有这份'签呈表'，那也只是深圳唯冠公司内部来往的文件，并未对外出示，苹果公司没有因该文件而对购买商标的交易产生误解，那么它跟本案有什么关系？"肖才元在否定了"签呈表"的真实性、合法性之后，接着对它作为证据的关联性展开了攻击。很多时候，他像是自问自答，其实是在质问对方，"杨荣山在深圳唯冠公司内部的'签呈表'上批示同意转让IPAD商标，这有什么问题吗？"

杨荣山本来就不反对把商标卖给IP公司，也签署了授权书，只不过他是以台北唯冠公司负责人的身份授权的，并不是说有了这个"签呈表"就可以代表深圳唯冠公司，更不意味着IP公司只需要与台北唯冠公司签订合同，就可以把深圳唯冠公司的两个商标也一起买了。这就能够解释为什么国家商标局不批准商标过户手续，正是因为法律文件不全，缺少商标权利人深圳唯冠公司的合法授权。

这便是肖才元要阐释的核心问题——关联性。"要评价'签呈表'的证据价值，它能起到什么样的证明作用，就要先搞清楚它的真实意思表示。"肖才元从独特的视角，寻找这份被苹果公司律师当成宝贝的证据的致命弱点，"我们常说的真实意思表示，没有明确的法律定义，也没有司法解释对此进一步说明。所谓意思表示，顾名思义，非常简单，无须额外的法律规定来加以定义，实际上就是'意思'和'表示'两个含义的结合。它包含两重含义：人的主观内心活动；把内心的活动传达给对方。"

如果把肖才元的这个逻辑做一个通俗的演绎，变成电影剧本的台词，就是这样的情形——

麦世宏："老板，英国人要买 IPAD 商标，35000 英镑，我建议卖了吧，留在这里好像也没用。"

杨荣山："行啊，就照你说的做吧。"

按照肖才元的拆解，"签呈表"可以被理解为杨荣山和麦世宏的内心活动和意思表达。对谁表达呢？这很重要，也是能否产生法律后果的判定依据。这是他们自己的内部请示和批示，而不是向商标转让交易的另一方表达。IP 公司和所有参与这项交易的律师、公证人员当时都不知道有这份内部文件，也就不存在"签呈表"导致 IP 公司误认交易对象的可能。

"这么说吧，'签呈表'只是苹果公司在事后偶然得到的，和当时签订《商标转让协议》不存在任何关联性。"肖才元手里拿着"签呈表"，严厉地驳斥道，"它既不是证据，也证明不了任何事实。你们费了很大的工夫，从香港高等法院把这个无关的传真件拿过来，不过是要用它来为你们犯下的低级错误打补丁，只是为时已晚。"

千万不要小看肖才元在"签呈表"问题上的机智反驳，在某种程度上，这种当场破解对自己不利的证据的技巧，甚至可以称为教科书式的经典范例。不可否认，对于"签呈表"作为证据的真实性、合法性，大部分律师都能从程序角度提出质疑。但是，这份文件是从香港高等法院转过来的，形式上很有权威性，如果对香港特别行政区的司法制度不了解，不熟悉它的证据规则和标准，对香港特别行政区与内地分属两个不同司法区而存在的天然制度"隔阂"缺乏理论上的认识，就无法提出具有说服力的反驳意见。

去过香港高等法院旁听的人都知道，不管民事还是刑事案件的审理，经常旷日持久，连续开庭几个月是常见的。原因就是英美法的庭审制度不相信书面证据，只要与呈堂证据相关的人，都要被传到法庭上作证，经过审讯式的、地狱般的、令人不快的质证和盘诘，才能成为证据。而"签呈表"上共有三个人，谁也没有收到前往香港高等法院作证的传票，它也未开庭审理此案,从这个意义上说,"签呈表"在香港高等法院尚未成为证据,倘若对此完全陌生,就可能被苹果公司唬住。

肖才元从意思表示入手,对"签呈表"关联性的解读,让很多同行拍案叫绝。十年前在二审法庭上的观点,他后来又在多个场合与同行们探讨,听到最多的评价是:从这个角度论证关联性太独到了,也更有杀伤力,是律师的创造性思维。有次在厦门律协讲课,一位资深律师感叹说:"做律师十几年,第一次听人将'意思表示'拆分解释得如此详细,又让人信服。对比之下,现在我才知道自己和别人的差距在哪里。"

"签呈表"对律师的考验在于,这是有关转让 IPAD 商标的内部文件,有大老板杨荣山和通过电子邮件与对方谈判的袁辉、与 IP 公司签署《商标转让协议》的麦世宏的签名,经验不够丰富、临场应变能力不足的律师,很可能陷入顾左右而言他,甚至无言以对的尴尬,对方可能就因此得逞了。

二审开庭前讨论时,唯冠公司、"银行债权人团"及律师团都觉得"签呈表"是个难题,非常棘手,甚至有人叹息:没想到这个节骨眼上,香港的律师出现了这么大的疏漏。

尽管各方意见不统一,但赢了一审的肖才元仍是整个团队的定海神针。由于担心庭审观点不协调,委托方负责人要求肖才元必须发挥律师团主席的主导作用,具体负责应对新证据"签呈表"。

前往二审法院出庭的路上,杨荣山先生还专门打电话给肖才元,言辞间充满忧虑。"放心吧,苹果是一定要啃的,我这半世英名不会被一个证据毁掉。"肖才元仍是一贯的从容淡定,"苹果公司的新证据,只是让形势发生了偏转,并没有逆转。"

从庭审来看,可以断定,苹果公司的代理人事前绝对没有料到,肖才元会用极为刁钻的战术,肢解他们原本以为可能改变诉讼结果的证据。"它跟你有什么关系?"这句话,肖才元在法庭上底气十足地连问了几遍。那明明是杨荣山、麦世宏、袁辉的签名,而且 hui yuan 也现身了,谁能说没有关系呢?当你听完肖才元对它釜底抽薪、刀刀见血的批驳后,谁还会说"签呈表"与台北唯冠公司签订的那份错误的合同有关呢?

打个比方,老板让你把一车货从广州送到深圳,而你却送到珠海去了。过了几个月,发现货送错了地方,你却说,我刚听说广深高速那天在修路。老板恶狠狠地问："修路和你送错了货有关系吗？"

与"签呈表"同时被提交到广东省高院法庭上的，还有唯冠英国公司Timothy Lo（卢嘉豪）的证言，这是苹果公司的两份新证据。在肖才元面前，对于这种不伦不类的证据，几乎不用费什么口舌，三下五除二就打发了。

"我们对卢嘉豪的这份证言的真实性、合法性、关联性一律不认可。"这是律师在法庭上常用的法律语言，肖才元引用它可不是作为套话，他还有更多的观点，"这份证言与'签呈表'一样，都来自香港高等法院原讼法庭，我们暂且不管香港高等法院如何对待这个言词证据，既然要在另一个司法管辖区即内地的法院使用，就要按照这里的规矩出庭作证，否则，我们就没有采信它的理由。"

就算从苹果公司的角度来理解，卢嘉豪的证言也不过是象征意义大于实际意义，能利用的价值不大。这与他的身份有关。他是唯冠英国公司的董事长，与 IPAD 商标权转让交易的唯一交叉点，是 IP 公司当初通过他与 hui yuan 取得联系，此后的谈判、决策、签约等统统与他无关。他充其量不过是一个知情者，他的证言能证明什么呢？

肖才元分析，苹果公司的律师在中国香港和内地的法院之间反复折腾，实在是因为他们能用于翻盘的证据匮乏。正常情况下，香港高等法院的诉讼材料不能在内地法院使用，但这一次它成功地说服香港高等法院原讼法庭，给证据贴上经过法庭批准的标签后，又通过中国法律服务公司转送，程序上合法，看起来似乎也比较权威。

与此同时，苹果公司的律师还请在香港执业的英国大律师科林·安德鲁·西普（Colin Andrew Shipp）出具支持它的法律意见书："从香港法律的角度来看，第二原告（即 IP 公司——作者注）和被告之间的协议……本身并不能代表双方的真实意图……双方之间达成的交易是：该书面协议中列举的所有 IPAD 商标，包括以被告名义在中国大陆注册的、注册号为 1590577 和 1682310 的两项商标，均由第二原告自唯冠集团处购买。因此，原告在香港寻求的救济之一便是以存在错误为由对该书面协议加以改正。"

且不说这种将英美法语言翻译成中文后拗口的表达，仅仅字面上"从香港法律的角度来看"的限定条件，就使得它在离开香港的法庭后失去了生命力，无法在内地的司法活动中使用。

对这位英国人的话最直白的理解是，IP公司原本要买的商标共有十个，包括在中国大陆的两个，但《商标转让协议》出现了错误，可以通过司法救济的手段解决。问题是，能否解决不是一厢情愿，它取决于法院的裁决，要想解决还必须有一个前提，那就是只能适用香港的法律。现在的麻烦是，这两个商标的注册地和权利人都在中国大陆，香港特别行政区的法律和法院的裁决，又无法管辖内地，最后还是解决不了问题。这样来看，找英国人出具法律意见书也是中看不中用。

"苹果公司在香港和深圳的起诉，背后总操盘手都是著名的贝克·麦坚时律师事务所，它不应当不知道这些证据在程序上有重大缺陷，中国内地法院根本不会认可。"肖才元由此作出判断，"之所以还要这样做，当然是因为想通过这种方式给内地的法院施压，即使最后不能改变结果，也可以在谈判中增加筹码，至少能给自己挽回一点面子，以减少他们在商标转让过程中的过错，并减轻受到雇主苹果公司责备的可能性。"

由于《商标转让协议》存在法律上的硬伤，再加上诉讼方案不严密，苹果公司看似提供了多份新证据，法庭上不断出现的混乱逻辑，不仅未能让自己的一方赢得主动，反而陷入更大的被动。本来，对于苹果公司二审期间增加的"签呈表"和唯冠英国公司董事长Lo的证言，原告方也许认为，这是直抵深圳唯冠公司软肋，甚至可能扭转战局的核心证据，却被肖才元轻易瓦解了。

为应对上诉审，苹果公司在一审代理人的基础上，又请了国内知名的大所律师，四名律师轮番上阵，试图在二审挽回败局。庭前有媒体报道说——相信也是苹果公司刻意披露的——苹果公司已经从香港高等法院调取了重磅资料，作为新证据向广东省高院提交。除了苹果公司律师团进行研究之外，还特别邀请了北京三大名校的教授专家进行论证指导。如此庞大的阵容，却始终未能扭转被动局面。

步步为营

为了救场，苹果公司的代理人提出，本案存在两个合同，一个是 IP 公司通过电子邮件与深圳唯冠公司在谈判过程中所建立的要约承诺，另一个是 IP 公司与台北唯冠公司签订的 IPAD 商标转让书面合同。

"跟谁要约？电子邮件从头到尾说的是商标对价多少，让麦世宏得到授权，代表台北唯冠公司签订《商标转让协议》。"这种说法根本难不住肖才元，他反问道，"根据我国《合同法》第十四条的规定，要约的内容必须具体明确，但是，电子邮件所谈的内容，IP 公司所附的协议草案，显示双方的交易主体是 IP 公司和台北唯冠公司，而且买方 IP 公司明确要求，签约人要得到台北唯冠公司的授权，从未涉及深圳唯冠公司，怎么成了和深圳唯冠公司的要约呢？"

如前所述，电子邮件对苹果公司和 IP 公司本身并非完全有利，从双方你来我往的谈判过程中就能清晰地看到，对于拟议中的 IPAD 商标转让交易，IP 公司以虚假名字出现的谈判代表，一开始就发生了错误，本应知道其中有两个商标是在中国大陆注册，深圳唯冠公司是商标权利人，竟然从未想过要跟它签订书面转让合同。

"我们换个角度理解，如果苹果公司之前的电子邮件谈判是和深圳唯冠公司的要约，那就说明你把它当成了交易的主体之一，最后必然要跟深圳唯冠公司签订正式合同。而事实上，你把深圳唯冠公司扔在一边，去跟台北唯冠公司签约，也就可以反过来得出结论，从来就没有人向深圳唯冠公司发出要约，是苹果公司搞错了交易主体。"尽管一审期间苹果公司代理人未提出"要约"的说法，但有关买方错认交易对象的问题，肖才元已经反复说了很多遍。他只好在二审法庭上再说一遍，"问题实际上并不复杂，买方疏忽大意酿成错误，这是一个不可改变的事实，现在不管找多少逻辑混乱的理由,也无法掩盖这个错误。"

未等肖才元喘上一口气,苹果公司的代理人又抛出了新的问题——IP 公司与台北唯冠公司签订的协议是"集体交易"。

"苹果公司的代理人能否告诉我,民商事交易何来'集体交易'?法律特征是什么?出自哪个法律?"从肖才元脱口而出的反问中,可以看出对方这一观点不成立。倘若不是法律功底深厚,执业经验丰富,专业能力出众,善于破解疑难复杂的案件,要应对这样的诉讼,还真不是一件容易的事。他有点疑惑,在深圳市中院一审的三次开庭中,对方从未提到"集体交易"的概念,为什么到了二审,突然扯出了这种在法律上站不住脚的说法呢?

肖才元接着说,IP 公司与台北唯冠公司签订协议,购买 IPAD 商标,是典型的民商事交易行为,交易对象一边是 IP 公司,另一边是出让人,也就是持有商标的权利人,两边都是具有独立民事行为能力的法人主体,买谁的商标就跟谁签协议,这是大学法学院一年级学生都懂的常识。"集体交易"从来就不是一个法律术语。这里的"集体"是指谁呢?"唯冠集团"?可是,根本找不到"唯冠集团"这个民事主体。

"苹果公司的代理人试图将民商事法律关系混同于'集体劳动合同'关系,这岂不是笑话!"肖才元告诉对方,"企业法人独立承担民事责任,这是中国法律的规定,也是世界通行的法律规则,不能因为杨荣山是多家唯冠公司的法定代表人、负责人,hui yuan(袁辉)使用深圳唯冠公司的电子邮箱,麦世宏曾经被媒体报道是深圳唯冠公司法务部负责人,IP 公司和台北唯冠公司签订《商标转让协议》的行为就变成了适用于任何一家唯冠公司的集体行为。各国商标主管机关的通例,都需要进行商标转让的要件审查,其中,获得权利人授权是核心条件,从不存在'集体交易'这一说法。可见,所谓'集体交易'不过是凭空杜撰的概念而已。"

进行到这里,肖才元觉得庭审局势已经豁然开朗,以他的经验观察,对方似乎在诉讼中失去了方向。

遭遇超常规诉讼

根据对方的表现，肖才元隐约意识到，二审法庭上，他要应对的恐怕将是超常规的挑战，这也是他当初看到苹果公司的上诉状之后的预判，经过几轮交战，更加证实了他当初的判断。

紧接着"集体交易"，苹果公司又抛出了一个新论点——"间接代理（隐名代理）"。苹果公司和 IP 公司在上诉状中说："深圳唯冠公司通过电子邮件安排台北唯冠公司签署书面协议，委托关系成立。深圳唯冠公司在签订《商标转让协议》时显然是知道其与台北唯冠公司之间的委托代理关系（深圳唯冠公司安排台北唯冠公司去签约的），故本案的《商标转让协议》也应当直接约束深圳唯冠公司。该事实确切反映了间接代理（隐名代理）法律关系，本案应适用《中华人民共和国合同法》第四百零二条之规定，深圳唯冠公司应承担不可推卸的商标转让合同义务。"

《合同法》第四百零二条是这样规定的：受托人以自己的名义，在委托人的授权范围内与第三人订立的合同，第三人在订立合同时知道受托人与委托人之间的代理关系的，该合同直接约束委托人和第三人，但有确切证据证明该合同只约束受托人和第三人的除外。

"诉讼也需要遵守基本的诚信。"就算是肖才元这样温和的人，也难免被激怒，"苹果公司在一审期间从未提及所谓的'间接代理''隐名代理'，如今一审败诉，居然不顾客观事实，突发奇想，一拍脑袋，冒出来'间接代理''隐名代理'的奇谈怪论，实在荒诞！"

肖才元说，通俗地讲，所谓的间接代理或隐名代理，是"直接代理"的反义，是指受托人以自己的名义而不是以委托人的名义对外签约，法律后果先由受托人承担，再转移给委托人的一种代理形式，包含两层法律关系。

苹果公司代理人提出的"间接代理""隐名代理"的说法,就是想套用上述法律定义,认为台北唯冠公司虽然以自己的名义签约,实际上则是代理深圳唯冠公司签约转让商标。

听到对方的这个大胆假想时,肖才元觉得,这并不是什么高深的法理问题,法律的定义也很清楚,IP公司与台北唯冠公司签订的《商标转让协议》与《合同法》意义上的"间接代理""隐名代理"完全风马牛不相及。

按照苹果公司的间接代理逻辑,委托人为深圳唯冠公司,台北唯冠公司是受托人,第三人也就是交易对方,则是IP公司。"不得不说,这一'新观点'听上去似乎很有道理,但这种所谓的间接代理,无论是法律特征,还是必要性和可行性,都不成立。"肖才元具体解释说,即使是间接代理,苹果公司若对深圳唯冠公司主张权利,也必须至少符合两项要件中的一个:其一,苹果公司有确切证据证明,《商标转让协议》仅约束深圳唯冠公司(而不是台北唯冠公司)和IP公司,而客观事实恰恰与此相反;其二,能够证明台北唯冠公司受托于深圳唯冠公司,可这也没有任何证据。

在商业活动中,间接代理并不常见,仅在少数场合出现,如在外贸代理中,企业是实际交易方,但时常需要委托有进出口权利或便利的外贸机构,因此直接将外贸机构作为名义交易方与境外方签约;文物字画拍卖会上,真正的买家一般会隐藏身份,受托人以自己的名义举牌竞拍。

但是,在IPAD商标转让过程中,是苹果公司隐藏身份,以IP公司的名义出现;而唯冠公司,从头到尾没有隐藏身份,也根本没有任何隐藏身份的必要性。

另外,间接代理还需要考虑是否具有可行性。这项交易要想最终完成,必须经过商标主管部门的审查并办理转移手续。出让人与权利人不一致,非权利人处置两个IPAD商标,在国家商标局过户时就会被卡住,无法实现交易目的,当然就不具有可行性。也就是说,只有深圳唯冠公司才有权签约出让这两个商标,稍有法律常识的人都不应当产生这样的认识偏差,作为专业律师的苹果公司经办团队,岂能说不知道?

在这起商标转让交易中,按照事前商定的程序,杨荣山以台北唯冠公司负责人(法定代表人)的身份,授权麦世宏代表台北唯冠公司签署协议,加盖公章,所有的行为都是公开的、直接的,是很常见的民商事交易方式,与间接代理、隐名代理的特征没有任何相同之处。再说,区区35000

英镑的交易,如果非要说是间接代理、隐名代理,那么,委托人是谁？是杨荣山还是深圳唯冠公司？受托人又是谁？是麦世宏还是台北唯冠公司？本来与商标持有人签订简单的转让合同即可,偏偏要把它搞成间接代理、隐名代理,岂不是多此一举。

苹果公司可不是这样想的。他们在上诉状中推理演绎说:"Timothy Lo(唯冠英国公司)回复邮件时称:'这件事已经达到一个需要你和我们的中国同事直接沟通的阶段。我同事的名字是 Ray Mai(麦世宏)。他负责我们的法务部。'显然,唯冠英国公司将 IPAD 商标转让谈判事项委托给深圳唯冠公司。"

上诉状又说:"hui yuan 用被告公司的邮箱给原告发邮件:'我是 hui yuan,是唯冠公司法务部的成员……唯冠公司仍然有兴趣与你继续商谈这个交易。'该事实表明,深圳唯冠公司已受唯冠英国公司委托承接商标转让的谈判。"

到了这里,肖才元甚至有点不相信自己的耳朵,这用不着在法庭上争得脸红脖子粗,连常识都算不上。唯冠英国公司既不是商标权利人,Lo 也不具有委托的资格,仅仅是因为他在英国,IP 公司方便联系;深圳唯冠公司是商标权利所有人,是主人,非权利人唯冠英国公司委托它去跟台北唯冠公司谈判,这不就是活生生的"关公战秦琼"嘛！

"正如一审法院确定的本案要点,那就是表见代理是否成立。如果苹果公司在这个方面拿不出强有力的证据和理由来支持自己的主张,搞错交易对象的责任只能由它自己承担。"肖才元在对"间接代理""隐名代理""唯冠英国公司委托深圳唯冠公司"等让人瞠目结舌的说法进行驳斥后,试图提醒对方认清问题的实质,"有关 IPAD 商标转让合同纠纷的解决,应当以事发当时双方的意思表示为评判内容,不能事后像考古一样去挖掘、考证,进而靠推理、想象,牵强附会地演绎出一堆逻辑混乱的观点。这除了给人一种理屈词穷的感觉外,不会带来任何好处。"

侵权创造价值？

真正让肖才元感到怒不可遏的是苹果公司提出的"价值论"，即"iPad 的价值是苹果公司创造的，如果不把 IPAD 商标判给苹果公司，有损社会公众利益"的上诉理由。

苹果公司认为："商标的基本功能就是识别商品来源，商标还具有商品的质量保障功能。保护商标权的根本出发点在于保护商誉和制止有损消费者的混淆。苹果公司的'iPad'产品进入中国大陆市场后，通过苹果公司的宣传、服务以及产品本身的优良品质，'iPad'商标与苹果公司的平板电脑之间建立起不可分割的紧密联系，'iPad'商标发挥着独特的识别商品来源的作用，即消费者认为'iPad'品牌的平板电脑就是苹果公司生产的电脑。'iPad'商标承载着苹果公司良好的商业信誉和产品质量。

"一审判决不顾'iPad'商标已经实际发挥的识别商品来源于苹果公司的作用，以及该商标与苹果公司的紧密关系，人为地将'iPad'商标与苹果公司割裂开来，不仅与客观事实不符，而且背离商标制度的本质和商标的基本识别功能。

"更为重要的是，如此判决，带来的后果必然是他人利用'iPad'商标承载的商业信誉和产品质量欺骗消费者，使消费者误认为其购买、使用的平板电脑是苹果公司的产品，最终受害的将是广大消费者。因此，一审判决如果得到支持，显然会损害公共利益，背离保护商标权的基本价值。

"另外，商标是一种使用在商业上的标识，商标的生命在于使用。没有实际使用的商标是对商标资源的侵占和浪费。深圳唯冠公司对于 IPAD 商标已经连续三年不使用，根据商标法的规定应当予以撤销，对深圳唯冠公司而言，该商标在法律上已经没有任何意义。所谓的权利人已经对商标没有实际使用意图，只是将注册商标作为投机取巧的工具。

一审判决无疑将助推这种丧失基本诚信行为的蔓延,损害社会基本的价值体系。"

"这是什么逻辑?'窃书不为盗'?商标存在价值的前提,是其必须合法存在。未经深圳唯冠公司的许可,在计算机产品上使用与唯冠公司注册商标 IPAD 几乎完全一致的 iPad 的标识,其行为本身就是违法,已经构成了对深圳唯冠公司知识产权的侵犯,本就不可以再继续使用,何来价值可言?就因为你是知名的跨国公司,财大气粗,在中国市场上漠视法律,全然不把别人的合法权利放在眼里,明知道深圳唯冠公司在中国大陆是 IPAD 商标的持有人,权利未发生转移,但苹果公司对他人的知识产权根本不予理睬,对中国法律视而不见,放任自己的侵权行为也毫不在乎。自 2010 年 9 月苹果公司的 iPad 产品进入中国市场起,至今长达一年四个月有余,在中国市场上大摇大摆,如入无人之境,其霸道行径毫不掩饰。苹果公司称 iPad 商标已被众多消费者认定为苹果的商标,正是因为苹果公司特殊的影响力,其不当使用的效应更加具有破坏性,深圳唯冠公司的 IPAD 商标已被苹果公司侵权的使用给淹没了,无法发挥商标应有的识别功能,因此苹果公司的行为是典型的反向混淆,构成了对深圳唯冠公司注册商标专用权的侵犯。"肖才元终于找到了可以宣泄愤怒的出口,他厉声质问道,"按照苹果公司的说法,凭借它的实力,只要侵权形成一段时间,都有可能掩盖任何一家企业的注册商标的影响力,都会形成消费者的误认,岂不是任何人的知识产权都可以被苹果公司肆意使用?"

稍微喘了一口气,肖才元又接着发出强烈的警告,既是对苹果公司,也是要告诉在场旁听的中外记者:"苹果公司仗着自己的经济实力和此前注重知识产权保护的社会形象,掩饰对深圳唯冠公司侵权的事实。我们必须防止它利用自身的影响力,在本案中实际享有超国民待遇的特权。也正因为苹果公司的特殊地位,本案的影响已经远远超出了个案层面,苹果公司的胡作非为,制造了一个极其恶劣的先例,是对中国市场、对中国司法制度的公然践踏,必须坚决制止!"

就像一部精彩的电影,剧终后灯光亮起,观众们依旧坐在那里,现场鸦雀无声,似乎还沉浸在剧情中。在这个法庭上,旁听者、对手、法官,每个人都被肖才元所吸引,所有的目光注视着他,等着他继续表演。

演出已经结束了。审判长看着肖才元,短暂沉默后回过神来,宣布进入最后的调解程序。

所有的民事诉讼,法官最后必然要问双方的调解意愿。苹果公司的代理人说,他们要回去征求委托人的意见。这在预料之中。调解涉及苹果公司的出价,这几乎就是唯一要谈的问题,要在休庭后根据对庭审效果的评估来决定。

与道德无关

本案终结后,有评论者认为,苹果公司"侵权创造价值"的上诉理由很可能出自知识产权律师,简单套用某些存在争议的偏颇理论,民商法领域的律师通常不会使用这种颠覆社会普遍价值观的语言和观点,既不可避免地会遭到对方的严厉抨击,甚至如肖才元这般的迎头痛击,又不会得到法庭的支持,两头不讨好。

一整天的紧张战斗总算结束了,还有很多人没有离开。

肖才元走到书记员那里,一目十行地浏览庭审记录。那些偶尔因为愤怒说过的话,大概不会被记录下来。这时,一位年轻的女士走过来,自我介绍是美国领事馆的随员,礼貌地询问肖才元,是否方便跟她的 BOSS 认识一下。

这位女士身后,一位男士与肖才元握手,连连称赞道:"肖律师,你太优秀了!太优秀了!"那位女士补充说:"BOSS,双方律师都很优秀。""当然,双方律师都很优秀。"他立即改口,笑着递上名片:CONARDW.WONG(王伟柏),美国驻广州总领事馆领事、美国专利商标局知识产权官员。他全程坐在旁听席上。

眼前的情景,肖才元忽然想起开庭前的小插曲——有位男士跟广东省高院的法官似乎很熟,又和苹果公司的人关系密切,助理郭耀鹏犯嘀咕:"省高院对这个人很重视,他肯定是苹果公司那边的人。我看有点麻烦。"原来，这个人就是王伟柏。他是华裔，一口的"粤普"，他并无其他意思，反而还带着敬意。

无数次出入法庭，胜败早已是寻常事，而这一刻，却是肖才元最得意的时刻——中国律师凭借智慧赢得了美国人的尊重。

由于苹果公司巨大的影响力，更因为这场官司的重大意义，诉讼引起了社会的高度关注。傍晚六点半，肖才元从法庭出来，顿时被记者们包围。

2月底的广州，乍暖还寒，下着毛毛细雨，肖才元饥肠辘辘，疲惫不堪，却精神抖擞。他不是喜欢出风头的律师，数不清的问题，乱哄哄的，也没法回答。他只是信心十足地告诉记者们，最后的胜利一定属于深圳唯冠公司。

双方的战场从法庭转移到公众舆论，谁都想通过舆论的影响争取到更多的谈判筹码。那段时间，肖才元几乎每天都在应对媒体的采访。而对法律认知有限的新闻记者，他们感兴趣的似乎是法律以外的东西，包括道德。"您认为深圳唯冠公司这样做道德吗？"记者当年的提问，也是部分法律界人士的疑问，包括律师。

肖才元后来在讲课时反问道："苹果公司这样做道德吗？如果说苹果公司用'马甲'的手段收购IPAD商标是常见的做法，仅仅是让人不舒服。那么，在未实际取得IPAD商标权，就在全球市场推出iPad产品，尤其是在中国大陆，深圳唯冠公司还是两个IPAD商标的合法持有人，苹果公司考虑过别人的权利吗？这不只是不道德，而是违法。"

曾经有人提出，如果当时转让商标的合同有疏漏，深圳唯冠公司与苹果公司或者IP公司签订补充合同就行了，但深圳唯冠公司看到iPad产品很火，就想借机向苹果公司狠狠地敲诈一笔钱。问题看起来简单，只需要一个补充合同，就能让苹果公司在中国大陆顺利地办理商标转让手续，也就没有了后来轰动世界的新闻。

"这个纠纷起因于苹果公司用'马甲'向唯冠公司购买IPAD商标，是商业交易；但因为合同存在严重错误，在商标转让手续未办理完毕之前，苹果公司的CEO乔布斯向全世界推出了iPad产品，唯冠公司顿时就有被骗、被戏耍的感觉。"肖才元说，"从法律上讲，如果交易的卖方唯冠公司认为原来的合同显失公平，反悔或者干脆不承认合同的有效性，这在商业交易活动中并不奇怪,只要符合法律,无可指摘,无关乎道德。"

"果粉"形成的舆论倾向,或多或少左右了苹果公司的思维,所以他们才在上诉状中理直气壮地提出了荒诞的"侵权创造价值"。肖才元始终很清醒,全然不顾舆论道德审判的压力,认定这就是一方要买,一方要卖的合同纠纷案,无非买主是势力巨大的苹果公司而已。这更激起了他的斗志,只要法律上有可辩的空间,他就会竭尽全力为委托人争取合法利益。

代表深圳唯冠公司出战有庞大律师团队的苹果公司,身为第一代理人的肖才元,从一审到二审,死死地压着对方,自始至终占据主动,在一审法院赢得荡气回肠,二审再下一城。在广东省高院的法庭上,当天的庭审未结束时,现场旁听的内行人士,甚至连不懂法律的记者都已经看出了门道,苹果公司的翻盘之战陷入了更大的被动,最终输掉官司几成定局。

向对手下战书

对律师来说,这无疑是精彩绝伦的实战案例,值得大说特说。2012年3月10日,深圳市律师协会特别邀请肖才元以本案主办律师的身份,作了长达三小时的讲座,肖才元临时调整演讲主题,更直截了当——《苹果应当拿出纠错的勇气》。

在仅能容纳300人的多功能会议厅,连走道里都站满了本地来的同行。讲座结束后的半小时互动环节,接连回答几个问题后,肖才元说:"不能我一个人唱独角戏,你们不妨扮演苹果公司的律师向我提问。"

于是,有机智的同行又把球踢给肖才元:"如果你是苹果公司的律师,你会怎么做?"

"就算苹果公司请我做代理人,官司也会输,换成哪个律师都赢不了。但是,我不会输成这样,会及早采取措施和解。而苹果公司却一错再错,目前最需要的是拿出纠错的勇气,赶紧止损。"这个问题很有意思,台下的好多人笑起来，肖才元直言不讳地说，"核心问题还是那个《商标转让协议》，策划这起跨国交易的苹果公司律师团犯下了非常不应该的错误，仅仅依靠律师的能力，通过诉讼给这个有重大缺陷的协议打上补丁，那是想得太天真了。"

这次演讲之后，肖才元突然想，参加旁听的专业人士显然对这场诉讼已经有了足够的认识，苹果公司败诉已无悬念。但是，苹果公司的高层未必这样认为，他们没有到庭，也难以理解双方的争议，包括为苹果公司设计商标收购方案和代理一二审诉讼的律师们，他们又是如何思考这场争端的呢？

肖才元越想越觉得意犹未尽，带着莫名的情绪，他当即起草了《苹果唯冠商标之争公开论法邀请函》——

尊敬的苹果律师团的律师同仁：

尊敬的尚未露面的苹果律师团专家、顾问：

苹果与唯冠之间的商标之争，已引起全社会的高度关注。3月10日，本律师受邀已在深圳市律师协会多功能厅作了一场名为《IPAD商标案与中国企业维权》的专题演讲。本律师也特别请与会的深圳律师站在苹果角度与我辩论、切磋。会议气氛极其活跃，对于明辨唯冠和苹果之间的是非曲直，极为有益。然意犹未尽的是，毕竟未能邀请到贵方律师出场，与会律师一致建议本律师与贵方律师专家能有一场面向全社会公开的论法之战。

苹果IPAD产品自2010年9月在中国销售已一年半有余，工商查处未能延续、海关查扣也仍处于审批研究阶段，这既归功于苹果的超强影响力，也归功于苹果律师专家团精英们的不懈努力。

苹果唯冠商标之争，已远远超出个案的影响，对于我国知识产权执法尺度、保护力度均是一次考验或挑战。有鉴于此，作为中国的律师、中国的法律专家或专业人士，我们双方，除了对委托人负责，更应当对中国正在不断完善的知识产权保护制度负责，对社会负责，不应刻意去耗时间、拼消耗。

唯冠公司希望能够尽快与贵方和解——但并非我方的原因，事态已越来越大。贵方应正视此前的做法，提出切实可行的和解方案，本律师深知,均需十分的勇气方可。

而本次公开论理,对于我们双方,在全社会面前均将接受一次考验。兼听则明,偏信则暗,是非曲直,社会自有公论。相信本次公开论理,方便双方决策层全程观看,便于决策,有利于双方纷争早日化解。

本律师愿意并特此诚邀贵方律师、专家公开论理、切磋。

论题:

1.深圳唯冠是否与苹果一方存在商标转让合同?

2.苹果与台北唯冠之间的商标转让合同,是否对深圳唯冠有约束力?

3.苹果"若得不到IPAD商标将损害消费者利益"之说,是否能成立?

4.苹果是否应当自觉停止使用"iPad"商标?

依据:案件事实、中国法律。

时间:近期(贵方回应后,双方商定)。

形式:视频直播。

贵方发言人数:不限。

规则:双方发言占用时间相同。

专此布达! 期盼贵方接受邀请并不吝赐教!

唯冠IPAD诉讼主办律师
广东广和律师事务所高级合伙人肖才元
二〇一二年三月十二日

邀请函毫不掩饰,设定的议题无疑让对方尴尬。苹果公司的律师没有接招,且通过媒体的采访称"不会参与这样的炒作"。谁都知道,所谓的切磋,只能是胜利者的表演,对于失败者,连诉说失败的机会都没有。

艰难的调解

二审休庭后,经过短暂的隔空试探、互发声明指责,料定苹果公司已经确定了调解的方案,法官们又把双方请到了法院,以促成和解。这段时间,媒体的报道连篇累牍,民法、知识产权法专家、时事评论员们轮番登台,接受采访,发表评论,几乎众口一词,认为苹果公司只剩下庭外和解一条路,这也是最符合它利益的选择。

法官主持调解并不是那么轻松,这边是放不下身段的苹果公司,那边是心理价码不低的深圳唯冠公司,法庭上激烈对峙引起的对立情绪似乎还没有消退,火药味十足,以至于法官多次劝解:"都不要说气话,该辩论的法庭上早就说过了。既然是调解,双方都要拿出诚意。"眼看双方很难坐到一起,法官只好将他们分开,分别谈话。

原本先声夺人的苹果公司,一审败诉后,整个局面顿时变得被动起来。二审虽增派大所律师上阵,无奈回天乏术,败局已定,在谈判桌上失去了主动权。尽管如此,调解却很不顺利,苹果公司依然强硬,深圳唯冠公司也不松口,就这么僵持着。其实,手里的牌彼此也都知道——苹果公司最终会得到商标,它很清楚,深圳唯冠公司正在困境中,两个IPAD商标无论如何都要卖出去;肖才元主导的深圳唯冠公司谈判团队也知道,这是苹果公司输不起的官司,它只能买下商标,别无选择。

法官们与肖才元谈话时,或许感觉他在法庭上占尽天时、地利、人和,自信心爆棚,调解时立场强硬,认为必须挫其锋芒,降其锐气,才能降低深圳唯冠公司的期望值。

"你在庭上的出色表现,无论是专业能力还是临场应变的机智,我们都看到了。"主持调解的审判长先对肖才元夸赞一番,然后话锋一转,"但是,案件的最终结果仍有不确定性,这是重大复杂案件,有些关键性的问题,法庭上并没有完全揭示。其中,本案涉及几个唯冠公司的'公司混同'问题,对深圳唯冠公司是很不利的,如果被认定,你认为深圳唯冠公司还能胜诉吗?"

肖才元是经历过风雨的人,法官把话说到这个份上,他分明听出了弦外之音,底气却丝毫未减。"非常感谢法院对中国大陆企业权益的保护,也特别佩服法官的调解艺术。关于'公司混同'的问题,在本案中完全不成立。我不敢自称公司法专家,但好歹我现任深圳市律师协会公司法律专业委员会主任。所谓'公司混同',最基本的特征就是组织机构混同、业务混同以及财产混同。"既然法官在调解时直言不讳地提出了对深圳唯冠公司不利的问题,肖才元感觉不能回避,他用法庭辩论的口气说,"在本案中,台北唯冠公司是依据台湾地区法律设置的,深圳唯冠公司是依据中国《公司法》设立的,处于两个法域,所依据的组织法不同,企业运作各自独立,两个企业没有彼此控股,组织结构不存在混同。台北唯冠公司和深圳唯冠公司产品定位不同、市场分布不同,也不存在业务混同,多数交易对方都不知道这两个公司同时存在。就本案来说,它不属于通常意义上的'业务',其中一家公司的商标资产,只能由商标的权利人处置,另一家无权介入。因此,从这个角度来看,业务混同也不成立。至于财产混同,更加不可能。两家彼此独立的公司,账务清清楚楚,何来混同?特别是两家公司分属两个独立的关税区,资产的出入境受到海关等严格监管,这就决定了它除实控人相同外,其他所有领域都不可能混同,也不符合法律的定义。"

法官并不反驳,接着又劝肖才元:"如果深圳唯冠公司坚持下去,苹果公司有可能弃用 iPad 商标。"

"不可能!"肖才元脱口而出。

"肖律师,真的别太自信了,苹果公司已经正式通知富士康,要求做好弃用 iPad 商标的应急预案。"审判长见肖才元软硬不吃,索性把话摊开了说,"你是不是要我把苹果公司给富士康的通知拿给你看,你才相信?"

"不用给我看。"肖才元淡定地说,"那不过是苹果公司与富士康演的双簧。"

"你为什么这么自信?苹果公司如果弃用 iPad 商标,深圳唯冠公司的商标就一文不值。"审判长接着说,"你们的商标没有使用,想索赔也无法实现。"

"我们可以向工商部门举报，对苹果公司的商标侵权行为进行行政处罚。"肖才元一步也不肯退让，他强硬地表态说，"在全国人民的目光下，在全世界媒体的关注下，苹果公司想全身而退，我想它没有这种机会。即使工商部门不处罚，我们也会提起行政诉讼。"

法官无奈地摇摇头，调解不欢而散。

那么，肖才元何以如此自信？这当然是因为真理掌握在他的手里，苹果公司无计可施。如果对它进行行政处罚，处罚有多重呢？根据当时实施的2002年版《中华人民共和国商标法实施条例》第五十二条的规定，对侵犯注册商标专用权的行为，罚款数额为非法经营额三倍以下。

只要根据苹果公司在中国大陆市场的公开销售数据，计算一下可能的罚款数额就能得出结论，苹果公司不会被逼到行政处罚这一步，优先选择的仍然是和解，这也是最小的代价。

6000万美元和解

距离上次的调解不到一个月，肖才元接到广东省高院法官的电话，要求他这段时间尽量不要出远门，随时准备到广东省高院参加调解会议。法官透露，苹果公司高层最近会来广东省高院。

就在此时，苹果公司CEO库克到访中国，受到国家领导人和北京市市长的接见，之后又会见了中国移动董事长等多名重量级人物，并未到广东省高院。

此次中国之行，库克一再表示苹果公司将加大在中国市场的投资。看上去这都是官话，没有什么特别之处，但处在与苹果公司诉讼中的深圳唯冠公司，还有等着商标变现的"银行债权人团"，却有一种实力不对等而产生的泰山压顶的感觉。

只有肖才元泰然处之。多年后,回忆当时的心情,他说:"我们也知道,苹果公司不是一家卖电脑、卖手机的普通企业,它在中美贸易关系中具有符号性的意义。但是,它也不能完全无视中国的法律。"

肖才元还记得,审判长和主审法官最后一次找他们做思想工作时说:"我就跟你们直说了吧,你们过高的要价不切合实际,我再次提醒你们,不要把问题搞得太复杂。"

剧情的演变很微妙,在法律上明显被动的苹果公司反而不着急,就算官司输了,也不至于陷入任人宰割的失控局面,特殊的地位,使得它有"保底"的安全感,知道法院一定会调解而不会直接判决。另外,在浦东区法院中止审理后,全国工商系统对 iPad 商标侵权的查处全部停顿,苹果公司已无燃眉之急。

倒是二审法院左右为难,法官们既要捍卫司法公正,又要考虑法律以外的因素,避免作出让苹果公司难堪的判决,调解对各方都有利,是多赢的结果。以肖才元为代表的深圳唯冠公司律师、"银行债权人团"态度强硬,只有他们最为超脱,"站着说话腰不疼"。最后,所有的问题传导给大老板杨荣山,他感到了巨大的压力。

多番尝试未果后,法官们意识到深圳唯冠公司的律师不好对付,随后调整了思路,撇开深圳唯冠公司代理律师,直接找杨荣山商量。直到 2012 年 6 月 25 日,距离二审开庭将近四个月后,双方终于达成调解协议,苹果公司向深圳唯冠公司支付 6000 万美元,成为在中国大陆注册的两个 IPAD 商标的权利人,从而结束了这场牵动市场神经的法律纠纷。

也许是某种戏剧性的巧合,苹果公司划时代的 iPad 产品,不经意间造就了一个划时代的案件,被最高法院评为"2012 年中国十大知识产权保护案件"之首,成为一座至今无人跨越的里程碑。尽管它本质上并非知识产权案件,而是民商事性质的合同纠纷,但司法界、律师界、法学界、媒体都把它视为知识产权案件。

战后复盘

从法庭上撤出来，肖才元利用各种讲课的机会，冷静地对诉讼复盘。

作为领军冲锋陷阵的主将，为委托人赢得 6000 万美元，创下了当年中国知识产权案件赔偿、补偿、对价支付的最高纪录。

对这起经典案例，从学界到律师实务界，很多人也是雾里看花，知其然不知其所以然。肖才元的复盘无论是对同行的实战还是学术研究都有借鉴的价值。他说，苹果公司最初是在香港高等法院发起诉讼，又是美国和香港特别行政区律师操盘，他们脑子里自然都是英美法的思维。按照英美法自由心证主义的主观推定，那些电子邮件很容易得到陪审团和法官的认可——换句话说，以程序不合法和最终协议取代谈判过程中的各种口头或者书面文件为由进行抗辩，难以否认电子邮件的真实性、有效性、关联性。而电子邮件是原告方的核心证据，它可以被推定为"唯冠集团"的真实意思表示。

苹果公司在香港高等法院起诉时，同时申请了《禁制令》（类似于内地法院的诉前禁令，但比诉前禁令复杂得多）。读完香港高等法院原讼法庭法官发出的这份《禁制令》，不管你是专业人士还是对法律一无所知的外行，相信都可以根据字面意思得出简单直观的结论：杨荣山和他实际控制的"唯冠集团"居心叵测，动机不纯，试图或正在损害苹果公司及 IP 公司的利益，有立即采取限制措施的必要性。

肖才元不是外行，按照他的理解，诉前发出的《禁制令》本来属于程序范畴，目的是确保注册于中国大陆、尚在深圳唯冠公司名下的两个 IPAD 商标在诉讼期间处在冻结状态。但是，法官在陈述授予苹果公司和 IP 公司《禁制令》的理由时，很多主观判断和推测明显涉及实体问题，与内地的司法逻辑差异巨大。

由于唯冠公司和杨荣山均未应诉，苹果公司和 IP 公司没有遇到任何抵抗，轻松地得到了《禁制令》。几乎一边倒支持苹果公司的理由，很可能给它的律师团队造成严重的误导——这场诉讼不仅在香港稳操胜券，而且在中国内地也能轻松地打赢深圳唯冠公司。

被苹果公司忽视的是，在转让过程中被卡住的两个 IPAD 商标注册地在中国大陆，商标持有人也在中国大陆，转让协议是在中国台湾签署的，又约定适用香港法律，由香港高等法院排他性管辖，而且电子邮件等一部分证据在中国大陆之外，不同司法区、不同法系，法律适用和证据认定标准不同，导致在香港法庭被承认的证据，到了内地法院简单地就被推翻了。发出《禁制令》的法官的逻辑就是最好的反证——既然你在电子邮件中说了包括所有商标，而且在附件中一并打包给了对方，转让协议有问题可以改正，但不能反悔，否则就是不诚实。

中国大陆的法律和司法实践则不认可上述逻辑和规则，它更重视客观证据。一方面，电子邮件的证据地位受到质疑，来源也不完全合法，内容对苹果公司和 IP 公司并非全部有利。另一方面，从来就不存在一个民事主体层面的"唯冠集团"，杨荣山的授权身份、转让协议签字人代表的主体、协议的落款都是台北唯冠公司，与深圳唯冠公司无关。因此，在中国大陆司法规则下，转让协议（主协议）对台北唯冠公司和 IP 公司是合法的，对深圳唯冠公司则没有法律约束力，麦世宏签署的《中国国家转让协议》同样无效。

正如苹果公司在上诉时描述的本案争议发生的原因：在 2011 年的 1 月，苹果公司发现，虽然唯冠集团同意转让全部 IPAD 商标，包括两个中国大陆商标给 IP 公司，但只有台北唯冠公司签署了所有交易文件，包括《中国国家转让协议》。但是，对于在中国大陆注册的两个 IPAD 商标，深圳唯冠公司才是在国家商标局登记的权利人，因此 IP 公司无法在国家商标局完成注册商标转让手续。为此 IP 公司要求麦世宏重新更正相关文件，以保证中国大陆的商标完成转让，但是麦世宏拒绝了这一要求。

这就等于苹果公司承认转让协议存在问题，只是它不认为这种错误是自己造成的，而是受到深圳唯冠公司或者台北唯冠公司的欺骗。

先天不足的转让协议就像个大窟窿，苹果公司的律师们试图用"女娲补天"之术把它补上。于是，从一审到二审，它集中了一批知识产权律师,准备狠狠地教训在他们看来想"碰瓷"苹果公司的深圳唯冠公司。

就像苹果公司上诉状所描述的那样,本案起因于 IP 公司与台北唯冠公司签订协议以购买 IPAD 商标,由于协议存在法律缺陷,导致双方对簿公堂。可见,这是一笔买卖,合同出了问题,IP 公司说,转让协议也包括深圳唯冠公司的那两个商标;深圳唯冠公司说,转让协议对己方没有约束力。这不就是合同纠纷嘛。虽然这中间也涉及知识产权问题,比如苹果公司在中国大陆市场推出 iPad 产品,以三年不使用为由申请撤销深圳唯冠公司的 IPAD 商标等,但这都是主协议争端引发的问题,本案的主攻目标还是合同效力。

举步维艰的深圳唯冠公司幸运地请到了肖才元这样的律师,他是攻防兼备、久经沙场的多面手,最擅长的就是民商事案件;"银行债权人团"派来的两名律师则主要应对包括"撤三"在内的知识产权问题。别看肖才元表面温和,法庭上却是稳、准、狠的可怕对手,由他担任主攻,苹果公司输掉了自己发起的诉讼就可以理解了。

再看对方,居然对核心证据电子邮件的主人身份没有任何准备,在肖才元当庭指称 IP 公司谈判代表 Jonathan 为地球上不存在的"空气人"(二审出庭作证,真实姓名为 Graham Michael Lobinson,具有英国执业资格的知识产权律师,从事知识产权调查和收购,接受苹果公司委托对唯冠公司的 IPAD 商标进行调查,Jonathan 是他与 hui yuan 谈判时使用的假名)、深圳唯冠公司没有 hui yuan 这个人时,完全不知道该如何应对。

这是在起诉之前必须周密准备的证据。对方一定会盘查电子邮件的主人身份,并且需要提供身份证明。实际上,案卷里就有与 hui yuan 相对应的中文名为袁辉的中文邮件。那么,肖才元又是如何断定 Jonathan 是"空气人"呢?因为他从对方提交给深圳市中院的来自香港高等法院的材料中看到了这是假名字,而原告方却完全忽视了。

苹果公司一审败诉后,又投入新的力量,重整旗鼓,试图夺回失去的阵地。上诉状洋洋洒洒写了 24 页,列出的上诉理由非常多,连微小的细节也被放大,事无巨细:

"英国唯冠将 IPAD 商标转让谈判事项委托给深圳唯冠。"
"深圳唯冠已受英国唯冠委托承接商标转让的谈判。"

"被告邮箱代表唯冠集团及其子公司的集体意思表示……原告要约购买的对象是唯冠集团旗下所有 IPAD 商标,是一个集合的合同标的。"

"授权代表唯冠跨国公司,是唯冠集团跨国公司的集体交易行为。"

"深圳唯冠通过电子邮件安排台北唯冠签署书面协议,委托关系已经成立……该事实确切反映了间接代理(隐名代理)法律关系,本案应适用《合同法》第四百零二条……"

"在本案商标转让国家合同中,麦世宏就是以台北唯冠和被告名义的双重身份签订合同和合同附件,假设台北唯冠没有代理权,麦世宏以被告名义签署合同附件就已经构成表见代理。"

……

经验丰富的律师一眼就能看出来,唯冠英国公司委托深圳唯冠公司,深圳唯冠公司又委托台北唯冠公司,这都是随心所欲想出来的上诉理由;集合标的、集体交易在民事法律中不存在,是杜撰的;间接代理(隐名代理)、表见代理是两个完全不同的法律概念和含义,不能同时存在,上诉之前就应该想明白,杨荣山以台北唯冠公司负责人的身份授权麦世宏以台北唯冠公司的名义签署《商标转让协议》的行为,到底属于什么性质?它不可能"像雾像雨又像风"。

一审败诉后,二审本来就处在被动状态,如果战役方向不明,战术错误,兵力分散,那就必然陷入打乱仗的局面。只想着自己手里有什么大杀器,却不从对手的角度分析,对人家会做出什么反击,心里完全没底,未开场就已经输定了,这本是兵家之大忌。

正是由于这些看得见的问题,当天广东省高院的二审休庭后,旁听的部分专业人士在接受媒体采访时说,苹果公司在二审中比一审丢分更多,败诉是肯定的,唯一的选择就是尽快和解。

苹果公司终究要喝下这杯自酿的苦酒,面对无法掩盖的错认交易主体的重大合同缺陷,没有人能够为它救场。

肖才元奋力搏杀,为委托人赢得 6000 万美元,博得满堂喝彩。而外人却不知,由于深圳唯冠公司事发时已经资不抵债,处在破产的边缘,连律师费也拿不出来,只能采用风险代理的方式。胜诉后,这笔钱当即转入深圳市盐田区法院监管的账户,深圳唯冠公司也未能履行事前作出的律师费优先受偿的承诺,而是将律师列为普通债权人,按照债权比例一并分配。

多年后,细嚼慢咽地回忆起这段往事,肖才元觉得最有价值的不是金钱,而是从这起案件中获得的宝贵经验。不管是自己的成功还是别人的失败,都是律师实务中最经典的教科书,殊为难得,值得年轻的同行们拆解研究,从中寻找为我所用之术。

第五章
"非诚勿扰"诉讼大战的背后

本章提要

江苏卫视的婚恋交友节目《非诚勿扰》实在可以用家喻户晓来描述,可是在这个节目开播时,温州人金阿欢合法持有婚恋交友类的商标"非诚勿扰"。这注定要引发一场激烈的法律冲突。而个人和省级卫视的实力严重不对等,华谊兄弟公司的中途介入,著名导演冯小刚的助力,致使案件变得扑朔迷离。

两个"非诚勿扰"打架

2012年9月,与苹果公司的诉讼大战刚结束,肖才元马不停蹄地再次披挂上阵。这一次,他的对手是更难对付的省级卫视江苏省广播电视总台,是在全球华人圈有着巨大知名度的《非诚勿扰》节目,这一案件的影响力丝毫不逊于IPAD案件。

与苹果公司的激战让肖才元名声在外,温州小伙子金阿欢慕名找上门来。他在几年前注册了"非诚勿扰"商标,第四十五类,核定使用的服务为"婚姻介绍、交友服务"。没想到,后来江苏电视台主办的《非诚勿扰》节目红透半边天,俨然成为国内电视婚恋交友平台的第一块招牌,这种以大对小的绝对碾压,导致金阿欢的"非诚勿扰"商标实际上失去了在婚姻介绍方面的商业性使用价值,金阿欢遂以侵犯商标权为由,把江苏电视台告上法庭。

在肖才元决定接手之前,案件已经在南京市玄武区法院开庭审理过一次,金阿欢对此前的律师的代理效果不太满意,眼看第二次开庭在即,便专程来到深圳求助肖才元。大致了解情况后,肖才元感觉诉讼的前期准备工作确实过于简单化,对江苏电视台官方网站上有关《非诚勿扰》栏目的取证,仅仅是截屏,连公证也没有做,面对江苏电视台这样强大的对手,很容易陷入被动局面。

按照肖才元的指导,金阿欢向法院提出延期开庭的申请,以便有时间补充证据,其中主要是对相关证据进行公证。法院当即以无法调整原有安排为由,拒绝了金阿欢的请求,还特别提醒说,第二次开庭会有很多人来旁听,包括人大代表、新闻记者,他们还要录像和拍照。

"我跟金阿欢说,这个案子涉及的问题远不是他想象的那么简单,现有的证据太单薄了,胜诉的难度很大。"肖才元不想草率地接下案件,便极力推脱,"但金阿欢态度诚恳,坚持要我代理。他说,之所以跑到深圳来请我,是因为通过研究媒体的报道,反复分析我说的话,认为只有我来代理非诚勿扰案件,他才有希望赢。"

金阿欢说的媒体报道,就是IPAD案件,连肖才元也不知道到底接受了多少记者的采访。其实,媒体报道中提到的办理这个案件的律师不止肖才元一个人,更没有披露他是律师团主席,金阿欢仅仅是从大量的媒体报道中,认准肖才元是专业能力很强,做事认真执着的律师。

肖才元无法推脱,只好出场。他当时患了中耳炎,出行不能坐飞机,只好乘火车到南京,与金阿欢原已委托的江苏律师一同参加非诚勿扰案件的第二次开庭。

不出所料,在质证阶段,江苏电视台的代理人不承认对其网站网页截屏的真实性。肖才元据理力争,原告方此前只是取证不太专业,且事后已经向法庭申请补充证据,况且江苏电视台的《非诚勿扰》栏目网页是公开的,任何时候用电脑或者手机打开都能看到,不能因为没有公证就否认事实的存在。

好在肖才元随机应变的能力很强,在法庭没有给时间补充证据的情况下,尚不至于因此陷入被动。这当然得益于案件的核心事实,金阿欢的"非诚勿扰"商标申请注册时间在先,江苏电视台的《非诚勿扰》节目开播在后。

在法庭调查阶段,合议庭的一名法官突然向被告江苏电视台的代理人发问:"你们用《非诚勿扰》作为节目名称,是从什么时候开始构思的?"

法官突如其来的发问,如高山坠石,不知其来,被告方代理人没有反应过来,满脸疑惑地看着法官,用眼神回应:"什么意思?"

法官只好把刚才的问话重复了一遍。江苏电视台的代理人还是不明就里,不知道该怎么回答才好。

这个让对方一头雾水的细节,肖才元却看得很清楚,也非常在意。从法庭上下来,他对金阿欢说,你申请注册"非诚勿扰"商标在先,江苏电视台节目开播使用在后,这在法律上对他们是绝对不利的,他们现在大概是要找一个《非诚勿扰》节目"创意在先"的理由。

"在商标权争议中,所谓的'创意在先'本身是没有法律意义的,因为创意属于著作权范畴,它既可能在创作者的心里,又可能是个大纲,或者开会讨论的记录。商标遵循的是提出申请注册的时间在先原则,而不是批准注册的时间,还要对外公示。哪怕在商标注册之前就有了创意,也不构成对商标权的对抗。"肖才元在法庭上没有机会阐释这个法理问题,因为法官并未向他发问。休庭后,他对金阿欢和那名江苏律师说,"让被告方在'创意'上做文章,是因为《非诚勿扰》节目开播的时间晚于'非诚勿扰'商标申请注册的时间,目的是制造一个似是而非的理由,起码在道德上有个说辞,借此含混或淡化商标侵权的性质——你看,我们很久以前就想过,用《非诚勿扰》做节目名称,那时候还没有这个商标呢。"

所有的庭审程序走完,法官未像寻常的民事诉讼那样,询问双方是否愿意调解,这显然不符合常规。

很明显,这是有调解基础和可能性的案件,而且理论上不难达成协议,为什么直接越过调解程序呢?江苏电视台是被诉侵犯商标权的被告方,调解尚有回旋余地,最多不过是买下金阿欢的商标而已,代价可控;拒绝调解,如果败诉,就意味着《非诚勿扰》的节目名称要更换,还要对之前的侵权进行赔偿,付出的代价可就大了。

在江苏省的省会城市南京起诉省级卫视,以肖才元的经验来判断,这不是明智的选择,何况原告金阿欢起诉的准备工作本来就做得过于简单。那就不妨把这里的诉讼当作预演,顺便观察对方的反应。老谋深算的肖才元让金阿欢试探法官的态度,提出是否可以庭后补充经过公证的证据。法官含糊其辞,说这不是他一个人能够说了算的。

根据肖才元的安排,金阿欢随后向法庭申请撤诉。

重新起诉

根据法律的规定,撤诉的案件可以重新起诉,因为原来的案件没有判决,不受一案不再理的限制。

撤诉后当然要重新起诉，可是到哪里起诉呢？"我当时确实没想好，也不知道在什么地方起诉合适。"肖才元实话实说，"我只是想选择一个对双方相对中立的第三地起诉。"

金阿欢向法官申请撤诉时，让他始料不及的是，法官如释重负，像是突然解脱了。他不明白这是什么原因，就是觉得法官的态度很好，也没有往其他地方想。毕竟，打官司这种经历对他来说还是头一遭，在那之前，他甚至都未曾见过真正的法庭是什么样子，更想象不到那些他不懂也看不见的东西。

对《非诚勿扰》节目的官方网页反复研究后，肖才元发现它有很多合作者，都是全国各地的婚恋机构，帮助节目征集符合条件的男女嘉宾，推荐他们上台参加活动。再打开这些婚恋机构的网站，无一例外地都宣称是《非诚勿扰》栏目的合作伙伴，具备了共同侵犯金阿欢"非诚勿扰"商标权的可诉条件，也就有了在南京以外起诉的管辖依据。最终，肖才元选定深圳市珍爱网信息技术有限公司"陪绑"，让它与江苏电视台成为共同被告。而珍爱网就在深圳市南山区，是再好不过的起诉地点。

以肖才元的作风，他要在证据的准备上做到滴水不漏，不让对方在程序方面挑出任何毛病，这才向深圳市南山区法院提起诉讼，江苏电视台和珍爱网公司作为"非诚勿扰"商标的共同侵权人被告上法庭。诉讼并不涉及经济赔偿，而仅仅是要求两被告停止侵害原告"非诚勿扰"商标权的行为。

《非诚勿扰》电视节目侵犯"非诚勿扰"商标权案件，是一起充满前瞻性理论争议的案件，就知识产权领域而言，远比 IPAD 案件更复杂，因为 IPAD 案主要是一起商业交易纠纷，其争议的焦点并非知识产权问题，而是合同法问题；而"非诚勿扰"商标案，金阿欢将该商标用于传统的婚姻介绍的有偿服务，江苏电视台则将它用作栏目名称，做成一档婚姻交友的电视节目。乍看上去，双方似乎各不相干，井水不犯河水，可双方都用了"非诚勿扰"这个名字，这就给争议的观点和司法裁决的不同理解提供了空间。

再次起诉经过了长时间的准备，不仅是证据的搜集，更重要的是分析对手到底有什么牌可打。在南京那个半途而废的诉讼，肖才元把它称为预演——基本上摸清了江苏电视台的火力,不会有出其不意的抗辩理由,这让他心里有底,即便增加了共同被告珍爱网,那也不过是让对方多了两个出场的律师而已。

从对手的角度思考,原告方从南京的法院撤诉,江苏电视台心里自然也明白其中原因,这会让他们更加全力以赴应对这起案件。因此,肖才元不敢掉以轻心,在准备重新起诉期间,不仅全面搜集证据,还深入研究商标侵权的前沿理论,解读类似案例,用法官的思维审视争议的问题。

节目名称还是商标

案件在深圳市南山区法院再次开庭,肖才元和他的助手郭耀鹏律师代理原告金阿欢,被告方江苏电视台和珍爱网公司则共有四位律师出庭。

面对"非诚勿扰"商标权利人金阿欢的指控,江苏电视台搬出了他们核心的抗辩理由——《非诚勿扰》是一个娱乐性质的综艺节目,与原告以婚恋交友为目的的商标无关;《非诚勿扰》是电视节目的名称,不属于商标性使用。

在律师职业生涯中,肖才元经历过各种各样的疑难案件,但这起案件的特殊之处在于,涉案方江苏电视台是新闻媒体,电视频道就像传统的纸质媒体那样,有一个个栏目、节目名称,比如观众所熟知的中央电视台的《新闻联播》《焦点访谈》《东方时空》《同一首歌》等,它们首先是栏目、节目名称,但它是不是还有商标的属性呢?

律师经常遇到专业之外的知识,从刑事到民事案件,某个看起来不起眼的细节,就可能成为拦路虎。好在这只是涉及新闻媒体的并不难理解的专业问题,自然难不倒肖才元。他收集固定的证据表明:各大电视台,如中央电视台的很多重要栏目、节目名称,全部都被注册了商标;江苏电视台更不例外，不仅将主要栏目、节目名称都进行了商标注册，而且对《非诚勿扰》节目名称更是给予了异乎寻常的重视。除了金阿欢已经注册的第四十五类"婚姻介绍、交友服务"，其他"非诚勿扰"商标分类都做了注册，甚至还有"非诚勿扰"饼干、巧克力，谁也别想再用这四个字获取商业利益。这还不够，连《非诚勿扰》节目的王牌主持人孟非的名字也被注册为各类商标，可见江苏电视台很早就注意到这档节目巨大的商业价值，给予它铜墙铁壁一般的保护。

"既然所有的节目名称都注册了商标，而且'非诚勿扰'也在第四十五类之外的其他类别被注册，为什么《非诚勿扰》栏目名称就不是商标呢？"肖才元自我设问，又很快得出结论，"这就证明，《非诚勿扰》栏目名称在江苏电视台就是商标性使用，是对金阿欢的'非诚勿扰'商标权的直接侵害。"

这不是肖才元的主观推断，而是有大量的事实依据。通过实际观看《非诚勿扰》节目以及访问它的官方网站，他发现，作为节目名称，"非诚勿扰"这四个字可以说无处不在，是使用最多、贯穿始终的形式，从招商广告、节目预告、现场呈现、主持人表述、官方网站（江苏电视台网站、江苏卫视网站、非诚勿扰官方网站），再到第二被告珍爱网为《非诚勿扰》节目征集嘉宾的过程，"非诚勿扰"是最显著的 LOGO 和标识。

商标，通俗地讲，就是一种标识，用以区分自己的产品（或服务）与他人的产品（或服务）。只要具备商业主体识别的功能，往往就具有商标的属性，就属于商标性使用，就可能侵害他人注册商标的专用权。而"非诚勿扰"用作电视节目名称，完全符合这个特征，能成为商标标识，并由此获取商业利益。

如果只是这四个字相同，金阿欢就没有起诉的理由。因此，核心的问题在于，《非诚勿扰》节目的内容、使用的范围、服务的对象等，是否与金阿欢的"非诚勿扰"商标重叠。

原告金阿欢一方提供了大量证据，用以证明被告构成侵权。我们不妨来看看具体特征——首先是江苏电视台官方网站，《非诚勿扰》节目简介全文："《非诚勿扰》是一档适应现代生活节奏的大型婚恋交友节目，我们将为您提供公开的婚恋交友平台，高质量的婚恋交友嘉宾，全新的婚恋交友模式。"

节目开始，主持人孟非常用的开场白："对于渴望结婚成家的那些人来说，我宽慰他们几句，没事宅在家里看《非诚勿扰》，跟《非诚勿扰》有关的事，都促进你们的婚姻……总而言之，一句话，关注《非诚勿扰》，对你结束单身生活是有帮助的。"

在每期节目的最后都有这样的结束语："观众朋友如果想了解24位女嘉宾的个人资料和联系方式，可以拿起手机编辑短信81168加女嘉宾编号发送到1066666620或者登录步步高VIVO智能手机非诚勿扰的官方网站，给她们留言，想要征婚、相亲、交友的朋友，可以通过珍爱网或百合网、新浪微博或通过现场报名点报名，来到《非诚勿扰》舞台，在这里追求你们的幸福……"

再看《非诚勿扰》官方网站的宣传。官网点击"珍爱网报名"后显示："江苏卫视《非诚勿扰》节目逢每周六、日黄金档强势推出。节目中，每场将有24位单身女性和5位单身男性得到展示自我的机会。每位征婚者将有更多的机会被观众认识，从而也将获得更多的选择机会。"

《非诚勿扰》官方网站还显示："《非诚》'爱转角'成2013相亲节目'热词'：'爱转角'的设置为很多既不想上电视高调表达，又不甘通过传统的相亲方式来解决个人问题的女孩提供了全新的择偶方式，让'非诚勿扰'相亲也变得更加简单，劲爆的'倒追'模式不仅使'优质男'更加自信，也鼓励了'羞涩女'大声说出爱。为了给更多的女生制造机会，'爱转角'的24个席位除了牵手成功后的自然替换外，还将半个月进行一次整体更换，让相信缘分的单身男女们'有缘千里来相会'。"

《非诚勿扰》如何定性

从江苏卫视官方网站到《非诚勿扰》节目简介，相信给观众的感受是一致的，这是一个婚恋交友性质的节目。

但江苏电视台并不认可这种结论,坚持认为《非诚勿扰》是娱乐性服务,属于第三十八类,同时又是电视服务,属于第四十一类,与金阿欢的"非诚勿扰"商标核定的第四十五类"婚姻介绍、交友服务"没有交集。

但是,本案两个方面的基本事实却无法否定——原告金阿欢于2009年2月16日向国家商标局申请注册"非诚勿扰"商标,核定使用的服务范围包括"婚姻介绍、交友服务",系第7199523号"非诚勿扰"注册商标证的权利人;被告江苏电视台第一期《非诚勿扰》播出的时间不早于2010年1月15日,比金阿欢申请商标注册的时间晚了11个月。

这说明,金阿欢的"非诚勿扰"商标申请注册在先,被告使用在后,二者名称相同,内容相同,都属于"婚姻介绍、交友服务"这一范围,必定构成商标冲突。

"被告是电视台,如果认为所有的内容都可以包含在第四十一类电视节目之中,那只需要申请注册第四十一类商标就足够了,为何要把每个栏目名称都注册为商标呢?为何要注册第四十五类的'孟非'商标呢?"肖才元反问道,"这反过来说明,被告知道商标不能跨类别使用,但是,你们把自己的权利保护起来,却侵犯别人的权利。"

这时,江苏电视台又提出,《非诚勿扰》电影出品方华谊兄弟公司向江苏电视台授权,在电视节目中使用"非诚勿扰"名称,但没有提供证据。倒是第二被告珍爱网从国家商标局的网站上查询到华谊兄弟公司将"非诚勿扰"注册为第四十一类商标的事实。

与华谊兄弟公司扯上关系当然不是莫名其妙,它是电影《非诚勿扰》的出品方,在关键的时候,它也许能成为江苏电视台的后援。不过,这是后话。

"即便是被授权使用华谊兄弟公司的'非诚勿扰'第四十一类商标,也不意味着你可以把它用在所有领域,更不能在他人已经注册的商标范围内使用。"肖才元说,"换个角度来理解,江苏电视台获得第四十一类'非诚勿扰'商标权利人的授权,与侵犯金阿欢第四十五类商标权是两回事,也不影响对侵权事实的判定。"

这场官司,仅仅从专业角度衡量,对肖才元这个级别的律师原本不算什么。困难在于双方当事人的力量悬殊,金阿欢的对手是一家省级电视台,又是人尽皆知的《非诚勿扰》电视节目,无数爱屋及乌的观众,可能会像 IPAD 案件中那些狂热的"果粉"一样,无形中对弱势一方构成压迫。

在 IPAD 案件中,肖才元用毫不掩饰的傲慢口气说:"我们没有证据,因为我们不是交易的当事人。"而为了"非诚勿扰"商标侵权这一仗,他慎之又慎,准备了88组证据,连新华社将《非诚勿扰》节目称为"电视红娘"的报道也被收集起来。最终,所有的火力都集中在一处——《非诚勿扰》是用电视形式表现的婚恋交友节目;这四个字的节目名称,对江苏电视台来说,就是自己的商标,因他人注册在先而未能实际注册罢了。

根据《类似商品与服务区分表》的说明,类似服务是指在服务目的、内容、方式、对象等方面具有一定的共同性,如果使用相同、近似的商标,容易使相关公众以为存在特定联系,使消费者误以为是同一企业提供的服务。《区分表》不能穷尽所有的类似商品和服务项目。类似的商品和服务项目之间应交叉检索。

《区分表》只是按照常规性的服务行业的分类划分,没有考虑也无法考虑行业中某些特殊情形,更无法预见从事超出服务行业的由一般性划分延伸到其他行业的情形。随着社会的发展,特别是互联网对媒体传播手段的影响,原来划分的电视行业分类中,服务内容将会进一步扩展,出现很多新的交叉领域,如本案的婚姻介绍、交友服务。

无论是第四十一类的娱乐文体服务还是第三十八类的电视服务,均是按照人们通常理解的行业基本特征来划分的。当电视媒体跨界从事商标第四十五类的婚姻介绍、交友服务时,就可能与他人的注册商标专用权发生冲突,从而导致商标侵权。

"非常了得"和"孟非"商标

仅仅以"《非诚勿扰》属于电视娱乐节目"作为不构成侵权的抗辩理由,或许单薄了一点。江苏电视台又提出,《非诚勿扰》节目内容是长江龙新媒体有限公司制作的，它是作品版权人，金阿欢要告也只能去告长江龙公司，而不是江苏电视台。

长江龙公司是江苏电视台的全资子公司，它制作的节目专供江苏电视台，《非诚勿扰》就属于这种形式。简单理解，它就是专门为大老板服务的下属内容制作机构，这也是为了满足广电部门制播分离的要求。

正因如此，长江龙公司的名称在《非诚勿扰》节目正片中从未出现过，观众只知道它是江苏电视台的节目，若不是被告在法庭上将它拿出来作为抗辩的事实，可以肯定地说，外人不会知道此栏目与什么长江龙公司相关，甚至从来没听说过这个公司。

再说，本案争执的不是著作权问题，而是因江苏电视台播出《非诚勿扰》节目，造成对"非诚勿扰"商标权利人金阿欢的侵权，长江龙公司在本案中并无独立意义，法律责任只能由江苏电视台承担。

就在法庭激战时，肖才元发现，江苏电视台未雨绸缪，对可能的不利结果提前做了应对准备。本案原告最早起诉日期为2011年10月31日，长江龙公司随即于同年12月7日申请注册"非常了得"第四十五类商标（婚姻介绍、交友服务等，申请号为10280287）。同年12月27日，长江龙公司又以"非诚勿扰"为名称，申请三项商标注册，分别是第十六类（卫生纸、纸或纸板制广告牌等，申请号为10278184）；第三十类（糖、巧克力等，申请号为10278292）；第四十二类（工业品外观设计、包装设计等，申请号为10278450）。2012年5月18日，江苏电视台申请注册第四十五类商标"孟非"（婚姻介绍、交友服务等，申请号为10936686）。

与那边张罗"备胎"的情形相比，江苏电视台代理人在法庭上的态度依然强硬。作为贬低诉讼对手人格，在道德上抢占制高点的策略，第二被告珍爱网的代理人指责金阿欢将《非诚勿扰》电影名称抢注为商标。

"任何一部电影，包括华谊兄弟公司的《非诚勿扰》电影，其作品内容受著作权法保护，单独的电影名称不构成著作权。"肖才元料到对方可能会用电影《非诚勿扰》做文章，早有应对准备。"在电影《非诚勿扰》上映前，华谊兄弟公司就保护性地申请注册了很多类别的'非诚勿扰'商标，却没有申请注册有关婚姻交友的第四十五类商标。我们知道，《商标法》是分类申请注册的保护原则，既然'非诚勿扰'第四十五类商标无人问津，那么，金阿欢申请注册完全合法，有什么可以指责的呢？"

后来，在接受媒体采访时，肖才元又多次回应这种道德审判。在商标注册习惯中，人们通常会选择有特点、有个性、有文化内涵、知名度高的名称，用电影名字注册商标，也是比较常见的，只要法律不禁止，不影响他人权利，不管是在法律还是在道德上，都是正当的行为。电影《非诚勿扰》的名字不仅被出品方华谊兄弟公司注册了多个类型的商标，还被包括本案被告江苏电视台在内的其他人注册了商标。通过检索中国商标网，除金阿欢之外，以"非诚勿扰"四个汉字为商标名称的注册申请共有45项，其中不乏文字字体、图案完全相同和部分相同的情形，最终有22项获得国家商标局的合法注册，具有核定项目的注册商标专用权。

表面上看，用道德指责并不能改变被告商标侵权的法律事实，所谓"道德的归道德，法律的归法律"，更何况金阿欢申请注册"非诚勿扰"商标不存在道德问题。但是，肖才元却想得很多，因为一边是籍籍无名的普通人，一边是省级电视台和名闻遐迩的《非诚勿扰》电视相亲节目，很容易被理解为"碰瓷"。事实上，江苏电视台的代理人就在法庭上提出过这种观点。

用道德问题矮化对方，肖才元并不陌生，在之前的IPAD案件中他就遇到过。深圳唯冠公司当时濒临破产，商标转让中途出现变故，引发诉讼，苹果公司公开指责它"不诚实"，试图"获得超额利益"，用土话说，就是想借机讹诈一笔钱。不明就里的媒体，更是从门缝里看深圳唯冠公司，怀疑它持有的IPAD商标本身就是抢注的。直到最后，真相大白，IPAD商标就是深圳唯冠公司自己注册的，而且还是在多个国家注册，也在自己的产品中实际使用。至于讹诈也是无稽之谈，苹果公司一审败诉，二审期间被迫和解，就是最好的解释。

被轻视的一审

既然是打官司,对立的双方诸如指责对方的道德、人品,也不过是法庭上斗嘴的小佐料,谁都不会当个事。但是,肖才元却隐约嗅出了另一种气味。金阿欢诉江苏电视台"非诚勿扰"商标侵权案,后来成了中国十大知识产权案件,由这起案件演变出的知识产权领域许多争论不休的法律问题,经常被拿出来讨论。出乎意料,一审法院的合议庭只有一名法官,另外两名是人民陪审员,其背景,是法院案件太多,法官有限,如果事实不是那么复杂,通常都适用简易程序,由一名法官审理。而非诚勿扰案件尽管采用普通程序的合议庭制,却对案件的难度和涉及的知识产权专业问题缺乏预判,以至于出现了两名人民陪审员的合议庭。

在英美法制度下,基于"公民控制并分享国家司法权"的权利对权力的制衡理念,案件都是由公民陪审团审理并作出裁决,即使在美国这样存在联邦死刑制度的国家,刑事被告人的生杀予夺大权也掌握在陪审员手里,我们熟知的著名橄榄球运动员辛普森被控杀妻案,面对"铁证如山"的指控,最后陪审团裁定辛普森无罪。他们都是没有受过法律专业训练的普通老百姓,凭什么掌握生杀大权呢?要知道,辛普森被控一级谋杀罪,是死刑,陪审团成员们就是根据自己的常识作出的裁决,而不需要懂法律。其背后,则反映了深入美国民众骨髓里的对警察权的不信任,宁可放过一个可能的坏人,也不能纵容警察滥用权力。

我们再来看这段话:"所有被告的行为显示出,他们曾带着共同的意图联合起来违反协议条款,从而损害了苹果公司和 IP 公司的利益。香港唯冠公司、台北唯冠公司和深圳唯冠公司都明显处在唯冠 CEO 杨荣山的控制下,他们拒绝此前以任何措施来确保协议规定被执行,从而将 IPAD 中国商标正确地转让给苹果公司。他们反而尝试将这一状况作为唯冠集团的商业机会,寻求从苹果公司那里获得1000万美元。"

这段话,引自IPAD案件中苹果公司和IP公司在香港高等法院起诉唯冠多家公司和老板杨荣山时法官下达的《禁制令》。稍微有点专业知识的人都知道,《禁制令》属于程序范畴,案件尚未进行实体审理,法官何以得出这种明显倾向一方的结论呢?这就是英美法制度下典型的"自由心证"——尽管案件还没有审理,也未听取被告方的辩解,但法官根据原告的指控,发自内心地相信唯冠公司可能图谋不轨,于是,作出了一系列限制被告行为的《禁制令》。

中国内地司法体制下的人民陪审员制度与英美法的公民陪审团制度有着本质的不同,司法实践中还是以客观证据为主,自由心证主义的空间极小,甚至可以忽略不计。然而,这起本该由知识产权领域专业法官审理的重大典型案件,却由一名专业法官和两名并不懂商标知识的人民陪审员审理,其权威性显然不够,难免受到舆论的影响。这让肖才元感到担忧。

庭审结束后,肖才元又紧接着起草了《关于"非诚勿扰"商标案相关问题的陈述解释》(以下简称《解释》),送给法院主要领导和分管领导、庭长、审判长、知识产权庭法官,也算是额外的提醒。从法院对合议庭的设置来看,本案不会提交审判委员会讨论,但由于案件审理期间媒体的大量报道,不排除案件最终提交审判委员会的可能。

"本案若判决被告停止侵权,是否会产生巨大的社会负面影响?是否会给江苏电视台带来极其巨大的实际损失?"肖才元在《解释》中首先就提到了这个问题,"判令被告停止侵权,在如今的法治社会,不会产生负面影响,反而有助于正面引导社会公众树立尊重知识产权的理念。"

这本不是肖才元该操的心。在我们这个总是强调注重社会效果的时代,法官们对经手的每一个案件,自然是小心翼翼。惟其如此,判决江苏电视台构成侵权,每个周六如期播放的《非诚勿扰》节目怎么办?让败诉方拿出一笔钱支付给金阿欢,这不是造成国有资产流失吗?会不会助长抢注商标谋取不正当利益的不良风气?不要以为肖才元想多了,这就是现实。

"本案是一起弱者权利与强势侵权者之间的诉讼,不仅是我们律师可遇而不可求的历史性案件,也是能够推动司法进步的生动案例,司法机关应当特别重视。弱者的知识产权得到同等的司法保护,体现的是法律面前人人平等,本案无疑将成为国内极为典型的知识产权司法保护案例,其正面意义不亚于IPAD案件。"肖才元字斟句酌,既要把想说的话准确地表达出来,又不能让法官们感觉这是在给他们"上课"。他谨慎地写道,"相反,若本可判令被告停止侵权,但出于过度审慎考虑或超出正常的界定标准给予特定侵权者过度宽容的理解,只会使侵权者继续我行我素,恐怕难以得到法律界的真正认同,导致负面的社会评价。另外,判决被告方侵权,也不会造成巨大的经济损失。本案第一次开庭审理后,江苏电视台已经明显地感到自己的观点苍白无力,对于可能的败诉结果已有充分的预估,也采取了具体的应对措施。"

在一审法院,案件经过两次开庭,合议庭建议双方调解,但因江苏电视台的代理人未得到调解授权而告吹。常规情况下,江苏电视台即使败诉,也不大可能对《非诚勿扰》节目大动干戈,更换新的名称,而通常会选择买下金阿欢的商标。由于金阿欢的诉求主要是停止侵权,未要求经济赔偿,法官也无法知道各自的底线在哪里,肖才元此番表态,就是告诉法官,原告不会漫天要价,有助于法官在休庭后继续斡旋。

本已成竹在胸,稳操胜券,肖才元和他的当事人金阿欢等来的却是败诉的消息。深圳市南山区法院在罗列了诉讼各方提交的证据和主张的观点后,用极为简短的判词下了结论:

本院认为,本案各方的主要争议焦点在于,被告江苏电视台、珍爱网公司是否侵犯原告的注册商标专用权。

首先,被告江苏电视台使用"非诚勿扰"是否商标性使用。"非诚勿扰"既是被告江苏电视台节目的名称,也是一种商标,一种服务商标。如果仅仅将"非诚勿扰"定性为节目名称,而不承认其具有标识服务来源的功能,与大量节目名称注册为商标(包括被告江苏电视台也将电视节目名称注册为商标)的客观事实不相符,与被告江苏电视台在该电视节目中反复突出使用"非诚勿扰"并且进行广告招商等客观事实不相符。因此,被告江苏电视台使用"非诚勿扰"是商标性使用。其次,原告的文字商标"非诚勿扰"与被告江苏电视台节目的名称"非诚勿扰"是相同的。因此,两者的商标是相同的。关键在于两者对应的商品是否属于同类商品。

原告的注册商标"非诚勿扰"所对应的商品(服务)系"婚姻介绍、交友服务",即第45类;而被告江苏电视台的商标"非诚勿扰"所对应的商品

(服务)系"电视节目",即第41类;而且,从服务的目的、内容、方式、对象等方面综合考察,被告江苏电视台的"非诚勿扰"电视节目虽然与婚恋交友有关,但终究是电视节目,相关公众一般认为两者不存在特定联系,不容易造成公众混淆,两者属于不同类商品(服务),不构成侵权。

综上,依照《中华人民共和国商标法》第五十六条、第五十七条之规定,并经本院审判委员会讨论决定,判决如下:

驳回原告金阿欢的诉讼请求。

大树底下,寸草不生

对一审法院的判决,肖才元显然无法接受,他从反向思维的角度提出,如果认为是互不相干的两种类型,那么,假如金阿欢将合法的"非诚勿扰"商标权转让或者授权给他人使用,在其他电视台做一档《非诚勿扰》电视相亲节目,江苏电视台会有什么反应?因为金阿欢合法持有的"非诚勿扰"商标,同样可以做成婚姻交友类型的节目,以电视、广播、网络等为传播平台进行商业运营。

这个假设在法律上成立,在实际上行不通,不会有任何电视台敢和金阿欢合作,再去设计一档与江苏电视台相同的《非诚勿扰》婚姻交友节目。这就是人们常说的道理——大树底下,寸草不生。

"我们通过这个简单的反向思维即可得出结论:用'非诚勿扰'作为商标从事婚姻交友活动,在中国只能有一个,而不能是江苏电视台的节目和金阿欢的婚姻交友活动同时存在。这就等于金阿欢的'非诚勿扰'商标被淹没,几乎没有任何商业价值。"肖才元由此得出结论,"一审法院既然认定江苏电视台的《非诚勿扰》节目名称是商标性使用,那就不可能避开金阿欢的第四十五类商标,而仅仅是第四十一类的电视节目。"

肖才元不愿意做任何主观猜测,他把所有的问题写进上诉状,代表当

事人向深圳市中院提起上诉。为此,肖才元列出七大理由:

第一,一审判决刻意回避了案件事实最主要的争议焦点:被告江苏电视台的《非诚勿扰》节目,在内容上究竟是纯娱乐性质,还是婚恋交友性质?

基本常识告知我们,电视是服务形式的一种,电视节目就是电视服务,婚恋交友节目就是婚姻介绍、交友服务。被上诉人江苏电视台也非常清楚这一点,在一审中,面对我方无可辩驳的证据,仍试图说明《非诚勿扰》电视节目与婚姻介绍、交友服务不是同类服务或类似服务,而是综艺娱乐节目,矢口否认这是婚恋交友节目,并认为电视节目与原告的"婚姻介绍、交友服务"没有任何交集,也就不构成商标侵权。

而原告方提供的大量证据清晰无误地表明,《非诚勿扰》节目不是表演性的节目,而是适龄单身男女真实的交友、婚恋服务节目,但一审判决仍刻意轻描淡写地提及"虽然与婚恋交友有关",并随意武断地认定"但终究是电视节目",实在令人费解。一审判决刻意回避了《非诚勿扰》节目"婚姻介绍、交友服务"的服务主题,回避了司法解释中关于相同服务或类似服务的认定标准。

一审既然需判决被告不构成商标侵权,也就只能刻意回避《非诚勿扰》系婚恋交友节目这一最基本的客观事实,否则就无法自圆其说;既然《非诚勿扰》栏目名称系商标性使用,栏目名称与上诉人(原告)商标相同,在此情形下,如果认定这是婚恋交友节目,也就没有任何理由否定被告方构成对原告商标专用权的侵权。

第二,被上诉人江苏电视台"交友"和"婚姻介绍"两项电视服务内容,均与上诉人商标核定注册的服务内容相同。

江苏电视台的电视节目并不是通常的娱乐节目,而是婚恋交友节目,是"真人秀",主管部门早已确认将《非诚勿扰》归类为"婚恋交友节目",业内、媒体及社会将《非诚勿扰》节目称作"电视红娘",明显与金阿欢的"非诚勿扰"商标核定的婚姻介绍、交友服务服务范围相同或者类似。

第三,《非诚勿扰》节目属于电视"真人秀",并非演艺人员的表演性节目;提供的是现实生活中的单身男女交友、相亲择偶的真实服务。江苏电视台的代理人在一审中将《非诚勿扰》称为"综艺类节目"或"娱乐节目",这是故意回避侵权事实。

我们知道,电视"真人秀"节目的特点是真实性和现场性,为了提高收视率,从现场气氛到主持人的风格,都刻意带有轻松有趣的成分。但是,不能因为这种形式,就忽略了"真人秀"的实质不是角色扮演,而是一种客观真实的展示,正如《非诚勿扰》本身所宣传的那样,是为了达到相亲、交友的目的。

以单身男女择偶、婚恋为目标的电视节目,通过现场的"真人秀",让更多的目光注视这些男女嘉宾,使其获得更多的选择机会,这能称之为常规的娱乐节目吗?有将征婚相亲交友当成娱乐的吗?

第四,江苏电视台否认《非诚勿扰》节目与"非诚勿扰"商标的服务内容存在交集不符合客观事实。

电视婚介仅仅是现代社会中婚姻介绍的方式之一,而金阿欢的"非诚勿扰"商标核定的服务是"婚姻介绍、交友服务"的整个范围,并没有受到任何手段形式的限定,显然也包括电视手段的运用,电视婚介也是金阿欢可以开发的商业模式,比如网络电视婚介。不能简单地认为电视节目形式上在《区分表》中不属于第四十五类,就认为它与第四十五类"婚姻介绍、交友服务"不同或不类似、不存在交集,司法实践中,《区分表》仅供参考,不作为依据。

电视并不是那么的神秘,电视购物、网络购物与传统的购物,其手段不同,但实质都是购物;同样,电视节目是按照服务的手段分类的,而"婚姻介绍、交友服务"是按照服务的内容来分类的,两者必定存在交集;电视节目可以包括"婚姻介绍、交友服务"等不同内容的服务,而婚姻介绍、交友服务也可以通过电视、广播、网络等不同的手段进行。

再看《非诚勿扰》的合作伙伴珍爱网,它介绍的婚介相亲活动的分类:线下相亲、电视相亲等,放在首位的就是《非诚勿扰》的嘉宾招募活动。由此可见,《非诚勿扰》栏目不过就是组织电视相亲、交友而已,是与金阿欢的"非诚勿扰"商标核定的服务范围相同的两项服务。

第五,江苏电视台对于《非诚勿扰》栏目名称的使用属于商业性使用。

尽管一审判决对此作出了认定,上诉时肖才元又作了补充。为了充分解释说明电视栏目名称的使用就是商标性使用,二审提交的新证据包括:长江龙公司注册的商标信息、江苏电视台申请的商标信息以及中央电视台申请的商标信息。这些被注册为商标的名称,均是人们耳熟能详的电视栏目名称,说明电视栏目名称可以成为商业性使用的商标,并且得到商界、法律界的一致认同。

反过来,江苏电视台并未将《非诚勿扰》栏目注册为第四十一类商标,而是在本案双方纠纷发生后,以其下属全资子公司长江龙公司的名义申请了三项"非诚勿扰"商标,日期均为诉讼发生后的 2011 年 12 月 7 日,这也从另一角度说明,《非诚勿扰》栏目名称的使用是商标性使用。

第六,被上诉人的行为已构成对上诉人注册商标专用权的侵犯。

进行商标侵权分析时,必须将被告实际的使用行为与权利人(原告)核定商标服务项目进行比较,方能发现权利冲突。本案原告的注册商标已投入商业使用,只是被告《非诚勿扰》节目的开播淹没了原告的商标,使之难以正常发挥应有的功效;即使权利人的商标尚未投入商业使用,未经同意,他人使用与权利人的商标相同或近似的商标,仍构成侵权。

既然被告江苏电视台的《非诚勿扰》节目名称系商标性使用,且与金阿欢的"非诚勿扰"商标名称相同、服务项目相同,那么,就属于"未经商标注册人的许可,在同一种商品上使用与其注册商标相同的商标"的侵权行为。

第七,退一万步讲,认定服务不是相同而是类似,江苏电视台的行为也造成了商标法意义上的混淆(来源混淆、关联混淆、反向混淆),同样应被认定为商标侵权。

重新定胜负

2015 年 11 月 15 日,肖才元和另一名律师郭耀鹏,与江苏电视台和珍爱网移师再战。从 IPAD 商标权转让案到"非诚勿扰"商标侵权案,中间不到三年时间,深圳市中院再次经历万众瞩目的重大诉讼。这是上诉审,中院没有再用陪审员,而是由专业能力出众的知识产权庭的三名法官组成合议庭。

不过,就庭审而言,大致上还是一审的重复,双方摆开阵势再论战一番。相比深圳市南山区法院的审理,在中院的法庭上,肖才元能明显地感觉到,对手的声音大了很多,听上去气氛更加紧张,冲突更激烈。这也很正常,人家一审赢了,从心理上就是胜利者的姿态。

"这案子我们必须赢!"这不是肖才元情绪性的言辞,而是他在法庭上真实的想法。"我们的证据具有压倒性的优势,经过两级法院开庭审理,理越辩越明,如果不判我的当事人胜诉,我不知道还有什么选择。"

或许是一种策略,在道德上羞辱诉讼对手,有时候能产生意想不到的效果。二审法庭上,被告方代理人又搬出了一审时的话题,指责金阿欢利用《非诚勿扰》电影的影响,抢注"非诚勿扰"商标,进而质疑他的动机。

"商标注册涉及的道德问题,属于商标审查的事项。《非诚勿扰》电影知名度很高,国家商标局的审查人员不可能不知道这部电影,'非诚勿扰'商标能够获准注册,说明它不仅符合法律要求,也符合道德审查的标准。我们在这个法庭上需要审理的是两被告有没有侵犯金阿欢的商标权,而不是来审查他注册商标的动机和正当性。"金阿欢注册"非诚勿扰"商标是否符合道德的要求,肖才元在一审期间就反驳过对方,二审又纠缠起这个问题,他毫不客气地说,"现在,'非诚勿扰'商标是合法的,如果有人认为在注册和使用的过程中存在不当,那也是金阿欢与华谊兄弟公司的事,跟你江苏电视台和珍爱网有什么关系?说白了,你就是想通过公众舆论对商标权利人污名化,以达到占据道德制高点的目的嘛。"

二审的法官们自始至终没有理会"道德审判",直奔本案的主题:此《非诚勿扰》是否彼"非诚勿扰"?二者到底是什么法律关系?并且通过终审判决毫不含糊地给出了答案。

广东省深圳市中级人民法院民事判决书

(2015)深中法知民终字第 927 号

上诉人(原审原告)金阿欢(略)
委托代理人肖才元,北京市盈科(深圳)律师事务所律师。
委托代理人郭耀鹏,北京市盈科(深圳)律师事务所律师。
被上诉人(原审被告)江苏省广播电视总台,住所地江苏省南京市玄武区北京东路4号,组织机构代码:46601204-5。

法定代表人卜宇,台长。

委托代理人王辛,江苏钟山明镜律师事务所律师。

委托代理人王彬彬,江苏钟山明镜律师事务所律师。

被上诉人(原审被告)深圳市珍爱网信息技术有限公司,住所地深圳市南山区高新区北区朗山路7号电子工程研发大厦205室,组织机构代码:761973720。

法定代表人李涛,该公司总经理。

委托代理人李伟相,广东知恒律师事务所律师。

委托代理人韩岳峰,广东知恒律师事务所律师。

上诉人金阿欢因与被上诉人江苏省广播电视总台(以下简称"江苏电视台")、深圳市珍爱网信息技术有限公司(以下简称"珍爱网公司")侵害商标权纠纷一案,不服广东省深圳市南山区人民法院(2013)深南法知民初字第208号民事判决,向本院提起上诉,本院受理后,依法组成合议庭,并于2015年11月16日公开开庭进行了审理。上列上诉人委托代理人肖才元、郭耀鹏,被上诉人江苏电视台委托代理人王辛,被上诉人珍爱网公司委托代理人李伟相、韩岳峰,到庭参加了诉讼。本案现已审理终结。

原审法院经审理查明,2009年2月16日,原告金阿欢向国家商标局申请"非诚勿扰"商标。2010年6月6日,国家商标局发布了包括"非诚勿扰"商标在内的商标初步审定公告。2010年9月7日,原告获得第7199523号"非诚勿扰"商标注册证,有效期自2010年9月7日至2020年9月6日,核定服务项目为第45类,包括"交友服务、婚姻介绍所"等。

为了证明被告江苏电视台有关侵权的事实,原告提交了深圳市盐田公证处(2013)深盐证字第1099号公证书。该公证书系对被告江苏电视台有关网页内容的公证。被告江苏电视台有关网页显示:《非诚勿扰》系被告江苏电视台下属江苏卫视的一个栏目,长江龙新媒体有限公司(以下简称"长江龙公司")系被告一个下属单位;2013年江苏卫视广告价目表显示《非诚勿扰》播出前的21:08-21:10时刻的广告价格为110000/5秒、210000/10秒、300000/15秒;江苏卫视《非诚勿扰》栏目的网页显示"新派交友电视节目"以及"非诚勿扰"等文字,其中,"非诚勿扰"为突出使用;上述网页在节目简介中称"《非诚勿扰》是一档适应现代生活节奏的大型婚恋交友节目,我们将为您提供公开的婚恋交友平台,高质量的婚恋交友嘉宾,全新的婚恋交友模式。播放频道:江苏卫视。播出时间:每周六、周日晚21点20分";上述网页显示报名方法为"在珍爱网登记报名资料、上传照片、填写个人文字(特征、专长、经历),丰富者优先"。

为了证明被告江苏电视台、珍爱网在广东地区实施的侵权行为的事实,原告提交了深圳市盐田公证处(2013)深盐证字第1100号公证书。该公证书系对以"非诚勿扰深圳招募""珍爱网非诚勿扰"等为关键词通过百度进行搜索后显示的有关网页内容的公证。经过公证的网页显示:2012年9月22日,江苏卫视《非诚勿扰》等三大王牌节目在深圳现场招募嘉宾,报名地点设在深圳市福田区,珍爱网会员男不限、女不限;《深圳特区报》2012年6月11日报道,江苏卫视《非诚勿扰》等三大王牌节目在深圳现场招募嘉宾,活动时间为2012年6月9日,报名地点设在深圳市南山区,本活动由江苏卫视和珍爱网联合主办;2012年3月11日,珍爱网举办"非常有爱非诚勿扰——珍爱网单身男女寻缘派对"活动,活动地点在东莞。

原告提交了深圳市盐田公证处(2013)深盐证字第1101号公证书。该公证书对通过被告江苏电视台的网站进入被告珍爱网的网站的过程以及被告珍爱网相关网页的内容进行了公证。该公证书显示,普通用户可以通过互联网登录被告江苏电视台的网站,然后通过江苏卫视《非诚勿扰》栏目中的"珍爱网报名"登录被告珍爱网的网站;被告珍爱网的报名网页显示,江苏卫视通过珍爱网"火热招募男女嘉宾",且突出使用了"非诚勿扰"文字标识。原告还以公证书的形式提交了两期《非诚勿扰》的视频内容。

为了证明电视节目名称可以作为注册商标,原告提交了两份与中国商标网站相关的公证书,即深圳市盐田公证处(2013)深盐证字第1102号、2296号公证书。公证书显示,被告江苏电视台下属的长江龙公司于2011年12月7日分别在第16、30类商品申请注册商标"非诚勿扰",长江龙公司在第45类商品类别注册了商标"非常了得";被告江苏电视台在1—45类商品类别全部注册了商标"孟非";中央电视台在多个商品类别注册数百个不同商标。

被告江苏电视台、珍爱网对上述证据的真实性均无异议,但对其关联性均有异议。

被告江苏电视台提交了两份版权登记证书、《非诚勿扰》视频内容及相关判决书,证明长江龙公司系《非诚勿扰》节目的版权人。被告江苏电视台(甲方)还提交了其与被告珍爱网(乙方)的《合作协议书》。合作协议约定,甲方在节目中应对乙方之品牌进行口播和标识露出,乙方从其会员中筛选并推荐给甲方《非诚勿扰》栏目组。

被告珍爱网公司提交了中国商标网的网页以及《非诚勿扰》电影宣传册,以证明原告侵犯了他人在先权利。该网页显示,案外人华谊兄弟传媒股份有限公司于2008年11月20日在第41类商品申请注册了商标"非诚勿扰",第41类商品包括"电视文娱节目、娱乐"等,初审公告日期为2010年7月20日,有效期自2010年10月21日至2020年10月20日。

原告对被告江苏电视台提交的证据无异议,且称两被告的合作协议证明双方具有广告合作关系。原告对被告珍爱网提交的网页证据的真实性表示异议,理由是该网页系打印件,无原件核对。

原审法院认为,本案各方的主要争议焦点在于,被告江苏电视台、珍爱网公司是否侵犯原告的注册商标专用权。

首先,被告江苏电视台使用"非诚勿扰"是否是商标性使用。"非诚勿扰"既是被告江苏台电视节目的名称,也是一种商标,一种服务商标。如果仅仅将"非诚勿扰"定性为节目名称,而不承认其具有标识服务来源的功能,与大量节目名称注册为商标(包括被告江苏电视台也将电视节目名称注册为商标)的客观事实不相符,与被告江苏电视台在该电视节目中反复突出使用"非诚勿扰"并且进行广告招商等客观事实不相符。因此,被告江苏电视台使用"非诚勿扰"是商标性使用。其次,原告的文字商标"非诚勿扰",与被告江苏电视台节目的名称"非诚勿扰"是相同的。因此,两者的商标是相同的。关键在于两者对应的商品是否属于同类商品。

原告的注册商标"非诚勿扰"所对应的商品(服务)系"交友服务、婚姻介绍",即第45类;而被告江苏电视台的商标"非诚勿扰",所对应的商品(服务)系"电视节目",即第41类;而且,从服务的目的、内容、方式、对象等方面综合考察,被告江苏电视台的"非诚勿扰"电视节目虽然与婚恋交友有关,但终究是电视节目,相关公众一般认为两者不存在特定联系,不容易造成公众混淆,两者属于不同类商品(服务),不构成侵权。

综上,原审法院依照《中华人民共和国商标法》第五十六条、第五十七条之规定,并经本院审判委员会讨论决定,判决:驳回原告金阿欢的诉讼请求。案件受理费人民币100元,由原告金阿欢负担。

金阿欢不服一审判决,提起上诉请求:1.撤销深圳市南山区人民法院(2013)深南法知民初字第208号民事判决;2.请求二审依法改判,判令两被上诉人立即停止使用"非诚勿扰"标识进行婚姻介绍、交友服务之共同侵权行为,具体包括:(1)判令被上诉人江苏电视台所属江苏卫视频道立即停止使用"非诚勿扰"栏目名称;(2)判令被上诉人珍爱网停止协助被上诉人江苏电视台将"非诚勿扰"名称用于广告推销、报名筛选、后续服务等;(3)一审、二审诉讼费用由两被上诉人承担。

上诉理由:一审判决已查明并认定:江苏电视台在电视栏目《非诚勿扰》中使用"非诚勿扰"是商标性使用,金阿欢的文字商标"非诚勿扰",与江苏台电视节目的名称"非诚勿扰"相同,因此,两者的商标是相同的。但一审判决同时认定金阿欢的注册商标所对应的商品(服务)系交友服务、婚姻介绍,而江苏电视台的商标非诚勿扰所对应的商品(服务)系电视节目,从服务的目的、内容、方式、对象等方面综合考察,江苏电视台的非诚勿扰电视节目虽然与婚恋交友有关,但终究是电视节目,相关公众一般认为两者不存在特定联系,不容易造成公众混淆,两者属于不同类商品(服务),不构成侵权。

上诉人认为:一审判决机械地按照《类似商品与服务区分表》来判别商品(服务),将被上诉人《非诚勿扰》栏目活动归类为抽象的电视节目,而刻意回避了案件最基本的客观事实,该电视节目系专为单身男女求偶而设置的交友、婚介的相亲节目。正是由于一审事实认定的错误,导致法律适用的错误。

一、一审判决刻意回避了案件事实最主要的争议焦点:江苏卫视《非诚勿扰》内容是否系婚恋交友节目。

双方当事人争议的主要焦点是被上诉人的《非诚勿扰》电视节目究竟是纯娱乐节目,还是婚恋、交友节目?常识告知人们,电视是服务形式的一种,电视节目就是电视服务,婚恋交友节目就是婚恋交友服务。被上诉人江苏电视台试图说明其《非诚勿扰》电视节目与交友、婚介不是同类服务或类似服务,便称其《非诚勿扰》节目是综艺娱乐节目,矢口否认其为

"婚恋交友节目",并认为其电视节目与"婚恋交友服务"没有任何交集,从而由此认为既然没有任何交集也就不可能构成商标侵权。而上诉人提供的大量证据清晰无误地表明,《非诚勿扰》节目不是表演性的节目,而是适龄单身男女真实的交友、婚配服务节目,一审判决仍认定"但终究是电视节目"令人费解。一审判决刻意回避了《非诚勿扰》节目的服务主题为"婚恋、交友",回避了司法解释中关于相同服务或类似服务的认定标准。既然《非诚勿扰》栏目名称使用系商标性使用、栏目名称与上诉人商标相同,在此情形下,如果认定其系婚恋交友节目,则也就没有任何理由不认定被上诉人构成对上诉人商标专用权的侵权。

二、被上诉人江苏电视台"交友"和"婚介"两项电视服务内容,均与上诉人商标核定注册的服务内容相同。

被上诉人的电视节目并不是通常的娱乐节目,而是婚恋交友节目,是"真人秀",并且其主管部门早已确认《非诚勿扰》归类为"婚恋交友节目"。业内、媒体及社会将《非诚勿扰》节目称作为"电视红娘"。上诉人系第7199523号"非诚勿扰"商标的权利人,上诉人2009年2月16日申请的第45类服务商标,内容包括交友服务、婚姻介绍(所)。而被上诉人江苏电视台(江苏卫视)恰恰是用电视手段提供交友、婚介服务。《非诚勿扰》电视节目自认并被公认为提供的是"婚恋交友服务",与上诉人注册商标证核定服务的两个项目"交友服务、婚姻介绍"属同一种服务。(1)江苏卫视《非诚勿扰》节目简介:"《非诚勿扰》是一档适应现代生活节奏的大型婚恋交友节目,我们将为您提供公开的婚恋交友平台、高质量的婚恋交友嘉宾,全新的婚恋交友模式。"(2)珍爱网网页公证的内容:江苏电视台在珍爱网的协助下,《非诚勿扰》等栏目在深圳进行现场招募的广告:"《非诚勿扰》节目介绍:中国大陆江苏卫视制作的一档婚恋交友真人秀节目。"(3)江苏电视台网站的"非诚勿扰20111001高清完整视频"栏目主持人孟非开场白为:"对于渴望结婚成家的那些人来说,我宽慰他们几句,没事宅在家里看《非诚勿扰》,跟《非诚勿扰》有关的事,都促进你们的婚姻⋯⋯总而言之,一句话,关注《非诚勿扰》,对你结束单身生活,是有帮助的。"节目结束语为:"观众朋友如果想了解24位女嘉宾的个人资料和联系方式,可以拿起手机编辑短信81168加女嘉宾编号发送到1066666620或者登录步步高VIVO智能手机非诚勿扰的官方网站,给她们留言。想要征婚、相亲、交友的朋友,可以通过珍爱网或百合网、新浪微博或通过现场报名点报名,来到《非诚勿扰》舞台,在这里追求你们的幸福。节目最后感谢……"(4)"非诚勿扰"官方网站的"珍爱网报名"显示:"江苏卫视《非诚勿扰》节目逢每周六、日黄金档强势推出。节目中,每场将有24位单身女性和5位单身男性得到展示自我的机会。每位征婚者将有更多的机会被观众认识,从而也将获得更多的选择机会。"(5)被上诉人江苏电视台网站:"《非诚》'爱转角'成2013相亲节目'热词':'爱转角'的设置为有很多既不想上电视高调表达,又不甘通过传统的相亲方式来解决个人问题的女孩提供了全新的择偶方式,让'非诚勿扰'相亲也变得更加简单,劲爆的'倒追'模式不仅使'优质男'更加自信,也鼓励了'羞涩女'大声说出爱。为了给更多的女生制造机会,'爱转角'的24个席位除了牵手成功后的自然替换外,还将半个月进行一次整体更换,让相信缘分的单身男女们'有缘千里来相会'。"上述证据内容证明:被上诉人江苏电视台《非诚勿扰》节目内容就是提供征婚、相亲、交友的服务,与上诉人"非诚勿扰"商标核定的两服务项目"交友、婚姻介绍"相同。

三、被上诉人江苏电视台《非诚勿扰》节目是真人秀,并非演艺人员的表演性节目,提供的是现实生活中单身男女交友、相亲择偶的真实服务。

《非诚勿扰》本身就是征婚、相亲、交友的节目,无论是主持人还是"节目简介"都是明示该节目是一大型婚介交友节目。无论主持人如何活跃节目气氛,均不改节目婚恋交友真人秀的实质。该节目是单身男女以择偶、婚配为目标的节目,让社会更多的目光注视这些男女嘉宾,提供更多的选择机会。特别指出,行业主管部门已将《非诚勿扰》节目归类为"婚恋交友类电视节目"而非"娱乐节目"。

四、江苏电视台称其服务与婚介不存在交集之说根本不能成立。

电视婚介是现代社会中婚姻介绍的方式之一。上诉人注册商标核定的项目是"交友、婚姻介绍"的整个范围,其核定的"交友、婚姻介绍"的范围并没有受到任何形式的限定,显然包括了电视手段的运用。不能简单地认为电视节目形式上在《区分表》中不属于第45类,就认为其与第45类"婚介"、"交友"服务不相同或不类似、不存在交集。"电视节目"是按照服务的手段分类,而"交友、婚姻介绍"是按照服务的内容来分类,两者必定存在交集。电视节目可以包括"交友、婚姻介绍"等不同内容的服务,而"交友、婚姻介绍"可以包括电视手段、广播手段、网络手段等不同手段的实施。江苏电视台《非诚勿扰》节目的实质内容就是婚介,是电视婚介服务,这恰恰落入到上诉人"非诚勿扰"注册商标专用权核定的范围。珍爱网婚介相亲活动的分类:最新活动、线下相亲、电视相亲活动等,"非诚勿扰"嘉宾招募排在珍爱网的合作电视相亲节目的首位。由此可见:《非诚勿扰》栏目不过就是电视相亲、即电视婚介、交友而已。显而易见,在婚介、交友服务上,江苏电视台提供的是与上诉人核定服务范围相同的两项服务。

五、被上诉人江苏电视台对于《非诚勿扰》栏目名称的使用,系商标性使用,而其栏目名称与上诉人的注册商标相同。

一审判决已经作出了认定,上诉人加以补充,以表明被上诉人商标侵权的事实十分清晰。为了充分解释说明电视栏目名称的使用就是商标性使用,上诉人提交了中国商标网上被上诉人江苏电视台全资子公司长江龙公司注册的商标信息、江苏电视台申请的商标信息以及中央电视台申请的商标信息。这些申请的商标多与电视栏目的名称相同。电视栏目名称本身就是电视服务栏目的服务标识,已为商界、法律界一致认同,因此,被上诉人在栏目名称上使用"非诚勿扰",就是商标性的使用,或称商业性使用。被上诉人并没有申请第41类的注册,而是在本案双方纠纷发生后,用下属全资子公司长江龙公司的名义申请了三项"非诚勿扰"商标:A、第16类:卫生纸——纸或纸板制广告牌等(申请号为10278184),B、第30类——糖、巧克力等(申请号为10278292),C、第42类:工业品外观设计——包装设计等(申请号为10278450)。该三项"非诚勿扰"申请日期均为2011年12月7日同一天。从另一角度说明"非诚勿扰"栏目名称的使用是商标性使用。

六、被上诉人的行为已构成对上诉人注册商标专用权的侵犯。

金阿欢的注册商标已投入商业使用,由于被上诉人的行为淹没了上诉人的商标,使之难以正常发挥应有的功效(即使权利人的商标尚未投入商业使用,未经权利人的同意,他人使用权利人相同或近似的商标,其行为仍可构成侵权)。被上诉人江苏电视台使用"非诚勿扰"系商标性使用。被上诉人提供的服务,系电视交友、婚介服务,与上诉人的核定的两项服务完全相同。被上诉人使用的未注册的服务商标(栏目名称),与上诉人商标相同,属于"未经商标注册人的许可,在同一种商品上使用与其注册商标相同的商标的",故根据《商标法》第五十七条第(一)项之规定,无需进行混淆的评判分析,被上诉人江苏电视台已构成对金阿欢注册商标权的侵犯。

七、退一步,认定服务不是相同而是类似,江苏电视台的行为也造成了商标法意义上的混淆,同样应被依法认定为商标侵权。

商标理论与司法实践均明确,混淆比较是指混淆的可能性,并不需要造成实际混淆。其次,比较时,是将被告实际的使用行为与权利人(原告)核定商品(服务)的项目进行比较。1.混淆是指商标法上的混淆,并非现实生活中实际的商品混淆。2.关联服务可纳入类似服务的范围。退一步讲,除来源混淆之外,被上诉人至少提供的是与原告类似的服务,其行为还造成了商标法意义上的关联混淆。极易造成相关公众误认为上诉人和被上诉人之间存在相关特定联系。(1)相关公众均认可《非诚勿扰》系婚介交友服务。根据《最高人民法院关于审理商标民事纠纷案件适用法律若干问题的解释》第十一条"类似服务,是指在服务的目的、内容、方式、对象等方面相同,或者相关公众一般认为存在特定联系、容易造成混淆的服务",也足以认定江苏电视台商标侵权的构成。司法解释规定,认定商品或者服务是否类似,应当以相关公众对商品或者服务的一般认识综合判断;商标法所称相关公众,是指与商标所标识的某类商品或者服务有关的消费者和与前述商品或者服务的营销有密切关系的其他经营者。被上诉人在本案诉讼前均自认《非诚勿扰》系婚介交友电视服务,而被上诉人又同属于经营者,属于《商标法》和司法解释中严格定义的"相关公众"范围;上诉人也属于相关公众(属于婚介服务经营者,也属于电视服务的对象),上诉人也认同《非诚勿扰》系婚介交友服务。故相关公众均认可《非诚勿扰》系婚介交友服务。(2)被上诉人在《非诚勿扰》节目中系紧密型合作伙伴,珍爱网将江苏电视台的《非诚勿扰》节目视为珍爱网自己的电视相亲活动,足以说明常见的婚介公司与江苏电视台的婚介是相同的、关联的。"珍爱网""百合网""世纪佳缘"等婚介公司,均为江苏电视台的合作伙伴。"珍爱网"还在《非诚勿扰》栏目页上做婚介广告,足以说明江苏电视台与其商业伙伴一道是在进行婚介交友的一条龙服务。虽然上诉人与被上诉人的经营规模、市场知名度差异较大,但同为婚介公司,婚介交友服务目前采用的形式也完全相同。故被上诉人与上诉人的服务相同,也存在关联性混淆。3.江苏电视台的行为至少已构成典型的反向混淆。金阿欢于2009年2月16日申请"非诚勿扰"注册商标,而江苏电视台是在金阿欢商标注册申请之后才开播的。由于江苏电视台的强力宣传,已客观上淹没了上诉人的商标,不可避免地压缩了法律预留给商标权利人的空间,压缩了权利人今后正常的品牌运行空间。上诉人继续使用自己的品牌,会被消费者误认为是江苏卫视的商标,影响了上诉人有效发挥自己商标功能的途径。客观上,被上诉人反向混淆侵权的形式和造成的危害更为隐蔽,其严重程度较之传统商标混淆"正向混淆"有过之而无不及。本案受限于江苏电视台的商标侵权,上诉人商标尽管早已投入商业使用,但至今未能发挥应有的商标识别功能。人们第一联想到会不会与江苏卫视有何关联关系,一经解释与江苏卫视没有联系,就容易产生上诉人是"傍大款""搭顺风车"的负面印象。正因为江苏电视台侵权行为的持续,已经形成的反向混淆,造成了上诉人注册商标价值的毁灭性损失,同时导致消费者对上诉人及其服务产生排斥心理,影响了企业的商誉,也使得上诉人丧失了对"非诚勿扰"注册商标的控制权。

综上,上诉人认为,被上诉人的《非诚勿扰》是一电视相亲节目,其服务的主题是"交友、择偶",从事的是婚姻行业的经营活动。被上诉人江苏电视台的电视服务,自认并被公认为"婚恋交友服务""电视相亲节目",与上诉人注册商标核定服务的两项内容"交友服务、婚姻介绍"属同一种服务,电视婚介是婚姻介绍的方式之一,相关公众均认可《非诚勿扰》系婚介交友服务,被上诉人江苏电视台商标侵权是显而易见的。退一步,关联服务也纳入类似服务的范围,也构成商标法意义上的混淆,同样构成侵权。一审判决回避了案件最基本的事实,也回避了司法解释中关于相同服务或类似服务的认定标准。被上诉人江苏电视台对于《非诚勿扰》栏目名称的使用,系商标性使用,而其商标标识与原告的注册商标相同。除来源混淆、关联混淆外,江苏电视台的行为至少已构成典型的反向混淆。恳请二审法院依法撤销一审判决,改判两被上诉人停止商标侵权,以维护商标权利人的合法权益。

被上诉人江苏电视台未提交说明答辩状,但在二审庭审中答辩称:《非诚勿扰》节目系长江龙公司制作并出品的电视节目,并在江苏卫视频道播出,上诉人所享有的"非诚勿扰"商标是第45类,与《非诚勿扰》电视节目属于不同的服务类别。被上诉人江苏电视台认为一审法院的判决认定事实清楚,适用法律正确,并无不当之处,请求二审法院予以维持。

珍爱网公司答辩称:一、一审法院已正确地对涉案的两个服务类别的各个方面进行了综合考察,其判决结果并无不妥。

根据《最高人民法院关于审理商标民事纠纷案件适用法律若干问题的解释》第十一条"类似服务,是指在服务的目的、内容、方式、对象等方面相同……"判断两个服务是否类似不应仅参考法条中的一个方面,应结合起来综合考量。本案中,一审判决已正确地根据事实、法律进行了结论阐述:从服务的目的、内容、方式、对象等方面考察,被告江苏电视台的《非诚勿扰》电视节目虽然与婚恋交友有关,但终究是电视节目。上诉人对该结论仍有不理解,故珍爱网公司认为:第41类的电视节目服务明显不同于第45类的交友、婚恋服务。第41类中"电视节目"应是以不特定的视频用户为对象,通过各类电视信号传播到视频终端的方式反映真实或虚构的声音与图像内容,其根本目的在于传播信息、文化和价值观,满足前述的对象对信息与精神的需求。因此,无论电视节目的内容如何千变万化,电视节目提供的服务本质还是为了满足视频用户的信息与精神需求。《非诚勿扰》是江苏卫视播出的一档大型综艺类电视节目,这是众所周知的事实,并且上诉人提交的证据也反映"愿意在电视节目上展现个人风采;愿意接受刺激挑战。舞台表现欲及表演力俱佳;个人出身、学历或经历、情感经历或才艺有突出方面"。因此可以了解到这么一个事实:《非诚勿扰》作为一档典型的综艺文娱类电视节目,其追求的根本目标是节目本身的可观赏性与娱乐性以满足观众对精神愉悦的需求;同时,更为重要的是,通过主持人和两位非诚合伙人对男女嘉宾在舞台上展示或表达的生活观念和价值观进行点评,也向社会公众传播了正确的社会价值观和主流文化;而非节目规模、参与人的人数或配对成功率。然而,第45类中交友、婚恋服务的目的仅是满足适龄单身男女社交或寻找配偶的需求,这种需求是以服务对象建立特定人身或社会关系为基础内容的。上诉人的主要服务模式是以普通当地单身男女为对象,通过参加实体相亲活动等方式参与婚恋交友活动。另外,商标分类中的服务应是通过商业活动盈利的服务,因此一个服务的盈利模式也应为是否同类服务的重要参考。电视节目主要是以收视率来评价,而收视率取决于观众因内容被吸引观看的程度。江苏卫视的《非诚勿扰》作为电视节目也不例外。而金阿欢的"非诚勿扰"则是传统的婚介服务,其盈利点在于通过信息交换和匹配而向服务对象收取费用,因此追求的是一种量大、平行的服务收益,也即一般的中介盈利模式。通过上述分析,第41类的电视节目服务与第45类的交友、婚恋服务在其内涵各个方面都存在明显区别,两者在商品和服务的价值和使用价值这两个基本属性上也是完全不同的。即使不经过一审法官的综合对比,一般的相关公众也能轻易地理解两者的不同。因此,一审法院的判决结果并无不妥。

二、被上诉人江苏电视台的"非诚勿扰"电视节目与上诉人金阿欢经营的同名婚恋交友中介机构应分别属于两个不同的服务类别。

1.本案涉及的两个服务类别的内容并不相同。(1)上诉人使用证据中内容仅是《非诚勿扰》节目的宣传语,其既不能作为诉讼中的自认,也并非权威的分类,故无法律效力。而从上诉人提供的证据中可见,"腾讯视频"在其网站顶部视频分类中非常清楚地把《非诚勿扰》归为"综艺"类别。(2)上诉人在其证据中引用了《非诚勿扰》主持人孟非的开场白和结束语。孟非的开场白中表达仅是吸引观众的一种手段,《非诚勿扰》结束语中提示可以通过短信、网站等手段与节目进行互动或报名参与活动,这种互动和参与的宣传也是当今电视节目中常见的方式,因此不能证明《非诚勿扰》与其他综艺节目有所区别。(3)上诉人提交的证据中所显示的内容证明了《非诚勿扰》作为综艺文娱类节目的表演性。《非诚勿扰》选拔节目参与人是要合乎一定的节目表演性要求的,其具体表现为"愿意在电视节目上展现个人风采;愿意接受刺激挑战;舞台表现欲及表演力俱佳;个人出身、学历或经历、情感经历或才艺有突出方面"。(4)上诉人提交的证据中"爱转角"仅是《非诚勿扰》增添的一个小的节目环节,如同《非诚勿扰》与其他电视节目中的"返场"概念一样,这种节目安排是为节目参与人在一定程度延续节目参与的机会,其目的是增添节目的丰富性与可观赏性。基于上述证据分析,上诉人并不能证明江苏卫视的《非诚勿扰》节目类别与"交友、婚姻介绍"相同。

2.江苏电视台的《非诚勿扰》节目性质是综艺娱乐类节目。

上诉人将《非诚勿扰》节目称为"真人秀",但又对真人秀的理解有所偏颇。对一般电视观众而言,"真人秀"应是特定虚拟空间中以全方位、真实的近距离拍摄和以普通人为核心的戏剧化的后期剪辑而作成的电视节目。《非诚勿扰》节目组提供了虚拟的节目环境与规则,节目参与人按照这种规则通过竞技式的参与互动来达到节目设定的目的。节目的过程是表演性的。《非诚勿扰》作为电视节目在播出前需要进行剪切和修改,这种剪切和修改再加上节目参与人制作的VCR(视频)会形成一种类似电影作品的效果,与真实新闻报道类节目的感官效果是完全不一样的。因此,上诉人仅拘泥于阐述节目的表象却忽略了"真人秀"的内涵。上诉人自身的表述逻辑混乱,把追求娱乐的电视节目服务的对象混同为婚恋交友的服务对象,实为混淆视听。综上,江苏卫视《非诚勿扰》应属于综艺娱乐类节目。

3.江苏电视台提供的电视节目服务与婚介服务并不存在交集。上诉人所用的"电视婚介"一词从字面上便可知,这是一种传统的以电视为媒介的婚姻介绍广告。这种类型的电视栏目根本不能称作"电视节目",而是《类似商品与服务分类表》中第35类的"电视广告"。虽然同为使用电视媒介,但是广告和节目两者分处不同的类别,其性质也是完全不同的。《类似商品与服务分类表》的宗旨就是给商标权利人乃至整个社会提供明确的商品与服务分类,从而提供分类上的稳定且确切的指引。如果某几类商品与服务在内容上有近似,类似商品与服务分类表即会特别标注提示。因此,如果《类似商品与服务分类表》提供的各项分类可以被轻易地认定为带有相互混同或交集的可能性的话,则其会丧失分类上的稳定且确切的指引,从而产生在商标相关的行政、司法与执法中的混乱。上诉人认为"交友、婚姻介绍"的范围并没有受到任何手段形式的限定,电视婚介也是预留给商标权利人的空间,该表述并不准确。我方认为,上诉人固然拥有通过广告宣传自身服务的权利,当然也包括电视广告。但是反过来,交友、婚姻介绍的服务提供商就可以无限制地将其在第35类的商标边界延伸到第41类"电视节目"了?如果这样,商标立法的根基将不复存在。基于此,上诉人在其诉状中所提的"电视手段"并不能成立,上诉人实施"交友、婚姻介绍"服务的手段,仅是其实施"电视婚介"广告的手段。故江苏电视台提供的电视节目服务与婚介服务并不存在交集。

三、江苏电视台使用"非诚勿扰"标识并不构成混淆。

1.江苏卫视不构成来源混淆。一方面,上诉人界定"相关公众"的范围过于狭隘。上诉人通过引用司法解释证明江苏卫视产生了混淆。然而,法条中明确既包括有关消费者也涵盖相关从业者,而上诉人却丝毫没有从消费者的角度进行阐述,而是把"相关公众"的范围限定为经营者的金阿欢与江苏卫视,故这种以偏概全的认定方式是不可取的。作为经营者的"相关公众"通常比相关消费者更了解自身所处的行业与相互的竞争关系,因此应当更清楚地意识到金阿欢与江苏卫视的区别。另一方面,从消费者的角度来看,其选择服务时所施加的注意力也应是判断混淆的考虑因素。金阿欢的婚恋中介服务是以建立特定的人身关系为内容的,而一般来说建立婚恋关系是个人社会生活中的重大事件,故消费者在使用婚恋服务之前会比使用普通的家政或交通服务等更关注服务的来源,通常消费者只有清楚地作出区分才会接受服务。因此,江苏卫视不构成来源混淆。

2.江苏卫视不构成关联混淆。上诉人仅因为两位被上诉人在《非诚勿扰》节目中是合作伙伴就得出珍爱网公司与江苏卫视的服务是相同类别的结论,实属不妥。上诉人忽略了江苏卫视在历年的《非诚勿扰》节目中的合作伙伴还有"VIVO智能手机"与"韩束"等与电视节目和婚介不同的经营者,没有任何规定要求电视节目合作者必须要与某种服务一致。因此,上诉人仅以两位被上诉人是合作伙伴就从服务类别上认定"江苏卫视=珍爱网=金阿欢",从而产生关联性混淆的结论是错误的。

3.江苏卫视不构成反向混淆。上诉人在其诉状中提起反向混淆概念之后既没有明确其适用条件,也没有提供有效的依据,故反向混淆不应该作为本案中判定混淆的依据。上诉人错误地引用了《商标法》中第五十七条第(一)项,与混淆并无直接联系,故与反向混淆无关。《最高人民法院关于审理商标民事纠纷案件适用法律若干问题的解释》第一条已经对《商标法》第五十七条第(七)项的"前身",即旧《商标法》第五十二条第(五)项,所谓"其他的损害行为"仅适用于不当注册企业名称、模仿驰名商标和不当注册与使用域名这三个行为,而不是上诉人想当然可以漫无边界地适用。上诉人引用《商标法》中第五十七条第(一)项与第(七)项并无意义。上诉人对江苏卫视让金阿欢的业务被认为"傍大款""搭顺风车",甚至被"淹没"的说法毫无道理。第一,上诉人并没有提供有效证据显示金阿欢的客户认为金阿欢的"非诚勿扰"中介"傍大款""搭顺风车"。第二,当今社会已经进入了相对自由的市场环境,因此每个商业经营者也都必须对自己的投入和发展负责。每个经营者都倾向于扩大自己的品牌影响力,而《商标法》的立法目的之一就是要保护合法的品牌建立的努力成果。江苏卫视的"非诚勿扰"与金阿欢的"非诚勿扰"虽然出于两个不同的服务类别,但其遵循的市场规律却是相同的。江苏卫视作为实力雄厚的企业建立品牌影响力时更易见成效,这是不争的事实,也是受法律认可的。而金阿欢仅仅为资金和力量有限的自然人,故我们可以推断其品牌影响力也非常有限。因此,上诉人提及的"淹没""毁灭性结果"等,仅是受金阿欢的经营条件所限而造成的,与江苏卫视的合法经营品牌行为无关。综上,江苏卫视不构成反向混淆。

四、珍爱网公司不构成侵权。

通过《商标法》第八条和《商标法实施条例》第三条可知,商标的使用需符合两个条件,一是将商标用于商品、商品包装或者容器以及商品交易文书上,或者将商标用于广告宣传、展览以及其他商业活动中;二是商标的使用能让相关公众区分商品或服务的来源。上诉人提供的证据显示的是江苏卫视的《非诚勿扰》电视节目的报名入口,《非诚勿扰》电视节目招聘节目参与人的新闻报道。证据中"珍爱网"与"非诚勿扰"标识都被安排在相互区别的显著位置,且使用的方式、字体、颜色等要素都是江苏卫视与珍爱网公司日常使用的样式。因此,虽然珍爱网公司在其宣传上使用"非诚勿扰"标识,但其主要功能是指向江苏卫视的《非诚勿扰》节目,而且鉴于江苏卫视《非诚勿扰》节目的认可度与使用上的一致性,该种使用不会让相关公众误认为"非诚勿扰"标识的服务来源就是"珍爱网"。因此,珍爱网公司使用"非诚勿扰"标识的行为并非《商标法》规定的商标使用行为,故不成立侵权。

五、珍爱网公司与江苏电视台亦不构成共同侵权。

1.被上诉人珍爱网公司使用"非诚勿扰"已尽到合理谨慎义务。被上诉人珍爱网公司在与江苏电视台合作前已经充分了解到《非诚勿扰》是一档电视节目,并且江苏卫视已经获得"非诚勿扰"商标在第41类"电视文娱节目"服务项目上的合法授权。江苏卫视是在"电视文娱节目"服务上"非诚勿扰"商标的合法使用者。金阿欢的"非诚勿扰"商标于2010年

9月7日注册,而江苏卫视的《非诚勿扰》节目是在2010年1月15日开播,明显早于上诉人商标的注册时间。因此在上诉人商标公告之前,珍爱网公司是不可能察觉到上诉人商标的存在。另外,两被上诉人在深圳招募活动参与人的报道,清晰地表明是江苏卫视《非诚勿扰》在招募节目参与人,并对《非诚勿扰》节目做了简要介绍。综上,珍爱网公司是在知悉江苏电视台是"非诚勿扰"标识的合法使用人后才开展合作,且不可能察觉到上诉人商标的存在,故不构成共同侵权。2.被上诉人珍爱网公司使用"非诚勿扰"的行为并不符合共同侵权的构成要件。根据我国《民法通则》第一百三十条规定,构成共同侵权的要件是:主体的复数性、过错的共同性、结果的同一性与责任的连带性。其中针对最主要的主观过错与侵权结果两点,两位被侵权人使用"非诚勿扰"标识的情况合理合法,并无过错因素存在,且没有造成相关公众混淆,因而没有造成侵权后果。所以,被上诉人珍爱网公司与江苏电视台不构成共同侵权。

综合意见,一方面,我方认为两个不同类别的服务是否相同不能仅以表象或单一要素来判断,必须以该两种服务的使用价值和价值属性,以及反映该两种属性的服务的目的、方式、内容和对象进行综合对比分析。基于这种分析方法,被上诉人江苏卫视的《非诚勿扰》电视节目与上诉人金阿欢的"非诚勿扰"婚恋交友服务在目的、方式、内容和对象等方面均存在本质的差异,两者从商品服务的使用价值和价值属性上来看完全不同,应依法归为无任何交集的两个服务类别。另一方面,从两位被上诉人使用"非诚勿扰"标识的情形来看,江苏卫视通过其自身努力提高了"非诚勿扰"标识的知名度并建立了该标识与电视节目服务中唯一且明确的联系;而珍爱网公司是在突出使用自身商标的同时,以指示性描述的方式使用"非诚勿扰"标识,其并未起到识别商标标识服务来源的作用。故两位被上诉人的行为并不可能让相关公众混淆。因此,被上诉人珍爱网公司不构成商标侵权,且两位被上诉人亦不构成共同侵权。然而,上诉人并未真正理解到我国商标相关法律的边界与立法目的,而在其先天经营条件不足或自身努力不够的情况下,通过诉讼的方式以小搏大并企图从江苏卫视合法合理使用的"非诚勿扰"标识中获取影响力。法律面前任何诉讼当事人都应该是平等的,绝不能因某一方表现成弱势群体而纵容其投机性的滥用诉讼行为。恳请二审法院依法驳回上诉人的诉讼请求。

经审理查明:一审查明事实为本案事实。

另查,上诉人金阿欢在本案中诉讼请求:(1)江苏电视台所属的江苏卫视频道立即停止使用"非诚勿扰"栏目名称;(2)珍爱网公司立即停止使用"非诚勿扰"名称进行广告推销、报名筛选、后续服务等共同侵权行为;(3)江苏电视台、珍爱网公司共同承担本案全部诉讼费用。

上诉人金阿欢在二审期间提交证据:证据1,《关于进一步规范婚恋交友类电视节目的管理通知》,广电总局2010年16号文,上诉人通过佛山市文化广电出版局的网站上找到了该文,并进行了公证,即(2013)深盐证字第4361号公证书。该证据证明广电总局发文明确将《非诚勿扰》电视节目归类为婚恋节目。

证据2,新华网发表的官方文章《电视红娘如何牵红线而不踩红线》,官方媒体及公众,包括电视节目的经营者湖南卫视的主要官员都将《非诚勿扰》这一类婚恋节目称为电视红娘。体现在(2013)深盐证字第4361号公证书。

证据3,被上诉人江苏电视台指定的信息平台1066666620提供的有偿婚介交友信息服务。通过节目主持人的语言及屏幕上的文字告知观众,如果想认识《非诚勿扰》的女嘉宾,需要发送一条信息到指定平台,而对每个女嘉宾的姓名和邮箱的联络地址,收费人民币2元。证明江苏电视台是直接利用婚介信息进行有偿的婚介服务。这份证据在一审的第二次开庭已提交,由于当时没有进行公证,本次庭审是对该信息补做的公证,即(2014)深盐证字第4362号公证书。

证据4,被上诉人刊登在《温州都市报》上的广告,2015年9月18日B6版,金阿欢在一审提交了同类的报纸和发票。证明被上诉人江苏电视台持续使用该商标进行经营活动。

证据5,国家商标局(2015)商标异字第0000021796号决定。本案的商标是在2009年申请注册,为了方便使用,金阿欢对该商标的字体进行简化,金阿欢于2012年又申请了一个"非诚勿扰"商标,从商标法角度上说只是字体略有不同,但属于完全相同的商标。申请指定使用的范围是第45类婚介交友服务。2013年,该商标通过初审公告,随后,上诉人与被上诉人江苏电视台正在发生本案的诉讼,被上诉人通过其下述全资子公司长江龙公司对金阿欢商标的初审公告提出异议,认为两个商标容易形成混淆,容易与《非诚勿扰》电视节目栏目形成混淆,国家商标局于2015年7月16日作出了第10743720号"非诚勿扰"商标不予注册的决定。不予注册的理由是:金阿欢申请的第二个商标与江苏卫视的标识文字相同,且两者指定的服务项目在服务方式、服务内容和服务对象等方面相似,故被异议商标如已注册,易使公众产生误认。依据是《商标法》第十条第一款第(七)项,其内容是指带有欺骗性的易被公众产生误认的。金阿欢提交该证据证明:金阿欢申请的第二个商标与本案金阿欢已注册的商标属于相同的商标,服务类别也相同。金阿欢的第二个商标,江苏卫视认为容易和江苏卫视《非诚勿扰》电视节目产生混淆,并且国家商标局也对此作出了认定。金阿欢的第二个商标和第一个商标相同,仅是申请时间先后不同,因此金阿欢的第一个商标与《非诚勿扰》电视节目同样容易引起公众的误认,进一步证明被上诉人《非诚勿扰》已构成对金阿欢注册商标的侵权。

被上诉人江苏电视台认为:对上诉人二审提交的证据1广电局的文件、证据2新华网发表的《电视红娘如何牵红线而不踩红线》文章,真实性予以认可。但认为文中所表述"体现了电视媒体的引导功能和服务功能",肯定了《非诚勿扰》等节目的性质是电视节目,相亲交友和婚恋交友只是其表现形式,并不是其主要的服务功能。对证据及公证书的真实性予以认可,但公证书中反映的内容与被上诉人江苏电视台无关。其中,公证书的截屏中反映的客服电话来自娱乐互动(搜狐),并非被上诉人江苏电视台,其收取的费用也非江苏电视台收取。证据4中刊登的广告只能证明上诉人刊登广告的这一民事行为,对于广告中反映的活动是否开展尚无定论,也不能证明上诉人就此行使其商标权利。证据5也从一个方面表明,上诉人认可了长江龙公司是《非诚勿扰》电视节目的合法著作权人,江苏卫视仅是该节目的播出平台。上诉人在本案起诉时明知长江龙公司是《非诚勿扰》节目著作权人,却依然只起诉了播出方,明显对象不适格。

被上诉人珍爱网公司认为:(2014)深盐证字第4361号公证书中所载的广电总局《关于进一步规范婚恋交友类电视节目的管理通知》一文,珍爱网公司对其真实性与合法性无异议,但对其关联性与证明目的不予认可。该文中,所谓的"婚恋交友类电视节目"仅是因为该类电视节目展示了婚恋交友的过程而已,因而其命名并不当然地决定其本质。珍爱网公司在本案的答辩意见中已清楚指出,对于《非诚勿扰》电视节目而言,即便各种媒体或视频网站称其为"综艺节目""娱乐节目""两性节目"或"婚恋交友类电视节目",其本质仍是电视节目。然而,金阿欢意欲通过引援《关于进一步规范婚恋交友类电视节目的管理通知》以偷换概念的手段来达到其将电视节目与婚介服务混为一谈的目的,殊不知该证据文中如下细节突出了《非诚勿扰》作为电视节目的本质:(1)文中"要严格按照本通知有关精神,认真做好节目预案、环节设计、嘉宾选择、话题引导和播出审查等工作";"不得邀请个人品德有问题或有争议、持不正确或非主流价值观、婚恋观的人物参加节目";"嘉宾在节目中的不当言行一律不得播出"。(2)文中"要符合党和国家的各项政策,符合社会主义核心价值观,符合社会道德评价标准"。(3)文中"要有助于展现青年男女嘉宾健康向上的精神风貌和择偶观念"。(4)文中"必须采取录播方式,一律不得现场直播;要严格执行播前审查和重播重审制度,对有问题的内容和错误的观点必须删除"。上述细节恰恰证明了《非诚勿扰》是电视节目,电视节目本身的特点:表演性、娱乐性、价值导向型、非实时播出性与人为干预性。而这些特点与婚介服务的区别显而易见。因此,基于上述事实与意见,该证据于本案争议事实焦点并不具备关联性,其证明目的也与本案无关。上诉人证据2(2014)深盐证字第4361号公证书中所载的新华网《电视红娘如何牵红线而不踩红线》一文,珍爱网公司对其真实性与合法性无异议,但对其关联性与证明目的不予认可。不难发现,新华网所载的《电视红娘如何牵红线而不踩红线》一文仅是记者采访刘蕾(湖南卫视《我们约会吧》节目制作人)、李浩(湖南卫视副总编辑、新闻发言人)与丁加勇(湖南师范大学文学院副教授)三人的访谈记录,因而其通篇皆是三人的个人言论堆砌。该三人所处地域(湖南省)相同,且其中两位是同一家电视台的工作人员,故该文不过是表达了少数湖南电视节目从业人员的个人言论,并不具有普遍权威性。另外,文章主旨是讨论节目整改,因而与本案争议无关。然而,金阿欢通过引用缺乏普遍代表性的个人言论欲证明媒体及公众将《非诚勿扰》节目称为"电视红娘",实属不当。上诉人提交(2014)深盐证字第4362号公证书,该公证书中所载的关于有偿婚介交友信息服务的真实性与合法性无异议,但对其关联性与证明目的不予认可。证据中只显示手机短信来源为"娱乐互动"(搜狐),而并无任何涉及"非诚勿扰"、江苏卫视或珍爱网的字样,亦见不到其相互合作的信息。故该证据中仅展示了嘉宾本人与"娱乐互动"(搜狐)作为第三方之间发生的联系,与本案两被上诉人无关。上诉人对案外其他商标提出的异议和相关决定,与本案无关。综上所述,上诉人金阿欢所提交的补充证据皆不具备关联性且其证明目的有误,因此我方恳请人民法院不予采信。

本院认为,本案争议为侵害商标权纠纷。金阿欢经国家商标行政管理部门核准,依法取得第7199523号"非诚勿扰"注册商标专用权,该商标处于法律规定的保护期之内,依法应受到法律的保护。第7199523号"非诚勿扰"注册商标核定服务项目为第45类,包括"交友服务、婚姻介绍所"等。原审法院认定江苏电视台节目的名称"非诚勿扰"与金阿欢的文字商标"非诚勿扰"相同,江苏电视台使用"非诚勿扰"为商标性使用。上诉人和被上诉人均无异议,本院不再赘述。因此,该案的关键问题在于江苏电视台使用《非诚勿扰》电视节目与金阿欢第7199523号"非诚勿扰"注册商标核定服务类别是否相同或者近似,两被上诉人是否构成共同侵权。

关于两者是否属于相同或者近似服务问题。金阿欢"非诚勿扰"核定服务项目为第45类,包括"交友服务、婚姻介绍所"等。江苏卫视《非诚勿扰》节目简介为:"《非诚勿扰》是一档适应现代生活节奏的大型婚恋交友节目,我们将为您提供公开的婚恋交友平台、高质量的婚恋交友嘉宾,全新的婚恋交友模式。"《非诚勿扰》栏目主持人开场白为"对于渴望结婚成家的那些人来说,我宽慰他们几句,没事宅在家里看《非诚勿扰》,跟《非诚勿扰》有关的事,都促进你们的婚姻。一句话,关注《非诚勿扰》,对你结束单身生活,是有帮助的";结束语为"观众朋友如果想了解24位女嘉宾的个人资料和联系方式,可以拿起手机编辑短信81168加女嘉宾编号发送到1066666620或者登录步步高VIVO智能手机非诚勿扰的官方网站,给她们留言。想要征婚、相亲、交友的朋友,可以通过珍爱网或百合网、新浪微博或通过现场报名点报名,来到《非诚勿扰》舞台,在这里追求你们的幸福"。参加《非诚勿扰》的报名条件为达到婚龄的未婚男女,节目中男女嘉宾的自我介绍、兴趣爱好表述、问题的提问及回答、嘉宾的互动,都是为了交友、相亲择偶,节目结束时也有当场达成配对意向或者成果的情况,节目之后嘉宾之间还进行进一步交往(谈恋爱)。江苏电视台在网站上称,为了给更多的女生制造机会,"爱转角"的24个席位除了牵手成功后的自然替换外,还将半个月进行一次整体更换,让相信缘分的单身男女们"有缘千里来相会"。另外,广电总局2010年16号文,新华网发表的官方文章《电视红娘如何牵红线而不踩红线》,均印证了江苏电视台的《非诚勿扰》为相亲、交友节目。所以,江苏电视台的《非诚勿扰》节目,从服务的目的、内容、方式、对象等判定,其均是提供征婚、相亲、交友的服务,与上诉人第7199523号"非诚勿扰"商标注册证上核定的服务项目"交友、婚姻介绍"相同。

本案上诉人第7199523号"非诚勿扰"注册商标已投入商业使用,由于被上诉人的行为影响了其商标正常使用,使之难以正常发挥应有的作用。由于被上诉人江苏电视台的知名度及节目的宣传,而使相关公众误以为权利人的注册商标使用与被上诉人产生错误认识及联系,造成反向混淆。江苏电视台通过江苏卫视播出《非诚勿扰》,收取大量广告费用,也在节目后期通过收取短信费获利,足以证明系以盈利为目的商业使用,其行为构成侵权。在判定本案被上诉人是否构成侵害商标权时,不能只考虑《非诚勿扰》在电视上播出的形式,更应当考虑该电视节目的内容和目的等,客观判定两者服务类别是否相同或者近似。原审法院认为"江苏电视台的《非诚勿扰》电视节目虽然与婚恋交友有关,但终究是电视节目,相关公众一般认为两者不存在特定联系,不容易造成公众混淆,两者属于不同类商品(服务),不构成侵权"的认定错误,本院予以纠正。上诉人指控被上诉人在《非诚勿扰》节目中使用"非诚勿扰"商标行为侵害其商标权,证据充分,本院予以支持。

关于两被上诉人是否构成共同侵权问题。本案侵害上诉人商标权的《非诚勿扰》节目由江苏电视台的江苏卫视负责筹划、播出、宣传等,被上诉人珍爱网公司参与了参加节目的嘉宾招募,以及举办"非常有爱非诚勿扰——珍爱网单身男女寻缘派对"活动,也在其网站上进行宣传等,声称"江苏卫视和珍爱网联合主办"。就江苏卫视的《非诚勿扰》节目问题,江苏电视台与珍爱网公司还签订有《合作协议书》,上述事实证明江苏电视台和珍爱网公司共同实施了侵权行为,构成共同侵权。至于江苏电视台抗辩其《非诚勿扰》节目内容系长江龙公司拥有版权的作品,责任人应当为长江龙公司。本院认为,长江龙公司系江苏电视台下属单位,此为江苏电视台对其下属的分工问题,本案并非著作权侵权纠纷,而是商标权侵权纠纷,侵害商标权的主体应当为江苏电视台。因此,江苏电视台的该抗辩理由不成立,本院不予采纳。关于被上诉人珍爱网公司抗辩其已经尽到合理注意义务,使用"非诚勿扰"只是指明来源问题。本院认为,珍爱网公司与江苏电视台就实施本案侵权是合作关系,其也实际参与了侵权行为的实施,并不是间接侵权,也不是转播关系,审查义务不适用于其行为,其也不是在使用江苏电视台的节目进行来源说明,故珍爱网公司的抗辩理由不成立,本院不予采纳。

综上,上诉人的上诉理由成立,其诉讼请求证据充分,依法应予以支持。原审判决审理程序合法,但认定事实及适用法律错误,本院予以纠正。为此,依照《中华人民共和国商标法》第四条第二款、第五十七条第(一)项、《中华人民共和国民事诉讼法》第一百七十条第一款第(二)项、第(三)项、《最高人民法院关于民事诉讼证据的若干规定》第二条的规定,判决如下:

一、撤销广东省深圳市南山区人民法院(2013)深南法知民初字第208号民事判决;

二、被上诉人江苏省广播电视总台立即停止侵害上诉人金阿欢第7199523号"非诚勿扰"注册商标行为,即其所属的江苏卫视频道于本判决生效后立即停止使用"非诚勿扰"栏目名称;

三、被上诉人深圳市珍爱网信息技术有限公司立即停止侵害上诉人金阿欢第7199523号"非诚勿扰"注册商标行为,即于本判决生效后立即停止使用"非诚勿扰"名称进行广告推销、报名筛选、后续服务等行为。

本案一、二审受理费共计人民币200元,由两被上诉人江苏省广播电视总台、深圳市珍爱网信息技术有限公司共同负担。

本判决为终审判决。

审判长　于春辉
代理审判员　费晓
代理审判员　杨馥维
二〇一五年十二月十一日
书记员　刘绍君(兼)

风向急转

二审的法官们大概没有想到,他们的判决引爆了舆论。在法律界人士的印象中,从来没有出现过比这更典型的知识产权案件,因为被起诉的是有着超高人气的电视相亲节目《非诚勿扰》,判决更是引起了媒体和普通公众的极大兴趣,即便当时还没有人人都是评论员和道德判官的自媒体,仅有微博这类平台可供讨论,但公众对这个话题的参与度同样超乎想象。

直到此时,让肖才元担心的从一审到二审的"道德审判",本来只是与诉讼主题无关的插曲和枝节,现在终于演变成了对金阿欢进行围攻的主流话题。

"没有哪个媒体或者评论者冷静地思考一个逻辑问题:金阿欢受《非诚勿扰》电影的启发,申请注册'非诚勿扰'商标的时间是在2009年2月16日,江苏卫视第一期《非诚勿扰》播出时间据称是2010年1月15日,比金阿欢提出申请的时间晚了11个月。"回忆起当时的舆论风暴,肖才元说,"显然,金阿欢做梦都想不到有个电视台要做《非诚勿扰》相亲节目,而且会大火,因而提前'抢注'商标,意图获取不义之财。任何不带偏见的人,从这个简单的逻辑就能看出,金阿欢申请注册'非诚勿扰'商标,对江苏电视台不存在任何不道德的行为。"

但是,不是每个人都会用肖才元的逻辑思考问题,更何况案件的背后还有更复杂的背景。江苏本地媒体的记者跑去温州,找到金阿欢的店铺,拍了照片发在报纸上,与江苏电视台《非诚勿扰》节目相比,看起来确实寒酸,也没有青年男女来相亲的那种门庭若市的场面。

在媒体喧嚣的同时,法律界人士出现了激烈的观点冲突,大部分还属于学术范畴的争论,不管支持哪一方,都不否定本案对建构和完善知识产权制度的巨大价值，给知识产权案件的审判提供了一个全新的认知标本。

终审判决生效后，《非诚勿扰》节目仍像以前那样正常播出，最新的一期是2016年1月9日。根据终审判决第（二）项："江苏省广播电视总台立即停止侵害上诉人金阿欢第7199523号'非诚勿扰'注册商标行为，即其所属的江苏卫视频道于本判决生效后立即停止使用'非诚勿扰'栏目名称。"

1月11日，肖才元代表金阿欢发表声明，指责江苏电视台未主动履行生效判决，并随即向法院申请强制执行。次日，便收到广东省高院快递来的江苏电视台的"再审申请书"及其相关法律文件。

按照《民事诉讼法》第一百九十九条的规定，"当事人申请再审的，不停止原判决、裁定的执行"。也正是受到这一法律条款的约束，2016年1月15日，江苏广播电视总台发表声明："衷心感谢对我台《非诚勿扰》节目被诉商标侵权一事的关注。作为主流媒体单位，我台一向尊重法律、尊重司法、尊重知识产权。对于深圳市中院二审判决，我台此前已按司法程序申请再审，并已依法申请暂缓执行。"

声明说："因电视综艺节目生产周期长，制作要求复杂等因素，该节目多期已提前录制完成。为维护法律权威，尊重法院判决，并满足广大观众要求，我台从本期节目开始，对已录制好的节目作出最大程度修改，并对该节目名称附加区别性标识，暂时更名为《缘来非诚勿扰》，在周六时段播出。"

2016年4月19日，广东省高院举行听证会，5月13日作出裁定，决定对本案提审、再审；再审期间，中止原判决执行。

华谊兄弟公司助战

2016年11月15日，再审在广东省高院一号大法庭开庭审理，副院长徐春建担任审判长,与两位法学博士一同组成合议庭。

法官、律师、知识产权界的学者、关注此案的人士,座无虚席。与一二审相比,江苏电视台和珍爱网全部更换了律师,阵容强大,其中包括在知识产权业界具有很高知名度的学者和全国律协知识产权专业委员会的负责人。而金阿欢一方,则由肖才元和王承恩律师代理出庭。

法庭归纳的核心问题,主要还是"江苏电视台《非诚勿扰》节目是不是属于商标性使用?是否对金阿欢的'非诚勿扰'商标构成侵权"?

这两个问题都在一二审的法庭上被审过两轮,不管是驳回原告诉讼请求的深圳市南山区法院,还是支持原告诉讼请求的深圳市中院,判决书都把江苏电视台《非诚勿扰》节目名称定性为商标性使用。

假设一下,深圳市南山区法院的判决一锤定音,《非诚勿扰》节目既是商标性使用,却又不构成对金阿欢"非诚勿扰"商标权的侵害,那就会出现这样的尴尬局面——一边,江苏电视台继续使用《非诚勿扰》节目名称,孟非利用他幽默风趣的主持风格,让这档节目红火下去,也别管它到底是相亲交友还是娱乐八卦;另一边,金阿欢手里的"非诚勿扰"商标也是合法的,他既可以开办实体店形式的"非诚勿扰婚姻介绍所",也能通过与他人合作,用"非诚勿扰"商标和某种商业模式,把婚恋交友生意搬到互联网上,甚至与哪个电视台合作,再搞一档"非诚勿扰"电视相亲节目。

说来令人难以置信,肖才元证实,就在深圳市中院刚作出终审判决那会儿,一家直辖市电视台捷足先登,联系到肖才元,探讨利用"非诚勿扰"商标开办电视相亲节目的可能性。如果不是再审程序启动得太快,阻断了这个计划,接下来的剧情发展恐怕会让观众大饱眼福。

再审法庭上,很多思绪在肖才元的脑子里一闪而过,他没有更多的时间去胡思乱想,战斗还在进行。

江苏电视台代理人矢口否认《非诚勿扰》的婚恋交友性质,认为其只是娱乐节目,肖才元利用发问的机会问道:"既然如此,请对方代理人回答,台上的男女嘉宾,是真实的婚恋意义上的牵手,还是娱乐性质的演戏?"

听到他的发问,台上台下,很多人不约而同地发出笑声。这其中自然有"明白人",听懂了肖才元的话。"与其说我是在向对方代理人发问,不如说这是说给法官听。"正是说者有意,听者有心,肖才元一脸严肃地等着对方回答。

对方代理人拒绝回答肖才元的发问,法官也未要求对方回答这一问题。中场休息时,对方一名代理人说,他的当事人对这个提问很反感,认为这是恶意的,是对他们的攻击。

就事论事,这是无法回答的问题,左右都是坑——如果说台上的牵手、泪流满面都是恋人情不自禁的表现,那就等于承认这就是婚恋交友节目,是对作为商标权利人的金阿欢的侵权;要说那只是为了娱乐,是台上的演员在演戏,岂不是欺骗电视观众?

问题有没有得到回答不重要,肖才元只想把他要表达的意思传递给现场的人。毕竟,当天坐在法庭上的人,不是为了看热闹,也不是想听双方代理人吵架。

肖才元注意到,对他的当事人道德的指责,明显比一二审时的声音有所提高,言词也更激烈。这不是孤立的,是另一场战斗的一部分。

就在申请再审的同时,2016年1月14日,江苏电视台向国家商评委提出对"非诚勿扰"商标宣告无效的申请,理由是:第一,"非诚勿扰"是日常用语,更是婚恋交友中的商贸用语、广告语,争议商标不具有显著性,不能起到识别服务来源的作用。

第二,争议商标系被申请人恶意复制华谊兄弟公司的《非诚勿扰》电影名称,争议商标的注册损害了华谊兄弟公司的在先著作权,误导公众,造成不良影响,其商标本身也不可能产生区别服务来源的作用。

第三,争议商标并未真正被商标性使用,更没有通过使用获得显著性。

即便商贸用语等不具有显著性的商标被核准注册,在侵权案件中也不会获得法院支持。申请人依据《商标法》(2013年)第七条、第九条、第十条第一款第(七)(八)项、第十一条等规定,请求宣告争议商标无效。

国家商评委经审查认为:本案争议商标为2014年《商标法》修改决定施行前已经获准注册的商标,依据法不溯及既往原则,本案程序问题的审理应适用修改后的《商标法》,实体问题的审理应适用修改前的《商标法》。

现行《商标法》第七条、第九条的规定系总则性条款,一般不作为商标评审申请的直接依据,且其立法精神已体现在修改前《商标法》具体条款的规定之中。

根据当事人的理由、事实和请求,本案的焦点问题可归纳为:(1)争议商标的注册是否构成修改前《商标法》第十条第一款第(七)、(八)项所指情形;(2)争议商标的注册是否构成修改前《商标法》第十一条所指情形。

关于焦点问题一,修改前《商标法》第十条第一款第(七)项规定的"夸大宣传并带有欺骗性",是指商标对其指定使用商品或者服务的质量等特点作了超过固有程度的表示,容易使公众对商品或者服务的质量等特点产生错误的认识。本案争议商标"非诚勿扰"指定使用在"交友服务"等服务上未构成对服务的质量等特点的超过固有程度的表示,不致造成相关公众对服务的质量等特点产生错误的认识,未构成该条款所规定之情形。

修改前《商标法》第十条第一款第(八)项规定的"有害于社会主义道德风尚或者有其他不良影响的"标志主要指商标注册对社会上的良好风气、习惯,社会公共利益、公共秩序产生负面、消极影响,即商标本身不具可注册性。我委认为不良影响条款适用的前提是该商标的使用造成了对公共利益的损害,至于对特定民事主体权益的损害则不属于该条款调整范围。争议商标"非诚勿扰"所表示内容并非贬义或其他消极含义,不致产生有害于社会主义道德风尚或具有其他不良影响的情形。且申请人提交的证据亦不足以证明争议商标使用在"交友服务"等核定服务上会产生有害于社会主义道德风尚或其他具有不良社会影响的后果,故争议商标未构成修改前《商标法》第十条第一款第(八)项所规定之情形。

关于焦点问题二,商标的显著特征,是指商标应当具备的足以使相关公众区分商品或服务来源的特征。商标显著特征的判定应当综合考虑构成商标的标志本身、商标指定使用商品或服务、商标指定使用商品或服务的相关公众的认知习惯、商标指定使用商品或服务所属行业的实际使用情况等因素。本案中,争议商标"非诚勿扰"使用在"交友服务"等服务上,并非服务的通用名称,并未直接表示服务的质量、内容、功能用途等特点,具有商标的显著特征,可以起到区分服务提供者的作用,未构成修改前《商标法》第十一条所规定之情形。

另外,修改前《商标法》第四十一条第二款规定,"已经注册的商标,违反本法第十三条、第十五条、第十六条、第三十一条规定的,自商标注册之日起五年内,商标所有人或者利害关系人可以请求国家商评委裁定撤销该注册商标"。申请人关于争议商标的注册系被申请人恶意复制华谊兄弟公司的《非诚勿扰》电影名称,损害了该公司的在先著作权之主张,由于争议商标的注册日期为2010年9月7日,而申请人提出本案无效宣告申请的日期为2016年1月14日,此时争议商标的注册已逾五年,故该项主张不符合修改前《商标法》第四十一条第二款的规定,我委依法予以驳回。

申请人其他理由缺乏事实和法律依据,我委不予支持。综上,申请人所提无效宣告理由不成立。

依照《中华人民共和国商标法》第四十四条第三款、第四十五条第二款和第四十六条的规定,我委裁定如下:

争议商标予以维持。

华谊兄弟公司也在相同的时间向国家商评委提出对"非诚勿扰"商标无效宣告的申请,在江苏电视台申请理由的基础上增加一条,即金阿欢的"非诚勿扰"商标是对华谊兄弟公司已经注册的驰名商标"非誠勿擾 If you are the one 及图"[*]的复制和临摹,致使驰名商标注册人的利益受到损害。

国家商评委经审查认为:2001年《商标法》第十三条旨在对可能利用驰名商标的知名度和声誉,造成市场混淆或者公众误认,致使驰名商标所有人的利益可能受到损害的商标注册行为予以禁止。依据2001年《商标法》第十四条的规定,商标驰名与否应当考虑相关公众对商标的知晓程度,该商标持续使用的时间,该商标任何宣传工作的持续时间、程度和地理范围以及该商标作为驰名商标受保护的记录等因素。本案中,华谊兄弟公司提交的证据未能全面反映其使用"非誠勿擾 If you are the one 及图"商标的服务的覆盖范围、经济指标、广告范围、广告投入、市场排名等情况,依据2001年《商标法》第十四条的规定,华谊兄弟公司提交的在案证据尚不足以证明在诉争商标注册申请日之前,其"非誠勿擾 If you are

---

[*] 此为商标注册原文。

the one 及图"商标于中国大陆经宣传使用在"电视文娱节目、节目制作"等服务上已为相关公众所知晓,达到驰名商标的认定条件。且诉争商标核定使用的"开保险锁"等服务与华谊兄弟公司主张驰名的"电视文娱节目、节目制作"等服务分属于不同的行业领域,在服务的内容、方式、目的、对象等方面差异较大,相关公众一般不会认为上述服务在实际市场使用中存在某种特定的联系,既非类似服务亦无密切关联。诉争商标的申请注册或使用不致使公众混淆或误认,从而可能损害华谊兄弟公司的利益。由此,诉争商标的申请注册未构成 2001 年《商标法》第十三条第二款所规定之情形。

最终,国家商评委裁定驳回了华谊兄弟公司的申请。

江苏电视台和华谊兄弟公司不服国家商评委的裁定,向北京知识产权法院提起行政诉讼,均被驳回。

同时,江苏电视台、华谊兄弟公司还分别以金阿欢的"非诚勿扰"商标三年未使用为由,向国家商评委申请予以撤销,也被全部驳回。

尽管肖才元和他的同事仍在竭尽全力地战斗,作为个人,面对两个财大气粗的机构的轮番诉讼,金阿欢的压力可想而知。好在"非诚勿扰"商标最终得以保全。

再审判决的逻辑

2016 年 12 月 26 日,广东省高院作出再审判决:

本院再审认为,本案系侵害商标权纠纷。根据再审申请人的再审请求、被申请人答辩意见及本案证据,本案的争议焦点为:(1)江苏电视台对被诉标识的使用是否属于商标性使用,(2)江苏电视台是否侵害了金阿欢涉案注册商标权,(3)珍爱网公司是否与江苏电视台构成共同侵权。

一、关于江苏电视台对被诉标识的使用是否属于商标性使用的问题。

本案中,江苏电视台主张,其对被诉"非诚勿扰"标识(含文字标识及图文组合标识两种形态)的使用仅仅属于对节目名称的使用,且被诉"非诚勿扰"标识在播出过程中图样、位置多变,不符合商标定义,相关公众依靠的是江苏卫视的台标来识别来源,故被诉标识未起到识别来源的作用,不属于商标性使用。对此,本院认为,相关标识具有节目名称的属性并不能当然排斥该标识作为商标的可能性,而被诉标识在电视节目上的显示位置及样式是否固定、使用的同时是否还使用了其他标识,亦非否定被诉标识作为商标性使用的充分理据。判断被诉"非诚勿扰"标识是否属于商标性使用,关键在于相关标识的使用是否为了指示相关商品/服务的来源,起到使相关公众区分不同商品/服务的提供者的作用。本案中,"非诚勿扰"原是江苏电视台为了区分其台下多个电视栏目而命名的节目名称,但从本案的情况来看,江苏电视台对被诉"非诚勿扰"标识的使用,并非仅仅为概括具体电视节目内容而进行的描述性使用,而是反复多次、大量地在其电视、官网、招商广告、现场宣传等商业活动中单独使用或突出使用,使用方式上具有持续性与连贯性,其中标识更在整体呈现方式上具有一定独特性,这显然超出对节目或者作品内容进行描述性使用所必需的范围和通常认知,具备了区分商品/服务的功能。江苏电视台在播出被诉节目同时标注"江苏卫视"台标的行为,客观上并未改变"非诚勿扰"标识指示来源的作用和功能,反而促使相关公众更加紧密地将"非诚勿扰"标识与江苏电视台下属频道"江苏卫视"相联系。随着该节目持续热播及广告宣传,被诉"非诚勿扰"标识已具有较强显著性,相关公众看到被诉标识,将联想到该电视节目及其提供者江苏电视台下属江苏卫视,客观上起到了指示商品/服务来源的作用。而且,江苏电视台在不少广告中,将被诉"非诚勿扰"标识与"江苏卫视"台标、"途牛""韩束"等品牌标识并列进行宣传,在再审审查程序中提交的证据表明江苏电视台曾就该标识的使用向华谊兄弟公司谋求商标授权,以上均直接反映江苏电视台主观上亦存在将被诉标识作为识别来源的商标使用、作为品牌而进行维护的意愿。因此,江苏电视台仅以"非诚勿扰"属于节目名称、同时标注台标明晰来源为由,否认相关行为属于商标性使用不能成立,本院不予支持。

二、关于江苏电视台是否侵害金阿欢涉案注册商标权的问题。

根据我国商标法规定,注册商标的专用权,以核准注册的商标和核定使用的商品/服务为限。未经商标注册人的许可,在同一种商品/服务上使用与其注册商标相同的商标,属于侵犯注册商标专用权的行为;在同一种商品/服务上使用与其注册商标近似的商标,或者在类似商品/服务上使用与其注册商标相同或近似的商标,容易导致混淆的,亦构成侵权。据此,在商标侵权裁判中,必须对被诉标识与注册商标是否相同或近似、两者服务是否相同或类似,以及是否容易引起相关公众的混淆误认作出判断。

(一)关于被诉标识与涉案商标是否相同或近似的问题。

本案中,将被诉"非诚勿扰"文字标识及图文标识分别与金阿欢涉案第7199523号注册商标相比对,文字形态上均存在繁体字与简体字的区别,在字体及文字排列上亦有差异。被诉图文组合标识与金阿欢注册商标相比,还多了颜色及图案差异。故该两被诉标识与金阿欢涉案第7199523号注册商标相比,均不属于相同标识。该两被诉标识与金阿欢涉案注册商标的显著部分与核心部分均为"非诚勿扰",文字相同,整体结构相似,在自然组成要素上相近似。但客观要素的相近似并不等同于商标法意义上的近似。商标法所要保护的,并非仅以注册行为所固化的商标标识本身,而是商标所具有的识别和区分商品/服务来源的功能。如果被诉行为并非使用在相同或类似商品/服务上,或者并未损害涉案注册商标的识别和区分功能,亦未因此导致市场混淆后果的,不应认定构成商标侵权。

(二)关于两者服务类别是否相同或类似的问题。

对于被诉节目是否与第45类中的"交友服务、婚姻介绍"服务相同或类似,不能仅看其题材或表现形式来简单判定,应当根据商标在商业流通中发挥识别作用的本质,结合相关服务的目的、内容、方式、对象等方面情况并综合相关公众的一般认识,进行综合考量。如前所述,江苏电视台经过长期对《非诚勿扰》节目及标识的宣传和使用,已使社会公众将该标识与被诉节目、江苏电视台下属频道江苏卫视相联系。而这种使用,从相关服务的目的、内容、方式、对象等方面情况来看,正是典型的使用在电视文娱节目上。具体言之,被诉《非诚勿扰》节目系一档以相亲、交友为题材的电视文娱节目,其借助相亲、交友场景中现代未婚男女的言行举止,结合现场点评嘉宾及主持人的评论及引导,通过剪辑编排成电视节目予以播放,使社会公众在娱乐、放松、休闲的同时,了解当今社会交友现象及相关价值观念,引导树立健康向上的婚恋观与人生观。其服务目的在于向社会公众提供旨在娱乐、消遣的文化娱乐节目,凭节目的收视率与关注度获取广告赞助等经济收入;服务的内容和方式为通过电视广播这一特定渠道和大众传媒方式向社会提供和传播文娱节目;服务对象是不特定的广大电视观众等。而第45类中的"交友服务、婚姻介绍"系为满足特定个人的婚配需求而提供的中介服务,服务目的系通过提供促成婚恋配对的服务来获取经济收入;服务内容和方式通常包括管理相关需求人员信息、提供咨询建议、传递意向信息等中介服务;服务对象为特定的有婚恋需求的未婚男女。故两者无论是在服务目的、内容、方式和对象上均区别明显。以相关公众的一般认知,能够清晰区分电视文娱节目的内容与现实中的婚介服务活动,不会误以为两者具有某种特定联系,两者不构成相同服务或类似服务。

退一步而言,即使如金阿欢所主张,认为江苏电视台提供的被诉《非诚勿扰》节目与"交友服务、婚姻介绍"服务类似,但因被诉行为不会导致相关公众对服务来源产生混淆误认,也不构成商标侵权。如前所述,商标法保护的系商标所具有的识别和区分来源功能,故必须考虑涉案注册商标的显著性与知名度,在确定其保护范围与保护强度的基础上考虑相关公众混淆、误认的可能性。本案中,金阿欢涉案注册商标中的"非诚勿扰"文字本系商贸活动中的常见词汇,用于婚姻介绍服务领域显著性较低,其亦未经过金阿欢长期、大量的使用而获得后天的显著性。故本案对该注册商标的保护范围和保护强度,应与金阿欢对该商标的显著性和知名度所作出的贡献相符。反观被诉《非诚勿扰》节目,其将"非诚勿扰"作为相亲、交友题材节目的名称具有一定合理性,经过长期热播,作为娱乐、消遣的综艺性文娱电视节目为公众所熟知。即使被诉节目涉及交友方面的内容,相关公众也能够对该服务来源作出清晰区分,不会产生两者误认和混淆,不构成商标侵权。

综上,虽然被诉"非诚勿扰"标识与金阿欢涉案注册商标在客观要素上相近似,但两者用于不同的服务类别,也不会使相关公众产生混淆误认,江苏电视台在电视文娱节目上使用被诉"非诚勿扰"标识,并不构成对金阿欢涉案第7199523号注册商标的侵权。二审法院未能从相关服务的整体、本质出发,结合相关公众的一般认识对是否构成类似服务进行科学合理判断,而仅凭题材、形式的相似性及个别宣传措辞,认定江苏电视台被诉行为与"交友服务、婚姻介绍"服务相同,并作出构成商标侵权的不当判决,本院依法予以纠正。

需要特别指出的是,作为大众传媒的广播电视行业本身负有宣传正确的价值观、寓教于乐等公众文化服务职责,其不可避免地要对现实生活有关题材进行创作升华,故其节目中都会涉及现实生活题材。但这些现实生活题材只是电视节目的组成要素。在判断此类电视节目是否与某一服务类别相同或类似时,不能简单、孤立地将某种表现形式或某一题材内容从整体节目中割裂开来,片面、机械地作出认定,而应当综合考察节目的整体和主要特征,把握其行为本质,作出全面、合理、正确的审查认定,并紧扣商标法宗旨,从相关公众的一般认识出发充分考察被诉行为是否导致混淆误认,恰如其分地作出侵权与否的判断,在维护保障商标权人正当权益与合理维护广播电视行业的繁荣和发展之间取得最佳平衡。

三、关于珍爱网公司是否与江苏电视台构成共同侵权的问题。

鉴于本院已经认定江苏电视台的行为不构成商标侵权,故金阿欢关于珍爱网公司协助江苏电视台就《非诚勿扰》节目开展广告推销、报名筛选、后续服务,构成共同侵权的主张不能成立,本院不予支持。至于珍爱网公司是否在被诉节目之外,还存在单独使用"非诚勿扰"标识进行婚姻介绍、交友服务的问题,并非本案的审理范围,本院不予评述。珍爱网公司关于其并未与江苏电视台构成共同侵权的再审请求和理由成立,本院予以支持。

综上,江苏电视台与珍爱网公司关于被诉行为不构成商标侵权的再审请求和理由成立,本院予以支持。二审法院认定事实与适用法律均有错误,本院予以纠正。依照《中华人民共和国商标法》第五十七条第(一)、(二)项,《最高人民法院关于审理商标民事纠纷案件适用法律若干问题的解释》第九、十、十一、十二条,《中华人民共和国民事诉讼法》第二百零七条第一款、第一百七十条第一款第(二)项之规定,判决如下:

一、撤销广东省深圳市中级人民法院(2015)深中法知民终字第927号民事判决。

二、维持广东省深圳市南山区人民法院(2013)深南法知民初字第208号民事判决。

再审反映的价值判断

再审判决不是另起炉灶,而是回到初审,用一句话概括:江苏电视台的《非诚勿扰》栏目名称是商标性使用,但是,对金阿欢的"非诚勿扰"商标权不构成侵权。在这样的逻辑下,各地电视台会不会一夜春笋似的冒出"迪士尼相亲会""麦当劳大本营""肯德基周末"……

"这听起来是调侃,实际上也不会出现这种荒诞现象,因为迪士尼、麦当劳、肯德基是驰名商标,任何人都不敢使用,法律对它们的保护是优先的。"肖才元由此引申到另一个视角,"但是,'非诚勿扰'就可以,持有它的是没有任何知名度的普通人金阿欢,谁也不相信他有能力把这个商标做成家喻户晓的品牌,在发生利益冲突的情况下,只能向更大的利益方让步。"

再审判决触及法律价值观的问题——金阿欢是"非诚勿扰"商标的持有人,却因为客观原因,未能很好地,或者说尚未来得及开发该商标的商业价值,如果不是这场轰动一时的诉讼,甚至都没有人知道他的商标;江苏电视台通过自身的实力,让《非诚勿扰》电视节目成了影响力极大的知名品牌,也因此将节目名称变成了商标性使用。在这种力量悬殊的情况下,法律到底选择优先保护谁的利益呢?

从一审、二审,到再审,贯穿始终的强者对弱者的道德审判和利益权衡,与三年前最终也是在广东省高院进行较量的 IPAD 案件如出一辙。苹果公司在上诉时就提出,IPAD 商标的价值是苹果公司创造的,如果法院判决支持深圳唯冠公司,"会损害公共利益,背离保护商标权的理念"。但是,两级法院一致选择了保护商标权人的利益。

相同的争端,肖才元提供了两个可供借鉴的案例,几乎一模一样,而且还是更加强势的国家电视台。

2000年5月24日,天津环渤海文化产业有限公司向国家商评委申请"周末喜相逢"商标注册,于2002年5月21日取得第1774209号"周末喜相逢"商标注册证,核定服务项目为第四十一类项下的广播和电视节目制作、戏剧制作等。2000年11月,中央电视台播出《周末喜相逢》节目。双方原为广告合作关系,后因合作中断而引起商标侵权诉讼。

2007年2月1日,天津环渤海文化产业有限公司向北京市一中院起诉,指控中央电视台《周末喜相逢》栏目构成商标侵权。根据法院审理查明的事实,原告申请"周末喜相逢"的注册商标专用权的时间早于被告使用"周末喜相逢"的时间,而获准授权的时间晚于被告使用"周末喜相逢"的时间。

北京市一中院认为:原告承认自己从未使用过该商标,但这并不能作为被告不构成侵权的合法抗辩理由。涉案注册商标中的"周末喜相逢"五个字本身并不具有文字作品的属性,不能成为著作权法的保护客体。被告也无证据证明其对这五个字享有书法作品的著作权……被告以其享有在先著作权为由,主张其行为合法的抗辩理由,不能成立。

被告将"周末喜相逢"作为其电视节目的栏目名称进行突出性使用,在客观上足以使相关公众,即收看电视的观众将"周末喜相逢"商标误认为是被告的商标,从而造成相关公众对服务来源者的混淆与误认。因此,被告的行为已构成与原告"周末喜相逢"相同商标在相同或近似的服务产品类别即"电视节目制作"的商标性使用行为。被告关于名称性、叙述性等非商标意义上使用的抗辩理由,不能成立。

北京市一中院作出一审判决:被告中央电视台于本判决生效之日起三个月内,停止使用原告天津环渤海文化产业有限公司的"周末喜相逢"注册商标,赔偿原告经济损失三百万元。

另一起案件则是知名度更高的中央电视台综艺节目《星光大道》。2003年7月,北京星光大道影视制作有限公司向国家商评委申请注册"星光大道"商标,在初审通过后,中央电视台提出异议,被驳回后又申请复议,再次被驳回,向北京市一中院提起行政诉讼。

中央电视台提出,对"星光大道"享有在先的栏目名称权和未注册的商标权,被异议商标的注册违反了《商标法》第三十一条的相关规定,也违反了《商标法》第十条第一款第(八)项规定,"有害于社会主义道德风尚或者有其他不良影响的",不得作为商标使用。

北京市一中院的判决认定:"星光大道"栏目开播时间,晚于北京星光大道影视制作有限公司申请注册"星光大道"商标的时间。其一,原告主张的"在先栏目名称权"并非我国法律、行政法规所规定的法定权利,原告的该项诉讼主张缺乏法律依据。其二,原告未向被告及本院提交该栏目确实曾经在被异议商标申请之前已经播出并在相关公众中具有一定影响力的任何其他证据……被异议商标的申请注册并未违反《商标法》第三十一条的规定。

判决认为:《商标法》第十条第一款第(八)项所指的"其他不良影响",一般系指诉争商标本身含有的对我国的政治、文化、民族和宗教等公共利益和公共秩序造成消极、负面影响的因素。本案中的被异议商标为"星光大道",该标识本身不含有任何对上述公共利益或公共秩序产生消极、负面影响的因素。

最后,判决维持国家商评委作出的"星光大道"商标异议复审裁定。

可见,这两起商标权争议案件,从国家商评委到法院,都将商标权利人的利益置于优先地位,受到法律保护,并没有因为其中一方是中央电视台著名的栏目,就可以在公共利益的名义下获得特别保护。

"商标权本质上是财产权,不以权利人的身份、地位以及对社会的贡献大小而有所区分,这和法律面前人人平等的道理是一样的。我们都知道 iPad 的品牌影响力以及巨大的商业价值都是苹果公司创造的,而深圳唯冠公司濒临破产,商标也在闲置状态,但不能因此就看轻它、漠视它,因为它是合法的商标权利人。"对再审判决,肖才元已经放下了。"就像《非诚勿扰》节目,它的影响力和商业价值都是江苏电视台创造的,而金阿欢就是个不起眼的小人物,商标在他的手里价值也不大,而且普通公众可能也希望法院驳回他的诉讼请求。"

华谊兄弟公司正式出场

再审期间，肖才元又去应对另外一场诉讼。

华谊兄弟公司起诉金阿欢和他的非诚勿扰婚姻介绍所"侵犯信息网络传播权"，请求法院判令被告停止侵犯原告信息网络传播权的行为，将原告享有著作权的文字和美术作品从网站上删除；请求法院判令被告立即停止已发生或后续可能发生的相关侵权行为；赔偿原告经济损失1元。

在江苏电视台反击金阿欢之诉的关键时刻，华谊兄弟公司出场，这显然是一场"围魏救赵"之战。

华谊兄弟公司的起诉书称：电影《非诚勿扰》剧本系由该片编剧冯小刚创作完成，其标题"非诚勿扰"系由冯小刚根据该片内容及寓意精心提炼创作产生的原创词汇，其独创性足以符合《著作权法》所要求的高度。而该片宣传发行过程中使用的宣传海报（包括电影标题的美术字形），亦为冯小刚设计完成，该宣传海报中呈现的电影标题美术字形设计以线条、形状、结构及其他方式构成了具有审美意义的平面造型美术作品。该标题的文字表述与字形设计相结合已成为该影片的标志性符号。而剧本及海报设计作者冯小刚已通过协议约定将著作权全部归属于原告，原告为《非诚勿扰》剧本（包括标题）及海报美术作品的著作权人，原告对此享有完整的权利。

原告发现，被告金阿欢未经许可擅自使用原告享有著作权的标题文字及美术作品，将其以商业目的用于被告拥有的网站，使公众可通过网络在个人选定的时间和地点获得该文字及美术作品。不仅如此，原告还发现被告未经许可擅自将原告享有著作权的文字及美术作品在其注册商标中使用。为此，依据《著作权法》及相关法律法规，著作权人有权许可他人行使复制、发行、通过网络向公众传播作品等权利并依约定获得报酬。被告未经许可擅自使用原告享有著作权的作品的行为,侵犯了原告的合法权益。现原告请求法院判令被告承担侵权的民事法律责任,维护原告的合法权益不受侵害。

对华谊兄弟公司的意图,肖才元不便评价,这是它的诉权。但是,他一眼就看穿了这是以"侵犯信息网络传播权"为由,打着著作权案件的旗号,目的是管辖权,将案件拉到北京去。如果直接冲着著作权侵权起诉,那就要跑到金阿欢的户籍所在地温州市。

法院邮寄送达未成,便联系肖才元,请他代表金阿欢接受送达回证,被肖才元婉拒。法官们当然知道可以公告送达,而且金阿欢的地址和电话早就写在诉讼文书上,只是这样很慢,需要半年。法官们兵贵神速,亲自到温州,当面向金阿欢送达。

肖才元起草的管辖异议直指要害:从原告华谊兄弟公司的起诉来看,针对的是著作权侵权,但为了能够在北京的法院立案,凭空想象了一个"侵害信息网络传播权"的理由。金阿欢在他的服务网站上不是播放华谊兄弟公司的电影《非诚勿扰》,仅仅展示自己注册的"非诚勿扰"商标,是对服务标识的使用,并无作品信息可供传播。

从法理上理解,不能认为凡是与互联网相关的著作权纠纷,都可以当作侵害信息网络传播权。根据《著作权法》第十条第一款第(十二)项的定义,信息网络传播权,是特指"以有线或者无线方式向公众提供作品,使公众可以在其个人选定的时间和地点获得作品的权利",而本案不具有这种特征。

金阿欢自己网站上出现的"非诚勿扰"字样、图案,是与商标注册证完全一致的合法使用,专供有婚介交友服务需求的人士了解认识本企业及服务,与旨在向公众提供作品的信息网络传播有着本质的区别。

"公众观赏华谊兄弟公司的作品,通常是去大型的视频网站或华谊兄弟公司自己的网站。"肖才元揶揄道,"我们无法想象,一位正常的北京市民,刻意搜寻金阿欢这样一个不知名的婚介网站,就是为了去欣赏没有内容、光秃秃的《非诚勿扰》电影名称?说白了,就是编造理由取得管辖权,这种做法不应该得到法院的支持。"

《最高人民法院关于审理侵害信息网络传播权民事纠纷案件适用法律若干问题的规定》对案件管辖规定得很清楚,但问题在于,这根本不是侵害信息网络传播权的纠纷,而是把这个理由当借口罢了。

很遗憾,不管肖才元提出的反对理由多么充分,还是被法院驳回。

冯小刚的授权

在北京市朝阳区法院开庭那天,各路媒体记者蜂拥而至。给人的感觉是,记者们不是来旁听严肃的案件审理,而是来看热闹。

案卷中有一份证据,2016年1月16日,华谊兄弟公司(甲方)与冯小刚(乙方)签订的《协议书》,内容是:甲方系电影《非诚勿扰》的投资方,乙方系电影《非诚勿扰》的编剧,双方已于甲方投资拍摄电影《非诚勿扰》之前,就《非诚勿扰》剧本(包括电影标题)的著作权明确约定归甲方所有。现双方进一步通过本协议表明甲方投资拍摄电影《非诚勿扰》的剧本(包括电影标题)的全部著作权归甲方所有。

肖才元发现他们签订的这份《协议书》,连这类法律文书应当具有的授权期限、使用范围、对价、争议解决方式等一概没有。

这原本就不是"非诚勿扰"的主案,而是节外生枝的诉讼,肖才元同一时间在陕西高院有开庭安排,与华谊兄弟公司案件的开庭恰是同一天,时间冲突,本来也可由其他同事上场,但团队一致认为,华谊兄弟公司半路上杀出来,不可忽视,仍需要肖才元亲自出庭。

"天塌不下来!"为安慰年轻的同事,肖才元决定出庭。

2016年9月7日,本来就不大的派出法庭,几乎都被记者们占领,长枪短炮,好像这里发生了什么惊天动地的案子。

原告华谊兄弟公司的代理人,也是国内重量级的知识产权律师,曾担任过国家新闻出版署的法规处处长,此时还是国家广播电视总局的常年法律顾问。

进入实体部分,原告华谊兄弟公司的核心理由很简单:"被告未经许可擅自将原告享有著作权的文字及美术作品在其注册的商标中使用。"
"电影剧本《非诚勿扰》标题系由冯小刚根据该片内容及寓意精心提炼创作产生的原创词汇，其独创性足以符合《著作权法》所要求的高度。"

肖才元通过检索收集的证据表明，电影《非诚勿扰》上映前，"非诚勿扰"就作为常用短语，在现实生活中的使用就很频繁，说它是冯小刚独创的词汇，并且享有著作权纯属臆想。

"如果这个说法成立，那么，所有的文字，不管是成语、词汇还是短语，都会被人主张著作权，这样的结果，不仅让人们的交流变得困难重重，而且书面语言因著作权的障碍将不复存在。"肖才元感觉，这样的诉讼主张难以理解，不过，他仍然试图心平气和地说理，"《非诚勿扰》电影名称的这四个汉字，在著作权法意义上，明显不具有文字作品的基本属性，只是电影的名称，与电影或者剧本全部内容形成一个完整的作品，才构成著作权。即便是粗通法律常识的人都应该懂这个道理，何以能把这种根本站不住脚的说辞拿到法庭上作为指控别人侵权的理由呢！"

在前述"周末喜相逢"商标侵权案件中，北京知识产权法院的判决确认，中央电视台栏目名称"周末喜相逢"五个字本身并不具有文字作品的属性，不能成为著作权法的保护客体。

这不由得让人想起曾经在文坛上传颂已久的笑话。20世纪90年代，著名作家刘心武在文章中提到，某天夜里，梦中得一佳句，"江湖夜雨十年灯"，欣喜不已，于是记下来。有人悄悄地告诉他，这是宋朝大诗人黄庭坚的名作《寄黄几复》中的名句：桃李春风一杯酒，江湖夜雨十年灯。好在刘心武没有说这是他的"独创"而主张著作权。

冯小刚何来"全部著作权"

从中立、客观的立场来看，华谊兄弟公司对金阿欢及其婚介所的起诉,所涉及的真正法律问题是,"非诚勿扰"商标所使用的美术字,与《非诚勿扰》电影片头的名称和电影海报的字体相似,是否构成著作权侵权。至于"侵害信息网络传播权",解决了管辖权之后,在法庭上已经无人再说。

剩下的,看上去好像很简单,但肖才元给对方和法庭出了难题。现在,华谊兄弟公司通过与冯小刚的协议约定,取得了电影《非诚勿扰》的"全部著作权"(协议的文字表述),而一部电影作品的著作权构成很复杂,包括多个单项权利,比如剧本、美术设计、音乐等,冯小刚只是这部电影的编剧和导演,他没有权利将"全部著作权"据为己有后再授予华谊兄弟公司,除非他得到了其他权利人的授权。

华谊兄弟公司与冯小刚匆忙签订那个不规范的协议时,大概也没有想到这样的法律问题。

紧接着的问题是"非诚勿扰"这四个字的设计。"你非要说电影片头的《非诚勿扰》和海报上的美术字有著作权,那么,首先就必须明确,谁是这几个美术字的著作权人?它是谁设计的?"肖才元质疑道,"电影海报是由自然人创作完成的,原告既然要主张权利,就要拿出证据证明你是著作权人。"

对于著作权的归属,《著作权法》第十一条是这样规定的:"著作权属于作者,本法另有规定的除外。

"创作作品的公民是作者。

"由法人或者其他组织主持,代表法人或者其他组织意志创作,并由法人或者其他组织承担责任的作品,法人或者其他组织视为作者。

"如无相反证明,在作品上署名的公民、法人或者其他组织为作者。"

现在的问题是,电影海报和片头的"非诚勿扰"四个美术字的设计者没有署名,也无人登记著作权,处于权利归属不明确的状态,或者设计者一开始就不认为存在著作权。但是,这不意味着著作权就是冯小刚的——除非有书面约定,否则,不管是冯小刚还是电影出品方华谊兄弟公司,谁也不能拥有"全部著作权"。

肖才元说:"既然现有的证据不能证明冯小刚是电影海报和片头'非诚勿扰'四个美术字的作者,也未从任何人那里得到授权,那么,华谊兄弟公司与冯小刚签订的协议约定,'现双方进一步通过本协议表明甲方投资拍摄电影《非诚勿扰》的剧本(包括电影标题)的全部著作权归甲方所有',这种约定无法成立,因为冯小刚不是权利主体,他充其量只拥有单项权利,无权处置电影《非诚勿扰》的其他权利。"

当成堆的法律问题暴露在肖才元这样的律师面前时,他是不会放过的。于是,剧情出现了意外,谁也没想到肖才元会"添乱"。

在法官要求华谊兄弟公司对此作出解释时,代理人说,这几个字显然是冯小刚导演设计的,或者是他组织人设计的。被告是在刻意贬损冯小刚,他是全国政协委员,人民喜爱的艺术家,不是他设计的,他会这样说吗?岂不在公众面前开了一个大玩笑吗?

"我也很喜欢冯小刚导演的电影,对他很尊重。"肖才元笑着说,"人民喜爱的艺术家是不是就比我们普通人道德更高尚,不是要讨论的法律问题。这里是法庭,是需要用证据说话的。你认为这四个美术字的权利人是冯小刚,就应该在这方面举出你们的证据,而不是把大导演抬出来,放到火上烤。"

庭审争执到最后,只剩下金阿欢模仿电影海报注册商标,是否构成侵权?

肖才元提出的观点是,设计电影海报主要是为了电影上映前的宣传,而不是基于艺术创作的目的,电影上映后,海报也就不再使用,它是临时性的、工具性的,生命力有限。惟其如此,电影海报缺乏艺术作品那种深度和独特的审美价值,不具有著作权保护的意义,被其他人模仿、借鉴,与真正的侵犯著作权有本质的区别。

这时,法庭上再现金阿欢在南京起诉江苏电视台时的一幕——法官问华谊兄弟公司的代理人:"被告认为'非诚勿扰'美术字的著作权人不归属于原告,那么原告方是否需要申请补充证据?"

代理人作了否定的回答,法官二次追问,代理人仍然回答不需要;法官耐着性子,提高声音说:"请书记员记录下来,我再问一遍,原告方是否有证据需要补充?"得到的答案还是"不需要"。

"休庭!"法官狠狠地敲下法槌。

出了法庭,肖才元被记者们围住,包括中央电视台的记者,他拒绝了所有的采访。但中央电视台的记者手持介绍信追到深圳,原来是《经济半小时》的记者,肖才元明白这是真正冲着新闻价值而来,便接受了采访。

30分钟的节目，播出后影响极大，只是没过多长时间，采访的内容在网上就不见了。

而真正的麻烦还是肖才元在法庭上提出的那些问题，他给对手，也给法官出了大难题。2017年6月29日，华谊兄弟公司向法院申请撤诉。此时，距离法院受理起诉过去了一年四个月，有媒体使用"华谊兄弟'围魏救赵'失败"的标题，披露案件的台前幕后，有些话说得很直白，说明各方看客都看出了这其中的背景。

半年后，华谊兄弟公司直接以"著作权权属纠纷案由"再次起诉，同时提交了一份新证据：冯小刚和石海英作为电影海报作者，将著作权授予华谊兄弟公司的声明。

到了这个份上，还能说什么呢，肖才元不愿意再参与。

再次起诉的案件一审败诉后，旋即上诉。北京知识产权法院认定，金阿欢的"非诚勿扰"商标以商业目的使用"非诚勿扰"美术字的行为，侵害了华谊兄弟公司对涉案"非诚勿扰"美术作品的著作权。

尽管如此，几方联合围剿"非诚勿扰"商标的目的最终也未能实现。在法律上，"非诚勿扰"商标使用与电影海报相似的字体，与商标权本身无关，即使华谊兄弟公司对这四个美术字享有专用权、著作权，也只是构成著作权意义上的侵权，不会危及商标的法律地位。这也是华谊兄弟公司和江苏电视台先后向国家商评委申请，又提起行政诉讼，却仍未能撼动"非诚勿扰"商标权的原因。

直到2020年4月，"非诚勿扰"商标权纠纷案件方才落下帷幕。然而，由这起知识产权案引发的余波却未平息，它被列为广东省，甚至全国等多个"十大"序列，不仅成了大学法学院的经典教学案例，成为知识产权研讨会的课题，而且还成为律师界、司法界经久不衰的话题。

无论怎么说，也不管有多少遗憾，"非诚勿扰"商标权纠纷案件，从一审、二审、再审，到商标无效宣告、著作权侵权，肖才元在法庭上的出色表现，尤其是那些绝妙的观点和独到的视角，为他带来了如潮的好评。

Chapter VI

第六章
像刑警破案那样代理火灾案件

本章提要

市政府大院里的大数据中心机房起火，消防部门的鉴定报告认定系设备供应商的产品质量问题。涉及电气设备起火的技术问题，不懂专业的律师通常只能承认鉴定报告，但这一次却是例外，肖才元买来教科书，现学现卖，发现鉴定报告存在显而易见的逻辑悖论，推翻了官方对火灾认定的结论。

政府大院里的火灾

执业律师,往往恨不得生出三头六臂,才能随时应对想不到的专业问题。发生在江西省景德镇市的这场火灾案,真正难住律师的并不完全是法律问题,而是电气设备着火涉及的复杂的专业技术问题。不突破技术障碍,律师的作用就很难体现出来。

2021年5月22日,景德镇市政府13号楼发生火灾,设备刚安装完毕,正在试运行的大数据中心机房就被烧毁,内部评估称,造成直接经济损失不低于8000万元。

起火的建筑位于市政府大院内,有一个高大上的名字:智慧城市指挥中心,共有五层,总建筑面积20604平方米,其中,一层有统一指挥中心、云机房配套设备间、地源热泵空调机房、二期机房备用间等。

起火的蓄电池室位于一层,主要存放有1680节(2v2000AH)铅酸电池和192节(2v1200AH)铅酸电池。本来蓄电池室单独设置了气体自动灭火系统,但蓄电池室未及验收交付,火灾发生时,气体自动灭火系统及区域报警系统尚未投入使用。

在初期进行公开招投标时,这个工程被称为"云计算中心项目",由中国移动通信集团江西有限公司景德镇分公司中标,作为项目的总承包商;深圳市英维克科技股份有限公司以分包商的身份,承接机房的建设工程,并为此向深圳市雄韬电源科技股份有限公司采购了一套UPS电池组(不间断电源),包括配套设备,总价3796800元。

根据合同的约定,UPS电池组经过英维克公司检测后,由雄韬公司负责安装,质保36个月。安装完成后,英维克公司的工程师验收合格,合同履行完毕。没想到,工程还没有经过最后总验收,就发生了这么大的火灾,数千万元的电气设备付之一炬。

事故发生后,景德镇市应急管理局委托广东华亿司法鉴定所对火灾原因进行鉴定,并出具《司法鉴定意见书》,结论为:火灾应系一楼电池间KGX-3第二层第三排自北向南数第二块蓄电池西北侧极板组内部连接产生电弧引燃可燃物,导致火灾发生。

根据广东华亿司法鉴定所的结论,景德镇市消防救援支队作出《火灾事故认定书》:"该起火灾起火时间为2021年5月22日12时13分许。起火部位为一层蓄电池室距东墙0.76~2.37m、距北墙2.9~4.65m区域KGX-3电池组自下往上第2层空间。起火原因认定为蓄电池短路故障引燃导线绝缘层蔓延成火灾。"

既然鉴定报告将火灾的原因明确指向电池质量问题,那么,电池生产商雄韬公司就应当为火灾的整个损失买单。

电池质量怎么会出问题呢?雄韬公司对事故鉴定结论产生了怀疑,相信自己的电池质量是过硬的,不仅有权威的质量认证,而且被用于多项重大工程,市场信誉很好,从来没有出现过质量问题。

在官方对火灾原因的认定结论出来后,雄韬公司自行委托中国机电一体化技术应用协会电能系统分会北京电源行业协会专家工作委员会出具了一份《专家技术分析报告》,专家组初步分析意见为:机房火灾的直接原因,是电池开关箱内开关正负极短路,以及对柜体外壳短路,导致电池起火,与电池本体质量问题无关。

与官方鉴定报告截然相反的结论让雄韬公司获得了自信心。为了验证这份分析报告的结论,雄韬公司又委托广东省绿色产品认证检测中心司法鉴定所,对事故的成因出具鉴定意见:火灾原因是该电池机房内电气工作时,开关箱X3内的断路器发生故障,导致该断路器上部正、负极连接处产生电弧烧熔断路器上部及对应开关箱后板部位,造成电池架J3上的电池组环路短路,并导致电池组及开关箱X3故障处的电流突然增大,温度迅速升高,电池组内部的高温和开关箱X3烧熔处的高温导致电池组北部电池连线绝缘失效,部分电池短路产生高温,引燃其周边可燃物发生燃烧,形成火灾。

有了这两个鉴定作为底气,雄韬公司不服景德镇市消防救援支队的火灾事故认定,向江西省消防救援总队提出复核申请。复核认为"起火部位范围认定不精确,起火原因认定不准确",决定撤销景德镇市消防救援支队的《火灾事故认定书》,责令其重新作出火灾事故认定。

半个月后,火灾当地相关部门又从国家应急管理部专家库中挑选了三位专家,对火灾事故出具《专家意见书》。景德镇市消防救援支队根据专家意见,作出《火灾事故重新认定书》:起火原因为 KGX-3 蓄电池组底部一、二层蓄电池连接线路故障导致 KGX-3 蓄电池架带电,击穿蓄电池组所致。

雄韬公司再次提出复核申请,江西省消防救援总队作出《火灾事故认定复核决定书》,认为《火灾事故重新认定书》的结论正确。

官方的两次鉴定结论,第一次为电池短路,第二次为电池连接线路故障,这被认为是导致火灾的原因,与雄韬公司自行委托的鉴定机构认定的起火原因截然相反。

不管是电池还是连接线路的原因,最后都要由雄韬公司承担赔偿责任——电池是雄韬公司自己的产品,连接线是从其他厂家采购的与电池配套使用的产品,板子首先也要打在雄韬公司的"屁股上"。

也许有人会问,既然雄韬公司也委托了两家有资质的鉴定机构对火灾原因作出认定,那为什么不能直接提交给法庭作为证据呢?事实上,《消防法》对火灾事故认定的主体并无清晰具体的规定,但在司法实践中,官方机构作出的《火灾事故认定书》是事故认定的法定依据,自行委托的社会检测鉴定机构对火灾事故的认定结论不会被法庭采纳。

原告英维克公司依据官方出具的《火灾事故认定复核决定书》及保险公司出具的《火灾损失案评估报告》,要求被告雄韬公司赔偿火灾造成的财产损失 6029 万余元,并且补偿原告聘请律师支出的 200 万元律师费。此后又变更诉讼请求,总索赔金额为 7109 万余元。

主动和被动参与景德镇市"云计算中心项目"的是两家深圳企业,而且都是上市公司。发起诉讼的既非业主单位,也非总承包商,而是分包商英维克公司,它以产品质量问题将雄韬公司告上法庭,肖才元带着他的弟子杨秦、杨万凡律师,代表被告出庭应诉。

律师们都知道,在民事诉讼中,被告的活从来就不好干,因为诉讼是原告发起的,没有理由、没有把握,谁会贸然起诉呢。但是,肖才元从来不信这一套,被告也不是只有挨打的份,IPAD 案件就是典型的例证,以至于不得不让人怀疑,苹果公司为什么要起诉,是不是搞错了身份,好像肖才元代理的才是原告。

景德镇市火灾案,肖才元能否再次上演被告绝地大反转的剧情呢?

从逻辑思维入手

别忘了,肖才元不仅是武汉大学的法律硕士,而且本科就读于武汉大学物理系金属物理专业,看上去与电气设备着火所需要的专业知识相去甚远,但毕竟有理工科的底子,让他更容易理解这场火灾涉及的物理专业问题。

雄韬公司自行委托鉴定机构作出的火灾原因认定,无疑提供了技术参考。凭直觉,肖才元感觉到官方的认定结论存在疑点。要推翻它,仅有怀疑是不够的,何况这是专业性极强的火灾调查,如果不懂专业,根本无法提出实质性的怀疑,泛泛而谈,纠缠皮毛问题,不足以从根本上动摇官方的结论。

而官方的认定结论又是本案最核心的证据,直接决定案件的胜负。必须首先找出官方结论的不合理或者违背科学原理之处,由此打开突破口。

对于外行来说,横在面前的技术问题,就像隔着一座山。现在,肖才元必须翻过这座山。

原被告都是深圳的上市公司,肖才元与它们素昧平生,遭遇诉讼后,被告雄韬公司到处寻找优秀的律师,法务部门通过网络查询、筛选,圈定了几家知名律师事务所的律师团队进行比较,其中包括肖才元的团队。这也是大企业在重大法律事务中常用的招标手段。凭借对案件缜密的分析和应对诉讼的法律意见,肖才元的团队胜出。

与肖才元一同出征的除了杨秦律师,还有另一名年轻律师杨万凡,是肖才元"私塾班"的徒弟,有机会享受到师父手把手教学的"小灶"待遇,比大学法学院的教学还要珍贵。

师徒三人如盲人摸象一般,尝试着从常识角度进入,分析官方结论的逻辑错误,再论证其中的技术问题,最后全面肢解它。这话说起来简单,可是做起来难如登天。

于是,肖才元反复阅读广东华亿司法鉴定所的报告,与火灾现场的照片对比,试图从中发现问题。尽管原告起诉时使用的并非这份报告,而是江西省和景德镇市两级消防救援部门的《火灾事故认定复核决定书》和《火灾事故重新认定书》,但广东华亿司法鉴定所的《司法鉴定意见书》对火灾现场的证据描述和分析极为细致,是发现真相的重要资料。

报告陈述了从蓄电池室提取的当天凌晨4点到中午12点31分48秒的连续监控视频的内容——

1.视频开始04:00:00至10:26:20时,视频画面的光线一直保持常亮状态;

2.10:26:21第1帧图像时,视频画面的光线开始出现闪烁,至10:26:23第5帧图像时,视频画面的灯光全部熄灭且视频画面全黑,期间经过54帧;

3.11:19:08第8帧时,视频画面左侧墙上下方出现一列较淡的块状光斑;

4.11:19:08第9帧时,视频画面右上方暗黑画面第一次出现强烈闪光,照亮整个视频画面,左侧画面墙上见三列呈连续排列的块状光斑且亮度从下往上递减,左侧画面柱子上出现三处光斑且亮度从下往上递减;

5.11:19:08第20帧时,视频画面右上方闪光减弱且左侧画面墙上的块状光斑消退;

6.11:19:08第21帧时,视频画面右上方闪光消退同时闪光位置出现火花;

7.11:19:09第16帧时,视频画面右上方火花消失画面有余光;

8.11:19:10第12帧时,视频画面右上方余光消失且右上方画面恢复暗黑;

9.11:41:06第8帧图像时,视频画面见灯光开始亮起,至11:41:07第17帧时视频画面的灯光全部亮起;

10.12：19：15 第 25 帧图像时，视频画面右上方第一次出现强烈闪光时，左侧画面墙上见两列呈连续排列的块状光斑，见上列光斑较亮，左侧画面柱子上出现三处光斑，上层较淡，下两层较亮；

11.12：19：16 第 1 帧图像时，视频画面右上方闪光不断，上述两列光斑上方开始出现一列较淡的呈连续排列的块状光斑，期间经过 34 帧，左侧画面柱子上开始出现三处光斑，上层处较淡，下层两处较亮；

12.12：19：18 第 1 帧图像时，视频画面见右上方闪光不断且开始有浓烟冒出，视频画面左侧墙上出现两列呈连续排列的块状光斑，见上列光斑较亮，左侧画面柱子上见上层两处光斑且画面底层处光斑消失；

13.12：19：39 第 1 帧图像时，视频画面见右上方闪光停止且有大量浓烟冒起，期间经过 21s 且画面出现多次闪光，后画面见右上角一直冒浓烟；

14.12：19：52 第 2 帧图像时，视频画面见右上方第二次出现强烈闪光且有浓烟冒出，视频画面左侧墙上出现一列呈连续排列的块状光斑，该列光斑位置与上一次闪光第二列光斑位置一致，后视频画面右上方见不断闪燃，且有火花溅起，左侧画面墙上出现两列方格状呈连续排列的光斑，见上列光斑较亮，左侧画面柱子上出现三处较亮的光斑且亮度基本一致；

15.12：20：03 第 13 帧图像时，视频画面见右上方闪光再次停止且有大量浓烟冒起，期间经过 11 秒 11 帧且画面出现多次闪光，后画面见右上角一直冒浓烟；

16.12：21：05 第 18 帧图像时，视频画面见右上方中上部电池架上方出现火焰，期间经过 1 分 2 秒 5 帧，后该处火焰不断扩大且画面中的浓烟不断增大；

17.12：22：52 第 20 帧图像时，视频画面见大量浓烟覆盖且左侧墙上开始出现一列块状光斑，期间经过 1 分 47 秒 2 帧，后视频画面左侧墙上的块状光斑不断加强，后开始减退至消失，同时视频画面的浓烟浓度继续增大；

18.12：23：09 第 1 帧图像时，视频画面开始被浓烟全部覆盖；

19.12：27：23 第 3 帧时，视频画面进入全黑状态；

20.12：27：34 第 11 帧时，视频画面开始进入全白状态，期间经过 33

帧,在 12：27：35 第 1 帧时,视频画面开始进入全灰状态,期间经过 15 帧；

21.12：31：48 第 9 帧时,视频画面处全灰状态,视频终止。

以上这段枯燥乏味的数据记录,是广东华亿司法鉴定所读取火灾现场监控视频的客观记录。它很重要,说明从 10 时 26 分 21 秒开始,设备就出现了异常,且越来越严重。

根据消防部门对现场人员的调查笔录,他们对调查组的描述:"冒黑烟""像放鞭炮""以为是爆炸,就往外跑"等,说法虽有不同,但大致都认同,异常现象发生在 10 点多到 11 点多期间。现有的证据已经证实,这就是开关箱第一次短路后被异常电流击穿的声音,其实就是爆炸,与监控拍摄到的多次闪光相互印证。

11 点多钟,正在现场的英维克公司项目经理李振通过微信发给雄韬公司工程师姜龙的照片显示,电池架以及存放在上面的电池都是完整的,而开关箱在此之前就已经被击穿。肖才元以他物理学本科生的底子,判断出短路击穿开关箱的时点,必然是在 11 点之前。而短路往往就是起火的源头。因此,起火时间应当是在 10 点半左右,也就是说监控视频显示设备出现异常的时点,根本不是《火灾事故重新认定书》确认的 12 点多。

再看开关箱被击穿的照片。击穿的方向是从开关箱内侧向蓄电池架一侧突破,像喇叭口,呈爆炸后留下的放射性形状;因开关箱被击穿而产生的大量的被烧熔的金属颗粒溅落到蓄电池上面,从而引起蓄电池短路起火,导致周围包括蓄电池绝缘被损坏;从线缆和电池端子护套被高温灼伤所呈现出的色差和角度印证,电弧所产生的高温热源方向来自开关箱一侧。

于是,开关箱的质量成了肖才元重点怀疑的对象。

但是,火灾原因认定报告到处是专业术语和名词,外行多半是无处下手。肖才元用他经常向弟子们灌输的方法——逻辑思维,最终发现了官方结论的硬伤。因为它不符合逻辑,经不起推敲。从理论上说,任何事物,从常识到专业,都建构在逻辑思维上,越是专业的领域,逻辑性就越强,这也是肖才元用来思考和发现问题的锦囊妙计,无往而不胜。

购买教科书现学现卖

对比官方的几份报告,广东华亿司法鉴定所的《司法鉴定意见书》对证据的分析非常详细,但得出的结论是错误的;国家应急管理部的专家意见是景德镇市消防救援支队的《火灾事故重新认定书》以及江西省消防救援总队复核的直接依据。可以断定,他们必然参考了广东华亿司法鉴定所的《司法鉴定意见书》;除此之外,还有景德镇市政府的《调查报告》,该报告属于行政文件,不作证据使用。

在最为重要的广东华亿司法鉴定所的《司法鉴定意见书》中,肖才元发现一处极为专业,又很能说明实质性问题的表述——

经对2021-2230-CL3号材料检验及金相分析……编号1的铜电导线熔痕为物证西1处附近提取……编号6为景德镇市消防救援支队移交的带熔痕的铜电导线,熔痕分为6-1至6-93共计93个熔痕。除编号5部分为铁铜粘连外,其余为铜电导线熔痕。

经镶嵌、粗磨、细磨、抛光、浸湿后,用金相显微镜5×、20×、50×观察发现:5-18号熔痕铁金相特征为:晶体未变化,应为腐蚀所致;5-19、5-20号熔痕铁金相特征为:部分晶体变大;其余铜导线熔痕的金相特征为等轴晶、孔洞大小不一、界限不清等,符合二次短路特征;部分线体晶体之间存在裂痕。

全是让人头大蒙圈的专业术语,如果是外行,就像天书,很难明白它表达的意思。

报告中所说的"铜电导线"主要是指单个电池中间的连接线,火灾发生后,这些连接线上都有"二次短路"后形成的熔痕(金属熔化后留下的疤痕）。那么，"二次短路"到底是个什么东西呢？肖才元盯着这四个字，看得两眼出神。

"既然认定起火的原因是蓄电池短路造成的，可是你又说它'符合二次短路的特征'；有'二次短路'，理论上就有'一次短路'，也就是第一次发生短路。"肖才元越想越觉得存在火场客观证据与结论不相符的矛盾，"我就想搞清楚，是什么原因导致了第一次的短路？它是不是起火的直接罪魁祸首？为什么要把责任推给'二次短路'？"

这不就是逻辑嘛！这样的结论明显有悖于正常的因果关系，存在着显而易见的逻辑缺陷，不能自洽。

肖才元只是觉得它有问题，具体是什么问题却说不上来。为了弄清楚"一次短路"和"二次短路"的准确意思以及它们之间的关系，还有那些专业术语的含义，他立即上网买了三本书：《电气火灾痕迹物证技术鉴定方法第1部分：宏观法》《建筑火灾事故原因认定法律实务》（王文杰著，中国建材工业出版社2021年版）、《火灾痕迹物证与原因认定》（金河龙编著，吉林科学出版社2005年版）。

这是行业公认的教科书，肖才元拿出当年为通过律师资格考试的那种彻夜苦读的干劲，果然从中找到了答案。根据教科书的定义——

一次短路熔痕：在正常环境下，铜、铝导线因本身故障而引发短路，在导线上形成的熔化痕迹。

二次短路熔痕：在火灾环境条件下，铜、铝导线产生故障而发生短路，在导线上形成的熔化痕迹。

火烧痕迹、火烧熔痕：铜、铝导线在火灾中受火灾现场高温作用发生熔化，在导线上形成的熔化痕迹。

电熔痕按形成时间分为一次电熔痕和二次电熔痕两类。一次电熔痕是指产生于火灾前的熔痕，是因线路陈旧或其他原因而造成的故障短路熔痕，是引起火灾的熔痕，其位置往往就是起火点。二次电熔痕是指火灾过程中产生的熔痕，是因火灾温度使通电状态的导线或保护装置绝缘被烧坏，发生短路时形成的熔痕。

短路熔痕的鉴别：短路熔痕是由电流的作用而熔化的熔痕。按其短路的性质，又分为一次熔痕和二次熔痕两种。一次熔痕是火灾前因本身故障而短路形成的熔痕。二次熔痕是由于火灾作用导线发生短路而形成的熔痕。

这段话看似专业，其实很容易理解。它用了"一次熔痕""二次熔痕"的术语，对应的就是"一次短路留下的痕迹""二次短路留下的痕迹"。用外行能听得懂的通俗语言来表述，"一次短路"是设备自身问题造成的，也就是罪魁祸首，"二次短路"则是"城门失火，殃及池鱼"的结果；或者可以这样理解，由于其他设备的原因引发火灾，处于火场中的蓄电池组、连接线被波及，进而出现短路，最终演变成火烧连营的局面。

理解了"二次短路"的含义，肖才元再回头去看广东华亿司法鉴定所对起火过程的分析和结论——

起火点在 KGX-3 第二层第三排自北向南数第三块蓄电池西北侧板板组正极柱处，由此为基点向周围沿线路及电池蔓延燃烧，依据如下：

11：19：08 产生的电弧致使 KGX-3 对应的开关箱产生熔洞，但未引发火灾，系该组内电池发生故障，导致电压不稳电流增大，产生感应电动势，造成开关箱产生熔洞；KGX-1、KGX-2 开关箱未发生该现象。

认定结论认为，起火点的蓄电池"正极柱高温，导致连接线绝缘胶皮熔化，与电池架（地线）及其他线体接触发生二次短路，同时电池内部长时间电弧高温导致极柱底部和汇流排接触处熔化，致使电池内部短路等，进而引发火灾"。

在复核被打回来之后，景德镇市消防救援支队没有继续使用广东华亿司法鉴定所的《司法鉴定意见书》，而是根据应急管理部专家的意见，作出《火灾事故重新认定书》，认定火灾的原因是"蓄电池在连接线路故障导致电池架带电后，击穿蓄电池架与开关箱负极铜排"。

肖才元苦思冥想，又与雄韬公司的工程师们讨论、推敲，最后得出结论，不管是《司法鉴定意见书》还是《火灾事故重新认定书》的结论，都不符合科学原理，都是错误的，它所描述的现场痕迹与结论自相矛盾。

存放在蓄电池室的蓄电池组属于不间断电源（UPS），它要先被接入开关箱，再连接到设备上；在电气原理上，当蓄电池发生短路等危及设备安全的高危险故障时,开关箱最本能的反应便是自动跳闸,保护人员和设备安全。那么,到底是什么原因导致它被击穿呢?

为此,雄韬公司的技术人员按照上述结论还原火灾现场,在有公证人员见证并全程录音录像的情况下进行了模拟试验。结果表明,即使蓄电池在连接线路故障导致电池架带电,且电池架与开关箱完全连接的情况下,开关箱也完好无损,根本就不会发生"击穿蓄电池架与开关箱负极铜排"的现象。

"由于蓄电池架是经过接地安装的,它对地电压与大地相同,即无限趋于零伏,也与接地的开关箱电位相同,根本不可能具备'击穿蓄电池架与KGX-3电池开关箱负极铜排间的绝缘'的条件。"通过试验,肖才元确信之前的判断是正确的,"这是电气物理学常识,并不高深,不过是高中物理课的层次。"

能够证明到这一步,从律师应对诉讼的角度,足以为雄韬公司撇清责任。但是,肖才元心里很清楚,要彻底推翻官方的认定结论,并说服合议庭法官,这还不够,还需要找出"一次短路"的原因,也就是最先着火的是什么东西。

肖才元对两位弟子强调,由于这是专业性很强的案件,律师必须从科学和法律两个方向来论证,将大道理用规则及大白话表达清楚,并且学会用法官的思维认识和思考问题,才能产生共鸣。

其实,如果本着客观公正、实事求是的立场,对于火灾原因的调查并不困难。中控室的主机中安装了被称为"DCIM"的电池数据监测仪,而且按照数据安全的要求,分别装在两台电脑中,电池本身还有监控模块数据,倘若如《司法鉴定意见书》和《火灾事故重新认定书》先后认定的电池或连接线故障,最终导致火灾,就像飞机"黑匣子"的电池数据监测仪和电池模块数据,能够完整地记录电池运行的数据,真相也就一目了然。

这无疑是极为重要的证据,尽管肖才元一再要求,然而,当事各方却不肯将电池数据监测仪和电池监控模块数据提交给法庭。这让肖才元更加怀疑其中有问题。

用上刑警破案的手段

到这里,肖才元就已经不再是代理民事诉讼的律师,看上去,他很像电影《东方快车谋杀案》中那个留着八字胡的侦探波洛。他实际上在使用侦破刑事案件的手法,找出真正的凶手。到了这一步,在真相面前,相信所有的人都无话可说。

要发现真相,还必须从广东华亿司法鉴定所的报告中由表及里、去伪存真。这是因为,它的报告最为详细,有大量的原始资料,包括火灾现场长达八个多小时的监控视频、照片、对现场人员的调查笔录,相当于"现场勘验笔录",对还原事实真相极有价值。

在司法实践中,那些涉及故意杀人的冤案大都有一个共同之处,控方说得活灵活现,律师却做了无罪辩护,根本原因就是现场勘验笔录与被告人供述的有关犯罪的手段、过程、动机等严重不符。

不管是基于对警察权的防范,还是对人性恶的警惕,通常而言,刑事案件发生后,现场第一时间受到保护,法医和技术人员拍照、绘制案发现场草图、提取证据,使得现场的所有物证被固定下来。这个时候,案件刚发生,还没有任何先入为主的倾向,案件侦破中可能脱离正常程序的人为干预尚未出现,因此,现场勘验笔录通常是可信度较高的原始证据,即使后来想作假,也很难做到天衣无缝。

假设官方所称的"5.22火灾"是一起刑事案件,现在认定蓄电池是"凶手",可是,现场勘验笔录并不支持这种结论,它证明蓄电池是无辜的;如果是电池组之间的连接线出了问题,那么,模拟实验证实,它也不会造成火灾现场开关箱被击穿的结果。这就可以得出初步结论:蓄电池和连接线不是凶手,它们没有作案的条件和犯罪的动机。

排除了其他的怀疑对象,最大的"犯罪嫌疑人"指向了开关箱。

火灾现场内，自西向东分别有 KGX-1、KGX-2、KGX-3 三排电池组，都是上下四层，每层三排电池，摆放在电池架上；每排电池组北侧装有一个 UPS 电池开关箱。这种开关箱就像家用配电箱一样，只不过这是工业级的配电箱，比家用的容量大得多，里边排列了很多空气开关，还有总开关，在发生漏电、短路等异常时，它会跳闸，切断电源，保护设备。"5.22 火灾"蓄电池室的开关箱就放置在蓄电池组旁边，中间有物理隔离。

对开关箱的调查让肖才元大为吃惊！根据法律规定，开关箱被列入"国家强制性产品认证目录"，必须取得认证方能进入市场。总承包商中国移动通信集团江西有限公司景德镇分公司将机房建设分包给英维克公司时，合同约定的开关箱包含大品牌"施耐德"电气空气开关，单价为 21.9 万元。而英维克公司实际提供的开关箱却是无资质的厂家生产、未经过国家强制认证的产品，单价不超过 2.5 万元，存在着严重的安全隐患。

从火灾现场看，四个开关箱，烧损击穿的部位都是在开关附近的同一部位，明显是因为开关箱质量问题引发的火灾。正常情况下，与蓄电池相连的四个开关箱，在出现事故时本应自动断开，但三号箱没有反应，现场的技术人员只好手动断开。这反过来也说明，它是不合格产品。

肖才元在调查中还发现，开关箱在最初安装时完全不符合基本规范，三个端极，无法与 UPS 对接，直流与交流不分，本来是直流电路，采用的却是交流熔断器；返厂改造后，仍然是最低廉、最简单的塑壳开关，安全负载极低，达不到安全标准；开关箱内正负极距离太近，没有保留 10 公分以上的安全距离。

人们常说，隔行如隔山，尤其是面对电气设备着火的层层技术壁垒，从最初的无处下手，到最终在非常关键的专业问题上取得突破，完整地体现了肖才元的"诉讼工匠"精神——发现官方结论在常识和逻辑上存在疑点——通过教科书对疑点进行合理解释——推翻官方结论——用刑事侦查手段找出引发火灾的真相。

这起火灾案，肖才元将他经常不厌其烦地在"私塾班"中对弟子们灌输的逻辑思维能力发挥到极致。正所谓"事出反常必有妖"，不只是这个火灾认定报告，生活中的任何事物，但凡不合常理，就必然违反常识，违背逻辑。顺着这种思维,就能发现被扭曲的逻辑掩盖的事实真相。

当然,肖才元也不是万能的天才,这么复杂的技术,多亏雄韬公司的工程技术人员和它委托鉴定的那两份不被法庭采用的火灾原因认定报告提供的技术指引。

回头来看,整个过程近乎完美,以至于你很难相信,对电气设备着火完全外行的律师,让官方指定的专家和专业机构的火灾认定结论无法立足。

至此,对开关箱的调查和对"二次短路"的技术论证,从根本上否定了官方的火灾原因认定报告,可谓釜底抽薪,也使得英维克公司赖以提起诉讼的核心证据被推翻。

谁的责任

为应对诉讼所做的调查,让肖才元获得了充足的弹药,他在法庭上发起了反击。

在官方的结论被推翻后,要确定这场火灾的责任人,那就必须回到火灾现场寻找真相,于是,肖才元向法庭提交了一个很长的申请清单——

1.申请追加连接线生产商为案件的第三人。

《火灾事故重新认定书》认定连接线故障为起火原因,那就应当让连接线生产商参与诉讼,这样不仅有利于查明事实真相,还给了人家申辩的机会。

法庭回复:不同意。

2.申请追加电池开关箱生产商为案件的第三人。

现有的证据显示,英维克公司在"云计算中心项目"中使用的开关箱是没有通过国家强制认证的不合格产品,依据法律法规的规定,不准进入市场使用。正是由于违法使用不合格产品,才导致起火。将开关箱生产商追加为第三人,在查清英维克公司购买不合格产品的基本事实的同时,要求厂家提供产品质量证明,必要时,法庭还应当向具有行政执法权的机构发出司法建议书,查处不合格产品,避免进一步危害社会。

法庭回复:不同意。

3.申请广东省绿色产品认证检测中心司法鉴定所鉴定人出庭。

这是被告方雄韬公司聘请的有资质的鉴定机构之一,它认定引发火灾事故的原因是开关箱质量问题,尽管未能成为法庭认可的证据,但是,鉴定人出庭接受询问,可以回答一系列技术问题,有助于查明火灾原因。

法庭回复:同意。

4.申请雄韬公司工作人员刘超、姜龙出庭作证。

刘超参与了蓄电池的安装,姜龙当天接到英维克公司现场人员的报警,两人可分别证明蓄电池安装过程中的技术问题、起火时间等重要事实。

法庭回复:同意。

5.申请官方《火灾事故重新认定书》依据的《专家意见书》中的专家出庭。

对被告方来说,只是看到《火灾事故重新认定书》,并不知道消防救援支队聘请的是什么专家,依据的是哪些事实,从而认定是电池组之间的连接线故障导致的火灾。更重要的是,广东华亿司法鉴定所最初搜集到的证据最为全面,相当于"现场勘验笔录",它根据材料检验、金相分析等得出结论:符合二次短路的特征。

"一次短路"和"二次短路"是本案绕不过去的事实,景德镇市消防救援支队从国家应急管理部请来的专家显然应当出庭作证,解释"一次短路"和"二次短路"的因果关系,就"连接线故障的事实依据"以及"为什么会导致开关箱被击穿"的疑问接受法庭和诉讼双方的询问。

法庭没有安排。

6.证据保全申请书,主要内容为:对英维克公司建设、运行和维护的"云计算中心项目"的全部原始监控资料予以证据保全,包括DCIM系统监控资料、单体电池检验模块全部数据资料、开关箱的设计图纸及相关证明等。

法庭没有安排。

7.申请调取火灾事故认定的全部卷宗材料及物证。拟调取的材料保管在景德镇市消防救援支队和江西省消防救援总队。

第一次开庭后,法庭已向景德镇市消防救援支队调取部分卷宗材料和物证,并送达被告雄韬公司及各方当事人。但材料中缺少至关重要的DCIM模块数据。

法庭未调取。

8.申请法庭依职权向景德镇市住房和城乡建设局调取发生火灾的13号楼及"云计算中心项目"的消防设计审查和验收资料。

法庭没有安排。

对法院向景德镇市消防救援支队调取的部分资料研究分析后,肖才元再次向法院提交申请,除继续提出上述第5项、第8项申请外,又增加了多项申请——

9.请法庭责令英维克公司提交DCIM模块数据。

10.申请法庭向景德镇市消防救援支队调取火灾事故蓄电池室电池组DCIM(动环系统数据)电池监测数据及电池监控模块数据(DCIM模块数据)。

DCIM如同飞机的"黑匣子",它能够准确地记录蓄电池的运行数据,通过对各种参数的分析,为事故调查提供依据。如此重要的核心证据,拒绝提交给法庭是不正常的。

法庭没有安排。

11.申请法庭调取景德镇市消防救援支队向景德镇市国资运营投资控股集团有限责任公司工作人员张卫华所做的《询问笔录》。

景德镇市市政府13号楼在本次火灾事故发生之前曾发生过火灾,2021年5月24日,张卫华在接受景德镇市消防救援支队的询问时,有这次火灾的内容。让他出庭接受询问,对了解13号楼的消防管理措施以及本次火灾发生的背景是很有必要的。

法庭没有安排。

12.申请景德镇市城市发展中心蓄电池室"5.22火灾"事故调查人员出庭,就火灾事故调查的相关事项,接受法庭和当事人的询问。

法庭没有安排。

13.申请对连接线进行技术鉴定。

官方最后的认定结论是:起火原因为KGX-3蓄电池组底部一、二层蓄电池连接线路故障导致KGX-3蓄电池架带电,击穿蓄电池组。然而,官方并没有对连接线进行技术鉴定。到底发生了什么故障?是连接线本身的质量问题还是其他原因造成的?涉及重大法律责任,鉴定连接线是否符合质量标准,与本次火灾事故有什么关系,是查明火灾事故原因的重要一环,无法被忽视。

法庭没有安排。

14.申请法庭启动对涉案开关箱的鉴定。

被告雄韬公司的代理律师所做的调查显示,景德镇市政府13号楼"云计算中心项目"使用的开关箱未通过国家强制认证,属于不合格产品,存在重大安全隐患。

虽然法庭对民事案件的审理不同于行政部门的事故调查,但是,被告雄韬公司自行委托的鉴定机构、事故现场的物证特征、律师的调查,都将火灾原因指向开关箱。这就像警察在破案的时候,突然出现了新的嫌疑人,那就必须进行排查。因此,开关箱是不是"云计算中心项目"火灾的罪魁祸首的问题,法庭不能回避,首先应当委托质量监督等部门调查开关箱的资质,进而确认它与火灾的关系。

法庭没有安排。

15.申请法庭委托专业机构对火灾的损失重新进行评估。由原告单方面做火灾损失评估有悖程序正义。

法庭没有安排。

草船借箭

肖才元一口气提了十几个申请,合议庭除同意雄韬公司自己的证人出庭、调取火灾事故认定的部分卷宗材料外,对大部分申请要么不同意,要么没有明确的意见。

庭审所传递的信息让肖才元感到不安。"从开庭的情况来看,我们代理的被告方明显占上风。但是,疑难案件的突破,不仅是双方律师在法庭上的较量,还要从根本上打消法官内心的疑惑。"肖才元与杨秦、杨万凡两位弟子分析局面,寻找应对之策,"这个案件,要说难,难度很大,因为到处是技术障碍,法官也不懂;要说简单,也可以很简单,只要排除人为因素的干扰,做到以客观事实为依据,鉴定机构恪守中立,实事求是,就不难作出符合科学规律的火灾原因认定结论。"

之所以产生这样的顾虑,是因为这起火灾案的调查中有很多不正常的现象,实在无法作出合理解释。比如,为什么要回避对来路不明的开关箱的调查?为什么要隐匿极端重要的电池监测数据?为什么不同意出具专家意见的人员出庭接受询问?为什么……

从理论上说,一切证据都要经过司法的实质性审查,不存在哪个证据是"唯一正确的""最终的结论",江西省消防救援总队复核的景德镇市消防救援支队的《火灾事故重新认定书》是行政性的决定,从程序到实体都要接受司法审查。这个道理,肖才元自然有深刻的认识。

在律师行业摸爬滚打、出入法庭半辈子,肖才元不会那么天真。以他的经验判断,如果没有充分确凿的相反证据,法官最常见的路径依赖,也是最安全的裁判思路,是采用官方对火灾原因的定性结论。

这或许就是肖才元常说的——用法官的思维看问题。

再看原告英维克公司。他的代理人认为,被告雄韬公司提出的申请,目的是推翻两级消防机构的火灾认定结论,不具有合法性。上述申请,其中 6 项超出举证期限,另外 6 项则没有必要性。DCIM 模块数据,既没有调查收集的必要,也不处于原告的控制之下;13 号楼的消防设计、审查及验收,与待证事实无关联;张卫华在《询问笔录》中提出的 13 号楼曾经发生火灾事故的相关资料,与客观事实不符;申请火灾调查人员和相关专家出庭,没有法律依据,也无必要。

法庭上,面对肖才元团队的反击,英维克公司以不变应万变,坚持认为官方的火灾事故认定结论是权威的、正确的。

由于庭审出现被告强势压倒原告的场面,以至于原本站在原告一方的第三人的代表,庭审刚结束,就忍不住对肖才元说了一句他没有听懂的话,接着又伸出大拇指赞叹:"我说的是当地土话——顶呱呱!"

必须给《火灾事故重新认定书》致命一击,才能消除法庭采纳这份报告的可能性。第一次开庭,肖才元就产生了这样的想法。思忖再三,他决定采用冒险计划,"草船借箭",将广东华亿司法鉴定所的《司法鉴定意见书》作为本方证据提交给法庭。

根据该意见书的结论:起火原因为蓄电池短路故障引燃导线绝缘层蔓延成灾。明明是对雄韬公司不利的结论,为什么要把它作为证据提交给法庭呢?这不是给对方递刀子吗?

第一轮,由于雄韬公司不服景德镇市消防救援支队根据《司法鉴定意见书》作出的《火灾事故认定书》,导致最初的这份火灾认定报告实际上被官方放弃,另行聘请国家应急管理部的专家,并根据专家意见作出《火灾事故重新认定书》,这是最后结论。

正是如此,原告英维克公司也没有将《司法鉴定意见书》作为证据。现在,肖才元要"废物利用",把它变成锋利的"长矛",去刺对方的"盾"。

在肖才元的眼里,这是出其不意攻其不备的战术;在别人看来,这是冒险,后果难料,搞不好就会搬起石头砸自己的脚。

正因为存在着不同的理解,肖才元向委托人雄韬公司陈述了自己的想法,认为提交《司法鉴定意见书》利大于弊,无论同意还是反对,希望公司尽快给出明确的意见。两天过去了,雄韬公司依旧没有答复。

"对提交该意见书可能产生的不利后果,代理律师愿意承担履职不当的责任。"肖才元向委托人表态后,果断地将广东华亿司法鉴定所的《司法鉴定意见书》作为雄韬公司的证据提交给法庭。

这份被官方废弃的原始火灾鉴定意见,肖才元之所以认为它有价值,是因为它清晰地描述了火场留下的金属熔痕"符合二次短路特征";顺着熔痕追查源头,可以发现,导致"二次短路"的"一次短路",最可能的肇事者是开关箱,跟电池、连接线毫无关系。

与《司法鉴定意见书》同时提交给法庭的,还有对这份证据要证明的事实,以及它本身存在的事实与结论相矛盾的问题的说明。

首先表明立场。"我们提交广东华亿司法鉴定所的《司法鉴定意见书》,并非认为该鉴定意见如何科学,相反,我们总体上是无法接受的。但是,对于意见书中通过技术鉴定查明的关键事实,我们认为应引起法庭及各方的特别重视。因为,这一事实可以直接否定起火原因是由连接线故障引起的官方结论。"

其次是陈述事实。肖才元当庭论证,火灾认定,归类于痕迹鉴定,其中最核心的证据就是实物证据。如果认定是连接线故障,必须有实物证据保留、实物证据的检验分析等基本流程。广东华亿司法鉴定所的《司法鉴定意见书》明确记载对铜电导线熔痕进行过分析,并未发现火灾与电池连接线有关。

这里不妨再重复摘要广东华亿司法鉴定所2021年8月8日出具的《司法鉴定意见书》的内容:"经对2021-2230-CL3号材料检验及金相分析……4.编号1的铜电导线熔痕为物证西1处附近提取……编号6为景德镇市消防救援支队移交的带熔痕的铜电导线,熔痕分为6-1至6-93共计93个熔痕。除编号5部分为铁铜粘连外,其余为铜电导线熔痕。"

"经镶嵌、粗磨、细磨、抛光、浸湿后,用金相显微镜5×、20×、50×观察发现:5-18号熔痕铁金相特征为:晶体未变化,应为腐蚀所致;5-19、5-20号熔痕铁金相特征为:部分晶体变大;其余铜导线熔痕的金相特征为等轴晶、孔洞大小不一、界限不清等,符合二次短路特征;部分线体晶体之间存在裂痕。"

别管意见书中的那些专业术语,简单理解,这些物证都是电池组之间的连接线(铜电导线)被大火烧熔后留下的痕迹(熔痕),共有93处;熔痕是"二次短路"造成的——通俗地说,就是其他原因引起的,"其他原因"又是什么呢?是开关箱被电弧击穿后产生的大量被烧熔的金属颗粒溅落到蓄电池上面,从而引起蓄电池短路起火。

这才是由"因"到"果"的整个过程,既符合逻辑,也和科学的结论相吻合。但是,广东华亿司法鉴定所回避开关箱被电弧击穿的事实,对火灾的起因作出了电池故障的错误判断,雄韬公司工程技术人员的模拟试验也证明它的结论是错误的;由于连接线存在着大量的"二次短路"熔痕,景德镇市消防救援支队的《火灾事故重新认定书》将火灾的起因定性为连接线故障,在逻辑和科学上都不能成立,也是错误的。

正因为第一轮的广东华亿司法鉴定所出具的《司法鉴定意见书》和景德镇市消防救援支队作出的《火灾事故认定书》存在着事实与结果无法对应的矛盾,在遭到雄韬公司的质疑后弃之不用,另起炉灶,又拿出连接线故障的结论,无疑是往错误的方向越走越远。

肖才元把《司法鉴定意见书》从垃圾堆里扒出来,有选择地使用。"我们认为,该意见书所陈述的事实是客观的,这个事实就是在火灾现场提取的93处连接线熔痕,这是谁也改变不了的证据。我们之所以要引用意见书的事实,是因为它能够真实地反映火灾是如何发生的,是查清火灾原因的基础性资料。"肖才元毫不隐瞒他的真实动机,"但是,我们不同意《司法鉴定意见书》对火灾原因作出的结论,因为它偏离事实,违背科学,最先起火的并不是电池,更不是连接线。"

军人有句格言:最好的防守是进攻。肖才元意识到,在理论上推翻了火灾认定结论还不够,还要把更多的责任人传到法庭上,方能查明真相,最终说服法官。

首先是业主单位。景德镇市智慧城市中心有很多高价值的电气设备,对消防要求极高,属于特殊工程,必须先进行消防设计审查,批准后方可动工。《消防法》第十二条规定:"特殊建设工程未经消防设计审查或者审查不合格的,建设单位、施工单位不得施工;其他建设工程,建设单位未提供满足施工需要的消防设计图纸及技术资料的,有关部门不得发放施工许可证或者批准开工报告。"

但是,业主单位没有办理任何消防设计审查手续,就在市政府大院13号楼大兴土木,然后违规投入运营。从火灾发生的整个过程来看,完全没有应对预案,否则,在大火蔓延之前的两个小时内采取有效措施,就不会出现数千万元的经济损失。

在这次事故之前,就曾经有过一次起火事件,可见这里的消防问题非常严重,作为业主单位,有无法推脱的责任。

其次是总承包商,违规将消防安全工程分包给不具备资质的英维克公司,未能履行安全管理职责,安全生产规章制度不健全,未建立机房安全管理制度和现场应急救援预案,对英维克公司作业过程缺乏有效监督。当天10点多就开始出现打火、开关箱被击穿等严重事故,到12点半左右大火蔓延,中间有两个多小时的应急处理时间,现场的工程技术人员却未采取有效的措施,眼睁睁地看着大火烧起来。

就是这个总承包商,它对业主单位显然也严重不负责任,对分包商英维克公司放任不管,让未经质量认证的开关箱混进如此重要的政府工程,从而酿成此次严重的火灾事故。

再次是英维克公司。明知不具备消防工程施工资质,却要违法承接消防工程施工项目,并再次变相分包给雄韬公司。为掩人耳目,让雄韬公司将产品LOGO去掉,换上没有具体名称的合格证。如果不是运气好,发生恶性事故就是必然的。

最后是施工监理单位。它对未经消防设计审查、违法施工、违法层层转包视而不见;在现场的监理人员未能认真履行职责,对突出的安全隐患没有及时督促整改。

肖才元因此建议:"以上四家单位都与这场本来可以避免的火灾事故有直接或间接责任,应当将业主单位、总承包商追加为共同被告。"

这个建议很讽刺,因为业主单位和总承包商就坐在法庭上,以第三人的身份,不断重复"同意原告的意见",俨然与英维克公司成了一致行动人。正常情况下,业主单位应当以原告的身份起诉总承包商,法庭再将英维克公司追加为共同被告。但是,事故发生后,英维克公司按照官方认定的损失,主动赔偿了3000万元,然后再以原告的身份出场,向被告雄韬公司索赔8000万余元,而让业主单位和总承包商充当第三人。

开庭两个月后,英维克公司向景德镇市中院申请撤诉。

至于这起事故后续还会有多少起诉讼,已经不是肖才元关心的问题。

Chapter VII

第七章
挑战"驴打滚"式行政处罚

本章提要

被行政机关罚款100万元,逾期缴纳罚款,每天加处罚款3%。 当事人不服,先后提起行政复议和行政诉讼,历经一审、二审,100万元的罚款变成1330万元,堪称"驴打滚"似的高利贷。 国家机关用上不封顶的加处罚款的手段惩罚当事人,律师决定挑战这个不合理的规定。

上不封顶的"加处罚款"

律师是干什么的？

帮人打官司。

这几乎是不用思考的问题，也是最浅层次的理解，适用于那些还来不及思考理想的律师。倘若去问肖才元，他的回答远远超越"帮人打官司"的层面，包含着更深层次的思考和感悟，或许会给人可望而不可及的感觉。

他喜欢挑战看似不可能的制度"盲区"，不仅要帮助委托人打赢官司，还要推动制度的进步，那种成就感远远超过赢了一场官司。就像当年的870万元国家赔偿案，本来当事人连诉权都没有，肖才元觉得这不合理。法律赖以生存的基石是维护社会秩序、惩恶扬善、保障社会的公平正义，以"法律没有规定"为理由，坐视公民或者法人的合法权利被侵害，拒绝履行司法权的义务，这样的理由永远不存在。

那场被称为"最大的国家赔偿案"，肖才元赢得痛快，同时推动了制度的进一步完善，不管是具体行政行为还是抽象行政行为，只要影响到当事人的利益，都可以成为诉讼主体，不再有条条框框的束缚。谁也不知道，这跟肖才元有什么关系，可是谁又能说没有关系呢？

与870万元国家赔偿案差不多同时发生的"珠海市有史以来最大的职务犯罪案"，珠海市检察机关指控原格力电器股份有限公司研究所副所长杨国力（此处使用化名），利用制定技术标准的职务之便，帮助其亲友控制的珠海大泉硅导电子有限公司及相关企业获得格力公司温度传感器等电子元器件订单，供货价格远高于同类产品的市场价，涉嫌贪污罪。

在刑事案件之前，是行政处罚。珠海市质量技术监督局宣称与检察院联合办案，从大泉硅导公司的仓库里查出490箱温度传感器，认定这批标识为"MADE IN KOREA"（韩国制造）的电子元器件是假冒的进口产品，予以没收，罚款100万元；另有631箱温度传感器在封存期间被大泉硅导公司变卖、损毁，货值538301.5元，处以等额罚款，两项共1538301.5元。

大泉硅导公司没有缴纳罚款，而是提起行政诉讼，将珠海市质量技术监督局告上法庭。肖才元在一审败诉后开始介入。他很快就发现，案件涉及的事实并不复杂，但背景很微妙。

在肖才元的职业生涯中，经历过的大案要案和疑难案件不在少数，但这个案件存在的问题大大超出他的想象，从行政处罚到行政诉讼再到刑事诉讼，从程序到实体，都可以找出一堆毛病。

行政诉讼二审仍然败诉。珠海市质量技术监督局在终审判决书送达的次日，立即向法院申请强制执行，针对的是100万元罚款（对另外53万余元的罚款未作说明），从2002年7月1日起计算，每日加处3%罚款，至申请执行的2003年8月25日，共410天，1230万元，加上100万元罚款，总额为1330万元。

这已经不是法律意义上的行政处罚，是"驴打滚"似的高利贷！

"这样做的目的是什么？是为了置企业于死地吗？"肖才元决定挑战每天3%，上不封顶的"加处罚款"，"当行政处罚脱离了法律轨道，就不再是正常的行政处罚。"

对肖才元来说，挑战这个不合理的行政处罚的难度极大，根据当时的《行政处罚法》，对被处罚人延迟或者拒绝缴纳罚款的，可处以每日3%的加处罚款。由于法律没有设置上限，珠海市质量技术监督局显然对"加处罚款"作了最极端的理解——按照每天3%的标准计算，直到缴纳罚款为止。

如果上不封顶的"加处罚款"是合法的，那么，100万元罚款，一个月就会产生接近翻倍的90万元的额外罚款，一年就是1095万元！

法律人本能的判断告诉肖才元，凡事皆有度，国家行政机关不能这么干，即使法律没有对"加处罚款"设置上限，也不意味着你有权力用近乎"驴打滚"的方式实施行政罚款。站在法律的角度理解，"罚死"被处罚对象绝不是立法的本意，也与法律所追求的公平正义的终极理念相悖。

没有可供查证的资料,在此之前,还有人对"加处罚款"提出过质疑。至少这一次,肖才元认为珠海市质量技术监督局的处罚是不合理的,应当说明,每天加处的3万元罚款到底是什么性质?

人们多半会认为,这就是通常意义上的滞纳金。其实,滞纳金只适用于平等主体之间的违约行为(除法律明确作出规定的行政关系之外,如税收),比较常见的是逾期未能归还信用卡欠款,或者上个月的房贷按揭没有按时偿还。具有行政处罚权的国家机关对公民或者法人作出的行政处罚,如果涉及罚款,未及时缴纳,则会触发《行政处罚法》第五十一条(当时的法律,现为第七十二条):"当事人逾期不履行行政处罚决定的,作出行政处罚的机关可以……每日按罚款数额的百分之三加处罚款……"显然,这不是滞纳金。

加处罚款的不合理之处

受理珠海市质量技术监督局的强制执行申请后,香洲区法院以开庭形式举行了执行听证会。

"《行政处罚法》第五十一条的规定,有三层意思,不能简单粗暴地理解为只要不交罚款,就是无条件地每天加处3%罚款,一直罚到交钱为止。"从这部法律公布施行以来,或许从来没有人对第五十一条规定所包含的意思进行拆解,肖才元从法理的角度分析,"第一层意思,3%是加处罚款的上限,也是一个幅度,而不是说只要'加处罚款'就必须是3%,0.1%~3%之内都符合法律的规定;第二层意思,'可以'不是'应该',是不是要'加处罚款',要根据具体的情况综合考虑,法律上的'可以',是指可以加罚,也可以不加罚;第三层意思,既然是'加处罚款',那就是在原罚款之外额外增加了新的罚款,珠海市质量技术监督局应当按照《行政处罚法》的规定,另行制作规范的行政处罚决定书,说明'加处罚款'的事实、理由和法律依据,当事人有要求行政听证的权利,有申请行政复议的权利,也有提起行政诉讼的权利,请求对'加处罚款'这一行政行为的合法性予以司法审查。"

由于法律本身不完善,行政机关在行使权力时,若不能站在被处罚人的角度考虑问题,就会导致处罚失当。我们可以看到,珠海市质量技术监督局对大泉硅导公司的《行政处罚决定书》也很简单——

珠海大泉硅导电子有限公司:

2002年4月4日,我局执法人员发现你公司生产伪造产地(标注MADE IN KOREA)的温度传感器490箱,货值201.19万元,你公司并于2002年4月4日—5月13日期间,变卖、损毁被我局封存的温度传感器631箱,货值538301.50元。你公司已违反《中华人民共和国产品质量法》第五条规定。

根据《中华人民共和国产品质量法》第五十三、第六十三条的规定,决定给予以下行政处罚:

1.责令改正,没收违法生产的温度传感器490箱,并处100万元罚款;
2.处被变卖、损毁的温度传感器货值金额等值538301.50元的罚款;
两项共罚款壹佰伍拾叁万捌仟叁佰零壹元伍角(1538301.50元)。

请于收到本决定书之日起十五日内将罚款缴到市内建设银行:市人行国库科2550021,逾期不缴纳罚款的,每日按罚款数额的3%加处罚款。

如对本决定不服,可于接到本决定书之日起六十日内向广东省质量技术监督局申请行政复议,也可以在三个月内依法向人民法院提起行政诉讼。

珠海市质量技术监督局的处罚决定是在2002年6月26日作出的,从2002年7月1日即开始计算3%的加处罚款(针对第1项的100万元罚款),连60日申请复议和3个月提起行政诉讼的时间也被包括在内。

这个"驴打滚"似的3%加处罚款远不止于此。大泉硅导公司在法定期限内提出行政复议,接着又提起行政诉讼,到终审判决书送达,其间经历了一年多时间,官司没打赢,每天还要额外付出3万元,可谓代价巨大。

既然已经告诉被处罚对象有提出行政复议和提起行政诉讼的权

利,又要在此期间每天加罚 3 万元,这是一个悖论。设想一下,首先提出行政复议,接着是不服行政复议,提起行政诉讼,经过一审、二审,假如上级法院发回重审,重审后再上诉,最快也要两年才能走完所有法律程序。两年对被处罚人意味着什么? 730 天,每天 3 万元的加处罚款,共 2190 万元。这样做的目的何在? 这是行政处罚法的本意吗?

"这种做法的不合理之处在于,它没有事先告知在行政复议和行政诉讼期间仍然每天加罚 3%;如果告知,很可能吓退被处罚人,没有百分之百的把握,哪个被处罚人还敢提出行政复议和起诉?"肖才元认为,如此适用法律违背了公平正义的原则,"假如行政机关的做法得到法律的支持,那就等于限制被处罚人的权利,直接违背了行政诉讼法、行政处罚法、行政复议法等一系列行政法律旨在防止和纠正行政机关滥用权力,保护公民或法人合法权利的立法宗旨。"

这其实是一个并不深奥的法理问题。"加处罚款"属于行政处罚范畴,是对不履行行政处罚的人的惩罚,目的当然是维护法律的严肃性。但是,行政权力不是终极性权力,一旦当事人不服,寻求权利救济,行政行为就处在不确定状态,法律本意上的"不停止执行"是指行政行为仍然有效,但每日 3%"加处罚款"应当被阻断。

听证会上,肖才元说:"刑法有上诉不加刑的原则,同样的道理,在受到行政处罚时,当事人在寻求权利救济期间,继续计算'加处罚款'明显与行政法立法宗旨相悖,应当纠正。"

但是,珠海市质量技术监督局并不认为自己做错了,它所理解的《行政处罚法》的"加处罚款",是被执行人不履行行政处罚的法律后果,是"行政处罚不停止执行"原则的具体体现,是对逾期不缴纳行政罚款的惩罚性措施。

对珠海市质量技术监督局这样理解法律,肖才元一点也不感到奇怪。"行政权力有一种天然的习惯,那就是为自己扩权,在法律中寻找能够使权力最大化的解释。"他从立法的本意提出新的见解,"《行政处罚法》确实规定了在复议和行政诉讼期间不停止行政处罚行为的执行,这里所说的'不停止',从法理上理解,是指在复议和行政诉讼期间,行政处罚行为仍处在有效状态,并没有中止或者被撤销。但是,由于被处罚人行使复议权和诉权,'加处罚款'必须停止执行。"

只有这时,你才能看到那些被尊称为"大律师"的人,他们在思维上的不同寻常之处,即能发现问题——不只是发现个案的问题,而是能透过表象看到制度的缺陷,"加处罚款"就是典型。相信这不是现实生活中第一例"驴打滚"似的行政处罚,100万元罚款,在13个半月的时间内,涨了12.3倍,就算不懂法律的普通老百姓也会觉得不合理、太过分。

在肖才元提出合乎法律逻辑的质疑之前,有多少人思考过无上限的"加处罚款"到底在哪些地方不合理?就像珠海市质量技术监督局看上去理直气壮地辩解:"行政执法实践中,无论是公安机关包括交警支队,还是工商局行政执法等,在作出行政处罚后所进行的'加处罚款',均没有单独再作出一次具体行政行为,而是将行政处罚罚款的本金,连同加处的罚款一同计算。应当说到目前为止,所有行政机关作出的行政处罚均是照此加处罚款,概不例外。"

不可否认,中国的行政立法起步较晚,虽然借鉴了其他法治国家的经验,但由于自身的体制和社会运行模式等多方面因素的制约,特别是在强势的行政权力面前,立法就只能向后退让,这使得初期的行政法律很不完善,未能达到制约行政权力,保护公民和法人权利的目的,"加处罚款"只是暴露出来的其中一个问题。当时的几部行政法律,包括《行政诉讼法》,都没有对"加处罚款"设置上限,立法者也许天真地认为,每天3%的利剑高悬,具有足够的威慑力,被处罚人一般都会主动缴纳罚款,也就不会产生一年翻十倍的极端问题。

在法律的实际运行中却不是这么简单。有行政处罚,就会引发行政复议、行政诉讼,如果出现旷日持久的诉讼,诉讼期间又不停止"加处罚款",立法者们难道没有设想过行政处罚无限敞口的后果吗?

除了非常具体的可操作的问题,立法者们还忽视了政治学理论中经常被提及的观点,那就是给公权力立规。由于权力具有扩张的天然属性,如果不给它划定红线,把它关在笼子里,它随时都会"咬人"。上不封顶的"加处罚款",显然是立法上的疏漏,无形中给了行政权力扩张的机会,可以用无限大的权力惩罚人,行政机关也不会认识到这样做不合理。在制度缺失和强势的行政权力的双重困境中,更多的人会选择妥协,因为抗争的代价很大,并且很难获得预期的效果。

可以肯定地说,一年翻十倍的"加处罚款"不是首次发生。但是,在珠海市,这种脱缰野马式的行政处罚权被肖才元挡住,此路不通。

广东废止"驴打滚"式罚款

问题很尖锐,无法回避,珠海市中院意识到了"加处罚款"可能存在制度性疏漏,即向广东省高院请示:关于人民法院能否强制执行行政机关对逾期不缴纳罚款的行政相对人加处罚款?

2005年11月2日,广东省高院发出复函:我国《行政处罚法》第五十一条规定,"当事人逾期不履行行政处罚决定的,作出行政处罚的行政机关可以采取下列措施:(一)到期不缴纳罚款的,每日按罚款数额的百分之三加处罚款"。这一规定中的"加处罚款",应视为一个独立的行政行为,行政机关须作出具体行政行为,确定具体数额,说明理由和根据。本案中,行政机关未对"加处罚款"作出确定的具体行政行为,法律效力无法确定,人民法院无从对该"加处罚款"行为进行合法性审查,故不具备《行政诉讼法》第六十六条和《最高人民法院关于执行〈中华人民共和国行政诉讼法〉若干问题的解释》第八十六条第一款第(二)项、第八十八条、第九十三条中规定的人民法院强制执行的条件。

有了广东省高院的复函,香洲区法院以《结案通知》,而不是正规的裁定的方式终结本案的执行:"本案加处罚款1230万元(以每日3%计,暂计至2003年8月25日)不具备人民法院强制执行的条件,本案的执行标的为罚款1538301.50元。大泉硅导公司于2004年8月25日、2005年11月21日分别支付153万元、29967.50元至本院帐户(其中21666元为执行费用)。至此,本案执行完毕。"

广东省高院的复函实际上采纳了肖才元的观点,对行政处罚中"加处罚款"的规范是巨大的进步,它确立了一个新的规则——"加处罚款"是独立的行政行为,行政机关必须重新作出具体行政行为,而且要对它进行合法性审查,否则,法院不支持对"加处罚款"的强制执行。

尽管成功地挑战了行政机关的"加处罚款"行为,却不是肖才元期待的完美结果。他略带遗憾地说:"这个复函虽然显得保守,但已经是司法权积极作为的表现,难能可贵。作为地方法院,它很谨慎地避免直接触及立法的问题,没有对行政复议和行政诉讼期间是否停止'加处罚款'给出明确的答案。不过,站在法律人的角度,完全可以理解。"

仔细品读,广东省高院的复函煞费苦心,它小心翼翼地从小角度切入,只是规定"加处罚款"是独立的行政行为,适用行政处罚的全部程序(听证、复议、行政诉讼),否则,法院不能对此类行政处罚产生的罚款进行强制执行。你看,它并没有说禁止"加处罚款",也未涉及复议和行政诉讼期间是否停止计算"加处罚款"的问题,只是设置了限制条件。

就是这个表面上看稍显保守的复函,正面意义不可低估,至少在广东省内实际上间接废止了行政处罚中上不封顶的"加处罚款",因为没有法院的支持,行政机关缺乏执行的手段。从这里就能让我们体会到,行政机关为什么比老百姓的拳头硬? 就因为它依靠国家强制力的保障,它可以请警察抓人,请法院划账,必要的时候,还有刑事司法资源能够利用。现在,广东省高院在本司法区内给"加处罚款"立了新规,也就不会再有哪个行政机关自寻烦恼。

事后,肖才元自我总结说,与代理的具体案件的输赢相比,与能拿到多少律师费相比,推动制度的进步,才是法律人最大的贡献。这起案件与当年深圳的870万元国家赔偿案,都是从个案的层面深究制度的缺陷,最后与司法机关形成共鸣和良性互动,促使司法权积极作为,为不完善的法律打上了补丁。

直到2007年4月27日,最高法院在回复云南省高院对行政处罚的"加处罚款"在诉讼期间应否计算的问题时,才对此给出明确答案:根据《行政诉讼法》的有关规定,对于不履行行政处罚决定所加处罚款属于执行罚,在诉讼期间不应计算。

从那时起,又经过了若干年,2021年修改的《行政处罚法》第七十二条规定,"加处罚款的数额不得超出罚款的数额"。第七十三条规定,"当事人申请行政复议或者提起行政诉讼的,加处罚款的数额在行政复议或者行政诉讼期间不予计算"。

而最早限定加处罚款不得超出本金的法律,是 2012 年 1 月 1 日实施的《行政强制法》第四十五条:"行政机关依法作出金钱给付义务的行政决定,当事人逾期不履行的,行政机关可以依法加处罚款或者滞纳金。加处罚款或者滞纳金的标准应当告知当事人。加处罚款或者滞纳金的数额不得超出金钱给付义务的数额。"

从此,"驴打滚"似的"加处罚款"成为历史。

当你有机会读到这起并不像 IPAD 合同纠纷案和非诚勿扰商标权争议案那么轰动的行政诉讼案时,你就不得不佩服肖才元这样的律师。行政处罚中的"加处罚款"是单独的行政行为,应当重新作出行政处罚决定,并且在当事人提出行政复议和提起行政诉讼期间,不得计算"加处罚款",是他在 2003 年珠海市中院审理大泉硅导公司诉珠海市质量技术监督局一案中提出的,是对不合理的制度和行政机关不当行使权力的双重拷问,与此后的制度变革完全吻合。

其实,像肖才元这样有思想、有责任感的名律师还有很多。人们只看到了今天制度的进步,却很少有人知道他们通过司法实践对司法制度所起的积极作用。正是通过表面上受当事人利益驱动的个案,才发现制度的不健全、不合理,使之得到矫正和完善。因此,个案从来就是推动法治进步的路径之一。

珠海最大的职务犯罪案件

此次出征珠海,肖才元面对的是"三大战役"——第一场是起诉珠海市质量技术监督局的行政诉讼;第二场是对执行异议中"加处罚款"的抗辩;现在,他要赶去第三场——珠海市有史以来最大的职务犯罪案。

珠海市人民检察院指控原格力电器股份有限公司研究所副所长杨国力利用职务之便,帮助大泉硅导公司及其多家关联企业向格力电器公司提供空调温度传感器（也称"热敏电阻"），这些元器件假冒韩国进口产品，以高于市场的价格向格力电器供货，"高出"的部分共4600万余元，杨国力涉嫌贪污罪。

被杨国力的家人请到珠海时，肖才元尚未决定接手此案。考虑到案情重大，杨国力的家人物色了好几位声名显赫的律师，反复比较后，希望肖才元能做杨国力的辩护律师。

他稍微对案情作了一些了解。格力电器公司揪出了侵蚀国有资产的腐败分子，珠海市人民检察院异乎寻常地重视，作为自侦案件，对这起被称为"珠海有史以来最大的职务犯罪案件"投入了大量的办案人员。如果指控成立，杨国力很可能被判处无期徒刑以上的刑罚。

肖才元没有当场答应担任辩护人，他要先了解案情，再作评估。他跟杨国力的家人签了个临时委托合同，律师费一万元，肖才元要用这个临时委托去看守所会见杨国力。"我对他的家人说，合同也不给你们，律师费也不用给，就是为了合法，避免律师私接案件的嫌疑。"

在看守所，肖才元与杨国力长谈了四个多小时。"我当时就断定这是无罪的案件。严格地说，根本就不存在刑事案件，贪污4600万余元并非客观事实。"从看守所出来，他决定接手此案，而且要为杨国力做无罪辩护。

终于等到检察院向法院起诉，阅卷后，肖才元感到吃惊。既然被称为"珠海有史以来最大的职务犯罪案件"，自然非同小可，光是卷宗就有56本。珠海市人民检察院指控杨国力"身为国有公司工作人员，利用职务之便，与其亲属相互勾结，以贸易方式做掩护，采取假冒品牌及抬高价格等手段，骗取国家财产46192864.18元……应当以贪污罪追究其刑事责任"。

之所以让肖才元感到吃惊，是因为办案机关没有搞清楚杨国力的身份。格力电器公司是上市的公众公司，属于国有控股性质，并非真正意义上的国有企业；杨国力从未担任公职，是从社会上聘用的中层管理人员，不是贪污罪的犯罪主体，当然也就不属于检察院反贪局自侦的案件。

珠海市作为中国最早的经济特区之一，在市场经济条件下，不是所有在国有企业工作的人员都具有公职身份，这是法律常识，对检察机关来说，是很容易搞清楚的问题；把杨国力的身份搞错了，意味着检察院将该案作为自侦案件来办理，一开始就犯了程序性错误，那么整个案件必然一错到底。

为应对这起诉讼,肖才元从格力电器公司搜集到的内部资料,从规章制度、采购流程到技术规范,应有尽有。以至于后来有人说,对格力电器公司各种制度最熟悉的不是董事长,而是肖才元律师。

势如破竹

案子在珠海市中院一审开庭。肖才元面色凝重,他的目光快速扫过对面的检察官,他们的面前堆着卷宗,旁边还有个小推车,检察官就是用它把卷宗拉进法庭的。不用说,这些卷宗肖才元都已经看过,不只是看过,他把每一本案卷,每一个主要证据都做了标记,又写了详尽的分析意见。他要用"草船借箭"的战术,把控方指控杨国力涉嫌贪污罪的证据拿过来为己所用,那都是可以证明这个山东汉子无罪的证据。

当公诉人宣读完起诉书,肖才元进行简单答辩:"被告人杨国力没有实施起诉书指控的任何犯罪行为,指控不成立,无论从程序还是实体上,杨国力都应得到无罪判决。本辩护人将为杨国力做无罪辩护!"

这注定是一场剑拔弩张的控辩交锋。肖才元首先针对的是犯罪主体,这涉及侦查程序的合法性。格力公司来源于集体企业,后来发展为国有控股,变成格力集团有限公司,最后再分出一块上市,这就是珠海格力电器股份有限公司。从性质上来说,格力集团是集体和国有混合所有制,属于珠海市国资委下属企业,而上市公司则是国有控股的公众公司。

被检察院指控涉嫌贪污罪的杨国力,为上市公司格力电器技术研究所副所长,并非国资委派来的干部,而是从社会上招聘的中层管理人员,没有公职身份,何来贪污罪?对肖才元的质疑,公诉人没有作任何说明。

进入实体审理。杨国力不过是格力电器公司技术研究所副所长,权力极其有限,他如何能够利用职务之便,与亲属内外勾结,达到侵吞数千万元的犯罪目的呢？

按照公诉机关的指控,可以概括为"三个垄断",即技术垄断——杨国力利用担任研究所副所长的便利,制定技术标准,只有他的亲属的企业生产的产品才符合要求;渠道垄断——排斥其他产品进入格力电器公司,形成他的亲属独家供货的结果;价格垄断——以高于市场其他产品的价格获取非法利润。

"这是把格力内部的管理制度想象得太简单了。"肖才元当庭出示格力电器公司文件《分承包方评审及监管程序》,该文件对选择供货商的流程规定得很清楚——

1.供应部或负责外协单位提出物料新分承包方开发申请,并跟进开发选择过程;

2.外管部负责组织相关部门对物料分承包商的质量体系和技术工艺水平进行审查、评级工作,并对新物料与分承包方、合格物料分承包方进行审核;

3.筛选分厂负责对物料分承包方的样品及试用物料进行检验和试验;

4.研究所负责对物料分承包方的样品进行技术审核及对该物料进行技术确认。

"格力内部的规定说明,四个职能部门:供应部、外管部、筛选分厂及研究所是依次的四个步骤,是分工负责、相互配合、相互制约的过程,研究所只是最后一道程序,只有前三道程序已经通过后,才进入对样品进行技术审核的程序。而且研究所仅负责对样品的技术审核与确认,不承担其他诸如对企业进行合规审查等义务。"在详细陈述格力公司内部采购流程后,肖才元接着说,"杨国力只是研究所副所长,上有分管领导——所长,下有众多技术研究人员,他根本没有条件来实施技术垄断,也就从来不存在杨国力为他的亲属的公司量身定制的技术标准。如果真的有这个定制的标准,它到底是什么标准？谁能拿得出证据来？实际上,这都是从来不存在的东西。"

对指控进行一揽子否定后,肖才元察觉到了对面公诉人的不快。

当年刚出道时，初生牛犊不畏虎，肖才元居然是从刑事辩护开始的职业生涯，到深圳后，他把业务重心转向了民商事领域，很少再接刑事案件。但民商事领域经验丰富的律师，反过来更有利于办理经济类的刑事案件。在为杨国力的辩护中，很多独到的观点，就得益于他丰富的民商事领域的经验。

三十年前，在黄石市的刑事法庭上，他历经一审、上诉、发回重审、抗诉，仍然坚定地为被告人做无罪辩护。此刻坐在辩护人席上的肖才元，尽管少了些许当年的血气方刚，却依然是那种凌厉的风格，而且更加老道。

再说"渠道垄断"。检察机关指控杨国力通过"技术垄断""渠道垄断"和"价格垄断"涉及的电子元器件包括温度传感器（热敏电阻）、电容模块等，其中主要是温度传感器。多年来，格力电器公司一直使用韩国新基公司的进口产品。肖才元从控方的证据中发现，在杨国力担任研究所副所长之前，韩国新基公司的温度传感器就已经是格力电器公司的供货商，由国内一家公司代理。后来，杨国力亲属的公司与代理商谈判，有条件地从对方手中获得了代理权，继续为格力电器公司供货，与杨国力的副所长职务扯不上一点关系。

肖才元获取的格力电器公司《研究所职责条例》及其他文件显示，研究所不参与本公司的对外商务活动，采购部门按照公布的电子元器件参数，选用哪一家的电子元器件，与供货商如何商谈，怎样确定价格，由采购部门负责，最终经过多部门决策完成。这不需要事前与研究所商量，研究所也无权干预。很难想象，一个小小的研究所副所长，能在格力电器公司呼风唤雨，控制技术、垄断渠道、抬高价格，这是想都不敢想的事。

"没有任何证据能够证明，经过其他几个部门审核通过的采购单，到了杨国力这里被否定，至于控制价格，杨国力更是无能为力。"肖才元说，"如果他真有机会贪污4600万余元，那只能是这样的情形——研究所只有他一个副所长在做事，他已经取代了筛选分厂、外管部、供应部的全部工作，其他的部门都已瘫痪，层层管理体系也已形同虚设，企业的领导人都没有履行职责，听任他随心所欲地控制供货渠道、制定价格。对格力这样以管理严格而著称的大公司来说，这是根本不可能发生的事。"

没有树木，何来森林

那么，精确到小数点的 46192864.18 元的贪污是从哪里来的呢？"是'算'出来的。"肖才元说，从案卷中可以看到，有一家受托的评估机构，用市场上那些小牌子电子元器件价格作为参照，从而得出了杨国力利用职务之便，和他的亲属联手抬高价格的结论。按照历年的供货量，"抬高"的价格共有 4600 万余元，这就是贪污，其中，杨国力从中分得 10%。

卷宗里有一份用来证明 4600 万余元贪污数额来源的"龙源智博评估报告"，由于不符合证据的基本规范和缺乏证明价值，漏洞百出——

评估人员承认，到厂家询价时，均是由办案人员及格力工作人员陪同，这说明，该评估的产生违背了独立公正的原则。

评估人员承认，未对电子元器件进行实物清点，但评估报告上却谎称进行了实物清点，说明评估依据的基本事实是虚假的。

评估报告列举的四项取价依据：a.委托方提供的电子元器件明细表等资料；b.市场询价资料；c.2001 年机电产品报价手册；d.资产评估常用数据与参数手册。庭审发问证实：2001 年机电产品报价手册、资产评估常用数据与参数手册内并没有与本案相关的电子元器件的价格与参数，因此，所谓的取价依据完全是虚假的。

评估报告在"评估报告特别事项说明"中作了六项保留，特别是第（二）项保留，"我们没有接受对电子元器件的运行测试要求，无法区分不同厂家生产的电子元器件的性能差别"，动摇了评估报告的根基。

辩护人向出庭作证的评估人员发问："将格力所采用的任何一种优质物料，按照这种统计评估方法，是不是同样可以得出所谓'采购价高于市场平均价'的结论？"评估人员无法回答。显然，离开产品质量、性能、市场竞争力、占有率、品牌影响力等条件，简单比较价格是没有任何实际意义的。

评估报告选择的询价对象都是没有资格进入格力供货商范围的不知名品牌的小企业,与供应格力的进口产品相比不是同一个档次。比如,把杨国力亲属的公司代理进口的韩国三星电容与国产南通江海电容器股份有限公司的电容价格相比,而为什么不是与格力使用过的日本尼塞康、日立的价格对比呢?

实际上,格力公司自己就有几家代理公司,分别是:珠海格力连锁有限公司、珠海格力拓展有限公司、珠海斗门致力发展有限公司,这些也是格力公司认可的分承包方,均代理销售过韩国新基的热敏电阻,韩国大宇的阻容模块,日本北陆的压敏电阻,韩国三星的电容,日本村田、日立、松下的电容。

面对上述事实,肖才元问道:"如果本着客观的立场进行价格对比,为什么不用这三家公司代理的同类产品作对比,偏偏用那些与格力供货渠道毫无关联的小厂家的产品进行比较呢?"

说到激烈之处,控辩双方有一个非理性的小插曲。一名公诉人说:"这些证据已经形成完整的证据链,你这是断章取义,只见树木,不见森林。"

"问题是,我连一棵树都没有看到,到哪里看到森林呢?"肖才元反唇相讥,"证据链由一项一项的证据所组成,森林由一棵一棵的树木汇集而成。没有树木,何来森林?没有证据,何来证据链?"

后来杨国力获得自由后,再次见到肖才元,他说:"把我送回看守所的时候,连法警对我的态度都变了,说我请的律师太厉害了,第一次见到这样的辩护律师。"

庭审的最后一个环节,听着杨国力的最后陈述,肖才元心里却在想,这个案子该如何收场呢?4600万余元,即使分给杨国力10%,拒不认罪,没有法定和酌定从轻、减轻的情节,恐怕要被判处无期徒刑。

在此之前,肖才元两次前往北京,请北京大学法学院教授陈兴良、陈瑞华,清华大学法学院教授张明楷等多名刑事实体法、程序法的知名学者对案件进行研讨,一致认为本案没有犯罪事实,指控的贪污罪无法成立,应当宣告杨国力无罪。

庭审结束后,各种真假难辨的消息不断传到肖才元这里。他一刻也没有停下来，重新整理了辩护词、补充辩护词，连同质证意见、辩方证据一起装订成册，由配合他的珠海本地律师送至中院审判委员会全体成员手上。

不久，珠海市中院有了消息，不是宣判，而是检察院撤诉。但是，却没有按照法律规定立即释放杨国力。

降低审级再起诉

撤诉后，珠海市检察院将案件交给香洲区检察院重新起诉，罪名也从贪污罪换成了"企业人员受贿罪"和"生产、销售伪劣产品罪"。

这种做法，肖才元虽然是第一次遇到，却早有耳闻。

在珠海市中院先后对本案的四次审理期间，肖才元在北京组织了三次专家论证会，所有的专家都认为杨国力无罪，没有任何争议。北京大学法学院教授陈瑞华还索要了案卷资料，作为教学和研究之用。

其间，肖才元碰到了中国人民大学法学院教授陈卫东。"你把珠海的天都捅破了！"这位知名的刑事诉讼法学者，当时还是珠海市人民检察院的特聘专家。他半开玩笑地说，"算了，见好就收吧。"

但是，对肖才元来说，战斗还没有结束。

"根据刑事诉讼法的规定，检察机关撤诉后，没有新的事实、新的证据，不得重新起诉。新的事实、新的证据，是指检察机关撤诉后新发现的、不同于以前已使用质证过的证据，有实质意义的、足以构成独立的犯罪事实的证据。而绝不能把任何零星的、没有任何实质意义的，甚至已经质证使用过的材料随意称为'新事实、新证据'。"肖才元不会无视这样的程序性问题。他说，"若随意地将一些没有任何实质内容的添加材料称为新事实、新证据，将导致一种极其荒谬的现象：控方可以不受制约地对任何一位公民多次起诉、撤诉、重新起诉，从而无限期羁押被告人。显然，这是对正当程序的否定,是不应该得到法律支持的。"

检察院换了新的罪名后重新起诉,随即又引出另一个程序问题——企业人员受贿罪和生产、销售伪劣产品罪,均是公安机关办理的案件,不属于检察机关的自侦案件。由于侦查主体不合法,控方提交给法庭的所有证据也就不具有合法性。

经历珠海市中院的第一轮短兵相接的庭审,控辩双方的对抗明显升级。

"中院的审理就已经证明,杨国力不构成任何一项犯罪,下面,我就从八个方面为杨国力做无罪辩护。"

只有两项指控的罪名,肖才元以此为圆点,向外扩大包围圈,在半径距离内,对法院可能变更的八个罪名,逐个阐释无罪的证据和理由,封死了所有的出口——

第一,杨国力不构成企业人员受贿罪……

第二,杨国力不构成职务侵占罪……

第三,杨国力不构成为亲友非法牟利罪……

第四,杨国力不构成国有公司人员滥用职权罪……

第五,杨国力不构成侵犯知识产权罪……

第六,杨国力不构成非法经营罪……

第七,杨国力不构成合同诈骗罪……

第八,杨国力不构成生产、销售伪劣产品罪。

另一种"成功"

重新起诉,给杨国力添加了"生产、销售伪劣产品罪",这让肖才元感到莫名其妙。"杨国力既没有参与生产、销售的任何一个环节,也未实施诸如策划等行为。"他说,"他就是原格力电器股份有限公司研究所副所长,怎么生产、销售伪劣产品?"

多年来,格力电器公司使用的韩国新基热敏电阻,一直由珠海鑫基公司代理进口,这种合作关系持续了很多年。肖才元为此向法庭提供了一系列经过公证的证据,包括韩国新基公司在中国办事处的法人执照,韩国新基公司出口报关单,新基产业株式会社的质量保证书,授权珠海鑫基公司独家销售热敏电阻的文件,韩国商工会议所出具的原产地证明、运单、装箱单等,证明产品来源正当、清晰。

以肖才元在执业过程中一贯的严谨风格,不只是将这些证据的合法性研究得滴水不漏,他还专门向海关部门了解进口产品的相关规定,又购买了资料,请教外贸领域的专业人士,对原产地、进口后辅助性加工如何标注产地,都做了深入研究。

格力电器公司显然也参与其中,肖才元从案卷中发现了多份不仅不能证明犯罪,反而能对指控产生反作用的证据。比如,由格力电器公司监察部盖章的"公司感温头质量情况总结""售后2002年感温包复查情况",把韩国新基和日本北陆的热敏电阻作对比,本来是想用来证明韩国新基的元器件有质量问题,结果弄巧成拙,证明的是日本北陆的产品,也被稀里糊涂地拿到法庭上,被肖才元利用。

案卷里还有一份来自格力电器公司技术研究所的"技术通知书"(有关热敏电阻的几点处理意见)恰好提供了佐证——这份由格力电器公司新任研究所所长审定,其他多名技术人员汇签的通知表明,杨国力案发生后,已不再采购韩国新基的热敏电阻等元器件,改为日本北陆的产品,由于质量达不到标准,却又不能影响生产,只好暂时使用。研究所要求"供应部加快采购符合我们技术条件的热敏电阻,以保证生产正常进行"。

检察院之所以指控杨国力犯"生产、销售伪劣产品罪",是它们根据珠海市质量技术监督局在大泉硅导公司仓库查到的490箱、货值201.19万元的热敏电阻和另外被认定为大泉硅导公司变卖、损毁的631箱、货值538301.5元的热敏电阻,将它定性为伪造产地,检察机关由此推定,杨国力亲属的公司过去向格力电器公司供货的所有热敏电阻等电子元器件都伪造了产地,甚至在国内生产,冒充进口产品,全部属于"伪劣产品"。

"仅仅凭那1121箱货,就能推定过去向格力电器公司供货的电子元器件都是伪劣产品?"肖才元说,"行政处罚本身就是错误的,存放在大泉硅导公司仓库里的电子元器件有全套的进口手续。"

其实,所谓的伪劣产品,不过两个问题,一个是因技术需要,从韩国进口的新基热敏电阻,又在珠海的工厂进行了辅助加工,将一部分产品的连接线加长,然后封装。具体地说,就是把连接线加长 10 至 20 毫米,产品性能没有任何改变。肖才元为此找到了所有相关的法律法规和行业遵循的技术标准,又购买了教科书,且参照了韩国出口产品的产地标准,最终得出这种辅助性加工不属于伪造产地的结论。中国电子元件行业协会敏感元器件与传感器分会所作的《产品对比报告》,由国内六名知名专家共同签署,该报告证明,从韩国进口的未加两根引线的热敏电阻与加了两根引线并进行简单封装后的热敏电阻相比,产品电参数、电性能是相同的,不属于实质性加工。

肖才元当庭指出,这是进口产品,即使对原产地存在争议,质量技术监督局也无权处理,应当移送海关作出认定结论。"退一万步说,这充其量就是产地标注不规范,最多不过是进行行政处罚,如果产生合同纠纷,那也是格力电器公司和进口商之间的问题,与刑事犯罪何干?怎么能跟杨国力扯上关系?"

另一个问题,则是指控杨国力的亲属用国产电子元器件冒充进口产品。杨国力弟弟等人在珠海确实有多家生产电子产品的公司、贸易公司,他们不只是为格力电器公司供货,还与海尔等国内大型家电企业有业务往来,也有出口产品。这本来是再正常不过的事,而现在却成了犯罪。检察院指控这些企业"在内地生产,出口到香港地区,又通过几个公司相互转换,卖给格力电器公司"。

如果指控属实,那么,涉及进出口贸易,必然是处处留痕,不仅海关有记录,从生产厂家也能查到大量的书证,从生产计划单、作业单、出口报关单、香港地区公司的转手交接手续证明,再到格力的进口报关单上记载的时间、产品型号、规格、数量等数据资料的比较,必然能够找到证据。

"客观证据一个都没有,只有个别几个证人前后矛盾的模糊回忆和似是而非的说法。"肖才元目光落在那满满一推车的卷宗上,冷静地问道,"这些证人证言是从哪里来的,是不是确有其人,杨国力根本不知道,也无法进行有效的质证和抗辩,凭什么用来指控犯罪?"

具有讽刺意味的是,倘若杨国力真的与他的弟弟和亲属相互勾结,将在国内生产的热敏电阻等电子元器件,假冒韩国进口产品,以次充好,高价销售给格力电器公司,构成"生产、销售伪劣产品罪"。那么,格力电器公司在媒体面前演示,旨在证明其产品质量过硬的"剖心"活动,岂不是成了对消费者的欺诈?

连清华大学法学院教授、著名刑法学者张明楷也禁不住摇头:"格力这不是犯傻嘛,这样做就等于对外公开承认,自己的产品使用了劣质元器件,以次充好。"

珠海市香洲区法院的庭审持续一周,并对庭审全程录音录像。

2004年5月31日,珠海市香洲区法院以被告人杨国力犯"企业人员受贿罪"为由,判处有期徒刑五年,并处罚金50万元。

判决在认定杨国力不构成"生产、销售伪劣产品罪"的同时,刻意将格力电器公司剥离出来:"且不论伪造产地,探究其提供的热敏电阻是否伪劣产品的问题,格力电器公司从1996年就开始采用某某某提供的热敏电阻,一直没有出现异常的质量问题……格力电器公司这几年里事业蒸蒸日上,是国内空调的著名品牌……"

上诉后,二审法院将罪名改为"职务侵占罪",维持五年有期徒刑和50万元罚款的判决。同时,判决认为杨国力分得的10%只有口供,没有其他证据,不能认定;格力电器公司尚欠与本案相关的多家公司货款1900万余元,属于4600万余元其中未实际取得的部分。

无罪辩护没有成功,肖才元遗憾至极。没想到,委托方却极为满意,对肖才元的辩护赞誉有加。杨国力的母亲感激地说:"我做梦,有人告诉我,国力有贵人相救。肖律师就是我们的贵人!"

Chapter VIII

第八章
破解疑难案件的深厚功底

本章提要

大案要案固然是律师名利双收的好机会，而疑难案件却更能显示出律师的专业能力，尤其是看问题的独特视角和思辨逻辑。本章叙述的几个案件并不出名，却是真正的疑难案件，不是每个律师都有能力发现问题，进而提出解决思路。

（一）法院不能改变当事人约定

遇上难题

二十多年前，肖才元刚从湖北调到深圳，由专职执业律师转入中国有色金属财务有限公司（后更名为"深圳有色金融财务有限公司""深圳市有色金属财务有限公司"）从事法务工作。你无法想象，这就是日后的知名律师。

财务公司是一家大型的国有非银行金融机构，也是我国改革开放以来，继深圳市特发集团有限公司之后，经中国人民银行深圳特区分行批准，国内成立的第二家财务公司，涉及的金融业务类别极其宽泛，法律事务繁多。

就像有的人生来就很霸道，肖才元虽然初来乍到，却没有唯唯诺诺，他作为企业法务人员遇到的第一个案件，便是挑战法院的生效裁定。

20世纪90年代初，深圳政和公司向财务公司贷款300万美元和2240万港元，用于购买深圳国贸商住大厦楼花，共十层。双方签订的抵押借款合同规范、完备，约定以借款人所购买的楼花权益抵押，逾期未能偿还借款，抵押的楼花权益归财务公司所有。合同条款经过开发商的确认。

很多法律事务就是这样出现的，本来没有的纠纷，没想到中途出了意外。借款到期后，政和公司无法还款，导致违约。按照双方的合同约定，借款人将所购的楼花权益转给财务公司，并于1992年6月26日签订补充协议（双方称之为"6.26协议"），增加约定：将来出售房产后，先扣除借款和利息，剩余的利润五五分配。

由于双方签订合同的时候还是楼花，借款人当初购买楼花是跟开发商签订的合同，出现违约后，直接在开发商那里办理手续，明确将权益转给财务公司,也不需要到房管部门过户。等房子建好后,办理正式的房产证,产权人才是财务公司。

这在法律上没有任何问题,双方责任和权利的约定很清晰,是在平等自愿的情况下签订的合同。尽管产权人变成了财务公司,但房产中仍包含借款人的利益,应该说,合同是公平的。

随着邓小平二次南巡,改革开放提速,房地产市场开始升温,借款人反悔,向法院起诉,提出之前签订的将楼花权益转移给财务公司的合同无效。官司最后一路打到广东省高院,驳回借款人的诉讼请求,判决确认抵押借款合同有效,"6.26 协议"继续履行。

借款人心有不甘,或者是急需用钱,于是又搞出新的名堂,向深圳市中院申请执行。怎么执行呢?终审判决是"6.26 协议有效,继续履行"。这就相当于法院判决两口子不准离婚,日子还得继续过,一方向法院申请执行,执行庭的法官可就犯难了。

在法律上,终审判决的"合同继续履行"很明确,双方的权利和义务都在合同上。可是,一方要申请执行,"执行"什么呢?判决并不涉及诸如财产、金钱给付、停止侵权等义务,没有具体可执行的标的物,法院执行部门是无法执行的。这可是给法院出了法律难题。

之所以说是个难题,是因为借款人申请的执行,是要求卖房,但是,"6.26 协议"没有约定卖房的具体期限。此时,当初的楼花已经变成现房,财务公司由抵押权人转为了楼宇的业主,合同项下的商品房已经被卖掉了一部分,双方也结清了贷款和利润。问题出在剩下的房产如何处理——借款人想全部卖出;财务公司不想卖,这就产生了新一轮扯皮。

司法管了不该管的事

"律师的工作特点,就是不停地接触和处理形形色色、变化多端的案件,你永远不知道下一个找上门的案件,当事人遇到了什么麻烦。也许大部分都是律师轻车熟路的案件,但总会碰到你没有见过的,周围律师也没有处理过的疑难案件。"肖才元对这起案件的分析和思考,对经验欠缺的年轻律师来说,甚至比教科书还要生动,因为教科书上不会有这种稀奇古怪的案件。

深圳市中院接到执行申请后,发现有点麻烦,无处下手,过去也没有遇到过类似的案件。按照双方原来的合同约定,财务公司把房子卖了之后,才能分配利润。既然广东省高院判决合同有效,继续履行,深圳市中院实际上是无法执行的,或者说,没有出现需要执行的判决事项。

本来,任何一个判决,都应当具备可执行的条件,而现在却出现了无法执行的特殊案件。深圳市中院束手无策,只能向广东省高院请示。正是在这种情况下,广东省高院大概也注意到了终审判决存在的不可执行的缺陷——严格说不是判决存在缺陷,是当事人那里出了问题,节外生枝,提出了新的诉求。

随后,广东省高院作出对终审判决具有补充性质的裁定,其中关键一项是,对财务公司尚未出售的房产进行分割,一分为二,变成各自独立的财产。而这与双方当事人约定待出售房屋后,利润五五分成,显然是不同的。

有了广东省高院的裁定,深圳市中院也就有了执行的依据。

故事到这里本该结束了,与肖才元也没有关系。

财务公司内部对广东省高院的补充裁定讨论了多次,问题集中在裁定强行分割房产,这超出了合同双方原来的约定:房屋出售后五五分配利润。从结果来看,这样做似乎也是公平的,不会给财务公司造成实质性的损失。

话虽然这么说,可是从法律上理解,总觉得哪里不对,却又提不出具体的观点,也找不到法律上的依据。

就在此时,肖才元从湖北调来财务公司,好像为了考验他的法律专业能力,领导把这个案件的难题交给他。

"坦白说,我当时真的不知道该怎么办。"肖才元说,"我刚过来不久,在这之前也只有三年的执业经验,没有接触过这种疑难案件。"

这样的争执在司法实践中实在是特例。财务公司邀请多名资深律师和法律专家研究,普遍的意见认为,广东省高院的裁定从法律上讲是公平的。既然房产是两家共同的财产,广东省高院原来的判决未能把纠纷处理彻底,而且原告方也没有提出分割房产。现在,法院无法执行,广东省高院就把事情管到底,裁定分割房产,也不损害任何一方的利益。

财务公司实质上是央企控股企业,与广东省政府法制局关系很好,公司分管领导专程去请教,其实就是请示。一番论证后,也未能提出推翻广东省高院裁定的理由。

几乎所有的人都持相同的观点——从公平的角度理解,财务公司财大气粗,不用卖这个房子变现资金,而对方本身就发生了贷款违约,可能财务状况较差,却只能眼睁睁地看着财产不能变现。不管基于法律还是情理,如果财务公司100年不卖房子,而对方早就破产了,也只能无可奈何吗?

这似乎是每一个法律人都能看到的问题。肖才元还是个资历很浅的年轻律师、公司法务,他能看到与众不同的问题吗?

"就像一栋房子,如果每个人都觉得它看上去不太顺眼,那它就一定有问题。"肖才元用反向思维的逻辑考虑,"既然每个人都认为广东省高院的裁定从结果上看是公平的,那财务公司为什么会感觉哪里不对呢?那就说明裁定一定有不对的地方。"

肖才元把《民法通则》《民事诉讼法》,还有相关的司法解释,能找到的法律依据都找出来,逐条分析、研究,最终发现了问题——这就是程序正义和实体正义的矛盾。

推翻省高院的裁定

那些认为广东省高院裁定符合公平原则的,无一例外都是从实体方面作出的判断,换句话说,从实体正义的角度衡量,它是对的。广东省高院的终审判决是合同有效,继续履行。履行什么呢?是合同约定用于抵押的房产归财务公司,在变卖偿还借款后,剩余的利润双方平分,何时卖房呢?没有约定。因此,在没有权利人提出新的主张和启动诉讼程序之前,法院就只能管到这里。

至此,肖才元毫不含糊地提出,以裁定变更实体判决确定的权利义务,是严重的程序违法,具有充分的理由向广东省高院申请再审。

这就是肖才元的那种"拧"劲儿,一辈子没有改变的性格,只要他发现某件事不对,就必须"拧"出个所以然来。

"学法律的人都明白这个道理,司法权是一种被动性的权利,所谓'民不告官不究',也就是这个道理。当事双方没有在合同中约定分割房产,也未提出新的主张,司法不能主动地替当事人做主。"肖才元说,"法律人不能光看结果,还要看结果是怎么产生的,不能因为实体正确,就不管程序错误。"

不得不说,那时候的肖才元虽然很年轻,资历尚浅,但看问题却非常独到。正因为广东省高院的裁定是对双方的纠纷一管到底,不论是动机还是目的,都没有偏袒哪一方,这样反而使得程序问题被遮蔽了,那么多比肖才元更资深的法律人都未能看到问题的实质。

在肖才元提出这个观点后,首先是财务公司内部,管理层都觉得太尖锐了,直接针对广东省高院,国有企业的思维让他们有些犹豫。两难之下,公司的一位副总经理带着肖才元前往北京,找到当时的中国律师事务中心(德恒律师事务所前身)主任和几名资深律师探讨。

听了肖才元对广东省高院裁定的看法,又看了他写的书面分析意见,中国律师事务中心主任的评价很高,认为肖才元的观点新颖犀利,把问题看得很透彻,又用欣赏的口气对公司副总说,你们的公司一定是个藏龙卧虎的地方,不然,肖才元这么优秀的律师不可能甘愿在公司从事法务工作,真是屈才了。

20世纪90年代,律师并不像现在这么活跃,数量也不够多,出类拔萃的大牌律师更是少之又少,所以,尽管肖才元很年轻,也不出名,中国律师事务中心主任给出如此高的评价,是从他对广东省高院的裁定的分析意见中,看出了他出色的专业能力。

问题明确了,财务公司却不想直接挑战广东省高院,便又向相关领导机关递交情况反映。在那个年代,作为国有企业的财务公司,总体的思路还是尽可能通过行政手段协调,这也不奇怪。但法律以外的手段并未起作用,而法院的执行又迫在眉睫,最终,财务公司决策层终于同意了肖才元的建议,直接向广东省高院提出再审申请。

"我当时就认为,这是针对具体的裁定,不至于上升到'挑战'审判机关的层面。"肖才元的判断很快就得到了证明,广东省高院接到财务公司的再审申请后,当即意识到此前的裁定确有错误,并作出新的裁定:

本院认为:本院(1992)粤法经上字第237-1民事裁定的事项,涉及本院(1992)粤法经上字第237号民事判决中未予明确的部分实体权利义务。如某一方认为另一方没有履行一九九〇年六月二十六日的协议书,自己的权利遭受损失,是属于另外一个法律关系,可以通过协商或者另诉解决,以裁定的方式决定原协议的实质内容不适当,应予撤销。经本院审判委员会讨论决定,依照《中华人民共和国民事诉讼法》第一百八十四条第一款的规定,裁定如下:

撤销本院(1992)粤法经上字第237-1民事裁定。

本裁定为终审裁定。

从广东省高院新的裁定中可以看到,肖才元的观点完全得到了支持。这是他调到财务公司后处理的第一起案件,公司上下评价极高。表面上看,这起案件似乎不是那么引人注目,也没有正式开庭,远不像后来经历的很多重大案件那样错综复杂。但是,分割房产这个案件在法理上并不简单,事前找的很多专业人士,都没有看出问题,反而认为这样处理是公平的。

这个案件的特别之处在于,看似"公平"的实质正义,却遮蔽了程序不合法,对律师的专业能力和分析问题的逻辑能力构成双重考验。

"程序正义经常被法律人挂在嘴上,其实是个法律常识问题,离开程序正义的实体正义是不存在的。"肖才元说,"本案程序违法看似没有损害当事双方的利益,其实不然,它违背了当事人的意愿,财务公司不愿意卖房子,这也是当事双方的约定,是平等主体之间的真实意思表示,你不能超越职权强行替当事人做主。"

也许,有人会说终审判决认定合同有效,继续履行,对借款人也是不公平的,难道财务公司真的 100 年不卖房子,借款人就只能被动地等着 100 年? 其实不是的。这属于实体权利的处分,如果借款人认为原合同有需要解决的问题,可以另行起诉,通过实体判决来分割房产,有充分的救济手段,不存在牺牲一方利益的不公平问题。

后来的故事发展颇为戏剧化,剩下的房子确实没有卖,对方也不再折腾,没有再起诉分割房产。过了很多年,众所周知,当年每平方几千元的房价,最后涨了二十倍左右,也算是意外收获吧。

这起不起眼的民事案件过去了将近三十年,却在肖才元的记忆中如同昨天,当年广东省高院的裁定书保存至今,舍不得丢掉。对他来说,这既是个案上的成就,又是执业经验积累的过程。有这样的成功案例,不仅意味着专业能力得到认可,更重要的,也是他走向成熟、登上新台阶的标志。

人生总是要经过无数历练,从来没有随随便便的成功。

（二）绝妙的陷阱取证

股票被人私下平仓

这是肖才元律师职业生涯中遇到的又一起稀奇古怪的案件。

大约在2000年初，有客户通过朋友找到肖才元，他的股票账户被证券公司恶意平仓，损失数百万元。

根据当时的金融政策，银行、证券和保险公司不准从事混业经营，禁止证券公司向客户提供融资。实际上，为了吸引客户，尤其是大客户，几乎所有证券公司都在私下向客户融资。

向肖才元求助的这名投资人就从证券公司借出一笔资金。为规避政策禁区，双方签订的不是名正言顺的借款合同，而是"透支清偿协议"。由证券公司制定的标准模板的协议称：内部清查时发现客户透支，为消除这种不合规的行为，同时避免客户的损失，责令其限期归还，并按照万分之八的日利率支付利息。这个所谓的"限期"，就是双方私下约定的借款期限。所有的这一切操作都是偷偷摸摸的。正因这是违规行为，"透支清偿协议"只签了一份，双方签字后，原件留在证券公司，客户手里只有复印件。

协议约定，当客户的资金总额下跌到指定线的时候，证券公司有权平仓。

尽管协议是这样约定的，实际上证券公司在未征得客户同意之前是不敢强行平仓的。因为自行平仓与强行平仓，在交易系统记录的留痕是完全不同的，技术上很容易分辨。

既然如此，"恶意平仓"又是从何说起呢？

客户介绍说，因行情不好，股票被套，未能在合同规定的期限内偿还借款，证券公司其实也面临着很大的压力。正是在这种背景下，营业部经理单独请这位大客户出去打高尔夫球，吃饭的时候，两人推杯换盏，像是常来常往的老朋友。

酒过三巡，营业部经理说，目前这种行情，股票被套后，很难通过正常的上涨来解套，可以利用证券公司掌握的内部信息来操作，如果信任的话，他可以亲自帮助客户操盘，更换有潜力的股票，挽回损失。一番煽动，果然取得了客户的信任，将账户密码交给对方，并且口头约定，买入或者卖出股票时，要提前告知，客户认可后方可操作。

客户是一家房地产公司董事长（权且就称他"董事长"吧），平时把股票账户交给秘书管理。就在与营业部经理达成"私下协议"的第二天，秘书惊讶地发现，账户上的股票被卖出了一半，这位等着利用证券公司内幕交易翻本的董事长断定，股票一定是被营业部经理卖出的。直到此时才恍然大悟，对方的意图是以帮助操盘为名，骗取客户密码后将股票卖出，资金则当即被划入证券公司，用于偿还借款，相当于被变相强制平仓。

从描述事发过程的语气中，肖才元分明能听出董事长的极度愤怒。他相信那都是自己的好股票，现在亏损这么多，被证券公司用这种手段卖了，他能做的是立即更改账户密码，保住剩下的一半股票。可是，被卖掉的股票造成的损失怎么办？

二十多年前的股票交易可不像现在，在手机上就能买卖，那些大户都是在证券公司的大户室操作的交易，即便是散户，也可以经常看到营业厅的电脑前，总有人在那里盯着大盘，买卖股票。正是在这种现实条件下，证券公司用密码偷偷卖了客户的股票，却没有证据，只能吃哑巴亏。

客户的愤怒还在于，他觉得自己智商不低，却被营业部经理并不高明的伎俩给耍了，像吃了"苍蝇"，自尊心受到严重伤害，无论如何也要讨个说法。为此，董事长找了很多人分析，包括熟悉的法官、公司的法律顾问。但得到的答复是，都认为没有证据，只能自认倒霉。

"我也没有更好的办法。"听了他讲述的过程，肖才元如实相告，"就算起诉，也没有证据，对方根本不会承认，必然一口咬定是投资人自己操作的，胜诉的可能性几乎为零。"

这里就涉及股票交易的技术问题。在证券交易系统，有密码交易和管理权限交易两种模式。如果证券公司利用管理权限交易,可以不使用密码,必要时直接将客户股票平仓,在电脑交易系统中留下的编码与痕迹,很容易与利用密码交易的记录区分。但是,如果通过密码交易买卖的股票,无其他证据证明与证券公司有关,应当推定为客户自己的操作。对自己的密码保密,是投资者最基本的常识。

由于当时的《证券法》明令禁止证券公司给客户融资(行业内称"借款""透支"),即便是以所谓"借款""透支"的名义签订的合同,约定证券部可以对客户股票平仓也是无效的。造成的客户损失,证券机构必须依法赔偿。

董事长的股票账户完全掌控在自己手上,证券营业部无法通过管理权限交易的方式对客户股票平仓,只能用欺骗的手段偷偷地把股票卖了。

也许有人说,可以设套,然后在电话或者当面交涉时偷录下来,从而取得证据。问题是,这种雕虫小技,对方不一定上当,就算拿到了证据,当年的证据规则也不承认偷拍、偷录取证的合法性。

精心设计的陷阱

看起来束手无策。

董事长却缠着肖才元不放,又请他吃饭。席间,拿出一张报纸,是成功处理股票纠纷案件的报道。"这是完全不同的案件。"放下报纸,肖才元颇有些傲慢地说,"我没有把握胜诉,也不认为其他人可以帮你赢了官司。"

"肖律师,您再想一想,看有什么办法。"董司长赔着笑脸,"您是名律师,办法总会有的。"

听着董事长恭维的话,肖才元的脑子像电子计算机一样,在飞快地运转。他忽然灵机一动,问道:"你分析证券公司现在是什么想法?"

"当然是希望我尽快把钱还清。"董事长说,"账户上还有一半股票,我想他们肯定想找机会把那些股票也卖了。"

"那我就给你一个'以其人之道还治其人之身'的方案。前面是他套你,现在反过来你去套他。"肖才元就像导演给演员说戏一样,口授"陷阱取证"的方案,"你去找那个卖你股票的经理,跟他说,前面你们偷偷卖我的股票,我也不计较了,到此为止,我也会尽快偿还你们的借款,再给我宽限几个月,利息调低一些。在宽限期内,你们不能再动我的股票,超出宽限期,证券部还可以砍仓。"

董事长禁不住连声叫好,与肖才元碰杯。

设计这个"陷阱取证"的目的,就是确认证券公司未经客户同意,私下卖出股票的事实,而且以此手段套取证据是合法的,可以作为证据使用。

那么,如何让董事长不露痕迹地实施"陷阱取证"方案呢?肖才元当场起草了一个简短的补充协议,完全是口语化的,没有用任何法律术语,看上去就像不懂法律的人表达的大白话。

照着肖才元的授意,由董事长秘书死记硬背,把补充协议牢记于心。那天,董事长带着秘书来到证券公司,与营业部经理商量。

果不其然,营业部经理见到董事长上门磋商,愿意明确约定,对之前卖出股票的事不再追究,并且诚意满满地要求宽限还款期间,降低透支利率,完全是解决问题的姿态。

营业部经理听了董事长的想法,当即表示同意,一切尽在肖才元的设计之中。为避免对方察觉,董事长的"表演"也很到位,态度诚恳,拿出了尽快偿还借款的诚意。对方不疑有诈,于是,董事长让秘书当场起草了一份《透支清偿补充协议》,由双方签字,顺利地完成了"陷阱取证"。

既卖矛又卖盾

接下来，是如何使用这个"套"来的证据。

在律所内部讨论时，就有其他律师提出，费尽心思取到的证据，实际上没有价值，本来的目的是用这种方式将证券公司私自卖出客户股票的事实确定下来，但与此同时，客户这一方在补充协议中承诺不追究对方的责任。这就造成补充协议既有对客户有利的地方，也有对客户不利之处的结果，二者相抵，协议就失去了作为证据的作用。

也难怪其他同事感到难以理解，肖才元从一开始设计的就是"既卖矛又卖盾"的通吃买卖。这是因为，双方所有的行为都围绕着"透支协议"，而"透支协议"本身是逃避监管的违规行为，相应地，补充协议对如何归还名为透支款，实为违规借款，包括利息的约定，也同样是不合法的，因此，"透支清偿协议"和补充协议统统无效。

"两个协议都无效，这个证据还怎么使用？"肖才元直到此时才亮出他的底牌，"无效针对的是行为的约定，是主观的；补充协议中所记载的证券公司私自卖掉客户股票，是一个客观存在的事实，不存在有效无效的问题。"

有了补充协议，把证券公司"套"进来之后，肖才元本意是要谈和解。没想到，营业部经理知道自己被设套之后，顿时被激怒，他毫不顾忌地说："我明着跟你说，这个股票就是我抛的，我也不怕你们录音。"之所以敢这么张狂，自然是因为他清楚最高法院的司法解释，未经当事人允许，录音是无效的，不能作为证据使用。

现在的规则放宽了很多，即使未得到允许的偷拍偷录等取证行为，只要没有侵害对方的合法权益，仍可以用作证据。

双方和解未达成，肖才元代理董事长将证券公司告上法庭，主张"透支清偿协议"和后来的补充协议无效,应当赔偿私自卖出客户股票造成的损失。

原告手里只有"透支清偿协议"的复印件,而复印件本来不能作为证据使用。不过这没关系,因为原件在被告证券公司那里,对方一定会拿出来。

在复印件的末尾处,添加了手写的第六条:"允许透支额度 260 万元,按实际透支额、天数计息。"这就证明,客户透支买入股票是经过证券公司允许的,是双方协商一致的结果,也是证券公司违规的铁证。

但是,到了法庭上,被告拿出来的原件上,手写的第六条被划掉,还加盖了公章。证券公司解释说,第六条是投资人当时单方面添加的,并不是证券公司的人写上去的,而且不同意添加这一条,当即删除并加盖了公章。因此矢口否认第六条的存在。

肖才元一眼就看穿了对方的拙劣手法,显然是在发现无法推脱责任的情况下涂改证据,在法庭上一口咬定"透支清偿协议"原件是一式两份,原告也有一份,故意隐匿原件,用变造的复印件掩盖事实真相。

其实,这种说法在理论上不值一驳。倘若是两份原件,各执一份,那么,即使要把最后手写的第六条作废,也应该是双方共同的意思,两份原件上必然都被划掉,再签字盖章,原告也就不可能有一份未被划掉第六条的复印件。

在司法实践中,原件与复印件不一致时,几乎无一例外地认可原件的效力,不承认复印件;证券公司明知道原告手里只有复印件,便试图利用这种证据认定标准,用涂改证据的手段逃避法律责任。

只是这个想法有点天真,因为肖才元坐在法庭上,在他的面前,玩这种小把戏很难过关。

"我们都知道一个简单的常识,如果像被告所说,原件一式两份,那双方必然分别在两份原件上签名。"肖才元当庭戳穿了被告的障眼法,"由于人的书写习惯,那么,两份原件上的签名不可能完全一致,大小和笔画长短等总有差别,只要用透光法一比较,立即就可以得出结论。"

所谓"透光法",就是把原被告双方所持的原件和复印件一上一下,用灯光照射,对比签名。

法官认为肖才元的说法有道理。经过当庭演示,发现两份"透支清偿协议"上的签名一模一样,证明原告手里的复印件是双方在原件上签名后复印的,原件上被划掉的第六条是被告私下涂改的,复印件才是真实的。

没有什么理由可以抵赖,法院最后判决认定"透支清偿协议"和补充协议无效,证券公司赔偿客户70%的损失,借款利息按照同期银行活期存款利率计算,原告此前支付的高额利息,超出法定标准的部分,由证券公司返还给原告;原告将股票账户密码告诉他人,亦负有一定过错,承担30%的责任。

至此,董事长一方70%的损失得以挽回。

（三）谁说民办学校担保无效

4900万元借款陷阱

谁说公益组织担保无效？好像不是需要质疑的问题，因为这是法律白纸黑字的明文规定。

当遇上肖才元的时候，问题顿时就变得复杂起来——公益组织不能担保，担保也无效，这样的规定符合今天的市场经济规律吗？

2013年8月，私营企业主陈某找到肖才元，深圳迪可可实业有限公司向他借款4900万元，由七家关联法人和三名自然人提供担保，其中包括惠州市南坛小学实验学校。事发于两年前，双方将4900万元借款分成两个合同，期限三个月，约定利息为银行利率的四倍。

借款到期后未能还款，引起诉讼时，两份合同项下涉及本息共6000万余元。

按理说，借款人加上担保人共十一个民事主体，债权人的权利是有保障的，其实不然。不用说，借款人已经榨不出油水，另外还有六家法人和三名自然人，也没有能力承担连带责任，只剩下南坛小学有财产，它成了债权人保障权利的唯一希望。

可是，把《担保法》拿出来读一遍，债权人的心当即凉了半截——《担保法》第九条规定："学校、幼儿园、医院等以公益为目的的事业单位、社会团体不得为保证人。"如果法律条文啰嗦一点，最后应该再加上半句：否则无效。

债权人在深圳市福田区法院提起诉讼，将借款人和担保人同时告上法庭，十一名被告一字排开，颇为滑稽。两个借款合同，法院分为两个案件受理后合并审理，开庭审理一次后休庭。

在债权人陈某慕名找到肖才元之前，已经找过不少法律界人士咨询，得到的答案基本是相同的：依据《担保法》的规定，唯一有条件履行担保责任的南坛小学的担保是无效的。在司法实践中，不乏此类先例，不管公立学校还是民办学校，担保行为一律无效。这本来就是法律的规定，并未区分公立还是私立性质。

"你来找我，我心里也没有底。"面对债权人的求助，肖才元说，"但是，南坛小学的担保是否有效，也不能简单地对照法条一概而论，要根据具体情况分析。如果能拿出充分的证据，再从立法的逻辑、从法理上深入论证，提出具有说服力的观点，不排除被法官采纳，认定担保有效的可能性。"

正是这番话，债权人打定主意，将代理律师换成肖才元，在第二次开庭时上场。那么，他能为债权人讨回本息6000万余元的借款吗？

案卷资料不多，片刻，肖才元就把基本事实理出来，主合同（借款合同）合法有效，问题出在担保合同。七家法人、三名自然人提供担保，其中九个担保人的担保符合法律规定，剩下的则是南坛小学的担保存在法律问题。

按照法律规定和最高法院的司法解释，当债权人和其他九个担保人无力履行还款和担保义务时，责任就落到南坛小学的身上；如果被法院判定债权人和南坛小学都有过错，南坛小学的担保无效，那么，它要承担的最大赔偿责任，不超过债权人实际损失的50%。

穷尽一切理论

揽下"瓷器活"，肖才元开始磨他的"金刚钻"。

面对显而易见的法律障碍，肖才元只觉得茶饭不香，寝食难安，常常眉头紧锁，苦苦地思考破解对策。

"我要干的活,就是找到突破立法的理由,论证民办学校的担保是有效的。"他说,"我也知道,这是异想天开。"

肖才元先给自己设定了一个问题:民办学校为什么不能担保?立法者这样规定的本意是什么?在现实生活中,某些法律条文太笼统、太抽象、过于原则,在实际适用的时候,律师和法官的理解差别很大,甚至是相反的,特别是公布时间久远的法律,不同的人,站在不同的角度,经常是各执一词。

与本案相关的法律条文并不多,除了《担保法》第九条,还有《民办教育促进法》第三条的规定:"民办教育事业属于公益性事业,是社会主义教育事业的组成部分。"第五条规定:"民办学校与公办学校具有同等的法律地位。"

从这里可以看出,不同的法律对接很严密,《担保法》第九条规定公益组织不得担保,《民办教育促进法》明确民办学校属于公益组织,而且不分公立与私立,具有同等的法律地位。以此理解,在法律上对学校类公益组织不得担保似乎没有歧义。

但是,肖才元感觉并没有穷尽最后的手段。他翻来覆去地研究《最高人民法院关于适用〈中华人民共和国担保法〉若干问题的解释》第十六条,似乎发现了可以解释的空间:"从事经营活动的事业单位、社会团体为保证人的,如无其他导致保证合同无效的情况,其所签订的保证合同应当认定为有效。"

顺着这个思路继续深究下去,民办学校算不算从事经营活动的单位呢?这就要看学校的成立程序。如果要建一所学校,需要得到教育主管部门颁发的《办学许可证》,到民政部门登记,登记的类型为"民办非企业单位";正因为学校是非企业单位,也就无需经过市场监管部门的注册程序。

谁都知道,民办学校的收费是很高的,特别是那些所谓的"贵族学校",那么,学校收到的钱都花完了吗?当然没有,否则,谁愿意去从事民营教育呢。但是,民办学校赚到的钱不叫经营所得,称之为"合理回报"。《民办教育促进法》第五十一条规定:"民办学校在扣除办学成本、预留发展基金以及按照国家有关规定提取其他的必需的费用后,出资人可以从办学结余中取得合理回报。取得合理回报的具体办法由国务院规定。"

这是肖才元擅长的"法律堆积",将能找到的与本案有关联的法律和司法解释一网打尽,却还是没有找到突破口——它明明是在经营,却因为不是企业,是公益组织,而不能称为经营;它明明是在赚钱,而且不少民办学校利润丰厚,却不属于经营所得,而是"合理回报"。这真是岂有此理!

似乎所有的路都被堵死了,肖才元停在这里。"这不合理。"他长叹一声,感到沮丧。也许,人只有面临这种处境,才能发现绝处逢生之路。

之所以认为它不合理,是因为肖才元找到了足够多的事例。被法律定义为"公益组织"的民办学校、医院之类的实体,改制为股份有限公司后,在A股、港股乃至美股上市的,至少有十几家。谁都无法否认,这些上市的学校、医院就是与其他工商企业相同的经营实体,以追求营利为目的。

如果说医院和学校与普通企业有何不同,那就是医院救死扶伤,学校教书育人,但它们所包含的公益特征不能否定经营和盈利的性质;正因为它是经营实体,是盈利的,就不可避免地发生对外担保行为,如果法律给这样的市场主体加上特别"保护伞",违法担保,出了问题可以拍屁股走人,既违背了法律的公平正义精神,又会被某些心怀不良企图的人用于诈骗目的。

这就不难看出,法律出了问题,已经严重滞后于现实,是完全不合理的。肖才元由此得出结论:对于南坛小学的担保问题,在制度未能完善之前,不能机械地套用法律条文,而应当根据证据、法理,忠于立法的本来思想,实事求是地判定责任。

成功说服法官

把法律问题分析到这一步,肖才元还是不放心,他又亲自登录惠州市教育局网站,翻箱倒柜,也没有找到与南坛小学有关的证据。苦思冥想半天,又去查南坛小学的收费,最后在惠州市惠城区物价局网站发现证据,2011年8月26日同时公布的惠州市育才小学、惠州市南坛小学实验学校和另一所民办小学的收费标准:《关于调整惠州市南坛小学实验学校收费标准的批复》(惠城价2011第31号),按新生每生每学期5000元,老生每生每学期3800元的标准收取学杂费;育才小学的新生学杂费每学期为1000元。

从这份官方文件上可以看到,南坛小学的收费标准是育才小学的五倍,这就足以证明,它是经营教育产业、以营利为目的的民办学校。肖才元相信,以现有的证据和对法律的理解,即便按照常识,也不会有人简单地将南坛小学视为"公益组织""非经营单位";而法官是善于用法律思维看问题的人,不大可能在这样的事实面前无动于衷。

经过长时间的法律"堆积"和观点论证,肖才元的思路逐渐清晰起来。第二次开庭,他以层层剥笋的方式,有的放矢地展开论述:"本案不应当拘泥于明显滞后于现实的法律条文,而必须全面考察南坛小学的实际经营状况,每年获取的利润有多少;可以肯定地说,民办的育才小学必然有'合理回报'(经营利润),否则,这样的民办学校就办不下去,那么,比育才小学收费高五倍的南坛小学,'合理回报'一定是惊人的。"

他接着又对《担保法》和《民办教育促进法》的两个相关条款提出独到的分析。《担保法》第九条的"以公益为目的",立法本意不是指带有公益成分的单位,而是指宗旨就是以公益为目的,是特指完全由财政拨款的公立学校、幼儿园、医院等单位,不是从事经营活动但带有公益性质的单位,这与其他法律法规中"公益"的内涵不是等同的概念。

在《民办教育促进法》中,有关"民办教育事业属于公益事业"的表述,是对教育方向的倡导,要求民办学校应带有一定的公益成分,不能以追求盈利为唯一目的。

这里需要探讨的是,法律为什么要禁止国家机关和公益法人为他人提供担保?

"这是因为,国家机关、公立学校、医院等以公益为目的的事业单位、社会团体等,由于职能限制,不能从事以盈利为目的的经营活动;这类单位的经费主要来源于财政拨款,没有其他获取收益的渠道,不具有承担担保责任的经济条件,如果因对外担保而承担赔偿责任,就会损害纳税人的利益。"肖才元把与此相关的法律全部拿到法庭上,从两个方面解读它的含义,"事业单位虽然都是国办或利用国资兴办的,以公益为目的,但只要他们从事经营活动,有经济收益,为他人担保,就有条件承担责任,这也是《〈担保法〉解释》第十六条规定'从事经营的单位'可以担保的原因。"

在市场经济条件下,私立学校、幼儿园、医院之类具有公益属性的单位甚多,从他们比公立机构高出数倍的收费即可以看出,都属于经营性质,追求商业性收益,应当被排除在《担保法》第九条规定的公益性社会团体之外。

最终,肖才元说服了法官,深圳市福田区法院一审判决认定南坛小学的担保合法有效,在"本院认为"的结论中,判决书这样写道:"被告南坛小学的收费标准远远高于当地其他民办学校,这与该校获颁的《办学许可证》关于该校要求取得合理回报的记载相吻合,说明被告南坛小学具有明显的营利性质,不在《担保法》第九条规定的'学校、幼儿园、医院等以公益为目的的事业单位、社会团体不得为保证人'的禁止担保范围内,因此,被告南坛小学有关该校提供担保无效的抗辩主张不能成立,法院不予支持。"

一审法院判决:被告深圳迪可可实业有限公司偿还尚欠本金23818929元及利息7018687.92元(上述利息暂计至2013年5月16日,之后的利息按照中国人民银行公布的同类贷款利率的四倍计付至实际付款之日止);陈某军……惠州市南坛小学实验学校对上述债务承担连带清偿责任。

南坛小学不服一审判决,提出上诉。深圳市中院在二审中查明的事实、各方的观点与一审相同,但对于南坛小学担保有效的结论,似乎更为谨慎。为此,肖才元补充了国家立法动态——2015年1月7日,国务院常务会议在涉及民办教育问题上,明确对民办学校实行分类管理,允许兴办营利性民办学校。这也是因应社会的发展,正视大量民办教育单位存在的客观事实,不能在法律上实行一刀切管理。

庭审结束后,主审法官专门打电话给肖才元,要求他提供详细的资料。肖才元在代理词的基础上,迅速整理出一份充分摆事实讲道理的报告送给法官。不出所料,二审判决驳回上诉,维持原判。

这个案件的意义在于,成功地突破了《担保法》的字面含义,认定民办学校担保有效,在司法实践中极为少见。反过来,就在深圳,同样性质的案件,法院却判决民办学校的担保无效。

最令肖才元感到欣慰的是,南坛小学担保案的终审判决发生在2016年6月8日,仅仅五个月后,第十二届全国人大常委会第二十四次会议通过了关于修改《民办教育促进法》的决定,于2017年9月1日生效,民办学校被分为营利性民办学校和非营利性民办学校。

上述法律的变化,被2021年实施的《民法典》所吸收,规定非营利性民办学校提供的担保无效。

肖才元在个案中的突破,再次走在了制度变革之前。看到这样的案例,你才能体会到他经常强调的律师办案指导思想,面对各执一词、争议性极大的疑难案件,要大胆探索,不要被法律条文束缚手脚。

（四）未取得建设工程规划许可证的租赁合同有效吗？

双倍返还定金

与大多数律师不同，肖才元对疑难案件有一种近乎痴迷的特别偏好，每当这类案件的当事人找到他，就会激起他的斗志。不过，要想胜诉，就必须挑战现行的法律，谈何容易。

2011年11月1日，西安市人人乐超市有限公司与陕西锦鹏置业有限公司签订《房产租赁合同》，锦鹏公司将位于西安市未央湖秦汉大道6号锦鹏花园的房产出租给人人乐超市，用于开办大型综合性购物广场，租赁面积共计20600平方米，合同期限为20年。

按照合同的约定，锦鹏公司应于2014年6月1日之前将符合条件的房产及配套用房交付人人乐超市，每逾期一日，锦鹏公司需支付基本月租费的万分之二违约金，但迟延时间最长不能超过六个月，否则视为锦鹏公司根本违约，人人乐超市有权选择终止合同，并要求锦鹏公司双倍返还定金。如锦鹏公司如期交房，人人乐超市毁约，则所付定金不予返还。

租赁合同签署后，人人乐超市按照约定，向锦鹏公司支付定金800万元。

没想到，白纸黑字写着违约后果，锦鹏公司还是未能按时履约。多次延期后，仍未完成房产的建设，远远达不到合同约定的交付条件。

人人乐超市遂于2016年3月1日发出书面《房屋租赁合同解除函》，并要求锦鹏公司双倍返还定金共1600万元。几番交涉未果，人人乐超市向西安市中院提起诉讼。

肖才元是人人乐连锁商业集团股份有限公司的常年法律顾问,人人乐超市是它的子公司。对这场诉讼,锦鹏公司不会心甘情愿地拿出800万元违约金,胜诉难度较大,人人乐集团要求肖才元亲自出庭。

人人乐超市和锦鹏公司的官司,不同于那些常见的租赁合同纠纷。

在人们的印象中,通常的房产租赁,是将现成的房子租给用户,相对来说要简单得多,也不容易发生纠纷。而这是商业地产,通行的租赁模式并不是现成的房产,往往在项目开发之前就要考虑商业布局,对外招商,以此作为项目的亮点,用于售楼宣传活动。为此,很多大型的项目,在正式动工之前,开发商就已经与大型商业机构签订《房产租赁合同》且租赁价格较低、合同期限较长,一般在10~20年。像沃尔玛、家乐福、华润万家这类大型商业连锁机构,也愿意以较低的价格提前与开发商签订租赁合同,并交付定金。

引发诉讼的锦鹏花园项目就是这种商业地产的租赁模式,双方签订《房产租赁合同》时,整个项目还没有动工。因此,商业地产的租赁比开发商对外出售"楼花"的时间更早,由于项目开发周期较长,中途可能出现变故,导致其容易发生法律纠纷。

违约岂能如此轻松

被起诉后,锦鹏公司提出书面答辩意见,认为租赁合同无效,不适用定金双倍返还的原则。

根据《最高人民法院关于审理城镇房屋租赁合同纠纷案件具体应用法律若干问题的解释》第二条,"出租人就未取得建设工程规划许可证或者未按照建设工程规划许可证的规定建设的房屋,与承租人订立的租赁合同无效"。租赁合同无效,合同中约定的定金条款也就无效;合同没有履行的必要性,也就不存在违约之说。锦鹏公司的主张正是源于最高法院的这个司法解释。

锦鹏公司在答辩意见中还称,在合同履行的过程中,涉案建设项目涉及拆迁安置,由于政府的原因导致规划调整,项目一直未取得建设工程规划许可证,未能如期交房存在不可抗力。同时,合同签订后,锦鹏公司已为项目投入了巨大的人力财力,原告人人乐超市的解约行为将使该公司产生巨大的损失,应当承担相应的赔偿责任。

这种反咬一口的手段,不过是以进为退的策略而已,让人人乐超市承担所谓损失的说法完全是无稽之谈。

法庭上,审判长将双方争议焦点归纳为两个问题:《房产租赁合同》是否有效;锦鹏公司是否应该向人人乐超市双倍返还定金1600万元。

"把政府审批当作不可抗力的抗辩理由根本不成立。"肖才元说,"不可抗力必须同时符合三个特征,即出现了签订合同时不能预见、不能避免、不能解决的特殊情形。而政府审批通常都有合理的时间安排,是有计划的行为,不可能无限延误,乃至遥遥无期,否则,当事人也可以要求政府依法行政,尽快完成审批。在合同法领域,一般不能将政府行为定性为不可抗力,而属于商业风险的范畴。"

锦鹏花园项目从签订《房产租赁合同》到交房,中间有两年半时间,这也是正常的工期。或者这样理解,倘若锦鹏公司对能不能通过政府审批,进而拿到建设工程规划许可证心里没底,就对外签订大型商业房产租赁合同,是轻率的、不负责任的行为,以政府"规划调整"作为不可抗力的理由,试图逃避违约的法律责任,注定是无法实现的目的。

不过,肖才元很清楚,锦鹏公司以"不可抗力"作为理由只是说辞,在法律上站不住脚,更不可能得到法院的支持。反击这种观点,稍微有点经验的律师就足够了,哪里用得着他这个级别的律师亲自出马。

真正的难点在于最高法院的司法解释:"出租人就未取得建设工程规划许可证或者未按照建设工程规划许可证的规定建设的房屋,与承租人订立的租赁合同无效。但在一审法庭辩论终结前取得建设工程规划许可证或者经主管部门批准建设的,人民法院应当认定有效。"

最高法院的司法解释,就是法律的细则或者说操作标准,效力等同于法律。它就像厚厚的一堵墙,横在肖才元的面前。

至案件开庭审理时,被告锦鹏公司仍然没有取得建设工程规划许可证。依据最高法院的司法解释,法院大概率会认定租赁合同无效。而定金双倍返还只适用于合同有效的情形,合同无效,就享受不了双倍返还的权利。

站在法官的角度理解,判决合同无效,这种消极的裁判思路,至少在形式上并不违反司法解释的规定。但是,它的立法的本意是什么呢?这是肖才元在遭遇疑难案件时经常提出的问题。

"我不认为认定合同无效是正确的。开发商占用了承租人800万元的定金,拖了几年也未开工建设,还不用承担定金双倍返还的义务,法律不应当纵容这种赤裸裸的违约行为。"肖才元"老毛病"又犯了,他决心挑战法律不尽完善留下的规则漏洞,"这不是法律的本意,否则,那就是法律或者司法解释出现了灰色地带。在制度完善之前,必须通过这起个案深究'预租赁'的特殊性,从法理上对它重新定性。"

"预租赁"合同合法有效

不得不说,作为法律人,肖才元的想法是积极的、有价值的。他上网检索相关的案例,结果很失望,所有的判例都不支持他的观点。在司法实践中,这是再正常不过的现象,循规蹈矩的法官多半不会有什么风险,就像外科医生,只会用成熟的技术,而不愿意冒险去尝试新的手法。

肖才元不管那么多,他希望以一己之力,点亮制度的灰色地带。法庭上,围绕租赁合同是否有效这个争议焦点,肖才元提出新的观点。

本案的租赁合同与常规的房屋出租所订立的合同有着实质性的不同。常规性的合同,针对的标的物是现成的建筑物,至少也应该是半成品的"楼花";本案涉及的房产,连影子都没有,只是一个工地,属于待建房屋的租赁,可以称之为"预租赁"。

现成的建筑物租赁,是签约后马上交给承租人使用的房产,之所以要求必须有建设工程规划许可证才可以合法租赁,是因为没有取得建设工程规划许可证的建筑物,违反《城乡规划法》的强制性规定,属于违法建筑,不允许投入使用。

这就不难理解最高法院的司法解释。将未取得建设工程规划许可证的非法建筑物(房产)对外出租,所签订的合同不被法律所承认,当然是无效合同,本身不会有什么争议。

但是,对于商业地产的租赁,双方签订合同时,建设工程尚未完工,甚至还没有开建,合同约定的是待建、未建的房屋,建好后再交付给承租人使用。不用说,这种租赁合同涉及的法律问题要复杂得多,会明确约定待建房产的建造必须合法化、有完备的法律手续、获得政府各主管部门的审批,自然也包括取得建设工程规划许可证。

随着市场经济的发展,"预租赁"的情形越来越多,特别是在商业领域,更是常见的交易模式。这类合同以未来交付合法建筑为租赁标的物,在合同签订初期,或许建设手续并不完备,但这丝毫不影响交易双方根据平等自愿的原则签订租赁合同,法律法规对此也没有禁止性的规定。

锦鹏公司作为业主方,愿意签订"预租赁"合同,将待建物业出租给他人,就应当明白自己的行为可能产生的法律后果;合同明确地约定了双方的权利和义务,业主方违约需要承担双倍返还定金的责任,而承租方违约则是定金不予返还;现在,业主方违约,岂能以"政府调整规划""不可抗力"为借口,拒绝承担法律责任——道理很简单,申办领取"建设工程规划许可证"是被告锦鹏公司的义务,也是开发整个项目的前提。

因此,《房产租赁合同》既是双方当事人的真实意思表示,又不违反国家法律法规,合法有效;锦鹏公司未取得建设工程规划许可证,是没有尽到业主方的法定义务,构成违约,应当按照双方的约定,承担双倍返还定金的责任。

肖才元对法律本意的解读显然是令人信服的,被告方除了反复强调"法律规定,未取得建设工程规划许可证,合同无效",拿不出反驳的理由。合议庭几乎全盘接受了肖才元的意见。

2016年8月30日,西安市中院作出一审判决:本院认为……2011年11月1日,锦鹏公司与人人乐超市签订的《房产租赁合同》系双方当事人真实意思表示,内容不违反法律、行政法规的强制性规定,依法成立,合法有效。锦鹏公司辩称,因其与人人乐超市签订的《房产租赁合同》系无效合同,合同中约定的定金条款也系无效条款,其无双倍返还定金的义务。《最高人民法院关于审理城镇房屋租赁合同纠纷案件具体应用法律若干问题的解释》第二条规定,"出租人就未取得建设工程规划许可证或者未按照建设工程规划许可证的规定建设的房屋,与承租人订立的租赁合同无效",指的是出租已建成的城镇房屋但未取得规划许可手续的情形,于本案并不适用。对锦鹏公司的该项辩称理由,本院不予采纳……判决如下:陕西锦鹏置业有限公司于本判决生效之日起十五日内双倍返还西安市人人乐超市有限公司定金1600万元。

一审判决后,锦鹏公司不服,提起上诉。二审期间,陕西省高院主持调解,人人乐超市为了有助于执行,同意附条件调解,并适当作出让步:锦鹏公司在调解书生效之后一个月之内,一次性支付1200万元,逾期则按照1600万元执行。

双方签署了调解书,锦鹏公司也如期支付了1200万元。

(五)3亿元定金双倍返还

项目转让惹的祸

3亿元定金双倍返还,注定是一场让对手输得肉痛的官司。

陕西长通投资开发有限公司取得西安市雁塔区长延堡街道办事处西姜村改造项目。基于投资考虑,决定引入其他实力雄厚的开发商合作,直接将这起旧城改造项目转让给新的主人。这属于改造权,是一种资格,并不是产权,不能直接转让。为此,长通公司先把项目运作到自己控制的子公司名下,再将子公司股权过户变更至受让方名下,由此曲线实现项目的转让,由接盘的开发商具体负责项目的开发。

经过多方比较,长通公司选择与深圳市知名房地产开发商卓越集团旗下的企业深圳市鹏跃投资发展有限公司合作。

2014年1月,长通公司与鹏跃公司签署了《项目转让协议书》,约定的主要内容为:长通公司正在成立一家符合西安市城改政策要求的全资子公司,作为项目公司;按照规划,项目涉及的土地性质为商业、住宅用地,面积159.5亩至220亩,容积率为4.08~3.92,除幼儿园外无配套公建;建筑现无限高要求,最终以土地挂牌文件数据为准;本次土地使用权出让的交易单价包干为630万元。

双方为此新注册了项目公司:陕西长通卓越房地产开发有限公司,注册资本1000万元。长通公司在协议中承诺,负责将出让土地挂牌至项目公司名下,与此相关的手续、权利等均由项目公司办理。鹏跃公司确认,承接项目公司100%股权,并向长通公司支付约定款项及向政府部门缴纳的应交款项,负责项目的全部资金投入。

长通公司承诺出让土地的挂牌时间不迟于2014年5月31日。每延迟一日,长通公司按照鹏跃公司已付履约金的万分之二支付违约金,延迟超过30日时,鹏跃公司有权要求终止协议。如果长通公司将出让的土地挂牌至项目公司之外的其他任何公司,或放弃土地挂牌,则长通公司应按履约定金双倍赔偿鹏跃公司。发生任何争端,可在甲方鹏跃公司住所地法院诉讼解决。

上述协议签署后,鹏跃公司又与长通公司的关联企业汇通国基房地产开发有限责任公司西安分公司签署了《商品房买卖合同》,购买汇通国基西安分公司太古城40套商铺,总面积17800平方米,总金额3亿元。随后,鹏跃公司将3亿元汇入其母公司汇通国基房地产开发有限责任公司账户内。实际上,鹏跃公司并非要购买太古城商铺,而是用这种形式担保,一旦长通公司违约,鹏跃公司还有40套价值3亿元的商铺作为资金安全的最低保障。

这种复杂的商业交易和法律关系,从协议签订的第一天,就注定了十有八九会出现纠纷。

逃不脱的违约

按照《项目转让协议书》的约定,长通公司应当在2014年5月31日之前完成约定的义务,但拖延到2015年2月,项目仍未取得任何进展,表明长通公司无力履行合同义务,鹏跃公司于当年2月13日向长通公司发函,终止《项目转让协议书》,要求长通公司返还鹏跃公司款项3亿元并承担违约责任。

鉴于案件重大复杂,卓越集团直接负责子公司的法律事务,物色代理律师,最终选中肖才元团队。

接手案件后,肖才元发现此前鹏跃公司的解除函存在缺陷,便再次向长通公司发送了《通知函》,明确主张双倍返还定金6亿元。同时,还向汇通国基西安分公司邮寄了《通知函》,要求它承担担保责任。

让对方支付3亿元的违约金,无论如何是谈不好的,诉讼是不可避免的事。随后,肖才元代理鹏跃公司,以长通公司、汇通国基公司及汇通国基西安分公司为共同被告,向广东省高院提起诉讼,要求判令长通公司双倍返还定金计6亿元,汇通国基公司、汇通国基西安分公司承担连带清偿责任,鹏跃公司有权对拍卖、变卖40套商铺的款项优先受偿。

第一回合,即使例行公事,也要争夺法院的管辖权。

项目所在地为西安,三个被告,第一、第三被告都在西安,第二被告在青海省西宁市,都不是广东地区的,怎么能在广东法院起诉呢?

这是因为,《项目转让协议书》约定,发生争端时,由甲方鹏跃公司所在地法院管辖。鹏跃公司是广东深圳的企业,诉讼标的额高达6亿元,应当由广东省高院一审。

尽管有约定管辖,长通公司仍然提出了管辖异议,认为项目所在地为陕西省西安市,根据《民事诉讼法》第三十三条第一款第(一)项之规定:"因不动产纠纷提起的诉讼,由不动产所在地人民法院管辖。"因此,长通公司认为这属于不动产纠纷,应当专属管辖,当事人不可以约定管辖。

长通公司的管辖异议被广东省高院裁定驳回:根据《最高人民法院关于适用〈中华人民共和国民事诉讼法〉的解释》第二十八条"民事诉讼法第三十三条第一项规定的不动产纠纷是指因不动产的权利确认、分割、相邻关系等引起的物权纠纷。农村土地承包经营合同纠纷、房屋租赁合同纠纷、建设工程施工合同纠纷、政策性房屋买卖合同纠纷,按照不动产纠纷确定管辖"的规定,本案项目转让合同纠纷不属于上述规定的不动产纠纷,不适用不动产专属管辖。

长通不服广东省高院的裁定,提起上诉,被最高法院裁定驳回。

解决了法院管辖的程序问题,回到一审法院对案件的实体审理。肖才元带着他的弟子杨超律师出庭。

本案争议的问题并不简单,涉及多个法律主体和法律关系,还有复杂的法律适用问题。首先是争议的核心:鹏跃公司和长通公司签订的《项目转让协议书》是否有效?

长通公司等三位被告的共同抗辩认为,协议无效。理由是,协议冠以

"项目转让"名义,但交易价格都是以每亩为单位约定的,实质上就是土地使用权的私下买卖,是以合法形式掩盖非法目的;项目未依法登记领取权属证书,未完成开发投资总额的百分之二十五以上;长通公司没有以出让方式取得项目土地的使用权,项目转让协议违反了《城市房地产管理法》第三十九条、《土地管理法》第二条第三款的规定。

肖才元和杨超律师代理的原告鹏跃公司则强调,《项目转让协议书》是有效的。

涉案的项目为城中村改造,双方约定成立项目公司,通过挂牌的方式将项目内部分土地使用权确权到项目公司,并同意通过出让项目公司100%股权的形式,将获得的土地使用权转让给鹏跃公司。虽然协议约定将项目公司全部股权转让给鹏跃公司,但原属于项目公司的土地使用权始终登记在项目公司名下,属于项目公司的资产,并未因股权转让而发生流转。显然,《项目转让协议书》并非土地使用权转让合同,约定的是长通公司通过挂牌方式取得转让项目公司股权,并不存在非法转让土地的情形。

一方面,《城市房地产管理法》第三十九条并不是效力性规定,即使违反了这条规定,也不导致合同无效,且《项目转让协议书》签订后,因项目范围内的土地尚未征转为国有土地,根本不存在第三十九条规定的上述情形。另一方面,长通公司能否通过挂牌方式取得土地使用权,是判定合同最终能不能实际履行的因素,并不是认定协议无效的条件。当事人签订商业交易合同,遵循的是平等自愿、等价有偿的原则,只要《项目转让协议书》是长通公司与鹏跃公司真实的意思表示,是交易双方的合法约定,不违反国家法律法规的强制性规定,就是有效的。

买房还是担保

第二个争议的焦点是:鹏跃公司与汇通国基西安分公司签订《商品房买卖合同》,购买汇通太古城 40 套商铺,向汇通国基公司支付 3 亿元,是《项目转让协议书》项下的履约定金还是购房款？鹏跃公司与汇通国基公司及其西安分公司究竟是让与担保关系还是商品房买卖关系？

三个共同被告矢口否认这 3 亿元是与《项目转让协议书》有关的履约定金,因为支付的方式、路径都与《项目转让协议书》的约定不同,既未支付给长通公司,也没有证据表明是按照长通公司的指令支付到指定账户的,说明原告没有支付协议约定的履约定金,3 亿元是购房款。

这 3 亿元到底是履约定金还是购房款,按说没有什么值得扯皮的,毕竟不是 3000 元、30000 元,而是 3 亿元,这么大的资金,在用途上应该有明确的记载。可是,它偏偏就是"两张皮"——在形式上,3 亿元对应的是《商品房买卖合同》和 40 套商铺,哪里也没有说这属于《项目转让协议书》的一部分,是鹏跃公司支付的履约定金,并非真正的购买商铺,是长通公司提供担保的手段。

在现实生活中,大量的民商事案件的起因就是合同不规范,简单、粗糙、约定不清晰,如果避免了这些问题,交易的主体诚实守信,就不会有几个案子闹到对簿公堂的地步。

现在,肖才元必须从一堆乱麻中理出头绪。

他列举了能反映 3 亿元资金真实用途的证据以及逻辑轨迹——鹏跃公司将 3 亿元支付到汇通国基公司,本身就是按照长通公司的指令行事,尽管相关的证据没有保存下来,但这完全符合逻辑与社会常理。在主合同《项目转让协议书》上,明确有 3 亿元履约定金的内容,同时还约定,签订《商品房买卖合同》的行为,仅作为项目转让协议的履约担保。

单纯从证据的角度，缺少长通公司关联企业汇通国基公司及其西安分公司出具的担保类文件，似乎《项目转让协议书》和《商品房买卖合同》之间缺乏连接点。但这仅仅是合同的瑕疵，不影响担保事实的存在。纵观全局，用3亿元购买40套商铺，明显不是鹏跃公司的真实意思，而是以网签购买为名，锁定40套商铺，不能对外销售，以此作为汇通国基西安分公司提供让与担保的标的物。

鹏跃公司这样做，也是基于3亿元资金安全的需要。如果长通公司不履行《项目转让协议书》，鹏跃公司已经签订了《商品房买卖合同》，40套商铺抓在手里，必要时可以转为实际购买，假戏真做，保证3亿元本金的安全；在具备其他追偿条件时，也可以放弃担保物，转而要求汇通国基公司及分公司承担担保责任。

整个"网签购买"过程，鹏跃公司与汇通国基公司及其分公司事前并无沟通联系，也未看房选房，更何况这是商铺；支付3亿元"购房款"后，汇通国基公司没有办理后续手续、开具发票等，完全不合常理。由此可见，这根本不是常规购买商品房的行为，而是名为购买商品房，实际是让长通公司的关联公司提供担保。

再看三名共同被告的关系。长通公司法定代表人既是长通公司股东又是汇通国基公司股东，汇通国基西安分公司为汇通国基公司属下不具法人资格的分支机构，担保责任应当由法人单位汇通国基公司承担。

3亿元定金双倍返还

争议的第三个焦点问题是：本案适用定金双倍返还的罚则吗？

理论上，合同有效，定金的约定就是有效的，适用定金双倍返还，也是顺理成章的结果。其实不然。

法律规定的罚则是："收受定金的一方不履行债务或者履行债务不符

合约定,致使不能实现合同目的的,应当双倍返还定金。"这种违约责任具体如何承担,当事人可以在法律框架内自行约定。本案中,对于长通公司的多项违约责任,都是约定每日万分之二的违约金;只有两种情形适用定金双倍返还约定,即"如果乙方(长通公司)将出让土地挂牌至非项目公司之外的其他任何公司,或乙方放弃土地挂牌,则乙方应按履约定金双倍赔偿甲方"。而长通公司只是一直未能挂牌成功,并没有将出让土地挂牌至非项目公司之外的其他任何公司,也未放弃土地挂牌。至少从协议上看,不符合定金双倍返还的约定情形。

"从协议本意上解读,双方约定的双倍返还定金的情形是特指鹏跃公司的合同目的无法实现的情形,由于文字表述的局限性,没有也不可能将所有情形完全加以列举。"肖才元说,"只要长通公司违约导致鹏跃公司的合同目的不能实现,就应当适用定金双倍返还罚则,这实际上也是协议的本意。在书面表述有瑕疵时,请求法院结合当事人的真实意思,并参照法定规则,裁决双倍返还。"

广东省高院认可了肖才元的观点。一审判决认为,《项目转让协议书》中既约定了违约金,又约定了定金罚则,鹏跃公司诉请选择定金条款,主张双倍返还定金,于法有据。定金数额由当事人约定,但不得超过主合同标的额的百分之二十。本案中,鹏跃公司实际支付了3亿元定金,按照《项目转让协议书》第1.2条和第1.4条约定,本案项目转让标的额最高为138600万元,其百分之二十为27720万元,鹏跃公司与长通公司在合同中约定的定金超出了合同标的额的百分之二十,对于超过本案合同标的额百分之二十的部分,不予支持。

一审判决如下:一、陕西长通投资开发有限公司应于本判决生效之日起十日内偿还深圳市鹏跃投资发展有限公司577200000元。二、汇通国基房地产开发有限责任公司、汇通国基房地产开发有限责任公司西安分公司在担保房产价值范围内对陕西长通投资开发有限公司上述第一项债务承担连带清偿责任……

三名共同被告不服广东省高院的一审判决,上诉至最高法院。

除了重复其一审的理由,上诉审新增的观点都与赔偿金额的计算有关:一审认定的合同标的额计算过高,导致双倍定金金额的计算过高;《项目转让协议书》未明确约定转让的土地亩数,一审错误地认定为220亩;

《项目转让协议书》明确约定合同总价款应扣除挂牌后项目公司按西安市城改政策规定需向国土部门实缴的土地出让金,一审判决认定合同标的额时未扣除该部分土地出让金,系明显错误,且案涉土地使用权至今尚未挂牌,亦无法确定应扣除土地出让金的金额;即使合同标的额按《项目转让协议书》约定的最高额计算,长通公司也只应向鹏跃公司偿还4.20582亿元(3亿+1.20582亿)。

在最高法院,双方的观点与一审几乎没有什么变化。

对合同标的额的计算问题,肖才元说,220亩土地是在双方协议约定的范围内,3亿元定金数额正是按照这个面积计算的;合同标的额并不因汇付方式而改变,不应将收款方扣除成本后的利润(毛利润)与合同标的额加以混淆;《项目转让协议书》约定的标的额是每亩630万元,乘以项目公司签订的国有土地使用权出让合同中载明的亩数,其中包括了应当由长通公司承担的土地出让金;土地出让金是交易对价的核心,不支付土地出让金,项目公司就不可能取得土地,项目公司的股权就没有价值;为了双方衔接的方便,简化支付手续,保障用于向国土部门交纳土地出让金,这也是通行的惯例。如果在合同标的额中扣除土地出让金,实质上就是代扣了应当由长通公司承担的合同交易成本,剩下的是长通公司的税前利润,而不是双方交易的合同标的额,这显然是错误的。因此,合同标的额必定包含土地出让金。一审判决对于合同标的额的认定,完全符合交易规则。

最高法院的判决认为,案涉《项目转让协议书》有效。鹏跃公司支付的3亿元是定金而不是购房款。40份《商品房买卖合同》是汇通国基西安分公司为长通公司履行《项目转让协议书》项下的合同义务而提供的担保,担保人为汇通国基西安分公司,担保权人为鹏跃公司。因提供担保的房产未办理抵押登记手续,鹏跃公司并未取得案涉房屋抵押权,对案涉担保房屋不享有优先受偿权,但汇通国基公司、汇通国基西安分公司仍应在担保物价值范围内承担连带清偿责任。土地交易额确定并未超过约定的土地面积的最大值,亦未超过双方当事人的预期。一审判决以土地面积220亩作为《项目转让协议书》合同标的额的计算基础,并无不公。由鹏跃公司向国土部门缴纳土地出让金,仅是鹏跃公司与长通公司之间关于缴纳土地出让金的一种安排,并不能改变实质上应由长通公司缴纳土地出让金的本意。《项目转让协议书》的核心内容是长通公司将取得案涉土地使用权的项目公司 100% 股权转让给鹏跃公司,案涉土地使用权的土地出让金理应由长通公司缴纳,长通公司关于计算合同标的额应扣除土地出让金的上诉主张不能成立。判决驳回上诉,维持原判。

判决生效后,长通公司又向最高法院申请再审,被驳回。

至此,一场巨额定金双倍返还的大战,完美收官!

个案突破的价值

对于普通读者来说,这是个缺少趣味性的案件,也很难理解;对于专业的民商事律师,却是难得的典型案例研究对象。

肖才元首先从非专业人士的视角,解释为何不要商铺的疑问。"鹏跃公司支付 3 亿元购买 40 套商铺,虽然是假买房、真担保,但《商品房买卖合同》是有效的,而且是网签,完全符合要求,计算单价的时候还打了折扣,接受商铺好像也不吃亏。之所以不要 40 套商铺,是因为位置不好,价格下跌(与住宅价格上涨相反)。"肖才元说,"关键是,如果接受这些商铺,意味着 3 亿元就是购房款,鹏跃公司没有支付《项目转让协议书》项下的 3 亿元定金,也就无权主张定金双倍返还,甚至还可能承担违约责任。"

从专业律师的角度理解,本案的难点在于,汇通国基公司及其西安分公司在本案中并没有明确出具过担保手续,而商品房预售备案合同与本案的项目转让协议之间,缺乏有效的法律文件衔接,对方坚持认为没有提供让与担保,鹏跃公司支付的 3 亿元是购房款项。因此,汇通国基公司及其西安分公司以预售名义备案登记至鹏跃公司名下的 40 套商铺是否构成担保,也存在着争议。

由于让与担保在当时的司法实践中没有得到高级法院这一审级的有效认定,持审慎态度的法院认定无效的居多。多数案例以这类担保相当于实质上约定"在债务履行期限届满前,债权人与出质人(抵押人)约定债务人不履行到期债务时,质押(抵押)财产归债权人所有",而这类俗称"流质""流押"的行为,因违反《担保法》的明确规定而无效。

从这个意义上说,本案让与担保得到生效判决的认可,在当时也是极为少见的。

相比之下,本案的核心问题是《项目转让协议书》的效力。司法实践中,这类交易被大多数法院判定为实质就是转让土地使用权,特别是涉及划拨土地、集体土地性质时,均认定转让无效。

同样发生在西安的另一起案件,交易模式和项目类型基本相似,而且是与本案项目所在地西姜村相邻的东姜村,原告陕西建惠房地产开发有限公司诉被告陕西时丰房地产开发有限公司、西安市东姜村城中村改造建设发展有限公司一案,西安市中院认定土地转让合同涉及的土地性质为集体所有制,该转让合同无效。

而肖才元在本案中提出的观点,得到广东省高院和最高法院的支持,两级法院一致认定项目转让协议有效。

案件从一审、二审到申请再审,长通公司及汇通国基公司先后委托、更换了五家律师事务所代理。而鹏跃公司一直都由盈科律师事务所的肖才元团队独家代理。

Chapter IX

第九章
人生无悔

本章提要

这是令人羡慕的人生履历——当钢铁工人时，年年是先进标兵；恢复高考，轻松考进武大物理系；大学毕业后从事钢铁技术研究，却在律师资格考试中获得黄石市考区第一名；从国企出来做执业律师，刚入行便成为明星式人物；追随改革开放的脚步来到深圳，在国企从事法务工作，很快做到副总经理；放弃干部身份，再次投身律师行业，经办过众多经典大案，连续11年被世界知名的法律评级机构"钱伯斯"评为公司与商事法律领域"领先律师"，直至获得大中华区律师界"业界贤达"荣誉。

一路向上的人生

该如何理解肖才元呢？

他的人生，他的事业，几乎每一步都是非常成功的，甚至没有受到过一点挫折。没有人会否认，这与他的聪明、勤奋、运气有关。这还不够，还与他的正直、善良、真诚、仗义有关。他对朋友是这样，对素昧平生的客户也是这样。

智慧和品行决定了一个人能走多远。在肖才元的身上，集中了那么多优秀的特征，在现实中并不多见。回头看他走过的路，做过的事，他一步一登高的事业、人生，也就没有什么不可理解的。

毋庸置疑，肖才元是人生和事业的标杆，对他人来说，不管他的成功能不能复制，至少可以从中悟出很多启迪人生的思想。

问：相信很多读者读到这里的时候，会情不自禁地感慨，你的人生，几乎没受过任何挫折。或许很少有人像你这样，顺着一条舒缓的坡道，一路向上，直到登顶。上帝是不是对你太厚道了？

答：凭着智慧、勤奋、善良，我所付出的一切，得到了回报。应该说我的人生确实比较顺利，没有受过大的挫折。倒也不觉得上天对我特别厚爱，这是个人奋斗的结果，再加上改革开放带来的机遇，与绝大部分稍有成就的人士所走过的路基本相同，并无太多值得炫耀的地方。

问：我留意到你的经历，第一份工作是钢铁厂工人，每年都是先进标兵；并非应届高中毕业，而是当了三年工人再考大学，你却轻松地考进武汉大学物理系；大学毕业后在大型钢铁企业搞研究，靠突击学习法律，居然在首届全国律师资格统一考试中获得黄石市考区第一名，分数遥遥领先；做执业律师，甚至还不懂法庭基本规则，也不知道看守所在哪里，第一个案子就获得成功，随后又取得无罪辩护的轰动效果，以至于出道不久,就成了当地司法行政系统的明星式人物;调到深圳,在非银行金融机构的国企从事法务工作,几年后做到副总经理;后来舍弃干部身份,从国企辞职,再次回归执业律师,经办一系列其他同行羡慕的经典大案,最终成为知名律师。这份人生履历,是绝大多数人终生难以达到的高峰。这跟你的家庭或家族背景有关吗?

答:我出生在湖北省黄石市一个普通工人家庭,没有社会资源。父母都是江西吉安人,抗战期间逃难到重庆,后来在湖北黄石安家落户。父母都没有文化,父亲是大冶钢厂的钳工,母亲就是家庭妇女,我在典型的严父慈母的家庭长大,姐弟五个,我最小,是家里唯一的男孩。

如果说,我的成长与家庭有关的话,更多还是受母亲潜移默化的影响,她老人家,在我眼里,是最伟大的女性。勤劳、善良,虽然没有念过书,但特别聪慧。父母是子女的第一人生导师,我们看很多成功人士,从小就生活在家教森严的家庭,可以说,一生中最先学会的就是做人,然后才是奋斗精神。很幸运,我就生活在这样的家庭。

说到读书,我从小就很上进,说是学霸也不夸张,从小学到高中,班里学习委员的位子,总是由我霸据。中学阶段,上课认真却经常不交作业,因为那些作业对我来说太简单了,再去写作业就是浪费时间。数学老师就觉得我是耍小聪明,但物理、化学老师特别看好我。

虽然理科成绩特别好,但其实文科也不错,不偏科,高考的时候,老师们都支持我报最好的学校,本来想报北京大学物理系低温物理专业,那时候父亲已经去世,母亲又没什么文化,主要是听大姐和大姐夫的。大姐说,你读低温物理专业,毕业了去哪里? 去大冶钢厂制冰车间? 权衡再三,最放心不下的还是老母亲,她将来只能跟着儿子生活,所以报考的大学,不能离家太远。第一志愿选了武大物理系,第二志愿是华中工学院(现为华中科技大学)船舶系,第三志愿才是北大物理系。这填报是根本错误的,人家填报志愿是从高到低,我却反过来,把最好的大学放在第三志愿,再好的成绩也无缘北大。果然,高考的分数虽超过北大在湖北的录取线,我却被第一志愿的武汉大学物理系录取。

在别人的眼里,我事业有成,这应该跟我的学习能力强有关吧。读书期间,我就喜欢跟老师讨论问题,这让我很受益。后来在工作中,尤其是做执业律师,需要很强的思辨能力,看问题的独特角度和方法以及善于用逆向思维来思考，或许就是从小养成的习惯。

我走过的路，与我从父母那里遗传来的善良与正义感有很大关系。做人嘛，不管才能大小，水平高低，首先是人品，正直、善良是我置于首位的原则，任何时候，任何情况下，决不出卖做人的良心。人品是决定一个人能走多远的首要条件。所以，从业这么多年来，在严守法律底线的条件下，竭尽一切所能为客户服务。

铁肩担道义

问：你当过钢铁工人、工程师、国有企业法律顾问，这一生，应该说最不后悔的就是律师职业吧？

答：其实，对文科与理科的纠结是从填报高考志愿开始的，并不是没想过报考文科，比如哲学系。我的散文写得不好，可是擅长写评论，也是大家公认的。选文科还是选理科，在当时是个大是大非的问题，"学好数理化，走遍天下都不怕"，这句话在当时影响很大，社会上普遍存在轻文科重理科的观念，报考文科，光是我的老师那里就说不过去。班主任和数学老师听说我想报文科，当时就急了，多次登门劝说："你这样优秀的人，绝对不能报文科！"

武汉大学物理系毕业时，原本可以分配到国家重点的研究所或异地高校工作，但考虑到要照料母亲生活，主动争取回到了黄石，分配到大冶钢厂研究所。具体的岗位是电子探针研究室的助理工程师，与金属检测与研究有关，类似于医院的 CT。我们这个电子探针研究室，有三个高级工程师，一个毕业于北京钢铁学院，当时是冶金部的第一王牌学校，一个毕业于清华大学核物理系，另一个是武汉大学的师兄，再加上我一个助理工程师，在那个大学生严重缺乏的年代，这里算是人才济济，毫不客气地说，有些人才过剩。

在研究所工作，我也很快获得了工程师资格。不过，就这样一辈子做技术工作，我有点不甘心，总想动一动，往哪里动呢？厂部（现在的集团公司）那边早就在要我，想让我去做外贸，可是研究所不放人，只能待在这里做研究。有一天，我从报纸上看到《律师暂行条例》的报道，有点动心。虽然对法律一无所知，但"铁肩担道义"，也是骨子里的信念。

大学毕业的时候，我和武汉大学哲学系的一个同学去庐山游玩，从武汉乘船到九江。途中，乘客们坐在船舱里聊天，听说我是学物理的，有位看上去像官员的人说，还是学物理的好，又对那位哲学系的同学说，哲学没有什么前途。哲学系的同学憋不住了，当即反驳说："你去看看历史，从来都是政治家统治搞专业技术的人。"就是这位哲学系的同学，后来当了高院的院长。当时闲聊时的这句话让我感触很深，更激发了我对社会科学的兴趣。

所以，第一届全国律师资格统一考试——实际是第二届，第一届主要面向司法行政系统工作人员，第二届才是真正的统一资格考试，习惯上将其称为第一届——我毫不犹豫，立即开始买资料，临时抱佛脚，突击学习。那一年，全国合格线总分定为325分，黄石市总共有180名考生报名，只有12人过关，我考了372分，是黄石市考区的第一名，比第二名整整高了30分。我记得，大冶钢厂法律顾问处有四个人参加考试，全军覆没。

回想起来，职业生涯中，第一个可能是成为钢铁技术领域的专家，然后是国有企业领导，但这都不是我向往的职业。即使我后来成为国有财务公司的副总经理，级别和待遇都不低，在为企业尽心尽力服务7年，还上人情后果断辞职，抛弃干部身份，义无反顾地回归律师职业，此生无怨无悔。

问：从恢复高考到首届全国律师资格统一考试，这两次机会你都抓住了，由此决定了你一生的命运。这是运气还是人生方向的正确选择？

答：我常说，需要感谢的是这个伟大的时代，如果没有高考制度的恢复，没有后来的改革开放，我可能就是个钢铁工人，默默工作一辈子。像我这样普通工人家庭的孩子，没有任何背景，高考几乎是唯一的出头之路，再加上千百年来从未有过的社会大转型的机遇，通过个人奋斗，获得了今天的成就。我相信，还有很多穷人家的孩子，和我的经历相类似。

如果说我考上大学是在意料之中，那么，当律师资格考试成绩公布后,研究所里的同事更是惊掉了下巴。一个理科生,居然能获得黄石市考区第一名的成绩,简直不可思议。我在研究所上班,大部分时间都在实验室,即使有空闲,也不敢把法律教材拿到办公室,当着同事的面学习,不然,马上就会遭到非议,你一个技术人员,看这玩意干什么,不务正业。所以,我只能在下班回家后,才能去读那些法律书,完全靠业余时间,不要说别人感慨,连我自己都觉得很不容易。

对我来说,在人生的道路上有两次果断转身,都跟律师有关,第一次是从工程师到执业律师,第二次是从国有企业法务人员、副总经理到执业律师。其实,到了深圳之后,四年时间就晋升为深圳市有色金属财务有限公司的副总经理,也很有成就感,生活很安逸。但那不是我止步的地方,因为心里有个梦想,那就是当律师。就像我读四大名著时的体会,对《红楼梦》《水浒传》《西游记》兴趣不大,唯独对《三国演义》读出了感觉,就因为那是智慧的博弈。之所以对律师职业念念不忘,不仅因为这是一个能够让人展示智慧的职业,而且我始终认为,律师是距离公平正义最近的人。职业和理想的统一,对我来说,才是终极的梦想。

问:20世纪80年代,由于刚恢复高考不久,不只是大学生数量少,律师更加稀缺。

答:到了20世纪90年代,全国的律师总人数也不过3万人左右,其中相当一部分还是司法行政系统的干部,通过内部政策"放水"获得的律师证。改革开放后,社会急剧转型,经济飞速发展,由此带来的是法律事务增多,对律师的需求变得很迫切。

记得有一次开会,司法局局长说,邓公与新加坡总理李光耀交谈时,对方向他建议,中国要搞市场经济,必须培养各类专业人才,包括急需的律师。也是因为那次谈话,邓公提出,中国的律师数量至少要达到30万人。

1997年,党的十五大提出依法治国的方略,律师成为建设法治国家的重要力量,自古以来,这个职业从未受到过如此重视,律师地位也在显著提高。我放弃国企干部身份,选择从事律师职业,符合我的志向,选对了人生的赛道。

偏爱疑难案件的挑战

问：你不只是选对了方向，而且成了顶尖的律师，是律师队伍中的领军人物之一。就职业来说，总结一下你自己，成功的秘密是什么？

答：其实没有什么秘密，都是朴实的道理和人生感悟。在专业方面，优秀的同行很多，大家比拼的是能力，是口碑，两方面同等重要。这些年来，我逐渐在业界形成了解决疑难案件的独特优势，每次承接案件，并不是看诉讼标的大小，能得到多少律师费，而是看案件的含金量，哪怕是不起眼的小案件，如果问题很新、很棘手，具有挑战性，可能成为典型案例，别人解决不了，或者说不愿意接手的，我都愿意尝试。

我还有个同行们少有的习惯，凡是疑难案件，看上去胜诉的概率很低，客户也没有信心，为体现对目标的决心与执着，与客户共进退，我往往都愿意风险代理，官司赢了再收费。这样做，客户固然有了信心，可是给自己施加的压力就太大了，必须脚踏实地，拼尽全力去做每一起案件。

这样说，并不是我有三头六臂。我也没有任何捷径可走，决不做任何逾越法律和道德底线的事，只能在法律上寻找突破口。也正是这种原因，我做案子，花费的精力，付出的劳动可能是别人的几倍，而且我事必躬亲，即使目前已成为人们眼中的"大律师"，团队的律师们都非常优秀，重大疑难案件，我仍是亲自上阵。所以，我经常说，我就是个劳碌的命。

跟我共事的同行都知道我的习惯与为人，不管对朋友还是对客户，实实在在，不玩花招。我从来不会在客户面前炫耀水平，吹嘘自己的本事，信口承诺办不到的事。客户来找我，我会根据自己的判断，把有利和不利的问题都摆出来，尽最大的努力，争取最好的结果。当初深圳唯冠公司为了 IPAD 案子来征询我意见时，我也只是说"有折腾的价值"。听起来这话很圆滑，说的全是正确的废话。其实我是很实在的人，我办的每个案子,都经历了数个日夜的反复研究、分析和论证,最后,还要站在对方的角度反向思考,知己知彼,胸有成竹,在法庭上才能有的放矢。

我自己的体会,作为律师,专业能力固然是靠真枪实弹的本事,但获得客户的信任同样重要。我办过很多名案、大案,客户都是大公司,就因为我的能力,加上诚信,赢得了客户的信任,遇到难题,他们才会想到我。这就是我做事的原则——往前跨一步,这也是做人的朴素哲学,对人越是宽厚、友善,朋友就越多,脚下的路就会越来越宽、越来越平坦。

问:我注意到,你对自己职业生涯中的成就很在乎,30年前刚出道时办过的案子,你还把案卷像宝贝一样保存至今,从黄石市带到深圳,中间又去了深圳市有色金属财务有限公司,到盈科律师事务所之前还经历过两家律师事务所,不用说,办公室搬过多次,这些案卷却始终没有丢。对你来说,保存那些案卷,这个看起来不具有普遍性的习惯,又意味着什么?

答:这些案卷永远珍藏在我的心里,是律师对自己钟爱的职业的自豪感、荣誉感。

被我保存时间最长的案卷是1990年在老家黄石市办的农行信用社出纳员饶启森贪污案,至今已经34年,整个案卷原封不动地装在箱子里,办公室搬到哪里,案卷就带到哪里,就像价值连城的古董一样。那是我拿到律师执照(当时的名称,现在的律师执业证书)后办的第三个刑事案件,也是第一个无罪辩护成功的案件,经历过两次发回重审和抗诉,来回折腾的程序有七轮,看似不起眼的小案件,但对于我,它的分量丝毫不亚于IPAD案件,是伴随我一生的职业荣誉。

我之所以保持这个习惯,是把律师职业视为生命,而不是为了养家糊口或者单纯赚钱,否则,我也不会抛弃优越的国企领导岗位。饶启森案件的案卷是我保存时间最长的卷宗。其实,还有很多过了十几二十年的重要案件的卷宗,除了按照规定上交卷宗给律所存档之外,我都会复制一套自己留存,成了我的职业档案。有时候回想起经历过的精彩案件,既是美好的回忆,也是对自己的激励。如果那代表我职业生涯中的一座座里程碑,那么,以我现在的专业能力,应该站得更高,在我的手上诞生更具有代表性的案件。

问:你获得了那么多荣誉,熟悉你的人,把你视为"大律师",可是你在律师行业似乎并不活跃,很低调,这是为什么?

答:我从来不认可"大律师"这种称谓,这不过是别人对有杰出成就的律师的尊称而已。律师本无大小之分,但在行业内,确实形成一种习惯性的评判标准——有各种头衔,委员、代表是一类,在律师协会担任职务又是一类,然后是在律所担任职务,表示有行业地位;反过来,没有这些头衔就表示没有地位吗?

我也曾经在深圳市律协担任过公司法专业委员会主任、宪法与行政法专业委员会主任职务,还担任过广东省律协行政法律专业委员会、知识产权法律专业委员会的副主任。参与创建广东正翰律师事务所并担任第二届主任,担任广东广和律师事务所业务指导委员会主任。2012年我就不再担任律协及专委会的职务,潜心于自己团队的律师业务和律所的工作。

2014年12月进入盈科律师事务所执业,无论是在盈科(全国)还是盈科(深圳),一直都处于高光下。盈科律师事务所目前已经是全国规模最大的律师事务所,我在盈科,甚至全国,已经是执业律师中最引人注目的老资格人员之一。

在盈科内部曾经获得的各种头衔、荣誉、地位都是货真价实的:第一位晋升的盈科全球合伙人,盈科律师学院院长,盈科(全国)业务指导委员会副主任、民商事诉讼委员会主任,盈科(深圳)管委会主任,盈科(深圳)首席合伙人等。

当然,我也作为行业代表人物,担任过深圳市福田区人大代表。应该说,该有的都有了、都有过,我很满足。

我是成名于一线律师实务的人,不是当官的料。我最看中的头衔是曾经担任的盈科律师学院院长,这代表着律师江湖的地位,属于执业律师第一排的位置,在盈科内部,足够满足我的虚荣心,比担任任何职务都感到自豪。现在,作为能够亲手带徒弟的"私塾班"大师父,我想把自己的经验手把手地传授给一批高学历、悟性特别好的年轻律师。当然,既然是首席合伙人,就要兼顾律所的部分管理义务,还有大量的一线实务,占据了我的不少时间,整天忙得不可开交。

面对法律与道德的冲突

问：律师在执业过程中面临的道德与法律的冲突始终是争论不休的问题，你认为这个问题存在吗？

答：在世俗的眼光中，律师的道德和法律的冲突是客观存在的事实，比如臭名昭著的人贩子，不知道多少个家庭因为他们的犯罪而承受撕心裂肺的痛苦，人们恨不得把人贩子千刀万剐才解恨。可以想象，在这种世俗的道德评价标准面前，律师为人贩子辩护该有多么巨大的精神压力，因为律师也是人，具有普通人同样的喜怒哀乐。

我自己就有这样的体会。刚做律师的时候，办理的都是刑事案件，我记得其中一个案件就是为被指控盗窃罪的被告人辩护，其实不过是偷窃自行车的小蟊贼。我已经被偷了好几辆自行车，我对这些人简直恨得咬牙。但是，当我以辩护人的身份站在法庭上，我就不是那个被偷了几辆自行车的人，而是代表被告人利益的辩护人。根据其不同的情节在法律的范围内竭尽全力为他辩护，包括罪轻或无罪的辩护。

问：艾伦·德肖维茨（Alan M. Dershowitz）是美国哈佛大学法学院教授，著名的刑事辩护律师，正是以他为首的"梦之队律师团"说服陪审团，推翻了在检察官眼里"铁证如山"的辛普森杀妻案。他说："我们能有现在的自由，我们能有一个即使存在腐化不公、仍能疏而不漏的司法正义，部分原因要归功于我们的双方当事人进行论争的刑事诉讼制度，通过这一程序，每个被告都可以挑战政府。"

答：在宣布辛普森案陪审团的裁决时，法官意味深长地说："全世界的人都看见了辛普森手上的鲜血，但是法律没有看见。"这句话背后所反映的既是道德与法律的冲突，又是程序正义与实质正义的矛盾。辛普森被无罪释放，这在普通老百姓看来无疑是邪恶，是对人们良心的粗暴侵犯,但它却被赋予了"正义"的概念,这就是程序正义;程序正义的价值在于,保护一切无辜的人免受公权力的不法侵害。这是广义的正义,与普通老百姓追求的具体的、狭义的实质正义是不同的,每个刑事辩护律师或多或少都会遇到这样的冲突。

在刑事案件的法庭上,由于检察官代表国家,对被告人的起诉具有天然的正义性,而且绝大部分被告人实际上也都是有罪的。但是,司法实践一再证明,如果偏离程序正义,甚至将刑事辩护律师视为异类、绊脚石,那么,这样的正义往往是靠不住的,那些令人痛心疾首的冤假错案就是这样发生的。站在程序正义的角度,刑事辩护律师不应该背负着道德的十字架,普通公众也不能对律师进行道德绑架,只有经过控辩双方充分对抗,排除一切合理怀疑,才是符合法律要求的正义。

问:有关道德与法律的冲突,更多的出现在刑事案件中。其实,律师在代理民事案件时也会遇到同样的问题,你所经历的IPAD案件,深圳唯冠公司不仅被苹果公司污蔑为不诚实,而且不少媒体也指责这家公司利用合同的疏漏,对苹果公司进行"讹诈";在非诚勿扰案件中,不管是江苏电视台还是华谊兄弟公司,对商标持有人金阿欢的道德攻击成为对方的主要武器之一,其中也包括媒体的指责。在这种背景下,你作为代理人,有没有感到压力?

答:要说一点压力没有那是不真实的。在IPAD案件中,对深圳唯冠公司的道德审判本身就会给律师带来很大压力,更何况直接对律师进行诋毁,指责我与深圳唯冠公司串通,对苹果公司敲诈勒索。且不说普通老百姓,就是懂法律的人也未必理解。牛法网组织的第一次私董会上,华为公司主管法务的副总裁对我说:"你在IPAD案件中的专业能力真是表现得炉火纯青,你把'术'发挥到了极致,但是'道'就不占制高点,我们并不认可,不应该这样去讹苹果公司。"

我当时笑着说,IPAD商标转让合同的错误是苹果公司造成的,有国际知名的跨国律师事务所和众多专业律师参与,却犯了严重的错误,为自己的无知付出代价,这就是法律规定的游戏规则,无可指责。从法律上说,当交易双方的真实意思发生了偏差,无法形成合意,即使一方反悔也是法律允许的。认为这是讹诈,要么是基于苹果公司一向给人的正面形象而对深圳唯冠公司产生偏见,要么是对法律的无知。

在 IPAD 案件终结不久,时任最高法院民三庭庭长的孔祥俊教授的新书《商标法适用的基本问题》出版,在"形式司法与实质司法"一章中,特别提及苹果公司与深圳唯冠公司之间的 IPAD 案:"一审判决认为转让协议是台北唯冠公司签订的,对深圳唯冠公司没有约束力,也没有构成表见代理,故判决驳回了苹果公司的诉讼请求。一审判决更多的是遵循了这些形式考量的因素。学者们也对此展开讨论,大体上无外乎这些形式思路和实质思路的分歧……笔者非常赞同本案的调解解决,无意对于本案从法律上应当如何处理妄加揣测,该案毕竟未进行二审判决,未形成法律上是非曲直的最终司法判断,只是借此案说明,该争议的处理必然会有形式思路与实质思路的法律争论,两种思路可能导致不同的裁判方向与结果……真可谓,此案虽结,余音缭绕,余味无穷。"该书后续又论述了"透过现象看本质""实质性司法"等观点。

在这本书中,孔教授用 IPAD 案件举例,不难看出,从学者角度看,IPAD 案件一审深圳唯冠公司赢了,是赢在形式司法;二审和解了,司法未能就"形式司法"和"实质司法"给出最终判断。他隐含的意思是,从实质司法的角度,可能完全是另一种结果。他是站在审判者的角度评价"形式司法"与"实质司法",换一种表述,本质上就是程序正义和实质正义的矛盾。

我的理解是,当出现道德与法律冲突时,服从法律,忠于法律,就是道德的最高标准。作为律师,不管代表原告还是代表被告,我会利用法律允许的一切正当手段,用华为副总裁的话说,把"术"用到极致,确保当事人的利益最大化。我多次说过,IPAD 商标转让是平等主体之间的市场交易行为,只要符合法律规定,就不存在谁的道德更高尚的问题。事实上,IPAD 案件的所谓的道德与法律的冲突子虚乌有,至少对法律人而言是这样,不能脱离现实,假装不食人间烟火。

我们去看苹果公司当初的行为,先是在香港高等法院对"唯冠系"三家法人和实控人提起诉讼,同时申请"禁制令",接着又在深圳市中院起诉,用诉前保全的手段冻结深圳唯冠公司合法拥有的 IPAD 商标。明明是它错了,却咄咄逼人,居高临下,好像真理全在它的手上,深圳唯冠公司做了大逆不道的亏心事。就算给中国的律师争一口气,也必须对苹果公司当头棒喝,在法庭上打败它,打到它口服心服为止。否则,中国的企业在家门口被美国人按在地上摩擦,那是从程序正义到实质正义输个精光!

后来,有熟悉的美国同行跟我说,这个案子在美国法律界的关注度也很高,深圳唯冠公司的律师在法庭上的表现太出色,苹果公司的律师在商标转让过程中出现了不该有的严重失误。IPAD 案件,也已经成为美国法学院的经典教案。

美国人就是这样的性格,只有用法律把它打服了,它才会从心里佩服你。更何况,主流强调讲政治,最大的政治就是民族的自信心。此前一向是中国企业在知识产权领域被动挨打。而 IPAD 案件,我们按照国际通行的规则,狠狠地打击了苹果公司,有何值得非议的呢?不能将街头老太太眼中的民间道德与法律的大是大非相混淆。

总能在被动中翻盘

问:对于对抗性很强、证据解释空间比较大的案件,不管刑事诉讼还是平等主体之间的民事诉讼,律师的专业能力往往会直接影响到案件的结果。就像 IPAD 商标转让合同纠纷案,它包含了合同法、民法、商标法等多种跨部门法律,从法律适用到证据和法理问题的把握,错综复杂,确实不是一般律师能够驾驭的案件。比如你曾经谈到苹果公司如果申请对 IPAD 商标单项"撤三",可能会产生出其不意的效果。这需要对法律的理解和诉讼技巧炉火纯青的律师,才能点对点地精准攻击。你有这方面的成功经历吗?

答:这个案件了结之后,不断有同行问,"如果我是苹果公司的律师,会怎么应对"?我基本上没有公开回答过,因为这涉及评价同行的忌讳。但是,在我们内部,我确实有过分析,包括"撤三",申请撤销深圳唯冠公司 IPAD 商标中"计算机"这一单项注册内容。

严格来说,苹果公司不是没有申请"撤三",作为整个诉讼的组合拳之一,苹果公司向国家商标局申请撤销深圳唯冠公司的IPAD商标,只是机械地按照常规的做法,要求整体撤销深圳唯冠公司的IPAD商标。

但是,深圳唯冠公司的IPAD商标的核准范围,除了计算机之外,还包括显示器等计算机外围产品。在计算机产品上,确实超过三年未使用IPAD商标,但显示器还在持续使用,明显不符合整体撤销商标的法定条件,国家商标局审查的流程也会复杂与缓慢很多,对深圳唯冠公司难以形成紧迫的压力。

反过来,如果苹果公司的律师团队对商标法认识得很透彻,技巧正确,选择攻其弱点,申请对深圳唯冠公司长期不用的计算机单个项目"撤三",成功的概率极大;撤销了深圳唯冠公司在计算机领域的IPAD商标,哪怕苹果公司最后在商标转让合同纠纷案中输了,也不会陷入在中国市场上销售的iPad产品面临商标侵权,被迫支付巨额赔偿的被动局面;在计算机单个项目上"撤三"成功后,苹果公司的iPad平板电脑就不再构成商标侵权,深圳唯冠公司在中国大陆的IPAD商标也就失去了价值,苹果公司只需要支付很少的费用就能买下来。

其实,单项"撤三"的经验就来自我曾经代理的一起知识产权案,大获全胜。2014年7月,深圳市拓步电子科技有限公司被诉商标侵权,索赔3000万元。我接手后,反复研究了案情,在管辖权异议和商标"撤三"问题上双管齐下,展开旨在反败为胜的反击。我发现,原告的商标在电子计算机商品上多年未使用,那我们就出其不意,攻其不备,避开整个商标,直接向计算机单项商标权下手,向国家商标局申请"撤三",集中火力进攻对方的薄弱点,提高了"撤三"成功的可能性与效率。

我们首先赢了管辖权异议。理论上,案件在哪个法院审理都一样,但那只是理论。为了能够在选定的法院起诉,原告可谓处心积虑,购买了相当数量的被诉侵权产品,放置在两个仓库,然后向市场监管部门举报,以取得法律定义的"侵权商品储藏地或者查封扣押地"的证据,从而获得管辖权。

我代表被告向法院提出,《最高人民法院关于审理商标民事纠纷案件适用法律若干问题的解释》规定的"侵权商品储藏地或者查封扣押地",其本意应当是指侵权人自己的"侵权商品",不能理解为他人购买的

"侵权商品"放在哪,哪里就成为司法解释定义的"储藏地"和"查封扣押地",他人进行的"二次存放"不等同于被告的"一次存放",这是完全不同的法律概念。

分析到了这种深度,用这样的抗辩理由,法院想不支持都难。果然,法院采纳了我们的管辖权异议,将案件移送到深圳市中院审理。

法院确定在 2015 年 7 月 9 日开庭。7 月 8 日,双方照常进行证据交换,等着第二天正式开庭。没想到,7 月 9 日,法院通知原定的开庭取消,原告撤诉了。就在开庭前一天,收到国家商标局的决定,撤销原告在计算机商品上的商标注册。

这官司还怎么打呢?原告策划的管辖权被我破了,又通过"撤三"让原告失去了起诉的理由,因为被告已经不构成侵权。案件尚未进入实体审理,原告就缴械了。

该案结束后,我忍不住在朋友圈里感慨一番:……苹果公司诉深圳唯冠公司商标权属纠纷案,如果精准攻击,对深圳唯冠公司 IPAD 商标的计算机单项内容申请"撤三",成功的可能性很大。好在我是深圳唯冠公司的主办律师,反之,IPAD 案的历史将会重写。

问:或许,在一般案件中,律师专业能力对案件的结果影响不是那么大,但是,遇到疑难复杂案件时,差异就会显示出来,甚至会因此决定胜负,IPAD 案件、景德镇火灾案件等都属于此类。这非常考验律师处理民商事案件的能力,因为你永远无法知道下一次会撞上什么。

答:这种观点总体上是有道理的。IPAD 案件是可遇不可求的个例,绝大部分律师在职业生涯中无缘相遇。其实,我平时给年轻同事讲课时,更愿意讲那些看起来不起眼的案件,这是律师经常会遇到的案件,就像前文说到的商标侵权案,问题似乎也不复杂,如果让你来代理,能不能一眼就看到问题的实质,并且选准攻击的部位?这有点像拳击,不轻不重、漫无边际地出拳,不如一拳击中要害部位,把对手打趴下,失去还手能力。

我经常说,世间万物,皆有逻辑,不管什么样的案件,情节有多么离奇,涉及的法律如何复杂,只要你找到其中的逻辑,哪怕身处黑暗的迷宫,也能很快找到出口。我们律师处理的是案件,每个案件所适用的法律不同,但是,公平正义是所有法律共通的逻辑,万变不离其宗。

这让我想起了曾经在四川代理的一起民事案件。2002年,成都双楠机场建设开发有限公司将双楠商业中心的负一至四层共两万多平方米租给人人乐连锁商业集团股份有限公司,每月每平方米租金16元,合同期20年。双方约定,从正式计算租金之日起,有三个月免租期,三年内租金不上涨;从第四年开始,每隔三年调整一次租金,每次递增的幅度为4%;第10年至第20年,每两年递增一次租金,每次递增的幅度为5%。

合同仅仅执行了六年,到2008年2月,双楠公司提出,广场周边的物业租金出现大幅度上涨,写字楼的租金已经涨到每平方米80元,每年还在以6%的幅度递增,要求人人乐公司提高租金。双楠公司委托专业机构进行评估,结论是,出租给人人乐公司的物业价值4.77亿元,按照会计准则计算折旧等,原合同约定的租金标准,将使它每年损失3900万元。双楠公司以此为标准,计算出未来五年的租金损失为1.95亿元,人人乐公司应当分担30%,共5850万元。

双方无法达成一致,双楠公司向四川省高院提起诉讼,以"情势变更"为由,要求与人人乐公司解除合同,或者提高租金。按照司法解释,"情势变更"是指合同成立以后,客观情况发生了当事人在签订合同时无法预见的非不可抗力因素,继续履行合同对一方当事人明显不公平,或者不能实现合同目的,当事人请求变更或者解除合同的,法院应当根据公平的原则,并结合案件的实际情况确定是否变更或者解除合同。

问:律师在接手一个案件之前,通常也会做简单的评估。律师不能包打天下,打官司更不能包赢,但是,按照你的习惯,如果判断案子肯定会输,你会接吗?就像你代理被告人人乐公司,当你听完案情介绍后的第一时间是如何考虑的?对方的主张有道理吗?

答:在别人的眼里,我现在是知名律师,出场的都是大案要案,一般的小案子也请不动我、请不起我。其实不是这样。其他同行怎么做我不评价,我的做法是,大案固然有诱惑力,但是,具有符号性意义,能诞生先例,推动制度进步,特别有价值的小案件,我也愿意出场。至于官司输赢,不是律师首先考虑的问题,即使输了也要输得有价值。

对人人乐公司这个案件,对方的诉求听起来似乎有理,包括它委托专业机构做的市场评估,证据也很扎实。不过,不能只站在它的角度看问题,法律所规定的公平原则,不是仅仅保护一方,而是保护合同双方。从这个逻辑出发，人人乐公司从自身利益考虑，它反对提高租金，也不同意解除合同，同样有道理。在这种情况下，作为它的代理律师，最重要的是要把法律吃透，"情势变更"的立法和司法解释的本意到底是什么？

就当时的司法实践来看，最高法院对"情势变更"的法律适用是较为保守的，对条件限定得很严格。比如，我和你签订了长期合同，我向你供应钢材，在合同执行期间，钢材市场价格出现大幅度上涨，如果按照原合同约定的价格继续供货，我就会亏本，显然是不公平的，应当变更合同，调整价格。这就是法律和司法解释中"情势变更"的本意。

对于双楠公司和人人乐公司争执的这类案件，最高法院没有可供参考的案例。我专门从网上买了几本权威的教材，又看了地方人民法院的相关案例，对照来看，双楠公司和人人乐公司的这种纠纷就属于"情势变更"。我感觉不是那么简单。反复研究双方的合同，特别是评估机构的报告，又拆解法律条文和司法解释，最后得出结论：本案不适用"情势变更"。

我在法庭上提出，你不能简单地用现在的租金价格作为"情势变更"的依据，人人乐公司当初进场时，由于这是新开发的商业设施，人气不旺，在很长一段时间内，人人乐公司是亏损的；正是依靠这种大型商超早期以亏损为代价的支撑，逐渐营造了双楠商业中心及其周边的商业氛围，后来这一带的商业旺起来，双楠公司是最大的受益者，由此获得的回报，相比与人人乐公司合同期内因租金上涨而计算出来的"损失"要大得多。

那么，双方的合同执行期间有没有出现"情势变更"的条件呢？实事求是地说，现在的房租确实比当初合同约定的价格要高，这也符合预期，所以合同才约定了租金逐年递增的幅度，只是递增的幅度低于市场价的增长幅度。虽然这种变化超出预期，但并没有造成不能实现合同目的，进而导致双楠公司亏损的"情势变更"。道理很简单，双方签订的是期限为20年的合同，出租人的成本已经被锁定，回报收益很稳定，后来的租金上涨，那是别人该赚的钱，你不能看着眼红，马上也要跟着涨。这就是投资人常说的那句话，"不要去赚最后一块铜板"。

在开庭之前，我们到工商部门调取了双楠公司的年审资料，发现它一直都是盈利的，并没有发生评估报告所说的亏损；我们又查阅了双楠商业中心的建设资料，经过计算，10年的租金就足以让它收回成本。这就说明,双楠公司的合同目的早已实现,它提出的理由看似有合理之处,实际上则是心理失衡,不属于法律定义的"情势变更"。说白了,它不过是没有赚到市场租金大涨后的超额利润。

在四川省高院的庭审持续了一整天,我和郭耀鹏律师代理被告一方,原告方老板全程旁听。当法庭判决驳回它的全部诉讼请求时,我并不意外,却有遗憾——原告方没有上诉。否则,这个案例在最高法院终审,就必然会成为"情势变更"的指导性案例。

在我们内部,这起"情势变更"案件,被评为"盈科十年最具代表性的案例"之一。

如何面对司法不公

问:我很好奇,像你这样有影响的律师,是否遭遇过司法不公正?

答:律师最沮丧、最愤怒的事情就是司法不公,这是无法回避的事实,我也遇到过。根据我这么多年的执业经验,通常所说的司法不公或许可以分为三大类:第一类是让人最痛恨的权钱交易行为,以牺牲法律的公平正义和当事人的利益为代价;第二类则是"大环境"所致,司法权受制于其他权力,不能作出独立判断,这在刑事诉讼和行政诉讼中表现得尤其突出;第三类可能很少被人注意,既没有权钱交易,又未受到其他权力的干预,却由于法官水平的局限,对法律的认知,对事实的判断出了偏差,导致判决不公正。第三种情况在基层法院比较多见。

对司法不公,我把它理解为建设法治国家的过程中必须付出的代价。从1979年制定第一部《刑法》算起,到现在也不过四十来年时间;从1997年党的十五大提出依法治国方略,至今还不到三十年,在这么短的时间内所取得的法治建设成就,在全世界没有先例。正因为起步较晚,所以我们还有很长的路要走。

问：在具体案件中，面对司法不公正问题，你如何应对？

答：我会具体情况具体对待。一般都是依照正常的法律途径解决，也就是上诉等法定程序。即便作出某种反应，也是对事不对人。我不是侠客，律师也不能是侠客。

曾经有一起对国有企业2.4亿资产进行强制执行的案件，我代理实际股东提出了执行异议。

本来一轮就结束了，连申请执行人及其代理律师也不再提其他意见，法官却不依不饶，多次召开听证会，挖地三尺，放大我方的某些瑕疵，为对方挖掘证据。我为此先后提交了六份代理词，反复解释和回应。到这里还没有结束，这个法官又两次"依职权调取证据"，作为对我们不利的证据，实质是供对方使用，这明显超出了法官的职权。

民事诉讼遵循的是谁主张谁举证的规则，对申请法院依职权调取证据是有严格条件限定的，法官主动帮助一方取证的做法违背了司法权中立的原则。我破天荒地第一次申请法官回避，理由是"主审法官已经事实上成为一方当事人的代言人，与案件有利害关系"。我明知道这种理由不完全符合回避的条件，但仍然要提出申请，既是对法官肆意妄为的警告，也是为了让法院领导知道。我在申请中说："本代理人在律师生涯中，始终本着与人为善的行事方式，尊重和理解法官的自由裁量权。但凡事均有合理的度，不能偏离法律范畴……不顾客观事实，硬性执行，一定会成为全国关注的荒唐案件，并可能导致法院承担国家赔偿责任。"

这下可是捅了马蜂窝，内部反响很大，领导也很重视，在程序上没有接受申请，却立即采取了补救措施，将独任听证程序改为合议庭制，既没有让那名法官担任审判长，也未让他主审。

果然，法院裁定，异议成立，解除查封。说明这个带有警告性质的回避申请产生了实际效果，法院领导注意到了个别法官行为失当，及时采取了补救措施。我在申请中也只是指出法官的做法不正常，避免上纲上线，从而引起律师与法院的对抗情绪。

对于第二类现象，律师能做的是竭尽全力维护当事人的权利。

而对于很多同行感触不是那么深的第三类司法不公正，通过律师的努力，是可以在很大程度上改变结果的。客观地说，前两类问题毕竟还是少数，第三类问题之所以存在，往往是因为涉及的法律问题比较复杂，既有法律滞后的原因，也有"法律灰色地带"带来的认识偏差的原因，法官虽有公正之心，却无实现公正之力，从而出现"真理和谬论一步之遥"的结果。这时候，律师不仅要把事实梳理清楚，把法律和法理吃透，能提出令人信服的观点，还要让法官听得明白，听得进去。

前面说到的双楠商业中心租赁合同的"情势变更"案件，很容易因为对法律理解的偏差而影响判决，看上去，支持原告还是支持被告，好像都能说得过去。审判长是四川省高院的一名副庭长，他听得很认真，又当庭要求我把庭审的发言整理出来，作为代理词交给合议庭。那个代理词写得很长，对事实的陈述，对法律的适用，对法理的阐释非常详细。这就说明，以追求司法公正为终极目标的法官还是占绝对多数。

"私塾班"授课

问：你有这么丰富的实战经验，在盈科开"私塾班"，让本所的年轻同事有机会聆听那些精彩的案例，他们真是幸运。那么，对更多的羽翼未丰的同行，你有哪些箴言送给他们？

答：在"私塾班"讲课，解剖我办过的那些典型案例，我说，你们不能只看到我赢了，还要知道我是怎么赢的，这很重要。我办的案子，对案情能熟悉到每一个毛孔，首先是大的主题，然后是具体的证据，连细枝末节也不会放过，反复推敲。所以，我花在办案上的时间至少是同行的两倍、三倍，甚至更多。

不谦虚地说，这样做并非"笨鸟先飞"，我不笨，智商也不比别人差，做到这个份上，从理论到实战经验都很丰富。但是，我仍然需要保持认真、勤奋的执业精神，不玩小聪明，不靠侥幸，即使有助手帮我，我也不能都扔给他们，还是多年来的习惯，事必躬亲。

杨国力最后是被判五年有期徒刑，我作为辩护律师，看上去似乎没有赢，可是，在检察院、法院的眼里，反而是他们输了。后来珠海市中院刑庭庭长对我说，尽管判决对你们是不利的，但大家确实领略了你的风采，对你的敬业精神和专业能力，我们都很佩服。"我私下问你，你这样一年能做几个案子？"他意思是说，我在办案上投入的精力太大了，就像种地，我整天都在田里除草，一根草都不长，只长庄稼。

问：仅此一点，大部分律师都做不到。常言说，勤能补拙，而你不仅不"拙"，反而是能力超强的优秀律师，这就相当于智者还要比别人早起，焉有不胜之理？

答：说起来恐怕没有人相信，我做案子就像古人读书，所谓"读书破万卷"，是先把书读厚，再一页一页地读薄、读懂，直到完全消化为止。遇到重要复杂的案件，我首先做信息堆积，把大量的信息筛选、归纳、提炼出来，包括事实的堆积、法律思考的堆积，在脑子里做沙盘推演。不能只看我方的证据，还要分析对方证据的杀伤力有多大，我们有什么破绽会被对方攻击，如何化解，都必须有缜密的思考。就像高手下棋，至少要向前看五步，才能出招。经过前期大量的准备，对案情已经了然于胸，达到了我说的"熟悉到每一个毛孔"的标准，临近开庭前还要复习，又可能产生新的想法。

即使这样，也不能说我对自己完全满意。有时候，我会借讲课的机会敲打年轻的同事："你们的经验比我丰富吗？你们的脑袋瓜子比我更好用吗？我在案子上花费那么大的精力，你们办案好像很轻松，你真的把所有问题都搞清楚了吗……"我这样说，其实就是为了告诉同事们，你需要勤奋，需要动脑子，漫不经心就能赢的案子只有一种，那就是事实很简单，是非分明，没有任何争议，哪个律师都能赢。

问：我能感受到，你是特别在意逻辑思维的。景德镇火灾案、IPAD商标案都是值得深度解剖的典型，可以成为法学院的教学案例。这两个案件都是以被告身份出场，本身处在不利境地，由于战术运用得当，出其不意，攻其不备，最后反败为胜。景德镇火灾案的官方鉴定报告本来是对被告方致命的，但你却反其道而行之，将它作为己方的证据提交给法庭，用报告中的事实"二次短路"来印证电池连接线不是起火的部位。不用官方鉴定报告的火灾认定结论，只用该鉴定报告中记载的事实，证据规则看起来完全乱套了，但谁也不能说这种观点没有道理。

再说 IPAD 商标案中的"签呈件"证据。且不说这个来自香港特别行政区高等法院的证据在内地法庭使用的合法性存疑,在实体上,可以断定,苹果公司的律师没有料到你会从证据的关联性上反戈一击:"首先是真实意思表示,'签呈件'只是深圳唯冠公司的内部文件,它没有向你'表示'任何'意思';其次,IP 公司在与台北唯冠公司签订购买商标合同之前,根本就不知道有'签呈件',双方的交易也不受它影响,跟你有什么关系?"当庭机智地反击,"跟你有什么关系?"这句话连问几遍,完全可以成为模板,逻辑上无懈可击,让人无话可说。

答:这也是我在讲课时一再强调的问题。法律、司法解释是普遍适用的规则,通常原则性很强,有时可能并不是"恰好"用在某个案件上,这时候,就需要律师能够透过现象看本质,从共性的法律条文中找到个性化的理解。

比如,有关"真实意思表示",苹果公司的律师认为,"签呈件"就是深圳唯冠公司的真实意思表示,这样理解对他们是有利的;我认为,"真实意思表示"不是一个笼统的法律概念,它包含两种含义,即"真实意思"和"表示";它不仅是深圳唯冠公司的"真实意思",还要对交易的另一方 IP 公司"表示",才可能构成证据上的关联性。但是,交易双方分别是台北唯冠公司和 IP 公司,深圳唯冠公司不是当事人,它没有条件向你 IP 公司"表示""真实意思",所以,我在法庭上说,"签呈件"跟你有什么关系?

问:从理论层面上评价,作为被告方,面对看起来对自己不利的"签呈件",化被动为主动的反击是法学教科书里根本学不到的战术。或许,律师普遍会从程序上质疑"签呈件"的真实性、合法性与关联性,但能够将关联性分析得如此深刻,把"真实意思表示"拆分后论证,恐怕少有律师能熟练运用这种逻辑。

答:我总是强调,不要拘泥于法律条文字面上的含义,一定要做深层次的分析和理解。当法律对我们这一方不利的时候,就得看它所针对的现象有没有特殊性,要把这种特殊性找出来,避开对我们不利的规则。这就需要创造性的思维,要知其然,还要知其所以然,更要知其所以必然。大多数人都停留在第一个层面,也懂得这个道理。

但是,"知其所以必然",我也跟周围的人探讨过。当你觉得这个案件非常棘手,从规则到证据似乎都很不利,那就要找出难点到底在哪里,然后穷尽所有的规则和理论,寻找破解难点的办法。从关联性方面攻击"签呈件",就是突破了对证据关联性的常规理解,却又完全符合法理的逻辑。

成功的四大要素

问:在每个具体案件上的成功经验,事实上构成了你的成功之道,对其他同行来说很有价值。归纳起来,你的成功之道主要表现在哪些方面?

答:我是律师,根据我的职业特性,我总结了成功所应当具备的四大要素:第一是思维。律师这个职业决定了你必须有创造性的思维、缜密的逻辑,才能透过表象看到本质,发现别人看不到的东西。

我经常强调,律师特别需要善用逆向思维。在我的几个案例中,如国家赔偿案,要求法庭出具我方抵押无效的裁定,股票案件中补签《透支清偿补充协议》,火灾案中提交结论对我方不利的鉴定报告等,都是采用了逆向思维,才使案件获得成功突破。

第二是激情。任何时候,即使在被动的情况下,也需要毫不气馁,决不认输的勇气,必须找到解决问题的办法。律师就像军人一样,就算你被敌人重重包围,战斗到最后一个人,也要设法突出重围。

第三是表达。它包含两个方面:口头表达和书面表达。在法庭上,律师不可能全靠事前准备好的书面材料,还有大量的即时表达要靠随机应变,尤其是在质证阶段,经常是你来我往,唇枪舌剑,没有机智的、见招拆招的表达能力,在短兵相接的论战中是吃亏的,吃亏就会被动。

与口头表达同等重要的是书面表达。有些律师不喜欢写代理词,简单的几页纸,感觉要说的在法庭上都说了,写多了法官也不看。这种想法是不对的。法官不可能记住律师在法庭上说的每一句话,书记员也不会把全部发言记下来,因此,逻辑严密、说理充分的代理词是不可替代的,非诚勿扰案件,我写的代理词长达三万字。

通常法官不愿意看长篇大论的律师代理词,那是由于法官的骨子里不认可你这位律师。特别是这些年,通过公务员招考,法官队伍人才济济,整体素质高过律师,律师如果拿不出独到的理由与分析,法官当然不愿意看你杂乱无章、观点肤浅的代理词。

但是重大疑难案件,法官心中也未必有底,律师发挥的空间就大。你的研究深刻、观点新颖、逻辑缜密,对法官关注的问题,你能进行深入的回应,法官怎么会不看呢?

第四是知识。律师这个职业的特点,仅仅懂法律是远远不够的,还涉及各种意想不到的专业知识,景德镇火灾案就很有典型性,因为有太多的专业问题根本不懂。但是,这难不住律师,只要你善于逻辑分析,就能发现不懂的专业问题。我当时反复研究官方的火灾认定报告,看到"二次短路",完全不明白是什么意思,就是从逻辑上发现不对——有"二次短路",是不是就有"一次短路"呢?我马上去买专业教材,果然找到了答案,"二次短路"是由"一次短路"引起的,"一次短路"才是罪魁祸首,由此推翻了《火灾事故重新认定报告》,案情随即发生根本性逆转,原告赖以起诉的基础已经不存在,被迫撤诉。

创造性思维

问:在现实生活中,大多数律师都是中规中矩,或者说墨守成规。相比之下,我发现你很善于抓住机会突破某些不合理的规则的约束,从870万元国家赔偿案,到上不封顶的"加处罚款"等,不仅在个案上成功挑战了不合理的规则,而且推动了制度的进步。这就是你常说的创造性思维的结果吗?

答:我记得2019年,我应海南省律师协会的邀请,给全省律师安排了一场"重大疑难诉讼中的律师思维与风格"的讲座。一开场,我就对现场的律师同行提出一个问题,"九民会议纪要(第九次《全国法院民商事审判工作会议纪要》)"刚刚公布,在特定情形下,违约方可以解除合同,这是超出了合同法的新规定。那么,最高法院为何会作出这样的规定?有哪位律师曾经代理过违约方解除合同的案子?

台下无人回应。为什么?在法律人的常规思维中,违约方要承担法律责任,包括赔偿,除非守约方同意解除或者变更合同。

正因为这是合同法明确的规定,导致多数律师被束缚在合同法具体条款的框架中,只想到法条怎么规定,却忽视了立法的本意。合同法是为了保护契约精神,维护经济和社会秩序,保护公平交易,这是大原则。具体到每个案件,往往涉及双方利益的平衡等多种客观因素,而不应当被法条的字面含义捆住手脚,这里就涉及律师的创造性思维。

"九民会议纪要"的出台,就是因应很多长期性合同在履行期间出现的问题,比如房屋租赁合同,履行过程中,市场出现重大变化,房价从每平方米5000元涨到50000元,相应地,租金也涨了十多倍,合同的基础被动摇,一概不允许违约方通过起诉的方式解除合同,既不符合法律的公平原则,在法理上也是说不通的。

我们都知道,法律总是滞后于现实的,尤其像中国这种超高速发展的新兴市场国家,很多规则都与现实严重脱节,大量个案暴露出来的问题,必须通过司法实践推动制度的变革。在这种背景下,除了立法机关修改法律,最高法院出台司法解释,还需要律师的创造性思维,首先从个案上突破,与司法形成合力,推动制度的创新。

在"九民会议纪要"颁布之前,我就有过三起代理违约方解除合同并胜诉的记录,分别在西安、重庆和天津。

由违约方律师在个案中启动解约,进而得到法官的认可,在个案上赢得胜诉,这样的突破累积到一定的程度,就会上升为规则。这就是我为什么总是不断强调律师创造性思维的重要性。

问:作为诉讼律师,你最快乐的是什么?

答:军人最快乐的是打胜仗,律师也不例外。不管是久经沙场、声名远扬的大牌律师,还是默默无闻的小字辈,获得胜诉的那一刻,不只是快乐,还有成就感;每胜诉一次,都会在自己的职业履历上记录一份荣誉。

对律师而言,一次成功的诉讼,犹如医生做了一台成功的手术;诉讼律师用诉讼手段定分止争,外科医生用手术刀治病救人,意义是相同的。

问:你的成功经验可以复制吗?

答:这些年来,时常听到人家恭维我,说我是"大律师",我不喜欢这种称呼。我就是诉讼工匠,精雕细琢,一丝不苟,把当事人的案件当作艺术品去塑造,追求完美与极致。不论案件大小,我都要花精力排兵布阵,分析对方的证据、可能的战术,如何用法律、法理、逻辑、正向思维、逆向思维进行防御,并寻找时机发起进攻。我为诉讼所做的准备工作非常精细,力求滴水不漏,全方位考虑案件的背景,包括非法律层面的因素都在考虑之列。

在盈科(深圳)律师事务所,我有个精英团队,平时给他们上"私塾班",一起研究案件,从来不做甩手掌柜,重大疑难案件我必须亲自出庭。

这么说吧,在生活中,我是一个很友善、很低调的人;在法庭上,我是一个可怕的对手。

我不喝酒、不抽烟,也没有太多的消遣,终日劳碌,从案件到案件,对律师实务,特别是对于具有挑战性的重大疑难案件,已经到了痴迷的程度。所以,我每天的工作时间与强度,远超大多数同行。

我这样的生活不值得效仿。我很羡慕身边的年轻人,他们享受着每一天的生活。但是,我对待事业的执着,对客户恪尽职守的态度,忠于法律的伦理道德,还有为人的诚恳、正直,即便不能复制,也有借鉴的价值。

所有这一切,都缘于年轻时便追寻的梦想。回首来时路,纵然无法完美,却无怨无悔。